조선후기 원주의 사회와 인물 연구

A Study on the Social Structure and Characters of Wonju in the Late Chosun Dynasty

Oh, Young-kyo

조선후기 원주의 사회와 인물 연구

오영교 지음

혜안

 필자가 조선왕조의 향촌지배정책에 관한 박사학위논문을 마무리하기 직전
『수록(隨錄)』이라는 규장각 자료(규고5120-163·4)를 주목하였다. 이는 1796년
(정조 20)~1798년까지 원주 예하 면단위에서 시행된 사안과 강원도 전반의
실정이 농첩(農牒)·호첩·예첩·공첩·과첩·병첩·형첩으로 분류되어 상세히 기
록되었다. 중앙정부의 문헌과 법전류 또는 개인 목민관의 기록이 농민통제와
수취에 관한 단순한 원칙과 추상적인 논리, 본인의 심회를 수록한 예가 많은데
비해 지방단위로 편찬된 지방자료는 당시의 실태파악을 위해 상대적으로
유효하였다. 그런데 당시 필자가 처한 개인적인 상황으로, 환곡의 운영을
비롯한 일반적인 부세운영에 대해서는 이해가 되었지만 보다 구체적인 지역
실상에 대한 자세한 번역에는 어려움이 있었다. 결국 애초의 의도와 달리
2, 3개의 사례만 논문에 인용하는 데 그쳤다. 본 자료는 1993년 이삿짐과
함께 연세대학교 원주캠퍼스로 옮겨져 연구실에 얌전히(?) 보관되었다.
 이 시기에는 전국적으로 지방자치제가 시행되면서 지역의 정주성·정체성
이 강조되고 학계에서도 포스트모더니즘의 영향으로 지역학이 붐을 이루고
있었다. 필자도 지역민의 일원으로서 원주학·지역학의 정착과 활성화를 위해
나름 열정적으로 연구와 발표를 수행하였다. 무엇보다 본래의 연구주제와
관련된 조선시대 지역자료를 탐구하기 위해 원주와 영서 일대의 많은 동족마을
과 문중 자료를 탐색하였고 지역을 샅샅이 훑기 시작하였다. 이 과정에서

지역의 낯선 명칭이나 지형들과 마주쳤고 나름 정보가 쌓였다. 결국 수록의 내용이 조선 정조시기의 옛 동리명에 입각하여 작성된 것이고 지형에 따른 창고의 운영과 역로·수로 등 부세운영 체계와 관련됨을 알게 되었다. 당시의 사회상이 머릿속에 그려지고 공간이 파악되면서 자연스럽게 원문 번역이 가능하게 되었다. 새삼 영·정조 시기 문인 유한준(兪漢雋, 1732~1811)의 '알아야 참으로 보이게 된다'는 말이 체험되었다.

중앙집권적인 권력체계가 전개된 한국사회에서 인문학·사회과학을 불문하고 대체적인 연구경향은 지방차원의 미시적 접근을 소홀히 하고 거대 이론에 치중하여 국가수준에서의 논의가 주류를 이루었다. 종래에 지방은 중앙에 대한 대립 개념으로 사용되면서 중심부와 주변부, 본점과 지점, 전체와 부분, 우월함과 열등함 등의 이분법적 구분에서 후자에 연결되는 경우가 많았다. 특히 원주는 중심이 아닌 주변, '문화'가 아닌 '자연', 생산이 아닌 소비의 위치에 놓여 있다고 평가되었다. 지역과 관련된 학문적 담론 역시 한국 학계의 인문학적, 사회과학적, 자연과학적 지형에서 중심적인 위치를 차지하지 못하고 있음도 분명했다.

이러한 경향 속에서 결과적으로 국가와 사회(지역사회)의 상호 관계에 대한 인식이 부족함을 보게 되었다. 비록 국가차원의 현상으로 보이더라도 그 내면에는 지역사회와 지역민의 사적인 담론과 전통 등이 구조적으로 결부되어 있다. 우리가 어떤 한 지방사회를 설정할 때 그것은 공동체로서 동질적인 듯하지만 내부적으로는 다양한 문화적 성향과 사회 경제적 세력들의 각축장이라는 점을 잊어서는 안 될 것이다. 현재라는 것이 과거의 연속선에 있는 것이라면 오늘날 지방수준에서의 정치적 행위와 경제활동은 과거로부터 현재까지 그들 사이에 지속되어 오는 관계의 망과 문화체계의 이해 없이는 적절하게 해석되지 못한다. 이처럼 지방을 구조적으로 이해하기 위해서 전통적인 학연과 새로운 학연의 존재형태, 마을과 생활조직, 경제적 관계, 역사를 되살리는 문화활동과 외부 세계와의 연계 조직체 등에 대한 구체적인 분석이 우선되어야 한다. 이런 의미에서 역사학뿐만 아니라 정치학, 사회학, 인류학, 지리학 등의 학문 분과간의 실증적 연구, 대화와 협력을 통한 지방연구의 이론적 시각과 방법론 개발의 필요성이 거듭 강조되어 오고 있다.

1990년대 후반 들어 전국적으로 지방화 시대와 지방문화 발전의 상관관계에 대한 연구, 지역민의 삶의 질 향상을 위한 방안, 지방의 정체성 확립이라는 과제에 대해 이론적 체계화를 담당하는 기관으로서 지역학 연구소가 앞 다투어 건립되었다. 이는 포스트모더니즘의 학문적 경향으로 일상사·미시사·여성사의 활성화에서 볼 수 있듯이 기존 학술적 담론의 다양화와 의미부여라는 분위기에서 비롯된 것이기도 하다. 더불어 지금까지 중앙에서 독점하던 학술문화운동과 정책에 대한 일종의 반작용이며 지역민들의 인식전환과 역량 증진의 결과이자 진정한 의미의 지방자치가 실현되는 기반 만들기 즉, 지역을 살아있는 정치적·경제적·문화적 공동체로 기능하도록 되살리는 몸짓으로 평가할 수 있다.

필자는 전문연구와의 경계가 불분명하지만, 기존에 수행하던 연구주제 외에 지역구성원의 일원으로 의식적으로 지역학·원주학의 정립에 참여하였다. 학계에서 주목하는 지방사 연구와 함께 지방문화 활성화와 지역연구 방법론에 대해서도 전문영역은 아니지만 나름대로 고민하였다. 이 연구들은 전문학계와 지방에서 각각 지역사·지방사·향토사로 혼재되어 불리어지고 분류되었다. 지역 연구는 역사와 전통뿐 아니라 정치와 경제, 그리고 한국사회와 문화를 재해석하려는 학문공동체의 근본적이고 전반적인 새로운 시도를 의미하는 것이라는 지적에 귀를 기울이고, 변화하는 사회환경에 능동적으로 대처하기 위한 문화적 정체성의 모색 작업이라는 점에 동의하고 많은 관심을 쏟았다.

원주에서는 1998년 연세대학교 매지학술연구소에서 주관한 원주학정립을 위한 학술심포지엄을 시작으로 지역의 학자와 전문가를 동원하여 인문·사회·자연과학의 여러 분야가 망라된 지역연구가 진행되었고, 학술지『원주학연구』

와 『원주사료총서』, 『원주학술총서』가 발간되었다. 필자의 경우 학과 교수들과 함께 학계와 지역의 문화단체가 주최하는 학술대회에 참여하여 인물과 사회연구에 매진하였다. 그 결과물로서 『강원의 동족마을』(2005, 집문당), 『강원감영연구』(2006, 원주시), 『원주향토사』(2010, 원주시 : 공저), 『원주독립운동사』(2004, 혜안 : 공저) 등의 서책을 발간한 바 있었다.

본서는 지역과 학계에서 발표한 글 가운데 조선시기 원주의 사회구조와 그 시기 활동한 주요 인물에 대한 연구의 일부를 정리하였다. 1편에서는 강원감영과 원주목이 편제된 관동수부도시로서의 원주의 사회구조를 정리하고 2편에서는 그 시기 활동한 원주의 인물들의 생애와 관력, 사상 등을 정리하였다. 최근 조선 중·후기 정치·사상사 연구가 활발하게 이루어져 인물과 정치사상 분야에서 기존의 수준에 비해 그 폭과 외연을 크게 확장시키고 있다. 당시 정계의 중심에 머물러 활약한 원주의 인물들의 연구 역시 이에 기여할 수 있으리라 기대를 담고 있다. 마지막 부편에는 원주를 비롯한 강원지역의 지역학 방법론과 연구경향을 분석하여 향후 지역학연구를 전망해 보았다. 2편의 제2장 임진왜란과 의재(毅齋) 김제갑(金悌甲)의 목민활동은 『조선시대사학보』67집(2013. 12), 제3장 송와(松窩) 이희(李墍)의 정치활동과 사회인식은 『한국사상사학』45집(2013. 12)에 실린 글을 개고한 것이다. 오랜 시기에 걸쳐 산발적으로 발표했던 글들을 묶다보니 상호 연계성이 약하고 내용이 치밀하지 못해 새삼 후회도 되고 반성하게 된다. 지역을 내걸었다는 점에서 간과했던 내용이 자세히 보완되지 않은 점도 눈에 띈다. 지역사는 역사영역만이 아닌 관련 학문의 통합적 구성임을 재차 깨닫게 된다. 이를 계기로 부족함을 절감하고 다시 노력하여 연구에 매진할 것임을 스스로 다짐한다. 관련 동학들의 질책과 비판을 바란다.

2017년 8월
오영교 삼가 씀

차례

제1편
조선시대 원주의 사회구조와 운영

제1장 원주목의 사회구조와 강원감영의 정비

1. 원주의 인문지리적 배경과 사회동향

원주는 한반도의 중부 지역에 위치하고 있으며, 반도의 중심부에 남북으로 길게 뻗은 태백산맥을 중심으로 남서쪽에 자리 잡고 있다. 원주의 지형을 보면 차령산맥이 남동부를 지나며 비로봉·삼봉·남대봉 등의 높고 험준한 산지를 이루고 북서부는 비교적 완경사로 덕고산·수래봉·관모산 등이 솟아 있다. 남북을 연결하는 치악산과 백운산이 동쪽과 남쪽을 감싸고 있어 원주는 동심원적 공간구성 형태를 보여준다. 원주는 동쪽으로 치악산을 중심으로 해발 1,000m 이상의 높고 험준한 산악 지형이 발달하였으며, 북서·남서쪽에는 해발 400~500m 정도의 낮은 산들이 에워싸고 있어서 동쪽이 높고 서쪽이 낮은 분지형태를 띤다. 원주의 지형적 특색은 옛 사료에도 '가까이에 골짜기가 있어 산이 많고 들이 적다',[1] '서북지역은 강에 연하여 있고 동남지역은 산간지역이다'[2]라고 적시되었다. 원주천이 지류인 흥양천을 합치면서 북서류하여 섬강에 유입하며, 섬강은 다시 사제천을 합치고 남서류하여 부론면 흥호리 부근에서 남한강에 유입한다. 이들 하천 유역에는 기름진 충적평야인 문막평

---

1) 『수록(隨錄)』「농첩(農牒)」정사(丁巳) 8월 5일조. '以近峽之地 山多野少'(이하 『수록(隨錄)』생략).

2) 「농첩」정사 10월 2일조 보(報) 재설(災說). '西北沿江 東南近狹'.

야와 완만한 구릉지대가 형성되어 있어 아주 오래전부터 인류생활에 적합한 곳이었다. 이는 원주 지역 곳곳에서 발견되는 선사~역사시대 유적들을 통해서 확인할 수 있다.

조선시대 원주의 지리적 위상에 대해 『택리지(擇里志)』에는 다음과 같이 서술되어 있다.

> 원주는 영월의 서쪽에 있고 감사가 다스리는 곳이다. 서쪽으로 250리 떨어져 한양이 있다. 동쪽은 재와 산협에 연하였고, 서쪽은 지평현에 인접하는데, 산골짜기 사이에 고원 분지가 열려져 맑고 깨끗하며 그리고 험준하지 않다. 영동과 경기 사이에 끼어 동해의 어염(魚鹽), 인삼, 관곽(棺槨), 궁전의 재목을 운수하여 도내의 중심지가 되었다. 산골짜기에 가깝기 때문에 무슨 일이 있을 때에는 피하여 숨기 쉽고, 서울이 가까워서 무사할 때에는 나아갈 수 있는 까닭에 한양의 사대부가 많이 이곳에 살기를 즐겨한다.[3]

이처럼 원주는 지리상 사도팔달(四道八達)의 요충지를 점하여 왔으며 고려·조선시대 중앙지역과 한반도 동남부 지역과의 문화교류의 요충지 역할을 해왔다. 또한 고려시대부터 조창[흥원창]이 설치되어 전세와 세곡을 서울로 운반하기 편리한 곳이었다. 남한강과 섬강을 끼고 있어서 수로가 발달하고 주요 역로가 통과하여 육로 또한 발달하였다. 발달한 교통여건으로 인해 서울과의 통교가 용이하여 서울의 사대부들이 많이 낙향하여 거주하였다. 토성세력들이 본관의 토착적 기반을 유지하면서 서울에 올라가 벼슬살이하기에 편리하였고, 비토성 사대부들에 의한 입거(入居)·낙향(落鄕)이 잦은 지역이었다.

원주인들의 성격에 대해 『신증동국여지승람(新增東國輿地勝覽)』에는 "동쪽

---

3) 『택리지(擇里志)』, 「팔도총론」 강원도.

에는 치악이 서리고 서쪽에는 섬강이 달리니 천년고국이다"라고 하며, 산이 수려하고 물이 좋기 때문에 예로부터 뛰어난 인물이 많다고 하였다. 또한 산간지역 소규모의 경작지가 소재한 지리적인 여건 때문에 형성된 원주의 풍속은 "저축하는 일을 숭상한다[尙蓄積]"고 하여 근검절약하는 생활상이 형성되어 있음을 설명하고 있다. 원주에 유배되어 있던 태재 유방선을 찾아가 10대 시절 수년간 그 문하에서 수학한 바 있는 서거정 역시 "이 고을의 풍속은 부지런하고 검소하며 쓰는 것을 절약하여 재물을 저축하고 물화를 늘이니 홍수와 가뭄이 들어도 재해가 되지 못하므로 진실로 동쪽 지방의 아름다운 고을이다"라고 평하였다.[4] 강원도관찰사(1483년, 성종 14)였던 성현은 "원주 사람들은 아이를 낳으면 먼저 곡식을 주어 그것의 귀중함을 가르치고 해마다 이식을 취하게 하는 한편, 대단치 않은 물건이라 할지라도 아끼기를 천금같이 할 뿐 아니라 새벽 일찍이 일터에 나가 일을 하되 쉬는 법이 없고 해가 져서 어두워야 돌아온다. 그리고 이웃끼리 모여서 마시는 법이 없는데, 혼인을 치러도 역시 그랬다. 그들은 시간을 지극히 아껴 그물로 물고기를 잡거나 산에서 꿩을 쫓아다니지 않으며, 절약하고 부지런한 사람만을 용납하였다. 일없이 떠도는 사람이 있으면 마을에서 그를 어른으로 대접하지 않았다. 그래서 가난한 집이 적고 부잣집이 많았다."[5]라고 하여 원주사람들의 인성을 평가하였다.

원주의 양반사회는 16세기 후반부터 17세기에 걸쳐 형성되었다. 특히 17세기에 들어서면서 원래의 토성 이외에 새로운 양반 성관이 대거 들어오면서 양반사회가 급속히 변화하고 있었다. 그러한 모습은 이 시기 이후 급증하고 있던 사마시(司馬試) 입격(入格)자의 상당수가 새로 이거해온 가문에서 나오고 있음에서 어느 정도 알 수 있다. 물론 사마시 입격자의 숫자만으로 향촌사회에서 그들의 역할을 밝혀내기는 어렵지만 양반사회가 관료로 나아가는 것을

---

4) 『신증동국여지승람(新增東國輿地勝覽)』 권46, 원주목조.
5) 성현, 『허백당집(虛白堂集)』 권3, 기강릉원주풍속(記江陵原州風俗).

제1의 목표로 삼고 있음을 감안해볼 때, 사마시 입격자가 많다는 것은 향촌사회에서 '향중공론(鄕中公論)'을 이끌어 가는 재지사족으로서의 입지를 다지고 있음을 알 수 있다.

이러한 원주의 사마시 입격자의 수는 『사마방목(司馬榜目)』에 의하면 573명으로 전국에서 4번째로 많았는데,[6] 17세기 이후 사마시에 입격한 자가 532명으로 총 사마시 입격자의 약 93%를 차지하고 있었으며, 이 중에서 새로 이거한 가문에서 472명을 배출하고 있었다.[7] 조선후기 전국적으로 300명 이상의 사마시 급제자를 배출한 성관은 30개였는데, 여기에 원주의 유력 성관이 포함되어 있다. 청주 한씨, 전주 이씨, 밀양 박씨, 안동 권씨, 평산 신씨, 한산 이씨, 여흥 민씨, 남양 홍씨 외에 원주 원씨, 나주 정씨, 원주 이씨, 덕수 이씨, 초계 정씨, 풍산 홍씨, 연안 김씨, 강릉 최씨가 원주지역의 사마시 다수 배출 가문으로 정평이 나 있었다.

한편 원주로 낙향하고 있던 유력 가문들은 고위관직자 출신이거나, 외가·처족의 소재지, 또는 사패지(賜牌地)를 지니고 있어 경제적·인적 기반이 우월하였고 이를 바탕으로 비교적 안정적으로 정착하였다. 이는 원주·횡성 등 원주 인근 지역 소재 동족마을의 형성과정과 입향 계기에서도 살펴볼 수 있다.

또한 조선전기 이래 원주는 감영이 소재한 강원도의 수부(首府)로서 교육적 여건이 여타의 지역보다 좋았다.[8] 특히 17세기 이후 학문의 전통과 좋은 교육환경을 반영한 서원과 사우(祠宇)의 건립이 급속히 이루어졌다. 운곡

---

6) 사마시 입격자가 가장 많았던 지역은 한양으로 14,338명이었고 그 다음으로 많은 지역은 안동으로 783명이었다. 세 번째로 많은 지역은 충주로 624명이었다(최진옥, 『조선시대 생원 진사 연구』, 집문당, 1998).

7) 원주에서 생원·진사에 입격한 자는 573명이었지만 이 중에서 8명이 양시(兩試)에 모두 입격하고 있기 때문에 실제 총 입격자 수는 565명이다. 또한 세기별 입격자 수는 다음과 같다.
15세기 : 4명, 16세기 : 35명, 17세기 : 130명, 18세기 : 151명, 19세기 : 245명 (장영민, 「조선시대 원주 거주 사마시 입격자와 양반사회」『조선시대의 사회와 사상』 조선사회 연구회, 1998.).

8) 『성종실록』 권167, 15년 6월 경오.

원천석을 비롯하여 팔계군 정종영, 구암 한백겸, 관란 원호를 배향한 사액(賜額)서원인 칠봉(七峰)서원을 비롯하여, 관설 허후를 모신 도천(陶川)서원, 우담 정시한을 모신 도동(道東)서원, 사한 김창일을 모신 취병(翠屛)서원이 있었다. 사우인 충렬사(忠烈祠)에는 원충갑을 주향으로 김제갑과 원호(元豪)를 배향하였다.

그런데 원주지역 사대부들은 끊임없이 서울로의 진출을 모색하였고, 또한 수시로 진출하고 있었다는 점으로 인해 경상도나 전라도 등 정주가 확고한 지역과 같은 강력한 사족지배체제가 형성되기 어려웠던 것으로 보인다. 이 점은 원주에서 감영을 주변으로 한 영리(이서)층들이 다른 지역보다 영향력을 확대해 나아갈 수 있는 하나의 원인이 되기도 하였다.

18~19세기에 들어서면서 재지사족들의 향촌에서의 삶은 새로운 국면을 맞이하게 되었다. 이 시기는 생산력의 발전, 상품화폐경제의 발달과 이에 따른 농민층의 성장과 저항이 나타나고 사회신분제의 변동으로 인해서 신향(新鄕)과 구향(舊鄕)간의 갈등, 기존 재지세력의 몰락이 나타나고 있었다. 이러한 변화 가운데 원주의 사대부들은 자신들의 사회·경제적 기반의 확보를 위해 동족마을을 형성하여 원주 전체의 일향(一鄕)지배보다는 연고권이 있는 근거지 촌락의 지배권을 행사하였으며, 혼인망을 통해 결속을 공고히 하였고, 조세부과를 비롯한 향촌사회 문제에 공동으로 대처하기 시작하였다.

한편으로 사회의식이 성장한 농민들이 주도하여 조선왕조의 경제적 지배의 양식인 조세부과(환곡)에 항거하여 부정을 행한 담당 이서를 살해하는 등 적극적인 봉기를 일으켰다.

2. 원주의 사회구조와 강원감영

1) 조선전기 지방제도와 원주목

조선왕조의 개창은 고려후기 이래 제기된 여러 사회 모순 속에서 이를 극복하고 새로운 이상사회를 구현하려는 사대부세력의 주도와 민의 성장이 뒷받침되어 이루어졌다. 이에 따라 조선왕조는 이들의 요구를 적극적으로 수렴하여 통치체제를 정비하였다. 개성 수창궁에서 즉위한 태조 이성계는 태조 3년(1394) 10월 한양으로 천도하고 궁궐·종묘·사직 등을 정비하여 새로운 수도를 건설하는 데 주력하였고, 중앙제도의 개편과 아울러 지방제도의 정비에 진력하였다. 조선왕조의 중앙집권적 통치체제의 틀은 조선초기에 형성되었다. 이는 관료제와 군현제를 근간으로 한 것이었다. 상징적으로 군주가 왕정의 핵심에 위치하면서 실질적으로는 의정부·육조·삼사(三司)를 중심으로 한 관료체제였고, 왕권과 신권이 조화를 이룬 가운데 이상적인 유교정치를 수행하도록 구성되었다. 조선시기 관료제도는 고려 말엽의 제도를 계승하여 태종연간을 중심으로 조선적인 내용을 갖춘 뒤 『경국대전』에 정리 수록되었고, 이때 형성된 제도적 골격은 19세기에 이르기까지 대체로 유지되었다.

조선이 지방사회를 재편하는 데 기본 골격이 된 것은 군현제였다. 군현이란 진한(秦漢) 이래 성립한 중앙집권적인 지방행정제도로서 전국에 동일한 정령에 입각한 행정구획을 정하여 중앙정부에서 선임한 수령으로 하여금 지방행정을 전담하게 하는 제도이다. 군현제는 앞서 고려시기부터 끊임없이 정비되었다.

조선시대 지방제도의 개편은 관제·전제·병제의 개혁과 함께 획기적으로 진행되었다. 1395년(태조 4) 6월 6일에는 한양부를 한성부라 개칭하였다. 동년 6월 13일에는 개성부를 개성유후사(開城留後司)로, 양광도(楊廣道)를 충청도로, 서해도(西海道)를 풍해도(豊海道)로 개칭하였으며, 강릉도(江陵道)와 교주도(交州道)를 합하여 강원도로 명명하게 되었다. 도명이 정착한 과정을 살펴보면 전라·경상도는 이미 고려후기에 정해졌고 충청·황해·강원도는 태조 4년에, 평안·영길(함경)도는 1413년(태종 13)에 개정되었던 것이며,[9] 동 14년에는 종래의 경기 좌·우도를 합쳐 그냥 경기도로 호칭함으로써 비로소 8도제가 확립되었다. 1417년(태종 17) 영길도와 평안도에 관찰사가 파견되면서 비로소 전국적인 관찰사제로 확립되었다. 강원감영은 태조 4년 6월부터 원주에 설치되었다. 강원도는 1399년(정종 원년)에는 원주의 속현인 영춘과 충주의 소관인 영월을 서로 바꾸었고, 1413년(태종 13)에는 가평을 경기도에 이속하였으며, 반면 경기도의 이천(伊川)현을 강원도에 이속시켰다. 또 1434년 (세종 16)에는 철원을 강원도에 이속시켰다.[10]

각 도계는 신라의 9주, 고려시대의 12목 혹은 8목 및 10도 등의 구획이 고려되어 도내 주·목의 읍명을 조합한 도명이 정착되면서 각 계수관의 영속관계에 있는 군현분포를 염두에 두고 조정되어 갔던 것이다. 여기에는 왕조교체에 따른 수도의 이전, 과전법의 실시에 따른 도역(道域)의 재조정 및 산천지세와 같은 보다 합리적인 기준 등이 고려되었고 또한 역사적인 전통이 중시되었다.

호구와 전결수를 비롯한 도세는 시대의 흐름에 따라 크기의 차이가 있었다. 전답의 다과와 토질의 비척 및 물산의 풍요와 빈핍, 농업생산성에 있어서 도별 차이가 많았다. 이에 따라 인구분포의 밀도에도 차이가 많아 지역마다

---

9) 『태종실록』 권26, 태종 13년 10월 신유. 강원도의 명칭이 조선왕조의 태조 4년(1395) 6월 13일 정식으로 개칭되었고, 강릉도와 교주도를 합하여 강원도라고 칭한 것은 정3품관 소제지인 강릉(대도호부 소재)의 '강'자와 원주(원주목 소재)의 '원'자가 합쳐진 것이다. 강원도의 명칭은 1395년 6월 13일에 제정된 이후 1895년까지 무려 10여 차례의 변경과 복칭(復稱)이 되풀이 되었는데, 그것은 강상에 위배되는 사안이 발생했을 때 해당 지방관청의 등급까지 강등하였고, 강등된 지방 명칭의 글자를 도명에 쓰지 않았기 때문이다.

10) 원영환, 「강원감영의 사적고찰」, 『강원사학』 4, 강원대학교 사학회, 1988 ; 「조선시대 강원도 행정체제 변천에 관한 연구」, 『강원사학』 10, 1994.

균형있는 발전을 기하기가 어려웠던 것이다. 국가 수취체제가 전국을 공평하게 일체화시키지 못한 데 따라 국가의 수취체제와 주민들의 부담에 있어서도 경중과 고헐(苦歇)의 차이가 있었다. 특히 거주 지역에 따라 주민에게 지우는 국가적 부담에 경중의 차이가 있었던 바, 경기도는 수도를 둘러싸고 있어서 각종 사객의 영송, 빈번한 요역 및 공물과 진상 등이 타도에 비해 편중되었고, 강원도의 평강·횡성·철원 등지는 강무지(講武地)로서 주민의 부담이 과중했다. 조선시대 지방행정은 바로 이러한 도별 사정을 고려한 바탕 위에서 설정되었으나 실제 운영과정에서 여러 문제점과 한계가 노정되었다.[11]

조선시기에 들어와 광역의 행정구역을 고려의 5도 양계와 달리 8도체제로 개편하고, 예하 신분적·계층적인 성격의 군현을 명실상부한 행정구역으로 개편하였다. 고려시대의 경우 외관은 큰 군현이나 중요한 곳에 선택적으로 파견되었고, 다양한 외관·속관이 존재했다. 속현은 소속 주읍의 관내에서 독자적인 구역과 주민을 가지면서 향리·향교·공관·관노비·현사(縣司) 등도 보유하고 있어 어떤 경우에는 주읍보다 큰 곳도 있었다. 이들 속현은 소속의 이동과 병합, 직촌화 등의 과정을 거쳐 주현으로의 전환, 정리되었다. 태종 연간 행정구획 개편과정에서 속현과 향(鄕)·소(所)·부곡(部曲)·처(處)·장(庄) 등 임내(任內)의 정리, 소현의 병합, 군현 명호의 개정 등 지방제도의 개혁에 커다란 성과를 거두었다. 세종·세조대에도 임내의 혁파는 계속되어 군현제의 정비가 큰 진전을 보게 되었다. 지방의 통치체제, 지배질서는 점차 정비되어 갔다.

조선 건국의 주체세력은 전 군현에 지방관을 파견하고 이들을 매개로 군현을 지배하려 했다. 초기 중앙집권체제를 추진하는 데 있어 급진적 개혁파들의 입장이 반영되어 왕권의 절대성이 강조되었고, 지방지배에서도 왕권의 대행자인 수령 중심의 지배질서가 추구되었다. 당시 집권층은 『주례』를 중시

---

11) 이수건, 「도제의 정비와 팔도체제의 확립」『조선후기지방행정사』, 민음사, 1989.

하여 민에 대한 국왕의 제일적 지배체제를 추구하였다. 초기 중앙집권체제의 중추로서 절대권을 추구해 간 왕권은 지방관의 권위를 절대화하려 하였고, 그만큼 지방관의 자질 확보와 그들을 통제하는 문제에 각별한 관심을 기울이지 않을 수 없었다. 이러한 과정을 거쳐 지방군현의 수는 1418년(태종 18) 300여개 군현, 1434년(세종 16)의 기록에 327개, 『세종실록지리지』에 334개에 이르며, 『경국대전』 단계에서 부 4, 대도호부 4, 목 20, 도호부 44, 군 82, 현 175개로 구성되었다. 조선초기에 이들 모든 고을에 1인의 목민관이 파견되었음을 감안할 때 전임외관의 수는 고려시기에 비해 대폭 증가되었음을 알 수 있다.

조선초기에 확립된 외관제의 운영은 관계제도와 밀접한 관련을 유지하고 있었다. 『경국대전』 이전 외관직에는 종2품 관찰사부터 종9품 도승까지, 병전 외관직에는 종2품 병마절도사부터 종6품 병마절제도위(兵馬節制都尉)까지 외관직의 관계(官階)가 정하여 수록되어 있다. 외관직의 관계가 문관의 경우에는 당상관·참상관·참하관으로 구성되어 있고, 무관의 경우에는 참하관은 없이 당상관과 참상관만으로 이루어져 있다. 이를 관계를 기준으로 정리하면 〈표 1〉과 같다.

〈표 1〉『경국대전』 이전 외관직의 관계

관계	이전 외관직	병전 외관직	비고
종2품	관찰사·부윤	병마절도사	
정3품	대도호부사·목사	수군절도사〈절충〉	당상·당하관의 구분
종3품	사(숭의전)·도호부사	병마우후·병마첨절제사·수군첨절제사	
정4품		수군우후	
종4품	수(숭의전)·서윤·군수	병마동첨절제사·수군만호·병마만호	
종5품	령(숭의전)·도사·판관·현령		
정6품		병마평사	
종6품	감(숭의전)·찰방·현감·교수	병마절제도위	이상 참하관
종9품	참봉·훈도·역학훈도·왜학훈도·심약·검율·역승·도승		

조선초기 외관제 구조의 특징 중 하나는 겸직제의 활용이다. 조선초기 외관의 겸직제는 경관이 외관을 겸직하는 경우와 외관이 외관을 겸직하는 경우로 대별할 수 있다. 이 가운데 후자의 경우 다양한 사례를 볼 수 있는데 관찰사의 병·수사 겸직, 병사의 수령 겸직, 수령의 병마직 겸직, 수령의 수군직 겸직 등은 동·서반의 상호 겸직에 해당하고, 관찰사의 수령 겸직, 수령의 교관 겸직, 병사의 수사 겸직 등은 동·서반 내의 겸직이라 할 수 있다.

모든 군현들은 명호상 부·목·군·현의 구분에 따른 읍격의 차등이 있고 수령들의 질품 역시 현격한 차등이 존재했다. 그러나 이들 군현들은 각각 독자적인 행정영역을 가지고 도 아래에 병렬적으로 편성되어 통치기능을 수행하였다. 조선왕조는 이를 통해 중앙집권적 정치체제로의 개편을 도모하였으나 완벽하지 않아 별도로 전국 25개소에 걸친 계수관(界首官)을 새로 정해 도와 군현 사이에 중간적 존재로서 도의 지시를 소속 군현에 전달하여 군현을 통괄하도록 하였다.[12]

이렇게 볼 때 15세기는 지방제도의 개혁이라는 면에서 볼 때 획기적인 시기였다. 즉 고려의 5도·양계가 팔도체제로 확정되고, 신분적이고 다원적이던 군현제가 일원적으로 행정구획화 되며, 사심관제가 경재소와 유향소로 분화 발전해 나가고, 종래의 속현과 향·소·부곡이 소멸, 직촌화하면서 새로운 면리제로 점차 개편해 나갔던 것이다. 경재소와 유향소는 조선왕조의 창건 주역인 신흥 사대부 세력이 종전 군현내 지배권을 행사하던 향리를 배제하고 그들 주도의 지방통치와 성리학적 향촌질서를 확립하려는 과정에서 설치되었던 것이다.

『경국대전』에 의하면 전국 8도와 329개 군현에 파견되었던 중앙관원은 도합 795명이었다.[13] 경상도가 158명으로 가장 많았고, 다음이 전라도로 132명이었으며 황해도 58명, 영안도(함경도) 60명에 이르렀다. 이는 각도의

---

12) 이희권, 『조선후기 지방통치행정연구』, 집문당, 1999, 12쪽.
13) 『경국대전』 이전 외관직조.

인구수와 토지결수 등 도세의 차이에서 비롯된 것이었다. 강원도는 62명이었는데 종2품 관찰사 1인, 정3품 대도호부사·목사 각1인, 종3품 도호부사 5인, 종4품 군수 7인, 종5품 도사 1인, 판관 2인, 현령 3인, 종6품 찰방 2인, 교수 7인, 현감 9인, 종9품 훈도 19인, 검약 1인, 검율 1인, 역승 2인으로 구성되었다. 강원감영 하의 강원도의 행정체제를 보면, 정3품의 대도호부사가 관할하는 강릉대도호부와 정3품의 목사가 관할하는 원주목, 종3의 도호부사가 관할하는 양양·삼척·회양·춘천·철원의 5개 도호부, 종4품 군수가 관할하는 평해·통천·고성·간성·영월·정선·평창의 7개 군, 종5품의 현령이 관할하는 울진·흡곡·금성의 3개 현, 종6품의 현감이 관할하는 이천·평강·김화·낭천·홍천·안변·양구·인제·횡성·안협의 10개 현이 있었다. 이상과 같은 강원도의 지방체제는 부·목·군·현의 강등과 승격이 있기는 하였으나 대체적으로 변동 없이 1895년 23부제가 실시될 때까지 유지되었다.

조선전기 강원도의 군현의 구조와 관원에 대해서는 〈표 2〉와 같다.

〈표 2〉 조선전기 강원도의 군현

	주 부윤 종2품	주 대도호부사 목사 정3품	주 도호부사 종3품	군 군수 종4품	현 현령 종5품	현 현감 종6품
		강릉·원주	회양·춘천· 양양·철원· 삼척	평해외 7	금성외 3	양구외 9
유향소 좌수	1	1	1	1	1	1
별감	3	3	3	2	2	2
읍사	주(부)사	주(부)사	부사	군사	현사	현사
교관	교수	교수	교수	훈도	훈도	훈도
향교유학생도	90	90	70	50	30	30
관둔전전결수	20	20	16	16	12	12
름전 아록전	50	50	50	40	40	40
공수전	15	15	15	15	15	15
외아전 서원	34	30	26	22	18	18

일수	44	40	36	32	28	28
관노비수	600	450	300	150	100	100
향교노비수	30	25	20	10	10	10

〈표 2〉와 같이 군현은 읍격과 수령의 관등에 따라 인적 구조와 물적 정액의 차이가 있었다. 그러나 정수는 법제상 정해진 것이며 실제는 읍세의 크기에 따라 차이가 있었다. 여기에는 토지와 전결수의 차이가 전제된 것이었다. 조선왕조는 집권체제를 유지하기 위하여 국가의 재정적 기초인 인적·물적 자원을 철저하게 파악하였고 그 정비에 주력하였다. 조선 전시기에 걸쳐 특히 남정(男丁)의 조사에 중점이 두어졌다. 이는 군현제 유지에 절대적 자원인 군역 등 각종 역역의 부담자를 파악하기 위한 것이었다. 호수는 각종 역역과 공물의 부과 징수를 위하여 일정한 편성원칙에 따라 이루어진 편호, 곧 법제호 이며 구수(口數)는 그에 속한 양역부담자의 수이다.

원주는 본래 고구려 평원군으로 신라 문무왕 때 북원소경을 설치하였다. 고려 940년(태조 23)에 지금의 명칭인 원주로 고쳤고 1018년(현종 9)에 지주사 (知州事)가 되었다. 1308년(충렬왕 34)에 원주목으로 승격되었다. 영월군, 제주(堤州), 평창현, 단산현, 영춘현, 주천현, 황려현을 비롯한 군 2곳, 현 5곳이 소속되었다.[14] 조선시대에 들어와 감영의 소재지인 원주는 지방행정단 위 등급으로 제 3위인 목이었다. 원주목사는 정3품으로 여타의 지방관처럼 관찰사 예하의 목민관이다. 『경국대전』의 규정에 의하면 '본관'인 원주목에는 목사(정3품) 1인, 판관(종5품) 1인, 교수(종6품) 1인 기타 아전·지인·사령 등이 있었다.

조선왕조는 집권체제를 유지하기 위하여 국가의 재정적 기초인 인적 물적 자원을 철저하게 파악하였고 토지와 민에 대한 정비에 주력하였다. 고려 말에 전제개혁이 단행되어 개국 초에 토지문제가 크게 제기되지 않았으나,

---

14) 『고려사』 권제56, 지제10 지리1 원주.

인적 자원의 확보원인 호구문제는 국초에 해결해야 할 중요한 과제였다. 중요한 호구시책으로 호적관계법의 제정과 호구성적의 시행, 호패법·인보법의 실시, 노비변정사업, 군액확보책, 유이민 방지책 등을 들 수 있다. 조선왕조가 국초부터 호적의 정비에 심혈을 기울인 것은 군역 등 각종 역역의 부담자를 파악하기 위한 것이었다. 따라서 인구의 조사보다는 남정(男丁)의 조사에 중점이 두어졌다. 태종 4년과 6년 그리고『세종실록지리지』소재의 호구통계는 그러한 목적에서 작성된 것이다. 호수는 각종 역역과 공물의 부과 징수를 위하여 일정한 편성원칙에 따라 이루어진 편호, 곧 법제호이며 구수는 그에 속한 정남(丁男) 또는 양역부담자의 수이다. 호의 편성은 법제호의 경우 정수(丁數), 소유전결 수 또는 가옥의 규모 등에 의하여 편호되었다. 먼저 가옥의 규모에 따른 호의 등급을 보면, 1435년(세종 17) 각도 각 관의 호적을 차등성적할 때에 경중(京中) 5부에서는 가옥 칸수에 따라 대호(40칸 이상), 중호(30칸 이상), 소호(10칸 이상), 잔호(5칸 이상), 잔잔호(4칸 이하)의 5등급으로 나누었다. 그리고 전결 수에 의한 구분에 의하면, 50결 이상은 대호, 20결 이상은 중호, 10결 이상은 소호, 6결 이상은 잔호, 5결 이하를 잔잔호로 나누기도 하였다.

그런데 세종 18년 감사가 보고한 강원도 도내의 토지면적과 호수의 실태는 다른 지역과 상이했다. 도내 26개 지방의 민호 11,536호 중 대호가 10호, 중호 76호, 소호 1,641호, 잔호 2,043호, 잔잔호 7,773호로 이루어져 있다. 영서 지역은 정전(正田)보다 산전(山田)이 배나 되는 실태를 감안할 때 다른 도의 호적기준에 의한 호역배분이 이루어지면 강원도민들이 어려움에 처할 수밖에 없음을 보고하고 있다. 이에 대해 차후 강원도의 경우 20결 이하와 10결 이상으로 중호를 삼고 6결 이상으로 소호를 삼으며, 4결 이상으로 잔호, 3결 이하로 잔잔호를 삼게 하여 조정의 허락을 받고 있다. 조선전기 강원도의 경우 척박한 하등전이 많았음을 보여주고 있다.

15세기 중반(단종 2년,1454) 강원도의 인구 구성은 〈표 3〉과 같다.

<표 3>『세종실록지리지』에 의한 강원도의 인구 구성

	호수	인구수	군정
원주목	1,315	3,513	시위군 284, 선군 82
강릉대도호부	1,350	4,392	시위군 165, 선군 250
양양부	857	1,277	시위군 73
회양부	222	592	시위군 158
춘천부	108	251	시위군 298, 선군 134
삼척부	581	2,613	시위군 63, 선군 21 진군 21, 방패군 15
강원도	11,084	29,009	시위군 2,276, 선군 1,384
전국	226,310	702,870	

『세종실록지리지』에 따르면 원주의 경우 호구는 1,148호에 3,233명, 간전(墾田)은 7,556결이고 논이 5분의 1이 넘는다고 하였다.[15] 1호당 6.58결의 토지가 돌아갔으므로 강원도 평균보다 2배 가까운 토지를 경작하였다는 것이고 벼를 재배할 수 있는 논이 1/5을 넘는다는 것은 원주가 상대적인 생산력이 높았다고 볼 수 있다. 이처럼 강원감영이 설치된 원주목은 인구와 전결수가 도내 타지역보다 많았음을 확인할 수 있다.

수령의 임무는 농업의 장려[농상성(農桑盛)], 호구의 확대[호구증(戶口增)], 교육의 진흥[학교흥(學校興)], 군정의 정비[군정수(軍政修)], 균등한 부역부과[부역균(賦役均)], 간결한 소송[사송간(詞訟簡)] 그리고 향리의 부정방지[간활식(奸猾息)] 등인데, 그 가운데 중요한 것은 중앙 및 상급관청에 대한 각종 세공의 납부와 민심의 장악이었다. 다시 말해 수령의 통치는 농업 생산과 재생산의 지원, 담세원으로서의 호구의 확보, 수취체계의 운영, 체제유지를 위한 지배이데올로기의 확산, 군정 및 행정의 수행, 재지세력에 대한 견제가 그 중심내용이었다. 또한 수령은 각종 사송의 해결권과 정령(政令)의 수행권을 지니며 면리제

---

15) 『세종실록』 권153, 지리지 강원도조.

·오가통제 내 면리임(면 단위의 권농관·감고, 리 단위의 이장·이정·방별감) 등 하위 직임자들에 대한 총괄 임무를 부여받고 있었다. 관찰사와 수령은 사법권 행사가 가능했다. 수령은 고려시대부터 태형(笞刑) 이하는 법률에 의거하여 직단할 수 있되, 장형(杖刑) 이상은 관찰사에게 보고한 후 명을 받고서야 벌을 줄 수 있었는데, 이 제도는 조선에서도 그대로 시행되었다. 삼핵법(三覈法)의 경우에도 관찰사가 먼저 차사원(差使員)을 정하여 그 읍의 수령과 함께 추문케 하고, 그 다음에 차사원 2원을 정하여 고핵하게 한 후, 마지막 단계로 관찰사가 친문한 후 임금에게 의견을 아뢰는 계달(啓達)의 행정체계를 유지하고 있었다.[16] 수령제 운영에서 출신지역에 부임하지 못하도록 하는 상피제가 적용되었다.

조선시기 지방관청의 재정은 재정의 중앙 집중이라는 일원화된 체계 속에서도 독립된 경제단위로서 존속되었고, 정연한 회계원리 하에 운영되고 있었다. 지방관청의 재정내역은 크게 경사각아문 및 감·병영에 대한 상납분과 자체 징수하여 사용하는 경비분으로 구분된다. 군현제 하에 편재된 각급 지방관청에는 육방관속이 소속된 정청(政廳)기관 외에도 각종 수세와 통치업무를 행하는 여러 기관(庫·色·廳)이 설치되어 있었다. 이들 기관은 각각 독립된 재정체계를 보유하고 일정한 회계원칙에 의해 수지가 이루어졌다. 지방관청은 개별 회계단위가 되는 각 기관에 대해 「각고전곡도록(各庫錢穀都錄)」·「방하치부책(放下置簿冊)」·「분급치부책(分給置簿冊)」 등을 기록하게 하고, 향촌에서 추천되는 좌수 1명과 별감 2명의 삼향소(三鄕所)와 호장·이방·호방(수형리)의 삼공형(三公兄)과 해당 감색(監色)으로 하여금 매달 초하루와 보름에 회계하도록 하였다.

각 지방관청의 세입내역은 크게 토지수입, 호역(戶役)수입, 신역(身役)수입, 잡세수입과 환곡의 이자수입으로 구분할 수 있다. 이 가운데 조선후기 지방

---

16) 『경국대전』 권5, 형전 추단조.

자체 봉용분은 관둔전(官屯田), 아록(衙祿), 공수전(公須田), 노전(蘆田) 등 토지수입, 치계(雉鷄), 시탄(柴炭) 등 현물인 호역수입, 군관전, 보인(保人)의 정전(丁錢) 등의 신역수입 및 잡세수입이었다. 민들의 요역은 전세미의 수송, 공물·진상·잡물의 조달·토목공사, 지대(支待), 영접 등에 관련된 것으로 구분할 수 있고, 대체로 중앙재정을 위한 것이나 지방재정을 위한 부분도 있었다.[17]

군현의 통치체제를 이끌어 가는 주요 역할을 수행하는 존재는 향리들이다. 향리는 조선시대 지방관 아래에서 행정실무를 담당하였던 계층으로 일반적으로 지방관청에 속하여 각 지방의 행정을 맡아 지방사정에 다소 생소한 중앙에서 파견한 관리를 보좌하여 실무를 처리하였던 토착적이고 세습적인 하급관리로서 백성들과 직결된 가장 중요한 위치에 있었다. 수령의 하부 행정체계로서는 읍사를 중심한 향리조직 외에 서울의 경재소와 연결된 유향소를 중심한 재지사족, 그리고 면리행정을 담당한 면·리임으로 구성되어 있다. 또한 세공납부와 관련하여 경저리(경주인)·영저리(영주인)이 존재하여 군현과 중앙 각사 및 감·병영과 연결되어 있다. 그 밑에 각종 천역을 담당하는 관노비가 있었다.

2) 원주의 읍치와 군현편제

(1) 원주목의 읍치구조

조선시대 군현은 전형적인 개별적인 행정구역인 동시에 주민들의 일상생활권, 생산현장 및 개별적인 문화권을 갖고 있었다. 행정구역으로서의 읍격[주·부·군·현]은 대체로 그 지역민들의 형세와 농업생산성의 우열과 비례하였다. 군현의 구획에는 그 읍치의 규모에 따라 감영·병영·동헌의 소재지로서 대체로

---

17) 「치군요결」 근수공곡조(謹守公穀條), 「목민대방」 절재용조(節財用條)(『조선민정자료』) ; 오영교, 「조선후기 지방재정과 관청식리」 『조선후기 향촌지배정책 연구』, 혜안, 2002.

개활지·분지형태를 취하며 각각 일정한 산과 천, 전과 답 및 산림수택을 보유하고 있어 지역내 주민들에게 불과 물, 곡식과 마·모시·목면의 피복원료, 과실과 채소 기타 생필품을 제공해준다. 소금과 해산물은 강을 통해 교환·거래된다. 행정구역으로서의 주·부·군·현의 읍격(邑格)과 성관(姓貫)상으로의 본관의 지망(地望)의 구분은 대체로 그 토성(土姓) 이민(吏民)의 형세와 농업생산성의 우열과 비례하였다. 고을마다 '진산(鎭山)'이 지정되어 있고 사직단과 성황사, 려단과 문묘라는 사전(祀殿)이 정해져 있으며, 또한 고을 영내[주읍]에는 수령과 관속들이 혼거하는 읍치지역, 반촌과 민촌, 점촌과 산촌, 어촌 등으로 구성되어 있으며 각 읍치가 자리한 지역마다 산과 천으로 서로 격리되어 각기 개별성과 자율성을 가지면서 각 구획들은 개별적인 하나의 세계를 형성하여 자급자족적인 지역공동체를 형성하였다. 원주목을 비롯한 강원도 관내 26개 군현은 바로 그러한 특징을 지닌 채 개별성과 독자성을 가지면서 상급행정기관인 감영의 지휘·감독 하에 있었다. 원주목의 관내는 태종 원년 견아상입지(犬牙相入地)였던 원주 속현인 영춘과 충주 소관 영월의 소속도를 서로 바꾸었다. 주천, 강천, 서원, 각림사 일대도 원주의 소속지였다. 15세기 중반『세종실록』지리지에 의하면 원주의 속현은 주천만이 존재한다.[18)]

읍치에는 관아를 비롯하여 공해(公廨)들이 배치되고 수령과 관속들이 상주하면서 행정과 통치를 구현했던 지방사회의 중심지였다.

여말선초 시기 전국적인 치소(治所)의 이동과 이와 맞물려 진행된 읍치 공간의 전환 속에서, 다수의 지방 군현이 한양 도성을 모방하여 풍수적 산을 중심으로 읍기(邑基) 배후의 산을 진산으로 선정하고 있다. 여말선초시기 치소가 종전 산성형태의 치소성에서 평지로 이동하였고 적지 않은 군현의 읍치 구조가 도성을 모방하여 풍수적 원리를 반영한 채 전환된 사실과 밀접하

---

18)『세종실록』권153, 지리지 강원도 원주. 15세기 중반에도 원주의 월경처로서 충청도 제천현 가질문촌과 원은촌, 경지고 지평현 죽장촌·북평촌·거질단·송현 등 6마을이 존재한다. 소령(所領)으로 지도사(知郡事) 영월과 횡성·홍천현이 있었다.

게 연관되어 있었다. 여말선초 시기를 경과하면서 치소가 산을 후면에 두면서 평지에 위치한 경우가 많아졌고, 외관 주도의 지방지배질서가 대두되고 강화되면서, 이러한 지방지배질서의 전환과 맞물려 읍치의 공간적 구조는 도성을 모델로 하여 재편되고 있었다. 이와 같은 시대적 배경 속에서 지방사회는 도성을 모방하여 풍수적 주산 혹은 조산을 진산으로 대거 선정하고 있었다.[19]

〈표 4〉 강원도지역의 진산현황

지명	진산	비고	지명	진산	비고
강릉	대관령 서45리		삼척	갈야산 북 1리	갈야산은 읍기주산
양양	설악 서북 50리		평해	부곡산 서 1리	
간성	마가리산 서 30리		고성	전성산 서 9리	
통천	동화산 북 1리		울진	안일왕산 서 41리	
흡곡	박산 북 50보		원주	치악산 동 25리	
춘천	봉산 북 1리		정선	비봉산 군 북	
영월	발산 북 5리	발산(5리) 읍주맥	평창	노산 북1리	
인제	북룡산 북 2리		횡성	마산 북2리	마산(2리)은 읍 주산
홍천	석화산 현북		회양	의관령 북 1리	
철원	고암산 북 40리	궁예 당시 설정	금성	경파산 북 2리	경파산은 아사(衙舍)주산
양구	미봉산 북 2리		낭천	생산 서 1리	
이천	성산 북 2리		안협	만경산 북 2리	
김화	오신산 북 13리				

여말선초 고려의 군현인 치소성이 폐기 방기된 반면 치소가 대개 인근 평지로 이동하였고, 외관 주도의 지방지배질서가 대두하였다. 진산의 선정은 국가에 의해 일방적으로 이루어지지 않고 지역사회에서 결정되는 것이었다.

한편 조선왕조는 오례(五禮)에 의한 왕권의 수립과 안정에 주력하였다. 이 시기의 예론으로서는 『주자가례』, 세종대의 『오례』 그리고 성종 5년(1474)

---

19) 『신증동국여지승람』 산천, 비고란의 내용출처는 『여지도서』(최종석, 「조선시기 진산의 특징과 그 의미—읍치공간 구조의 전환의 관점에서—」 『조선시대사학보』 45, 2008, 37~38쪽 참조).

에 만들어진『국조오례의』등이 널리 이용되었다. 여기에서『국조오례의』는 종래 왕권 중심의 오례가 여말 사대부 층의 성장 속에서 가례가 인정되고, 오례와 가례가 절충된 형태로서 예론으로서 일단락 지어짐을 말해준다. 오례는 길·흉·가·빈·군례를 말한다. 길례는 천지인(天地人) 삼재와 대사·중사·소사의 3등급의 신위로 짜여져 있다. 대사에 해당되는 것은 종묘사직이고, 중사는 풍운 뇌우 등이고, 소사는 명산대천 칠사(七祀)같은 것이다. 강원도의 치악산은 그러한 소사에 해당하는 곳이고, 사묘(祀廟)의 위판은 '치악지신(雉嶽之神)'이라고 쓰도록 하였다.

조정에서는 춘추로 제관을 파견해서 치악산 자락에 소재한 보문당(普門堂)에서 국사의 평안을 빌었다. 성리학적 관념에서 영성과 명산대천에 제사를 지내는 것은 분명히 음사였지만 국가의 안위를 위해서 조정이 주도적으로 제사를 지냈고 이에 대해서 누구도 시비를 거론하지 않았다.[20]

조선초기 중앙의 정치세력은 성리학적 질서를 구현하려 했다. 지방 의례의 정비도 이러한 이념의 한 표현이며 이 과정에서 성황당과 려단(厲壇), 사직단, 문묘라는 사전 등을 모두 읍치에 설치하는 등 의례의 표준화에 착수하였다. 비공인 제사인 음사(陰祀)를 혁파하고 성황당 등에서의 제례를 지방관이 주재하며, 제사 물품을 관아에서 지급하는 규례가 마련되었다. 이러한 국가의 정책은『홍무예제(洪武禮制)』에 근거한 것으로 춘추로 정례화하고 수령이 제의를 행하는 관주도의 형태로 정형화하는 것으로, 전승제의 관행을 전적으로 부정하고 여기에 정형화된 제의를 대체하여 이입하려는 특성을 갖는 것이다. 성황제를 비롯한 제의에 반영된 지방사회 토호세력의 자의성과 지역성을 배제하고 수령중심의 통치질서를 구축하려는 국가의 의도를 반영하는 것이었다. 중앙정부에서 각 군현에 설정한 의례는 중앙정부가 모든 신격(神格)

---

20) 조선후기에도 제사는 계속되어 숙종 29년 7월 계유조에 "예조에서 치악산과 계룡산의 제례와 축문식에 따라 정월·2월·7월에 설행할 것을 청하자 윤허하였다"라는 기록을 볼 수 있다(『숙종실록』29년 7월 계유).

을 관장하여 지역민의 안녕을 책임진다는 상징적 역할이 부여되어 있다.[21]

이런 국가주도의 신앙과 별도로 토착화 민간신앙이라 할 수 있는 별신제가 사월 초파일과 칠석에 성대하게 행해졌다. 즉 무속에 뿌리를 둔 별신제란 교유의 신앙의례가 외지에서 들어와 불교와 칠석의 풍속과 습합되어 원주 고유의 신앙의례와 세시풍속으로 발전하였다. 그러나 16세기 이후 자연촌이 성장하고 광역의 리가 점차 분화하는 등 지역공동체의 규모가 작아지면서, 그들의 공동체 신앙도 동리 단위로 축소되었다. 즉 자연촌을 기반으로 한 동제가 성행하면서 고을 단위 공동체 신앙은 쇠퇴해 갔다.

읍성의 제례시설로는 땅과 곡식에게 제사드리는 사직단이 읍성의 서쪽에, 공자를 비롯한 유학자들을 모시는 문묘가 향교와 함께 동쪽에 만들어지고, 읍성의 수호신을 모시는 성황당은 인근의 산 속에 세운다.

원주의 경우 사직단은 고을 서쪽, 문묘는 향교 내에 소재하며, 성황사는 남쪽 2리, 여단은 고을 북쪽에 있었다.[22] 여제의 경우 3일 전에 성황당에서 발고제(發告祭)를 지낸 뒤에 본제를 지내도록 규정하였다. 제사는 봄에는 청명일, 가을에는 7월 보름, 겨울에는 10월 초하루에 지냈다.

읍치란 지방관이 파견된 부·목·군·현의 고을 중심지로서 지방통치를 위한 각종의 관청과 부속 건물을 비롯하여 사직단과 같은 제사시설, 향교, 장시 등이 들어섰다. 조선시대 이전의 경우 치소라는 명칭을 사용한다.

읍성은 이 같은 읍치 핵심부의 입지를 가시적으로 구획해 줄 뿐만 아니라 성벽의 내부와 외부를 차단함으로써 읍치라는 하나의 공간을 양분해주는 경관이 된다. 읍성은 대체로 군사방위기능, 식량공급을 위해 곡창을 지키기

---

21) 읍치성황제의 주도자는 군현의 대표성을 띤 호장인바, 호장을 수장으로 한 향리세력 은 토호세력[재지사족]에서 분화되면서 수령권에 종속되어 갔던 사실과도 관련이 깊다(이규대, 「조선초기 읍치성황제와 주도세력의 변화-영동지역 사례를 중심으로 -」『조선시기 향촌사회연구』, 신구문화사, 2009, 44~45쪽).

22) 『신증동국여지승람』 권46, 원주목 ; 장영민, 『원주역사를 찾아서』, 경인문화사, 2004, 42쪽 ; 원주문화원, 『원주·원성향토지』, 1976.

위한 기능, 국가의 법과 질서를 지키는 기능, 왕권과 왕권 대행자인 수령, 방백들의 권위의 상징, 도시를 농촌과 구별하는 표상의 역할을 수행하였다.

고려시대에는 주요 지방도시에 읍성이 축조되었고, 고려말까지는 규모가 작은 토축(土築)의 읍성들이 상당수 존재하였다. 이들 고려시대의 읍성들은 조선왕조에 이어졌으며, 차츰 석축(石築)으로 고쳐지거나 호구의 증가에 의해서 넓게 고쳐 쌓는 작업이 진행되었다. 조선전기에 경상도·전라도·충청도의 바다가 가까운 지역의 읍성들이 새로 축조되거나 개축된다. 중앙정부는 성의 방어력 증강을 위하여 성벽의 높이를 높이면서 옹성(甕城)과 치성(雉城)·해자(垓字)를 시설하도록 감독하였다. 지방의 수령들에게 성을 보수하며, 읍성을 쌓은 이후 5년 이내에 무너지면 죄를 삼고, 견고히 쌓으면 상을 준다는 근무지침 상의 규정도 마련하였다.[23]

조선초기 경상도에 있었던 고을은 71개인데 잠시라도 읍치로 기능했다가 이동한 경우를 모두 합치면 경상도에는 91개의 읍치가 있었다. 이들 읍치 소재지는 지형적으로 구릉지(평치 위에 솟은 언덕 위), 산지(평지와 맞닿지 않은 산 속이나 위), 평산지(산지와 평지가 만나는 지점), 평지(산지에서 상당히 떨어진 평지)의 4가지 형태로 나눌 수 있다. 이 중에서 평산지가 전체 91개 중 약 56%인 51개를 차지하고 있다.[24] 이는 산간지역이 많은 조선의 지형 탓이라 여겨진다. 강원도의 경우 조선전기 읍성 7개, 산성 14개소가 있으나 대부분 고려말에 수축된 것이며 조선시대에 와서 일부 수축이나 정비가 이루어졌음이 지적되었다.[25]

조선시대의 읍성은 일반적으로 읍성 뒤의 주산(主山)에 의지하여 축조되었다. 평탄한 지형에 성곽을 건설한 중국과는 달리 그 형상이 비정형적이었고,

---

23) 『성종실록』 권83, 성종 8년 8월 정사조.

24) 이기봉, 홍금수, 「조선시대 경상도 읍치 입지의 다양성과 전형성」 『한국역사지리학회지』 제13권 제3호, 2007, 323쪽.

25) 유재춘, 「조선시대강원지역의 축성연구」 『강원문화사연구』 2, 강원향토문화연구회, 1997, 105쪽.

읍성을 둘러싸는 성곽도 지형에 따라서 불규칙한 모습을 하고 있었다. 읍성안의 도시와 백성들을 보호하기 위해 축조되었음에도 불구하고 조선시대의 읍성에는 이렇다 할 방어시설을 두지 않았다. 산성과 읍성의 이원적 성곽제도에 따라, 유사시에는 인근의 산성에 대피하여 몸을 숨기는 것이 일반적인 방어법이었기 때문이다.

읍성의 일반적 입지조건은 첫째, 외적이 쳐들어오는 길목에 해당되는 요해처 등 축성에 유리한 자연지형을 구비하고 샘물이나 입보(入保)의 편의성 및 읍성 내부의 기본적인 공간 확보가 되어 있는 곳으로 군사적 조건에 의한 입지조건으로 분류될 수 있다. 둘째, 축성의 편리여부 및 성곽의 안전성의 조건을 들 수 있다. 또한 위급시 백성들이 입보하기 편리한 지점, 접근성이 양호한 지점이나 육상, 수상교통이 편리한 곳이거나 농민이 거주하기에 비옥한 토지가 있는 것 등은 행정·경제적 여건으로 분류할 수 있다.

다음으로 읍성 입지조건 중 중요한 것은 풍수지리적 조건을 들 수 있다.[26] 입지조건 즉 터가 복지(卜地)인가의 여부이고 그 다음이 터에 들어서는 건물의 좌향이다. 주산 앞에 명당을 잡고 청룡백호에 따라 성을 쌓고 명당에서 남문을 향하여 주간선을 내는 것은 대단히 중시되었다. 영조년간 『여지도서』에 따르면 110개의 읍성 가운데 81개가 주산 내지 진산을 가지고 있으며 그 중 반 수 이상은 남향이다. 이처럼 가장 중시되는 풍수지리설의 요소는 읍기의 터전을 마련하는 진산이다. 이 진산은 양기를 진호하는 산으로서, 그 산에 의해 생활의 안정을 보호받는다는 의미를 가지며 마을의 수호신이 진좌(鎭座)하는 산이다. 진산은 읍의 입지 및 배치, 공간구성 등과 밀접한 상관관계를 이룬다.

이때 산은 고립적인 봉우리로 파악된 게 아니라 줄기와 근원에서 파악되었다. 풍수에서 산줄기는 흔히 용이라고 하는데 용은 무엇보다 장풍과 관련되어

---

26) 이창환, 「강원감영의 입지 및 공간구성 해석에 따른 사적공원조성방안」 『한국정원학회지』 14(2) 1996, 110쪽.

있으며 방어를 위한 지세를 결정하였다. 장풍이란 통풍만이 아니라 채광과 직결되어 쾌적함을 보장하는 요소였다. 그리고 산과 더불어 하천도 중시되었다. 하천은 생활용수 조달뿐 아니라 농경에 필요하며 물자를 운반하는 물길로도 쓰일 수 있기 때문이다.

다음으로 고려된 것은 도로였다. 도로는 사방을 원활하게 잇는 통로인 동시에 읍성의 방향 축을 결정하는 가름대였다. 옛 지도에서 도로는 좌향을 가르는 분리선인 동시에 지명과 방위를 부여하는 기준이었다.

도시계획의 설계자들은 관아터에 알맞은 높이를 설정하고자 하였다. 관아에 출입하는 주민들이 공경심을 가지고 우러러보는 눈높이가 필요하다고 여긴 것이다. 바로 앙각(仰角)을 두는 것이다. 앙각은 관아시설이 시작되는 정문에서부터 객사나 동헌에 이르는 동안 일정하게 유지되도록 치밀하게 고려되었다. 예를 들어 진입부에서는 건물과 뒷산이 한꺼번에 조망되며, 정문에 대해서도 앙각이 유지된다. 그래서 멀리서 바라보면 관아의 정문은 뒤산 자락에 알맞은 눈높이로 묻혀 있는 편안한 느낌을 준다. 이렇게 산이 배치되는 좌향에서 관아시설은 고립적 대상으로 시야에 투영되는 것이 아니라 비교적 먼 거리에서도 산이라는 매개를 통해 연속적인 관심을 일으키면서 시설을 부각시킨다.

관아 안의 모든 건물은 그곳에 근무하는 신분의 정치적 지위를 고려하여 설계되었다.[27] 각 영역의 크기·건물의 규모·좌향·높이·칸수·지붕과 처마의 꾸밈·기둥이나 주추도 건물주인의 지위를 건축양식으로 표현하였다.

원칙적으로 읍성의 공간구성은 『주례고공기(周禮考工記)』에 의한 도성제에 따라 '좌묘우사(左廟右祠)'의 원칙이 적용되고, 조선왕조의 정치이념인 유교적 가치관의 공간적 표현인 건축물들의 위계질서가 적용되며, 풍수지리설에 따른 관아입지와 시설물의 좌향이 결정되었다.

---

27) 최영철, 「조선시대 감영의 職制와 건축적 구성의 상관성에 관한 연구」, 홍익대학교 박사학위논문, 1995.

『여지도서』에 실린 강원감영지

　읍성 내부의 건축물은 기능에 따라 객사(客舍)구역[의례기능], 아사(衙舍)구역[행정업무기능], 읍창(邑倉)구역[창고기능], 장청(將廳)구역[군사기능]으로 구분된다. 객사구역의 중심건물인 객사는 왕을 상징하는 전패(殿牌)를 모신 장소로 매달 초하루와 보름에는 임금이 계신 대궐을 향해 예를 올리는 향망궐배(向望闕拜)가 진행되는 곳이었다. 객사는 대개 동헌에서 가까운 거리에 있으며, 고을의 주산을 등진 채 남쪽을 바라보고 있다. 건축적 구성이나 꾸밈에서 대개 아전들이 사무를 보는 질청(秩廳)에 비해 장중하고 위엄이 넘치는 외형을 지녔다. 객사의 가운데 채인 전청은 좌우 채인 익헌(翼軒)에 비해 한단 높은 치솟은 지붕의 모양을 지닌다. 전청은 매월 초하루와 보름,

즉 망궐례가 베풀어지는 신성한 공간이었다. 이때 지방관은 전청의 궐·전 양패를 향해 절을 올렸는데, 양패는 남면하고 있었으므로 의식은 자연스레 멀리 서울에 있는 대궐을 향하여 올리는 식이 되었다. 이는 왕권에 대한 충성을 다짐하는 의식으로 바뀌어 뿌리깊은 지역색이나 지방의 원심력을 억제하고 국왕의 친정을 상기시키는 데 효과적으로 쓰였다. 또한 객사는 왕의 명령으로 지방에 내려온 관리들이 묵은 곳이다. 서울에서 내려온 암행어사나 감영에서 순시차 나온 감사들은 전청의 좌·우에 있는 익헌에 머물면서 잔치에 참여하거나 수령의 정치를 감찰하였다. 이처럼 관아 안에서 객사는 독자적 영역을 차지하여 사방에 둘러친 담장으로 구분되었으며, 입구에는 홍살문을 세웠다.

동헌(관아)은 수령의 집무실로서 일반 행정업무와 재판이 행해지던 객사 다음으로 중요한 건물이다. 대개 객사와 관아가 있는 행정시설지역과 백성들이 사는 주거지역 사이에는 읍성을 관통하는 동서방향의 큰 길이 경계를 이루며, 이 길의 중앙에서는 남문(南門)으로 향하는 대로가 정비된다. 이렇게 T자형으로 구성된 도로의 교차로는 읍성 내에서 사람들의 왕래가 가장 빈번한 곳이어서 보통 시장이 형성되었다.

(2) 원주 강원감영의 설립과정과 공간 배치

조선시대의 팔도는 경기·충청·경상·전라·황해·강원·함경·평안도로 고려시대의 경기와 5도·양계에서 변천, 발전된 것이었다. 각 도계는 신라의 9주, 고려시대의 12목과 10도 등 전통적 구획을 염두에 두면서 경기·5도 지역은 양·광·충·청주도, 전·라주도, 경·상·진(주)·안(동)도, 교주·강릉도라는 식의 각 도내 주목관의 읍명을 조합하여 도명을 정하였다. 그리고 각 계수관(界首官)의 영속관계에 있는 군현분포를 고려하여 조정하였다. 여기에는 왕조교체에 따른 수도의 이전, 과전법의 실시에 따른 도역의 재조정 및 산천지세와 같은 합리적인 기준과 역사적인 전통이 중시되었다. 이러한 도역은 한말까지 중간에 거의 변동이 없었으나 호구와 전결수를 비롯한 도세는 시대에 따라 차이가 있었다.

강원도의 명칭은 1395년(태조 4) 6월 13일 강릉도와 교주도를 합하여 정식으로 개칭되었다. 강원도라고 칭한 것은 강릉(대도호부 소재)의 '강'자와 원주(원주목 소재)의 '원'자가 합쳐진 것이다. 이는 두 지역이 당시 정3품관인 대도호부사와 목사를 두어 강원도내 가장 높은 품계의 관원이 임용된 곳이기 때문이었다.

중앙집권국가인 조선왕조에서 수도가 지니는 구심력은 대단히 컸다. 그리고 관찰사가 상주하던 감영소재지의 위상도 대단했던 것이었다. 곧 감영이 설치되면 그 지역은 행정 도시화되고, 이미 도시화한 지역은 한 차원 높은 도시로 탈바꿈할 수 있었다. 원주에 감영이 설치된 요인은 다음과 같은 추론이 가능하다.

첫째, 조선초기 각도의 감영이 설치된 지역은 〈표 6〉에서와 같이 도내 계수관 가운데 가장 큰 고을이면서 한성부에서부터 가장 가까운 곳에 설치하였다.

원래 계수관은 토착 향리세력이 강하고 지방관 파견이 상대적으로 적었던 고려시기에 널리 실시되었던 것으로, 몇 개의 군현을 계수관으로 삼아 중간기구의 역할을 담당하도록 하였다. 그러나 계수관은 미숙한 중앙집권체제가 확립되면 필연적으로 소멸될 수밖에 없었다. 강원도에는 5개의 계수관이 있었는데, 원주는 영월·횡성·홍천을 관할하였다.[28]

---

28) 『세종실록지리지』(1545년)에 의함. 이존희, 『조선시대 지방행정제도연구』, 1990, 일지사, 37~54쪽, 354쪽.

<표 5> 세종대 강원도의 계수관

계수관도 (道)	계수관 (직할지)	소령(所領)		
		부·목	군	현
원주도	원주목	원주목	영월	횡성·홍천
강릉도	강릉대도호부	강릉대도호부 양양도호부	정선·평창	
회양도	회양도호부			금성·김화·평강· 이천
삼척도	삼척도호부	삼척도호부	평해	울진
춘천도	춘천도호부	춘천도호부		낭천·양구·인제
간성도	간성군	간성군	고성·통천	흡곡

당시 각도의 감영은 도내 계수관 가운데 지리적으로 한성부와 가까운 도계(到界)지점이면서 관찰사가 순력(巡歷)하기 편리한 지역에 설치되었다. 원주는 이러한 여건에 부합되는 지역이다.

<표 6> 각도 계수관 및 감영 설치지역(『세종실록지리지』 소수)

도명	계수관	도명	계수관
경기도	광주·양주·**수원**·철원·부평	강원도	강릉·**원주**·회양·삼척·춘천·간성
충청도	충주·**청주**·공주·홍주	황해도	**황주**·해주·연안·풍천
전라도	**전주**·나주·남원·장흥·제주	평안도	**평양**·안주·의주·삭주·강계
경상도	경주·안동·**상주**·진주	함길도	**함흥**·영흥·안변·길주·경성·경원

*고딕글씨로 표시된 지역이 감영소재지임.

둘째, 원주의 지정학적 조건에 의한 행정상의 편의성이 감안되었다. 조선시대 교통의 개념은 인력과 물자의 수송이라는 교통·운수 즉 경제도로의 기능 외에 정치·행정도로, 통신로, 군사도로의 기능이 추가되어 있었다. 남한강의 수로와 여주·양평으로 연결되는 육로 등 원주가 지닌 교통상의 조건을 고려할 수 있을 것 같다. 원주가 하천의 합류점에 위치하고 수로로 접해있다는 점, 즉 주요 수계(水系)의 호조건은 조운의 편리함뿐 아니라 도시경제의 발전과 시장형성, 생활필수품의 공급과 수요문제를 해결할 수 있어 원주의 중요성을 더욱 효과적으로 부각시켰다. 또한 원주는 한강과 영동지역 및 조령·죽령을 통한 경상도 북부지역, 그리고 충청도 북부지역을 연결하는 도로상에 위치하고 있었다. 사통팔달의 교통의 요지였던 셈이다.

조선왕조의 행정체계는 '중앙정부−감영−주·부·군·현'으로 연결되는 상명하달·하의상달 기능의 원활한 소화가 그 목적이다. 구체적으로 이 순환회로가 하는 역할은 사송(詞訟), 조세수취, 재지세력의 영향력 통제 등 '수령칠사(守令七事)'의 효율적인 수행에 있었다. 따라서 감영은 중앙정부와 지방의 군현을 이어주는 가교역할을 한 것이며, 이의 적절한 수행을 위해서는 감영이 관하의 주·부·군·현의 역량을 '수렴'하는 지리적 중심에 위치하는 것이 필수적이었다. 원주는 춘천도호부와 강릉 대도호부와의 연결이 가능한 강원도의 핵심부에 위치하였다. 조선초기의 관찰사는 1년 임기 동안 단신으로 부임하여 감영에 별도의 읍관을 두고 도내 관할구역을 순력하면서 관찰·출척하였다는 점을 감안할 때 원주의 지형상의 장점은 인정된다.

이러한 사실은 세종년간 상주로 경상감영을 옮기자 이에 항의하는 경주지역 민들에 대한 조선왕조의 답변에서 드러난다. 즉 기존 감영이 소재했던 경주가 상주보다 크지만 풍화(風化)는 임금이 있는 한성부에서 상주를 거쳐 경주로 내려가는 것으로, 평안도의 평양감영, 전라도의 전주감영, 강원도의 원주감영, 황해도의 해주감영 등이 모두 서울에 가까운 곳에 있는 것도 바로 이러한 이유라는 것이다.[29]

셋째, 호구와 물산 곧 경제적 조건은 감영후보지 선정에 있어서 필수불가결한 것이었다. 호구는 국가경영에 필요한 인력 자원이며 물산은 물적 자원이기 때문이다. 봉건국가는 토지를 매개로 하여 인신을 지배했기 때문에 호구는 군역과 요역을 끌어올 수 있는 원천이었고, 상업이 크게 발달하지 못한 농경국가에서 토지를 주축으로 한 물산은 국가재정의 핵심이었다.[30] 원주는 섬강과

---

29) 『세종실록』 권120, 세종 30년 4월 경신.
30) 김무진, 「조선후기 행정도시로의 발달」『대구 근대의 도시발달과 민족운동의 전개』, 계명사학회, 2004.

원주천 유역을 중심으로 넓은 평야가 형성되어 있어 강원도 제1의 곡창지대였으므로 산물이 풍부한 지역이었을 뿐 아니라 고려시대부터 조창[흥원창]이 설치되어 있어 원주·평창·영월·정선·횡성 등지에서 거두어들인 전세와 세곡을 서울로 운반하기 편리한 지역이었다. 원주는 상대적으로 강원도 내 타 지역에 비해 많은 농지가 소재했으며 그로 인한 경제적 역량은 지역발전의 확고한 토대가 되는 것이었다. 조선중기에 이르러서도 원주 자체의 생산력뿐 아니라 인근 읍의 미곡 등 여러 가지 물산도 부역체계 속에 포함되어 감영에 집산되었을 것이므로 이것이 지니는 경제적 효과는 실로 컸을 것이다. 여러 가지 조건 중에서도 원주가 지닌 경제적 조건은 정치·지리적 조건과 함께 감영의 설치에 가장 중요한 요소로 작용한 것으로 보인다. 조선초기 강원도의 호구는 11,084호에 29,009명이었으며, 간전(墾田)은 65,916결이었다. 이중에서 원주의 호구는 1,311호에 3,513명(속현인 주천현 포함), 간전은 7,556결이었다. 인구는 강릉이 많았으나(1,350호에 4,392명) 토지의 결수에서 원주가 월등히 많았다.31) 이처럼 1395년(태조 4) 원주에 감영이 설치된 것은 조선 초기 중앙집권체제의 강화 과정에서 비롯된 결정이었다.

원주는 감영이 설치됨에 따라 도시화가 급속히 촉진되어 기존 대읍에 못지않은 수준으로 성장하게 되었다. 우선 감영도시에 걸맞는 모양새를 갖추어야 했으므로 영역이 확대되었고, 관장하는 면리 수의 증가는 감영의 소요 경비의 조달을 위해서도 꼭 필요한 조치였다. 감영은 도정의 수행 외에도 행정체제상 중앙정부와 지방의 주·부·군·현을 이어주는 중간적 위치에 놓여 있어서 상명하달, 하의상달의 임무를 수행해야만 했다. 그로 인해 인력과 물자의 빈번한 왕래·수송이 수반되었고, 이는 자연히 교통의 발달을 가져오게 하였다. 그리고 관찰사가 머무는 감영은 곧 병마절도사영을 겸하고 있었으므로 그곳은 군사의 사령부를 겸하게 되어 있었다. 이처럼 원주의 도시화가

---

31) 『세종실록』 권153, 지리지 강원도조.

촉진되었다는 것은 시장이라는 공간을 축으로 매매와 교환이라는 상업적 행위가 이루어질 수밖에 없는 요인으로도 작용하였다.

전국이 8도 체제 하에 있지만 도에 따라 감영과 감사의 직제에는 다소 차이가 있었다. 각 도에는 관찰사(감사)가 파견되었는데 2품 이상의 경관이 임명되었다. 당시 감사에 대해 '도관찰출척사겸(都觀察黜陟使兼) 감창(監倉)·안집(安集)·전수(轉輸)·권농(勸農)·관학사(官學事), 제조형옥(提調刑獄)·병마공사(兵馬公事)'라는 긴 직함에서 보듯 도내의 행정·군사·사법을 관장하고 부사·목사·군수·현령 등 외관을 감독하였다. 구체적으로 도내의 모든 창고에 보관된 관곡(官穀)을 감독하며, 도민의 민생안정과 유이민(流移民)의 안집(安集), 조세·공부(貢賦)의 수송, 수리(水利)·재식(栽植) 등의 권농사업, 도내의 인재양성과 지방교육 및 교화업무 등을 겸임하며, 형옥과 같은 사법문제와 군정(軍政)은 왕명과 중앙정부의 지시를 받아 계문하거나 협의·처리한다는 것이다.

감사는 그 막강한 권한으로 인하여 360일의 임기와 단임으로 제한하였다. 강원 감사 역시 초기의 수령 감찰관으로서의 성격에서 더 나아가 도의 민정과 군정·사법을 관할하는 책임자였다. 조선전기 강원 감사의 경우 지역과 기후를 고려한 나머지 여름에는 강릉·삼척 등 영동에 체류하는 경우가 많았고, 기타 계절에는 원주와 춘천 등 영서지방에 체류하면서 각 지역을 순력하였다.

강원 감사의 보좌역으로는 판관(判官)과 경력(經歷)이 있었다. 판관은 부윤·목사가 있는 곳에 배치되어 이들 수령을 돕고 있었으나 감사겸목법(監司兼牧法)이 시행된 후부터는 감사가 순찰할 때 판관이 감사를 대신해서 도내 행정실무를 대행하는 역할을 담당하였다. 경력은 감사가 미처 순력하지 못한 지역을 감사를 대신해서 순찰하는 역할을 맡았다. 『경국대전』의 규정에 의하면, 감영을 구성하는 기구로는 종2품의 감사 1명, 종5품의 도사와 판관 각 1명, 종6품의 교수 1명, 종9품의 훈도(訓導)·심약(審藥)·검율(檢律) 각 1명씩을 두도록 하였다.

이와 같은 감사의 보좌역 이외에 행정실무를 담당하는 영리(營吏)와 감영의 잡역과 사환을 담당하는 영노비(營奴婢)가 있었다. 영리는 각 읍의 호장층에서 차출되어 향리와 같이 이·호·예·병·형·공의 6방으로 분장되었고, 도내의 역리에서 차출되는 역두(驛頭)가 있었다.

감영은 예제(禮制)를 중시한 조선시대의 지방행정체제 중 가장 상위의 행정청으로, 감사가 정무를 보는 청사라는 사전적 의미를 가지고 있으면서도, 독특한 문화적 공간속성을 보여주는 역사문화공간이다.

원주 강원감영은 1395년(태조 4) 설치된 이후 1895년 폐지될 때까지 강원도의 부·목·군·현을 관할하고 정치·경제·행정·사회·군사 업무의 중심지였으며 지역 문화 형성에 지대한 영향을 미치고 있었다.

강원감영의 건물지는 현존하는 감영건물 중 가장 오래된 역사를 갖고 있으며 현 위치는 통일신라 및 고려시대에도 관아의 자리로 추정된다.[32) 조선 1395년(태조 4) 원주에 설치될 당시의 강원감영의 공해가 어떠하였는지는 자세히 알 수 없으나, 서거정이 "주민의 주택은 넓고 좋은 재목으로 잘 지어 놓고 사는 부유한 고을인데 원주 관청건물은 좁고 누추하다"고 한 것을 보면 서거정이 활동하던 시기(1420~1488)까지도 강원감영의 공해는 소규모로 조성되었음을 알 수 있다. 또한 그 건물은 원나라 연우(延祐)년간인 고려 충렬왕대인 1315년에서 1332년 사이에 건축한 것이라고 하였던 바, 고려후기에 지어진 건물을 백수십년이 경과할 때까지 강원감영의 공해로 사용하였음을 알 수 있다. 그 이후 여러 차례 관아의 건립과 중축이 이루어졌다. 경기나 양계지방의 감영과 달리 별도의 관아가 없고 원주목의 관아인 객관을 사용하고 있었던 것이다.

1480년 원주목사 이후(李候)가 부임하여 관아를 증수하였으나 흉년이 들어

---

32) 전주의 전라감영이 1395년에 설치되었으나 건물이 제대로 보존되어 있지 않으며, 충청감영은 청주-충주-공주로 이설되었는데 1602년에 조성된 공주 감영터가 일제 초기 신사로 개축되고 최근 공주 주변에 이전하였다. 또한 경상감영은 경주-상주-안동을 거쳐 1601년에 대구로 이설되어 오늘에 이르고 있다.

『관동지』 강원감영도

경비조달이 어려워 착공하지 못하였다. 3년 후 주건물을 보수하면서 대청 3칸을 신축하였고, 계속 확장하여 1592년 임진왜란 직전의 강원감영의 관아는 동헌을 비롯하여 70여 칸에 달하였다. 당시 객관 서쪽에는 쌍수대, 남쪽에는 청음정이 있어 관아건물과 어우러져 있었다. 또한 원주 읍내 동쪽 2리쯤에는 예전 천왕사 터에 사청(射廳)이 자리하였고, 서쪽 2리쯤에는 승화정이 건립되었다.[33] 임란 와중에 왜구가 7개월 동안 점령하였고 후퇴시 대대적인 방화로 건물이 소실되었다.

양란 이후 1632년(인조 10)부터 감영건물이 재건되었는데 특히 1665년(현종 6)에는 이만영 관찰사가 정청인 선화당을 건립하였다. 18세기 중엽 조선시대 강원감영 관아의 규모는 선화당 31칸을 비롯하여 대은당 38칸, 객사 70칸, 포정루 12칸 등 당·사·각·루·청·방·문·창·고 등의 건물들을 합하면 총 490여 칸이나 되었고 영고·고마고 등 10동 194칸의 부속 창고가 건립되어 위세를 과시하였다. 1759년(영조 35) 경에는 공해 13동 276칸, 정각 3동 16칸, 창고 11동 213칸 등 도합 27동 505칸에 달하였다. 1830년(순조 30) 경에는 37동의 건물이 있었으며, 1875년(고종 12) 경에는 53여 동의 관아건물이 존재하였다. 이상 조선시대 전 시기에 걸쳐 조선된 강원감영의 영건추이에 대해서는 〈표 7〉에서 살펴볼 수 있다.

〈표 7〉 문헌상에 나타난 강원감영의 영건 추이표

신증동국여지 승람원주목조 (1530년)	동국여지지 원주목 (1660~74년)	여지도서 원주목조 (1750년)	관동지 강원감영지 (1870년)	관동지 원주목조 (1870년)	광서17년 동영중기 (1891년)
		동문	동(수명)문		
		서문	서(취적)문		
		남문	남(진남)문		
		북문	북(공북)문	북문	
객관	객관	객관	객관(학성관)	객관	객사
		선화당	선화당	선화당	선화당
	향사당	청음당			
	연무당	대은당	대은당(내아)		내아
				익랑	익랑
		아사			
		열무당		열무당	열무당
				무학당	
				공빈	
		포정루	포정루	포정루	포정루
					징청문
				삼문	

---

33) 『신증동국여지승람』 권46, 원주목조.

					공사문
					방선문
					외삼문
					백운문
동헌		동헌(친민당)		동헌(친민당)	동헌
					문직방
					유선관
					다선관
청음정	청음정	청음정			
	승화정				
쌍수대					
					육우정
		관풍각	관풍헌	관풍각	관풍각
		봉래각	봉래각	봉래각	봉래각
		부평각	부평각	부평각	
		환선정		환선정	환선정
					행각
					내행각
					급창방
					화사방
		중영	중영	중영	중영
		향청			
				갈소청	
					행각급
					서자청
					도방자청
					사자관청
					통인청
		비장청	비장청		비장청
				토포청	
			심약당		
			검률당		검률당
		군뢰당			군뢰청
					교방청
	사청				
		집사청	집사청	집사청	집사청

		사령방		사령청	사령청
				세악수청	세악수청
			장관청		
			별무사청		별무사청
			별군관청		별군관청
			월과청		
		영리청	영리청		영리청
					아전청
		영아전청	영아전청		
					출신청
					순령수청
		영노방			관노청
			영창		
		보영고	보영고		보영고
		보선고	보선고		보선고
		군수고	군수고		
			군기고	군기고	군기고
					군향고
				군물잡색고	
				무고	
				교자궁고	
			화약고	화약고	
		보삼고	보삼고		보삼고
		영선고			영선고
		고마고			
		영고	영고		영고
		공방고	공방고		공고
		영뢰고			
				·	호적고
			약고		약고
		둔창	둔창		둔창
		영창			영창
		별창		별창	
		사창		사창	
					책실
4동	6동	37동 680칸	33동 454칸	27동	55동 670칸

다음으로 강원감영의 배치형식과 공간적 특징을 살펴보겠다.

원주의 풍수지리적 해석에서 '백운산에서 뻗어온 줄기는 포복산에서 봉화산을 지나 우두산에서 원주천을 감싼다하여 원주의 중심이 서쪽에 있음'을 알 수 있다. 원주는 지형이 낮은 서쪽을 배후로, 지형이 높은 동쪽을 향하는 서좌동향의 입지적 특성이 있다. 여기에서 강원감영의 선화당이 정남하지 않고 남동향하고 있음은 남출북향하는 원주천을 횡으로 받는다는 의미와 봉산을 안산으로 취했음을 서술하고 있다. 따라서 원주감영터의 풍수적 형국은 득수형(得水形)을 이루고 있으며, 진산은 봉화산을 안산(案山)은 봉산을 조산(朝山)은 백운산을 상징으로 구성되었음을 알 수 있다.

『관동지』에 따르면 강원감영의 성지는 성이 없고 단지 4개의 문만이 있다.[34] 감영의 규모는 일반적으로 읍성의 크기에 따라 결정된 것으로 보이는데 원주목의 경우 읍성이 없었던 것으로 나타나 있다. 이는 강원감영의 자연적 지형이 산으로 둘러싸인 지형으로 인하여 자연적인 성을 구축할 수 있었기 때문으로 본다. 즉 주변의 치악산·백운산·포복산·봉화산·우두산, 봉황산·봉천·섬강 등으로 원주목이 겹겹이 쌓여 있어 자연적인 요새에 방어적 공간이 갖추어져 이로 인해 인위적 읍성이 조성되지 않고 상징적 읍성을 조성하였던 것으로 여겨진다.

강원감영의 입지 및 공간구성의 특성을 보면, 첫째, 감영에 나타난 사상의 흐름은 지형의 선택이나 조영물의 배치에서 자연을 영물로 본 풍수사상이 지배하며, 누정 등의 후원 공간에서는 음양오행의 철학적 사색에 천인합일의 철학사상이 지배하며, 못, 계류, 대 등의 원림 속에는 불로장생의 신선사상과 자연숭배사상이 감영 공간 구성의 기본사상이 되었다.

둘째, 감영의 입지는 원주목에서 남서쪽의 숲 앞에 자리하며, 정청인 선화당을 중심으로 많은 건물이 건립되어 있으며, 객사를 중심으로 구획되어 있는 중심도로변에 정문인 포정문이 설치되어 중삼문을 통해 직각으로 꺾여 내삼문을 통해 선화당으로 이어지는 L자형태의 절선축형(굴절형 진입방식)을 이루고

---

34) 「해동지도」 해동지도 원주목지도 참조.

있다. 배치축의 구성은 일반적인 감영 구성이 조선의 정궁인 경복궁의 형태를 따른 직선축형을 이루고 있으나 강원감영의 경우는 절선축형으로 이루어졌다. 상대적으로 넓은 대지가 가능한 지역에서 나타나는 직선축이 아닌 굴절형은 대지의 면적과 도시좌향의 입지의 조건과 읍내중심도로와 위치와 관련, 중요 시설인 객사의 위치관계에 따라 입지한다. 강원감영의 경우 차서체계에 따른 북좌남향을 존중하며 도시 전체의 좌향과 풍수적 논리에 따라 진입은 조산인 동으로 향하며 배치하였던바 감영 공간이 방위의 질서체계에 의해 북서쪽이 아닌 남서쪽에 위치함에 따른 공간체제였던 것이다.

셋째, 감영의 공간구성 체계는 진입공간→ 감사공간→ 후원공간으로 이루어지는 삼문삼조(三門三朝)의 공간의 질서를 보이는데, 이는 궁궐의 공간구성을 기본으로 하고 있다. 그러나 일반 지방관아(동헌)에 비하여 최상위의 지방관아로 높은 격식을 보여준다. 감영의 진입공간은 포정문·중삼문·내삼문으로 구성되는 삼문구성을 이루고 있다. 삼문구성의 방식은 궁궐의 구성방식인 '삼문삼조'와의 관련성이 깊지만 조선시대 감영을 비롯한 관아는 조선시대의 일원적 사고인 유교적 위계라는 예제에 따른 공간구성이 이루어졌을 가능성이 높다.[35]

감영의 배치구성은 포정문에서 선화당으로 이르는 삼문구성과 선화당을 중심으로 한 감사공간, 내아후면을 중심으로 하는 후원공간이 감영의 중심축을 형성하는 공통점이 있다. 또한 이러한 중심축을 중심으로 좌·우·전면에 격자형 배치방식에 따라, 감사 및 하부실무자의 시설, 그리고 이와 관련된 창고시설이 집중적으로 배치되어 기능적인 배치구성을 보이고 있다. 배치구성상에 따른 공간의 특이성은 진입공간의 경우, 포정문-중삼문-내삼문으로 구성되어 상호 연결되면서 선화당으로 이어진다. 진입공간과 직접 연계된 감사공간의 경우, 감영의 정청인 선화당과 감사의 처소인 징청각과 내아 그리고 책실, 책방으로 불리어지는 일부 비장의 집무소가 있고 사당과 신당

---

35) 홍승재, 「조선시대 상류주택의 예제적 체제에 관한 연구」, 홍익대 박사학위논문, 1992, 36~42쪽.

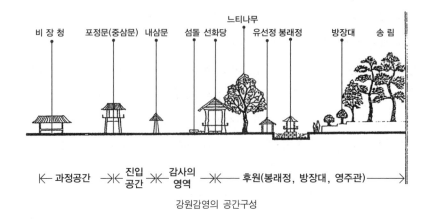

비 장 청   포정문(중삼문) 내삼문   섬돌 선화당   느티나무   유선정 봉래정   방장대   송 림

|← 과정공간 →|← 진입 →|← 감사의 →|← 후원(봉래정, 방장대, 영주관) →|
      공간   영역

강원감영의 공간구성

등 감영내 제사시설, 또한 감사의 업무와 생활과 관련된 실무보좌역의 시설과 이들과 연관된 창고시설 등으로 구성되어 있다. 또한 후원공간에는 공통적으로 연지를 만들고, 정자나 화계 등이 조영되어 있다. 이는 국가 통치자인 왕의 거처인 궁궐이 후원의 공간을 왕과 그 가족이 휴식과 안위를 위한 사적인 공간의 기능으로 조영하는 사례와 동일한 개념으로 해석된다. 부속관원공간으로는, 판관의 집무시설은 이아로, 중군의 집무시설인 중영으로 독립되어 감영밖에 배치되어 독립적인 별도의 공간을 형성하고 있다.

공간별 직무 기능은 포정문과 중삼문 사이의 진입 공간에는 영리·군관·포교 등의 의무 영리와 군교직 집무시설들이 배치되어 있다. 선화당을 중심으로 한 감사의 영역에는 내무 영리의 집무시설이 배치되어 있다. 후원은 관찰사의 사적 공간인 동시에 내외빈을 위한 접대용 공간으로 꾸며져 있다.

넷째, 감영의 선화당 북쪽에는 방형의 연지가 만들어져 있다. 연지 내에는 원형의 인공 섬에 봉래각이 배치되고 후원을 형성하고 있다. 방원도형의 봉래각지 북측에는 방장대라는 넓은 대를 쌓아 단을 구성하고 있으며, 후원의 서북쪽에는 관풍각이 작은 연못 위에 배치되어 전체적으로 감영의 영역을 형성하고 있었다. 후원공간은 조경학적으로 가장 잘 꾸며진 공간이다. 조선시대 대표적인 지당의 형태인 '방지원도형(方池圓島形)'의 연못으로 사방둘레는

100칸이며, 못의 깊이는 3장(丈)으로 연못 주위에 유선정이 있으며 도형의 섬은 석대로 둘레를 쌓아 2층 구조의 누각(관풍각)이 건립되어 있다. 관풍각은 연회와 하례의 장으로 활용되었던 것으로 보인다. 관풍각은 봉래각 북쪽의 작은 연못 속에 소재하여 주교(舟橋)를 이용하여 접근했으며 다리 밑에 두 척의 배가 있었다고 한다. 이 공간의 조성은 사상적 배경인 신성사상과 자연숭배사상, 그리고 유교의 천인합일(天人合一)사상 등 동양적 사고가 가장 많이 들어 간 공간구성으로 판단된다.[36)]

(3) 원주목의 공적 사회제도

조선전기 국가는 수령을 중심으로 지방사회를 통제하면서 면리제 운영 담당층을 통해 민에 대한 교화·권농·통제·수취체제 운영의 주도권을 직접 장악해 나가려 했다. 이는 곧 수령권을 강화하여 품관·향리 등 재지 토호세력의 민에 대한 통치질서를 재정비하고 수취기반을 확보하는 것이 당시 국가가 새로운 향촌사회질서를 확립하는 데 임하는 기본입장이었음을 말해 준다. 조선왕조는 고려시기 토호적 성향이 농후했던 향리층에 대한 규제를 점차 강화함으로써 촌락에 대한 이들의 영향력을 축소시켜 직접적으로 지배력을 행사하는 데서 생기는 중간 부정을 배제하려했고, 읍사 단위와 촌락 단위로 지배체계를 구분하여 면리제를 정비함으로써 고려시기와는 상이한 운영원리를 모색하였다.[37)]

15세기 초반 세종대 무렵 공적인 사회제도인 면리제가 등장하였다. 『경국대전』에는 '경외는 5호를 1통, 5통을 1리로 하고, 몇 개의 리를 합쳐 1면을 만들고 통에는 통주, 리에는 리장, 면에는 권농관을 각각 둔다'라고 되어 있다.[38)] 군현제의 전면적인 개편이 진행되면서 조선초기 방위면 체제 하의

---

36) 이창환, 「전게논문」, 1996, 113쪽.
37) 이희권, 『조선후기 지방통치행정연구』, 집문당, 1999, 106~108쪽.

면은 관사를 중심으로 읍치를 감안하여 설정된 것이었다. 조선왕조는 호구, 전결수의 다과를 기준으로 군현제를 정비하면서 예하 조직으로 면리제를 운영하였다. 본래 자연촌은 향촌민의 공동자영의 필요에 기반을 둔 것으로 스스로의 생활 가운데 생성적인 자율성을 지니고 있었다. 이에 대해 면리제는 국가목적의 필요에 따라 인위적 공간과 특정의 정서형식을 강제한 것이었다. 조선초기 방위면 체제하의 면은 관사를 중심으로 읍치를 감안하여 설정된 것으로 각읍이 동·서·남·북면, 그리고 내면으로 5개의 면으로 구획되는 체제였다. 이러한 면 밑에 리·동·촌의 자연촌이 부속되어 있던 상황이었다.[39]

이처럼 조선왕조는 국가의 공적 지배의 상징으로서 면리제를 통해 소농민층을 기축으로 한 촌락민을 직접 파악함으로써 재지세력의 사적 지배 및 수탈을 배제하려 했다. 이를 통해 통치질서의 확립 및 수취체계의 유지를 위한 기반확보 등 중앙집권적 촌락지배를 강화할 수 있는 계기로 삼으려 했다. 조선왕조는 수령을 중심으로 지방사회를 통제하면서 면 단위의 권농관·감고, 리단위의 리장·리정·방별감 등으로 이루어진 면리제 운영 담당층을 통해 민에 대한 교화·권농·통제·수취체제 운영의 주도권을 직접 장악해 나가려 했다. 이는 당시 조선왕조가 새로운 향촌사회질서를 확립하는 데 임하는 기본입장이었음을 말해 준다.

그러나 15세기 후반 들어 조선전기 면리제는 다음과 같은 구조적인 문제와 운영 차원의 문제로 인해 점차 취약성을 드러내고 있었다. 이 시기 자연촌락은 영세한 인구로 인해 몇 개의 촌락을 묶어 리로 편제하였다. 면의 규모가 심한 불균등성을 보이고 있고, 운영상의 일관된 체제가 없어서 아직 촌락의 상급단위로서 기능을 수행하지 못하였다. 따라서 조선전기의 면리제는 촌락

---

38) 『경국대전』 권2, 호전 호적조.

39) 이는 인구의 다소나 지역의 광협이 고려되지 못했고, 아직까지 하위의 말단조직은 지방세력의 영향력 하에 있었다고 여겨진다. 조선후기에 이르러 자연촌의 성장을 배경으로 국가의 지방 통제책이 구체화되면서 지역의 고유명칭이 붙는 면·리체제로 발전하면서 확대·개편되었다.

지배의 상급단위로서의 공간개념이 박약하였고, 자연촌의 성장을 배경으로 하부단위로 설정된 리와의 단순접합에 지나지 않은 것이었다.[40]

또한 직촌화되지 않는 임내가 아직 잔존하며 향리와 유향소 조직이 독자적으로 형성되어 민에 대한 통일적 지배관계의 형성이 불가능했다.[41] 한편 운영차원에서도 면리제를 통한 관권 일변도적인 지방사회 운영체제는 행정적·권력적 측면에 주로 의존했기 때문에 향촌 내 제반 조직과의 유기적 결합이 부족했다. 이에 따라 유향품관, 향리 등 토호적 세력이 수령권과의 타협 결탁을 통해 향촌 내 사적 기반을 확장하고 소농민을 포함한 일반 촌락민에 대한 수탈과 지배를 도모해 갔다. 또한 재지사족들은 16세기 이후 새로운 향촌사회 운영질서를 강구하고 향약류의 보급을 통해 면리제와 병행된 향약조직을 형성해갔다.[42]

원주의 경우 1528년(중종 23)에 간행된『신증동국여지승람』에는 본부면(本部面)과 저전동(楮田洞) 및 사제촌(沙堤村)의 리 단위 두 곳만 나오지만, 중종 35년(1540)에는 서면 강천리(江川里)가 나오는 것으로 미루어보면 이미 원주도 방위면 하에 동리를 두었다고 볼 수 있다.[43]

오가작통제는 면리제의 하부조직으로 존재했으며, 국가권력의 개별 민에 대한 침투통로가 되었다. 국가가 원활한 향촌지배를 이루기 위해서 지역의 근접, 생활형태와 감정의 근사성에 기반해서 지닐 수 있는 강한 인보단결의 기조가 구성원인 민인 사이에서 형성되지 않으면 안되었다. 이에 따라 조선왕조는 작위적으로 편성된 면리에 통조직과 같은 강한 인보조직을 접합시켜 민인에 대한 통제와 상호연대에 의한 협조의 양식을 강요했던 것이다.『경국대

---

40) 박진우,「조선전기 면리제연구」『한국사론』21, 1989 ; 김준형,「조선후기 면리제의 성격」, 서울대 석사학위논문, 1982.

41) 이수건,「직촌고」『대구사학』15·16, 1978, 322쪽.

42) 이태진,「한국사회사연구」, 지식산업사, 1986, 217~219쪽 ; 박진우,「조선초기 면리제와 촌락지배의 강화」『한국사론』20, 1988, 199~120쪽.

43)『신증동국여지승람』권46, 원주목.

전』호전 호적조에 따르면 5호를 1통으로 하여 통주를 두며 5통(25호)을 1리로 하여 리정을, 그리고 각 면에 권농관을 두어 통주-리정-권농관-수령으로 이어지는 면리제의 운영체계를 제도적으로 확립하고자 하였다.

이 밖에 자치적인 지방행정기구로서 향청[유향소]이 있었다. 건국 초기 지방지배정책은 중앙집권의 확립을 기하고자 했던 목표의 관철을 위해 일관되게 전개되었다. 그 제도의 지향은 지방사회의 지배층인 품관층과 향리층의 통제문제가 핵심이었다. 그런데 지방사회 지배층의 견제력 약화는 관인사회의 부패를 가져와 많은 문제점을 전면에 드러내게 되었다. 15세기 조선 지방사회에서 중앙정부의 집권화 정책과 새로운 지배세력으로 등장한 재향품관세력의 자치적 경향이 충돌하고 있었다. 그 역사적 전개과정에서 조선사회는 중앙집권적 지배체제와 지방분권적 자치질서가 상호 공존하는 이중적인 지배구조를 지니게 되었다. 한국 중세사회의 지방통치는 관치(官治)와 자치(自治)가 상호 유착과 길항관계를 맺으면서 양자의 역학관계에 의해 지배방식이 변모해 왔던 것이다. 조선초기 지방지배구조 재편은 재지세력의 발호를 억제하면서 동시에 그들을 이용하지 않을 수 없는 이중성을 띤 것이었다. 그러나 조선건국주체가 추구했던 국가주의적 농민지배방식이 결국 조선 전시기를 관철시켰다는 의미를 아울러 지니는 것이었다.

15세기 말엽 중앙의 훈신·척신 세력들이 경제소 제도를 활용하거나 개별적으로 특정지방 유향소와 연계하여 사적 경제기반을 확립하여 나아갔고, 향촌사회 내에서도 중앙권력집단과 연결된 토호세력 및 향리층의 발호가 사회적 문제로 대두되었다. 이에 향촌민들의 고통이 배가되고 민과의 직접 지배관계를 구축하려 했던 조선왕조의 입장과도 대치되는 상황이 전개되었다. 국가적 차원에서 새로운 향촌질서를 모색하지 않을 수 없는 것이었다. 성종대 성리학적 향촌질서를 추구하던 사림파들의 요구로 복설된 유향소는 그 결과물 가운데 하나였다. 이는 조선왕조의 중앙집권적 지방지배정책은 일관되게 유지하면서도 16세기 사회경제적 어려움에 처한 향촌사회와 향촌민을 안정시키기 위해 재지세력을 활용할 수밖에 없는 상황을 반영하고 있다.

유향소(조선후기의 향소)는 재지세력이 자치적 성향을 과시하면서 그 이해를 대변하는 기구였으며, 정령·교화로 상징되듯 행정 통치기능과 윤리의식의 제고라는 기능을 통해 민에 대한 총체적인 지배를 수행하였다. 향청소속의 좌수와 별감은 수령의 자문에 응하고 풍속을 바로잡으며 향리를 규찰하였다.

한편 향소(유향소)는 향촌지배체제의 직임 가운데 이졸(吏卒)과 달리 임장(任掌)으로 분류되었다. 임장이란 위로는 향소로부터 아래로는 호수·통수에 이르는 직임자를 일컫는데 준공적(準公的) 직임이고 향촌 내에서 차출되는 존재였다. 관에서는 향소 이하 임장의 가장 주요한 기능으로서 '민과 관 사이에 막힘이 없도록 하는 것'을 들었다.[44] 또한 서울에는 각 지방 출신의 중앙관리로 구성된 경재소가 있어서 해당 지방의 일을 주선하고 상호 연락을 담당하였다. 경재소는 고려시대의 사심관제의 변형으로 새 왕조의 개창과 동시에 확대 재조직되었다.

이러한 향청(유향소)의 설치와 운영, 경재소 제도는 모두 재지사족과 향리들의 협조와 견제를 꾀하여 지방통치의 효과를 높이고 중앙집권정치를 강화하기 위한 조치였다. 그러나 다른 한편 재경관인들은 경제소와 유향소를 발판으로 각기 연고지의 지방행정은 물론, 자기들의 사회적 경제적 기반도 부식해 갔다.

또한 세공납부와 관련하여 경저리(경주인)·영저리(영주인)가 존재하여 군현과 중앙 각사 및 감·병영과 연결되어 있다. 그 밑에 각종 천역을 담당하는 관노비가 있었다.

---

44) 『목민고(牧民攷)』 치민.

(4) 원주목의 도로와 교통, 장시

원주는 지리상 남한강과 섬강을 끼고 있어서 사도팔달(四道八達)의 요충지를 점하여 왔으며 중앙지역과 한반도 동남부 지역과의 문화교류의 요충지 역할을 해왔다.

조선시대 중요 교통수단으로 육운(陸運)계통의 역참(驛站)과 해상·하상계통의 조운제도가 있다. 이 가운데 운송수단으로의 기능은 조운이 훨씬 컸다. 당 시기 역참은 사회경제 상의 의미를 지닌 산업도로로서의 기능보다 군사·행정상의 기능이 보다 강조되었다. 조선시대의 육운과 조운제도는 관리체제의 개편만이 있었을 뿐 대체로 고려시대의 제도를 답습한 것이었다.

조선왕조는 전국적으로 도로망을 개설하고 도로기능의 활성화를 도모하였다. 중앙집권체제를 확립하고 왕권을 지방에까지 침투시키기 위해 도로망의 활성화는 필수 불가결하였다. 조선시대의 역원제의 정비 발달과 함께 이루어진 9개의 간선도로 가운데 한성-김화-안변-함흥을 잇는 한성-서수라 대로와 한성-양평-원주-강릉을 잇는 한성-평해대로가 강원도를 경유한다. 이들 두 주선에서 춘천-양구, 홍제-인재, 원주-정선의 3개 지선이 분지되어 있다.

이 가운데 한성-강릉대로가 남한강 수계를 따라 영월로 우회하여 강릉과 연결되지 않고 대화, 진부를 거쳐 차령산맥을 넘고 있는 것은 원주와 강릉의 단거리 교통로가 더욱 절실했던 역사적 배경에 있다.

역은 대략 30리 거리에 따라 두고 마필과 역정(丁)을 갖추고 공문을 전달·체송하고 공무로 왕래하는 자에게 마필을 제공해 주며 숙식을 알선해 주었다. 이 밖에 진상 등 관물의 수송도 담당하였다.

교통기관인 역에는 공수전(公須田)·관둔전(官屯田)·장전(長田)·급주전(急走田)·마전(馬田)이 지급되었고, 통신 전담제도인 파발제 참에는 아록전(衙祿田), 원(院)에는 원주전(院主田), 도(渡)에는 진부전(津夫田) 등이 각각 지급되었다.

```
제1로    한성-서수라대로
포천-풍전-생창-직목-신안─┬─통천
                        └─은계-안변

제2로    춘천-양구로
가평-안보-보안-부창-수인-함춘-양구

제3로    홍천-인제로
양평-연봉-천감-마노-원통-남교-간성

제4로    원주-강릉대로
여주-안창-유원-조원-안흥-운교-방림-대화-진부-횡계-구산-강릉

제5로    원주-정선로
원주-안창-단구-신림-신흥-약수-평안-벽탄-여량-임계-고단-목계-
구산-강릉

제6로    동해안로
정덕-거풍-등로-조진-양진-고령-대강-명파-운근-죽포-청간-상운-
인구-동덕-대창-안인-낙풍-평릉-사직-교하-용화-옥원-흥부-수산-
덕신-신립
```

조선시대 관동의 역로 45)

아록전과 공수전이 각자 수세지로서 민전수세지인 데 비하여 관둔전은 관유지
로서 당해 관부에서 관노비와 인리(人吏)의 노동력으로 직접 경작하는 자경무
세지(自耕無稅地)이다.

『경국대전』에 의하면 전국 41개 역도(驛道)에 537개 역이 분속되어 있었는
데, 이 가운데 강원도는 4역도 78역으로 확립되었다. 강원도의 찰방도(察訪道)
는 은계도(銀溪道)와 보안도(保安道)인데, 이중 종6품의 찰방이 파견된 보안도
에 속하는 원주에는 신림·단구·안창·유원·신흥의 5개 역이 있었다.

원은 공무로 지방에 파견되는 관리나 상인 기타 여행자들에게 숙식 편의를
제공하기 위하여 요로에 설치된 시설이다. 조선시대에는 원과 더불어 관을

---

45) 옥한석, 『향촌의 문화와 사회변동-관동의 역사지리에 대한 이해』, 한울 아카데미,
    1994.

두기도 하였다. 원은 역과 같은 장소에 설치되는 경우가 많아서 역과 합하여 역원이라고 하였다. 원은 조선시대에는 대개 30리에 하나씩 두어졌으나 지형 조건에 따라, 원 사이의 평지거리는 다소 멀고 산악지대에서는 가까웠다. 역제가 완전히 관용으로 운영되었던 것과는 달리 토지만을 관에서 지급하고 가옥의 시설이나 사무는 민간이 담당하였다.

원의 경영을 책임맡는 원주에게는 원주전이 지급되었다. 그 액수는 대로에 속한 경우에는 1결 35부, 중로 90부, 소로 45부였다. 또한 원주는 수도를 중심으로 주요 간선도로를 대·중·소로로 3등분하여 대로에는 5호, 중로에는 3호, 소로에는 2호로 정해졌고 이들에게 잡역을 면제해 주었다. 『신증동국여지 승람(新增東國輿地勝覽)』에 의하면 전국의 원은 1,310개소가 있었고 강원도에 는 63개소가 있었다. 원주에 설치된 원은 아야니원(阿也尼院)·송현원(松峴院)· 둔탄원(屯呑院)·요제원(要濟院)의 4개소이다.

『경국대전』에 의하면 강원도 지역의 세곡은 세 가지 경로로 서울로 운송되었 다. 첫째, 회양·금성·김화·이천·평강·안협·철원 등은 경창에 직접 납부하고, 둘째 춘천·홍천·인제·양구·낭천·흡곡·통천·고성·간성·양양 등은 춘천의 소 양강창에 모아 북한강을 따라서 경창으로 납부하며, 셋째 원주·평창·영월·정 선·횡성·강릉·삼척·울진·평해 등은 원주의 흥원창에 모아 남한강을 이용하여 운송되었다.

『세종실록지리지』에 의하면 이들 군현은 시위군에 비하여 상대적으로 선군 의 수가 많았다. 선군의 전체규모를 보면 관동 해안의 군현들이 월등히 많아 해안을 통한 교류가 활발하였음을 보여준다. 남부 내륙지역의 중심지역인 원주의 선군은 82명, 정선 24명, 평창 40명, 영월 4명에 달한다.

수운시 가장 필요한 것 가운데 하나가 세곡을 운반하기 위한 배이다. 조선시 대에는 세곡운송에 필요한 배의 크기를 각각 바다와 강을 구분하여 정하여 놓았다. 즉 바다는 넓고 깊으면서 물의 흐름이 완만하지만 강은 폭이 좁고 깊이는 얇으며 물의 흐름이 빨라 각기 배의 형태가 달라야 했기 때문이다.

따라서 남한강에서 세곡을 운송한 배는 밑바닥이 좁고 길이가 길어 빠른 물살과 좁은 강폭에서 잘 적응하도록 만들었다. 대체로 남한강의 조운에는 길이 46척, 넓이 9척의 중선이 사용되었고 실을 수 있는 화물의 양은 200석에 달하였다. 그러나 우리나라 하천의 물줄기를 이용한 수운에는 많은 문제점이 발생하였다. 그것은 하천의 유량이 계절적으로 큰 차이를 나타낸다는 것이다. 즉 연평균 유출량의 약 2/3는 여름의 짧은 홍수기간 동안 유출되며 봄·가을·겨울에는 유출량이 극히 적어서 대하천에서는 중·상류, 소하천에서는 전체 유로에 걸쳐서 곳곳에 건천(乾川)이 형성된다. 이로 인해 선적한 세곡을 경창(京倉)의 납부시기에 맞추지 못하거나, 세곡이 썩는 사례가 빈번했고, 사선(私船)인 경우 임차비의 증대 문제 등이 발생하였다. 실제 조운시 국가에서 관장하는 참선인 공선에만 의지할 수 없게 되었고, 그에 따라 개인적으로 소유하고 있는 사선을 빌려 세곡을 운송하는 경우도 많았다.

당시 남한강의 수운을 통해 운반된 품목은 기본적으로 세곡 외에 각 지방에서 산출되는 공물이 운반되었고, 남한강 상류 산악지방에서 생산되는 갈대, 억새, 벌목한 목재의 운반이 이루어졌다. 남한강을 통해 왕래되는 물건 가운데 중요한 것은 소금이었다. 기본적으로 소금은 해안에서 산출되는 것으로 인간 생활에 가장 필수적인 식품이다. 당 시기 많은 기록에서 강원도 산간 내륙지방에서 구하기 힘든 소금을 참선을 이용하여 운송하여 주고, 상대적으로 서울에서 궁궐의 신축 등 건축물을 지을 때 필요로 하는 목재를 산간지대에서 벌목하여 서울로 운송하도록 하였다. 이러한 조치는 결국 각지에서 필요한 물품을 수로를 통해 상호 교환하는 형태를 취하고 있는 것이다. 이는 각 지방간의 교역을 통한 상품화폐경제의 실현이자 상품의 균등한 분배로 인한 국가 생활력 향상에도 일조한다는 의미를 가지고 있다. 이처럼 수운은 상품교역의 교두보이자 향촌민들이 하천 중심의 생활권을 영위하는 데 기여하였다. 역로에 의하여 연결된 각각의 유역분지가 수로에 의하여 다시 보완됨으로써 군현들 간의 교류가 촉진되었다고 보겠다. 조선후기에 와서 생산력의 발달,

상품화폐경제의 증대에 의해 장시가 발달됨에 따라 향촌간의 교류는 더욱 활성화되었다.

원주는 강원도에서 유통경제가 발달할 수 있는 좋은 조건을 지니고 있었다. 우선 남한강과 섬강을 이용한 선운 교통과 육로도 발달해 있었다. 강원도의 수부도시로서 감영을 매개한 시전과 영도고(營都庫)들의 상행위가 전개되고 있었고, 주변군현들의 세곡과 물산이 집결되었다.

원주 관내 남한강 유역에는 흥원창 나루, 개치나루, 좀재나루가 있었다. 그 중 흥원창 나루는 강원도의 원주, 평창, 영월, 정선, 횡성, 강릉, 삼척, 울진 등지를 관할하여 세곡을 운반, 보관하던 장소였다. 정종 때 흥원창에 200섬씩을 실어 나르던 배 21척이 배치되어 있었다. 매년 2월부터 세미를 수송하게 하였는데, 그 기한은 가까운 거리의 것은 4월까지 수송이 끝나야 하고, 거리가 먼 곳의 것은 5월까지로 하였다. 흥원창에 적치된 지역 전세는 서울로 수송되고 일부는 군량미나 진휼곡으로 사용되었다. 흥원창 나루는 강 건너편으로 사람을 건네주는 도강(渡江)의 기능은 거의 없었고, 돛단배들이 짐을 풀고, 머물다가는 하항(河港)의 역할이 주가 되는 나루였다. 마을에는 배를 부리는 선주들도 많았고, 미곡을 300가마 이상 실을 수 있는 큰 돛단배들이 었다. 영서남부, 산간지역에서 생산된 토산품과 곡물들은 마차에 실어 육로로 수송하거나 작은 배와 뗏목에 실려 물길을 따라 흥원창 나루에 집결되고, 서울의 마포와 뚝섬, 인천 등지에서는 소금과 비단, 각종 생활필수품들이 이곳으로 운송되어 물물교환이 이루어졌다. 여각이 존재하여 남한강과 섬강을 오르내리는 뱃사공들의 휴식처가 되었고, 정선, 영월에서 내려오는 떼꾼들도 많이 쉬어 갔다고 한다. 남한강의 마을에는 물길의 안전을 기원하는 제사의식이 두드러졌다. 원주 부론면 흥호리의 자산당제의 경우 주민이 아닌 뱃사람들이 제를 지냈다. 나루에 돛단배가 들어와 갯벌장이 설 때면 각처에서 모여든 사람들로 붐비게 되고, 사람들이 모이면 각 지역의 문화가 교류되고 상업포구 나름의 새로운 문화가 형성되었다.

한편 수로는 당시 주민들에게 교통수단으로서도 활용되었다. 이곳에서 한강을 통해 서울까지 배를 타고 이틀이 소요되었다. 서울에서 원주로 오는 길은 강의 흐름과 반대방향으로 조금 더 시간이 걸렸고 배에서 묵지 않은 양반관리들은 여주 신륵사에서 여장을 풀기도 하였다.

원주는 강원도의 여타지역보다 많은 수의 인구가 거주하고 있었고, 이로 인해 많은 장시가 설치되었다. 『관동읍지』의 「원주」를 보면 원주에 형성된 읍내장(2·7일)·안창장(安昌場 ; 5·10일)·흥원창장(3·8일)·귀래장(5·10일)·주천장(3·8일) 등은 대부분 읍내·역원·창촌(倉村) 등에 설치되었던 거점장으로서 조선후기 장시의 전형적인 모습을 보여주는 중대형 장들이었다. 이런 거점장에서는 수공업품, 농산물, 어류, 축산물, 약재 등의 수많은 물건들이 거래되고 있었다.

(5) 교육제도

학교는 교화를 행하고 인재를 길러내는 국가의 교육기관이다. 그러므로 국가 입장에서는 무엇보다도 힘써야 할 일이었다. 특히 조선왕조는 주자학을 국시로 삼았으므로 유교윤리의 교육을 통한 교화는 강조될 수밖에 없었다. 학교는 국가의 교육기관으로서 서울에는 태학, 곧 성균관을 두었고 지방에는 향교를 두었다. 원래 학교는 고구려의 태학, 신라의 국학, 고려의 국자감·성균관을 거쳐 조선에 이르렀다. 지방학교로는 고구려 때 경당이 있었고 신라말·고려초에는 지방학교가 있었으며 12목에는 경학박사·의학박사가 파견되었다. 고려말에는 수령의 7사(事)로서 학교를 진흥하는 일이 처음으로 정해졌고 개경에 오부 및 서북면의 부·주와 각도의 목과 부에 유학교수관이 두어졌다. 조선왕조에는 서울에 성균관이 있고 동·서·남·중부에는 학당이 있으며 지방에는 향교가 있었다. 그리고 사립교육기관으로 서원·사우 등이 있었다.

① 향교

향교는 고려후기 향촌사회에 점차로 실시되기 시작하여, 조선초기에는 전국적으로 보급되었다. 조선시대의 향교는 고등교육기관인 성균관에 입학하기 위한 소과(생진과) 응시를 준비하는 과정의 교육을 실시하였다. 즉 중등교육기관으로서의 역할을 담당하였다. 또한 향교는 향촌민을 대상으로 한 이른바 교화기구로서의 역할도 수행하는 한편 재지사족들의 향촌사회 지배를 위한 활동의 거점이 되기도 하였다.

『경국대전』에 따르면 조선시대 향교는 전국 329개의 부·목·군·현에 '1군 1향교'의 원칙 하에 설치되었다. 전임교관으로는 도호부 이상의 72개 구역에는 종6품의 교수 1인을, 군 이하 257개 지역에는 종9품의 훈도 1인을 임명하였다.

향교의 교생정원은 향교가 소재한 행정기관의 규모에 따라서 차이가 있었다. 태종 6년(1406)에 유수관(留守官)은 50명, 대도호부·목·도호부는 40명, 군은 30명, 현은 15명으로 책정하였다. 그 후 성종 때 『경국대전』에는 대도호부·목은 90명, 도호부는 70명, 군은 50명, 현은 30명으로 책정하였다. 이 규정은 조선말기까지 변동이 없었다.

향교의 교생에게 주는 특전으로는 무상교육, 과거응시의 자격, 생·진시의 초시 면제, 군역과 요역의 면제 등이 있었다. 향교에는 교사의 신축 및 보수 관리비, 교관의 후생비, 교생의 숙식비, 석전례(釋典禮), 향음례(鄕飮禮), 제수비용 등에 대한 재정지출이 요구되었다. 이를 충당하기 위해 국가로부터 일정한 학전(學田 : 향교전)과 학노비(學奴婢)가 책정되었고 경우에 따라서는 지방 유림의 찬조금이 갹출되었다.

향교전은 성종 23년(1492)의 『대전속록』에 유수관, 대도호부, 목, 도호부의 향교에는 10결, 군의 향교에는 7결, 현의 향교에는 5결로 규정되었다. 향교의 노비는 성종 때의 『경국대전』에 유수관 향교에는 30명, 대도호부·목의 향교에는 25명, 도호부의 향교에는 20명, 군·현의 향교에는 10명으로 규정하였다.

향교교육은 명륜당에서 실시되었다. 향교에는 공자를 모시는 대성전과 선현을 봉안하는 동·서무(東·西廡)로 구분되는 문묘와 향교 생도의 강학소인 명륜당 그리고 그들이 기숙하는 동·서재로 구성되는 학사가 있었다. 그 이외에 제사를 관장하는 전사청(典祀廳) 등이 있었다.

향교운영의 실태와 결과는 지방관들에 의해서 지속적으로 감독되고 국가에 보고되었다. '수령칠사' 가운데 '수명학교(修明學校)'의 조목이 강조되었다. 각 도의 관찰사는 매년 6월에 도내의 교생들을 대상으로 도회를 시행하여 문관 3인으로 하여금 강경이나 제술로 시험을 보여 우등자(경상, 전라, 충청도 는 5명, 그 외 지역은 3명)를 국가에 보고하여 생원·진사시의 회시에 곧바로 응시하게 하였다.

향교의 교육과정은 과거시험에 필요한 유교의 경서와 유교사회의 도덕규범 에 관계되는 교과를 중시하였다. 또한 조선시대의 향교는 향촌 민들이 유학의 이념에 입각한 풍속과 사회의 질서를 정립하는데 필요한 각종의 행사를 주도하 였다. 향교에서는 공자를 비롯한 중국과 조선의 유현(儒賢)을 배향하는 문묘를 설치하여 매월 1일과 15일에 제사를 지내고, 봄과 가을에는 석전제를 봉행하였 다. 향교의 석전은 연 2회 봄에는 음력 2월 상정일(上丁日)과 가을에는 8월 상정일에 행하는 것이 원칙이다. 석전의 초헌관은 그 고을의 수령이 맡았다. 그리고 지역 민들의 유풍(儒風) 조성과 예속(禮俗) 교육을 위해 향사례(鄕射禮), 향음주례(鄕飮酒禮), 양노례(養老禮), 백일장 등의 행사를 주도함으로써 지역문 화의 중심기관으로서의 기능을 담당하였다.

조선후기에 들어서면서 향교는 향촌유생들을 대상으로 한 유학교육의 기구로서보다는 각종의 의례행사를 주관하는 이념적인 기구로 변화되어 갔다. 향교는 운영상의 문제점을 드러나게 된다. 우선 향교가 유능한 교관을 확보하 지 못하고 교육내용이 부식화 되었다. 또 다른 향교의 문제는 교생(校生)의 신분변화와 그 자질의 저하현상이었다. 원래 교생은 양반자제에서 서민자제 에 이르기까지 망라되었다. 그런데 향교의 교생은 기술관이 되는 경우가 있고 서민자제들은 합법적인 면역 수단으로 활용하기도 하였다. 즉 향교는 양반에게는 신분이 하락되는 반면에 양인에게는 신분이 상승되는 통로가 되었다. 이에 따라 양반자제들이 교생이 되는 것을 기피하고 양인은 교생이 되는 것을 갈망하게 되었다. 이에 따라 향교는 점차 쇠퇴해지고 사립학교인 서원이 발달하게 되었다.

향교는 선화당이나 동헌과 함께 지방의 가장 중요한 관아의 하나이고 제향(祭享) 수교(修敎)를 위한 경건한 장소였으므로 그 입지선정에 주의를 기울였다. 향교의 경내는 사묘(祀廟)공간과 강학(講學)공간으로 구성되어 있다. 평지에서는 앞쪽에 사묘를 세우는 전묘후학(前廟後學)으로, 경사진터이면 뒤쪽의 높은 위치에 사묘를 두는 전학후묘(前學後廟)로 배치하는 것이 보통이다. 지형지세를 적절히 활용하되 강학보다는 존성숭현(尊聖崇賢)을 더 중시하는 뜻으로 보인다.

원주에 있는 향교는 세종 4년(1422) 목사 신호(申浩)가 증수하였으나 임진왜란 때 소실되었다. 선조 36년(1603) 이택(李澤)이 대성전을 중건하였고 목사 임취정(任就正)이 명륜당과 동재·서재를 복원하였으며 인조 10년(1632) 이배원(李培元)이 증축하였다. 현재 남아 있는 건물은 대성전·명륜당·동무·서무·동재·서재·외삼문·수복실(守僕室) 등이다.

② 서원

일반적으로 서원은 각 지방에 민간중심으로 선현에 대한 사묘를 설치하여 제향을 행하고, 유학교육을 통하여 유사(儒士)를 양성하던 사립교육기관이다. 따라서 서원은 사묘를 중심으로 하는 제향기능과 강학소를 중심으로 한 교학기능을 통합적으로 지닌 기관이다.

서원은 중종 37년(1542) 풍기군수로 있던 주세붕(周世鵬)이 세운 백운동서원을 효시로 한다. 그 후 명종 5년(1550) 퇴계 이황이 소수서원을 설립하게 되고 전국으로 퍼지게 된다. 퇴계 이황에 의해 서원은 강당과 사묘를 동시에 갖는 형태를 취하면서 사림들의 수양처가 되었고, 사현(祠賢)은 부차적인 것이 되었다. 그것은 당 시기 향교와 관학의 쇠퇴와도 관련된다. 또한 서원은 향회·유향소와 함께 사림들의 세력기반이 되는 조직체였으므로 지배 이데올로기를 보급하고 지방사회를 교화하는 데도 일정한 역할을 수행하였다.

본래 사림의 학문활동기구로 향촌사회의 사학에 그치던 서원은 효종대 서인계 산림의 진출로 도학적 정통성의 추구에 따라 중앙정치와 관련을 갖게 된다. 그러나 현종·숙종 이후의 잦은 정권교체 속에서 피화자(被禍者)의 신원(伸寃)이란 면과 함께 향촌사림의 현실적 이해관계가 편승하게 됨으로써 서원의 수는 급격히 증가된다. 특히 현종 이후 예론이 격화되면서 각 당파가 자기 파의 광범한 지지를 얻기 위한 방책의 일환으로 빈번히 사액을 해주어 원사(院祠)의 건립이 활발하였다.

한편 동족마을의 발달과 함께 동성집단 내부의 상호결속과 사회적 지위유지의 필요성이 제기되면서 서원은 족적 기반의 중심기구로서 그 사회적 역할을 증대시켜 나갔다. 이는 향촌사회에서 기존의 사족지배체제가 점차 위기에 봉착하고 있는 것과 맥을 같이 한다. 특히 이 시기 향안·향약 등 사족간의 결속을 보장하던 자치조직이 쇠퇴하던 현상은 사족들로 하여금 문중 보장의 필요성을 절감케 하였다. 이러한 가문의식의 발휘 속에 서원은 문중 내 명조(名祖)·현조(顯祖)의 제향을 통한 향중의 벌족으로서의 사회적 지위 유지, 문중 자제의 교육과 교화를 통한 문중 내 윤리질서의 유지 등을 도모할 수 있었다. 이 시기에 오면 서원의 각 가문별 분립현상이 뚜렷해진다.

삼남지방에 비해 강원도는 유화(儒化)가 비교적 늦게 이루어져 효종 때까지도 원사의 수가 많지 않았다. 『증보문헌비고』 학교조에 실려있는 강원도의 서원을 보면, 강릉 3, 원주 5, 춘천 3, 철원 1, 영월 3, 양양 1, 삼척 1, 이천 1, 평해 3, 통천 2, 평창 1, 고성 1, 울진 7, 김화 2, 평강 1로 15개 지역에 모두 총 35개가 설립되었음을 알 수 있다. 〈표 8〉에서 보듯 원주를 비롯한 강원도 지역의 서원 건립 및 사액년도 현황을 살펴보면 17세기 전반에 집중되는 것을 확인할 수 있다.[46]

서원명	설립년대	소재지	배향인물	사액년도
칠봉서원	1612(광해군4)	원주시 호저면 산현리	원천석·원호·정종영·한백겸	1663
도천서원	1693(숙종19)	원주시 지정면 안창리	허후	1693
오봉서원	1556(명종11)	강릉시 성산면 오봉리	공자·주자·송시열·함헌	
송담서원	1624(인조2)	강릉시 강동면 언별리	이이	1660
문암서원	1610(광해군2)	춘천시 신북면 용산리	김주·이황·조경·이정형	1648
도포서원	1650(효종1)	춘천시 서면 신해리	신숭겸·신흠·김경직	
동명서원	1628(인조6)	양양군 양양읍 조산리	조인벽	
경행서원	1639(인조7)	동해시 송정동	김효원·허목	
용산서원	1705(숙종31)	동해시 려운동	이세필	

한편 입원생에 대한 신분적 규제조항은 명시된 것은 없으나 당시 서원이 양반층만을 대상으로 하는 교육기관이라는 것이 상식화되었다. 일반적으로 각 서원의 입원생의 수 및 그 지역적 범위는 배향인물, 주관자 및 서원의 향촌사회 내 영향력이나 경제적 형편에 따라 상이하였다. 명실상부한 사학 교육기관으로 확고한 위치를 확보하고 있던 초창기 서원의 경우는 사림들의 적극적인 호응에 힘입어 원생들의 지역적 범위가 상당히 넓었다.

서원의 조직은 서원에 따라서 약간의 차이가 있기는 하지만 기본적인 것은 대체로 같다. 우선 건물은 선현·선사에 대한 제향을 행하는 사묘가 있고, 생도들의 강학을 위한 강당과 그 전면에는 생도들이 기거하고 숙식하는 동·서 양재를 두고 있는 것이 일반적이다.

서원의 임원은 서원에 따라서 일정하지 않으나 대체로 원장, 원이장(院貳長), 강장(講長), 훈장(訓長), 재장(齋長), 도유사(都有司), 부유사(副有司), 집강(執綱), 직월(直月), 직일(直日), 장의(掌議), 색장(色掌) 등을 두었다. 서원의 교육적 기능은 17세기 초·중반까지는 일정하게 유지되고 있었다고 보인다. 원생들의 교육활동은 유생의 자발적인 공부와 이들에 대한 교수 및 정기적으로 개설되었

---

46) 원주군, 『원주지방서원학술조사보고서』, 1992.

던 강회(講會)·거접(居接) 또는 지방관의 주관 하에 개설되는 백일장 등을 들 수 있다.

서원은 지방문화의 중심지로서의 역할을 수행하기도 했다. 서원이 향촌지식인들의 집결처였던 만큼 지역문화 활동의 장이 되었을 것이다. 상당수의 서원에는 서고와 함께 장판각(藏板閣)을 부속건물로 갖고 있다. 이는 서원에서 목판의 침판(鋟板)과 개판(開板)·인행(印行)이 이루어지고 있었음을 말해준다.

서원은 원래 사학이었으므로 국가로부터 정식의 대우를 받지 못했다. 다만 국가가 승인한 사액서원의 경우에 면세전 3결과 노비 1구의 사여가 따랐는데 그 규모는 군현의 향교 즉 전 5결 노비 10구에 미치지 못하였다. 그럼에도 불구하고 서원은 설립 당초부터 지방 유지인 사대부로부터 원입전(願入田)이라 하여 토지나 노비를 기진하는 경우가 많았고 지방관의 배려로 면세의 특혜를 누렸다. 뿐만 아니라 서원에는 지방관의 재량에 의하여 속공(屬公)의 토지나 노비가 특별히 이급되거나 현물경제의 범주에 드는 염분·어기(漁基) 등이 간접적인 공물 징수의 형태로 배당되었다.

이러한 서원은 그 수가 증가하면서 폐단이 생기게 되었다. 서원에 일단 귀속된 토지는 면세의 특권을 누렸으므로 서원의 증가는 곧 서원전=면세전의 증가를 의미하였다. 그러므로 국가의 세원은 축소되게 되었다. 더욱 후손 동족에 의한 서원·사우의 증가로 인해 국역부담자가 감소하였다. 또한 서원은 사림 개개인의 가문이나 정차의 형성 나아가 특정한 이익집단으로서의 벌열 중심으로 변질되어 갔다. 이러한 서원의 폐단은 영조와 정조에 의해 정비되고 제어되기는 하지만, 세도정치 아래서 그 방만성이 나타나다가 집권적 국가체제의 확립을 꾀한 대원군에 의하여 고종 8년(1871)에 대대적인 훼철이 있게 된다.

원주에 있는 서원은 칠봉서원과 도천서원인데 지금은 터만 남아 있다. 칠봉서원은 광해군 4년(1612)에 설립되었는데 배향인물은 원천석(元天錫), 원호(元昊), 정종영(鄭宗榮), 한백겸(韓百謙)이다. 소재지는 현재 원주시 호저면 산현리다. 현종 14년(1673) 사액서원이 되었는데 당시 사액서원은 전답 3결과 모입인 20명을 하사하였으므로 칠봉서원에도 이와 같이 하였을 것이다.

도천서원은 현재 원주시 문막면 퇴속리에 있으며 1693년(숙종 19)에 사액되었다. 배향인물은 허후이다. 흥선대원군의 서원철폐령으로 훼철된 뒤 복원되지 못하였다.

③ 서당

17세기 이후에 들어서면 전국적으로 사설교육기관인 서당이 널리 보급되어 간다. 서당은 사숙(私塾), 서재(書齋), 정사(精舍), 서숙(書塾), 학당(學堂), 강당(講堂), 강사(講舍), 가숙(家塾) 등 여러 가지 명칭으로 불렸으며, 아동들을 대상으로 한 문자교육과 유학 입문교육이 수행되었다. 조선왕조는 초기부터 아동을 위한 초등교육 수준의 학교제도를 설립하거나 운영하지 않았기 때문에 이것들은 당연히 사학의 몫이었다.

문어와 구어가 다른 이중의 언어구조 속에서 한문을 읽고, 쓰고, 이해하는 문해(文解)교육은 가숙의 형태로나 혹은 유학자 개인에 의한 서재의 형태로 경향간에 부분적으로만 보급되어 있었던 것이다. 차후 조선 중, 후기를 거치면서 나름의 독자적인 초등교육기관으로 정착되어 갔다. 서당에서는 대체로 소학단계에 있는 7, 8세에서 15, 16세에 이르는 남자 아동들을 대상으로 문자교육을 겸한 한문교육과 유학의 입문교육이 이루어졌다.

서당교육은 신분별 교육기회의 확대 현상이며, 조선후기 사회변동의 한 측면으로 강조되어 왔다. 즉 서당교육의 보급이 피지배층으로서의 일반 민의 사회적 인식을 높이는 데 기여했다는 것이다. 이전 양반 사족층에 의해 거의 독점되었던 유교적 지식이 이제는 그 이하의 신분층에게도 개방되어 간다는 사실은, 당시의 사회신분제도를 떠받치고 있는 문화적 기초가 동요하고 있음을 가리킨다고 할 수 있기 때문이다.

훈장은 마을에서 학식이나 덕망이 높은 분이 하였으며 또는 외지에서

초청하였다. 이 시기 훈장은 생업을 위한 하나의 수단이자 직업으로 자리잡기 시작했다. 대다수의 훈장은 학생의 학채(학비)로 생활을 했다. 강원도 지방의 서당에서 학채로 지불하는 현물은 곡식과 의복이 대부분이었다. 훈장에게 학부모들은 의복을 해주는데 삼절복(홑옷, 겹옷, 솜바지), 버선, 신발(미투리) 등이다. 훈장에게 의복을 해주는 것은 계약에 의한 것으로 지역마다 차이가 있다. 강원도 서당의 훈장은 학생의 교육과 더불어 마을의 대소사에 관여하였다. 촌락의 아이가 출생하면 작명, 집을 지을 때에 상량문, 제사 지내는 집의 축문, 결혼하는 집의 택일, 궁합, 사주를 써주기도 하고, 사람이 죽으면 지관의 일도 하였다.

서당교육의 일정을 보면 일반적으로 학년이나 학기가 없었다. 일과표도 식사시간과 잠자는 시간 외에는 수업이 계속되었다. 서당에서는 학과와 계절을 조화시켜 학습하게 하였다. 더운 여름에는 머리를 쓰지 않고 흥취를 돋우는 시, 율을 짓는 학습을 많이 하고, 봄과 가을에는 『사기(史記)』, 고문 같은 것을 읽히며, 겨울에는 어려운 경서를 읽게 하였다. 서당의 행사로는 초학자들이 책을 한권 떼면 책세식(벼루씻이, 세연회)를 했다. 송편, 술, 닭고기와 다른 안주를 가지고 와서 선생님을 대접하고 동접들과 나누어 먹었다. 또한 개접(상견례, 글을 짓기 시작하는 날), 파접(글짓기가 끝나는 날), 백일장, 시회가 있었다.[47]

원주 지정면 인근 서당의 건립현황은 〈표 9〉와 같다.

〈표 9〉 원주 지정면 인근의 서당현황

서당명	위치	존속기간	형태	학생수	연령분포
간현서당	지정면 간현	?~1920	훈장초청 (유지조합 서당)	10~15	10~17
양촌서당	부론면 손곡리	?~1926	훈장자영	15~30	7~20
작실서당	부론면 단강	?~1933	훈장자영	5~14	7~19

47) 한홍식, 「원주지역 서당교육에 관한 연구」, 강원대학교 교육대학원학위논문, 1994.

편애서당	호저면 주산리	?~1934	훈장초청	10	8~20
이전서당	문막면 취병리	1916~28	훈장자영	15~30	7~30
토정서당	소초면 학곡리	?~1926	훈장자영	10~15	7~20
벌무내기서당	문막면 반계리	?~1936	훈장초청	10~20	7~18
공산서당	소초면 교황리	1923~29	훈장초청	10	8~14
웃뭇지울서당 (새이웃물지울서당)	지정면 신평리	?~1933	훈장초청	7~13	7~19
원선생한문서당	소초면 학곡리	?~1934	훈장자영	10~15	12~17
마제서당	판부면 서곡리	1935~44	훈장초청	10~15	13~20
포진서당	문막면 포진리	1939~42	훈장초청	10~20	8~18
중막서당	부론면 단강	1934~35	훈장초청	10	7~21
턱골서당	소초면 교황1리	?~1930	훈장초청	10~20	7~20
회론서당	판부면 금대리	1956~58	훈장초청	10	13~18
음지담서당	신림면 성남1리	1948~50	훈장자영	8~10	8~15
뫼재서당	호저면 산현리	1920~45	훈장초청	5~10	15~25
매호서당	호저면 매호리	1946~50	훈장초청	5~13	15~20
주련동서당	신림면 성남리	?~1937	독서당	4~5	8~9

제2장 조선후기 원주의 사회상황

1. 조선후기 원주의 향촌지배구조

촌락이 자연촌 내지 광역의 자연촌과 치환될 수 있다면, 이러한 자연촌을 국가의 공적 사회제도인 면리제로 포섭하여 상위의 군현범위로 그 외연을 확대시킨 것이 향촌사회라고 할 수 있다.

향촌사회는 향교를 기준으로 향회, 향음례, 향사례 등이 수행되는 공동체적 특징을 지니며 행정구역상 군현의 단위를 일컫는다.[1] 따라서 향촌사회에는 성씨별 문중·가족·친족 등의 원기적 사회단위와 촌락·동족마을·향약·계·향안 등의 사회조직이 내재화되어 있다. 이 위에 공적 사회제도가 존재한다.[2] 향촌사회는 사회단위와 조직을 바탕으로 역사주체로서 성장하여 가는 민이 그 주체로서 역량을 실현할 수 있는 일차적 정치영역이 되는 곳이다. 또한 경제체제와 계급관계의 재생산관계가 역동적으로 작동하고 상호 연계되어 있었다. 그리고 이념적으로 성리학적 향촌질서, 계서적인 신분제 사회를 체현하는 지배적 상징질서가 재생산되고 있었다. 이처럼 향촌사회 내에는

---

1) 정승모, 「농촌정기시장체계와 농민 지역 사회구조」『호남문화연구』13, 1983, 156쪽 ; 이훈상, 「조선후기 읍치사회의 구조와 제의 ─ 이서집단의 정체성 혼란과 읍치제의의 유희화 ─」『역사학보』147, 1995, 47~50쪽 ; 정진영, 『조선시대 향촌사회사』, 한길사, 1998, 24쪽.
2) 근대사연구회편, 『조선중세사회 해체기의 제문제(하)』, 한울, 1987, 189~190쪽.

미시적 행위나 규범, 관행 및 제도, 구조들이 존재한다.

조선후기 원주는 자연마을이 국가의 군현제-면리제-오가작통제의 조직 속에 편제되어 있었다. 조선왕조의 향촌제도는 민들의 성장된 사회의식과 제고된 향촌의 자율성을 감안하여 변화양상에 대응하여 나타난 것이었다. 조선왕조는 전란으로 인한 폐해의 치유를 도모했던 17세기에 들어 변화하는 향촌사회구조를 주목하고 종래 군현제 중심의 대책에서 벗어나 향촌과 민에 대한 실질적인 장악을 목표로 면리제의 편성에 관해 중점을 두었다.[3] 18세기는 이같은 정부의 노력으로 인해 전면적인 면리제(공적 사회제도)가 정착·운영되고 있었다.

조선후기 면의 명칭으로 외방의 경우 면, 한성부와 평안도는 방(坊), 함경도에서는 사(社)라고 하였고,[4] 면임의 호칭도 도윤(都尹)·방임(坊任)·사임(社任)·면장(面長)·면관(面官)이라 하였으며 때로는 풍헌(風憲)으로 불리었다. 그 이하 리·동의 직임자는 이정(里正)·이장(里長)·동임(洞任)·부윤(副尹) 그리고 부헌(副憲)·약정(約正)·약장(約長)의 호칭을 지니고 있다. 이들 면리제 운영 담당층의 직임체계는 촌락의 기능이 활성화되고 면리제의 단위성이 제고됨에 따라 분화되고 이들의 수효도 증가하게 되면서 많은 변화가 나타난다. 면임은 향촌내 치하(治化)를 보좌하여 민에 대해 관령전달과 민정을 관에 보고하는 '상하통행(上下通行)'을 담당하는 업무를 맡았다. 이에 따라 면임은 "각사지관(各社之官)"이라고도 불리었다.[5]

면리제가 그 위치를 확보하기 위해서는 기존의 향촌질서, 즉 다양한 사회단위, 생산관계, 사회조직들을 어떻게 공적 사회제도 하에 통일적으로 결합시키느냐 하는 점과 향촌내 사적인 계급지배를 실현하고 있는 재지세력을 어떻게

---

3) 오영교, 「17세기 향촌대책과 면리제의 운영」『동방학지』85(『조선후기 향촌지배정책 연구』소수) 참조.

4) 「반계수록」보유 군현제조.

5) 「공이점록(公移占錄)」권유농민방(勸諭農民榜).

향촌통치체제의 직임으로 포섭할 수 있느냐에 달려 있었다. 18세기 조선왕조는 면임·풍헌제의 운영과정상의 문제와 명분론의 문제로 인한 사족들의 모피(謀避)현상이 심화되자, 숙종 37년 12월의 「양역변통절목」에서 존위(尊位) 직임의 차별화를 시도하고 있다. 평민출신의 면·리임이 비록 관권을 대행한다고 하지만 자율성이 강한 촌락사회의 사족층에 대한 통제가 쉽지 않았을 것이다. 집권화를 도모하는 조선왕조는 향촌의 원활한 통치를 위해 재지사족들의 참여를 적극 도모하였고 그 직임으로서 상존위를 설정하고 있었다.

조선왕조는 숙종 37년의 「양역변통절목」과 영조 5년의 「오가통법(五家統法) 신명구제절목(申明舊制節目)」, 그리고 정조 14년의 「존위성책(尊位成冊)」에 이르는 절목을 거듭 반포하여 향촌지배에 관련된 조직과 직임을 정비했다. 그 가운데 주목되는 것은 '동중(洞中) 공론(公論)'을 담지한 존재로서 각리(동)단위로 상존위를 임명하고 기존 면임보다 더욱 많은 역할을 부여하고 있는 사실이 나타난다.[6) 각 고을의 표저(表著)양반으로 하여금 상존위로 삼고 군역·환곡 등 전반적인 부세문제와 향촌민의 여론에 대해 관속하도록 유도하고 있는 것이다. 원주목의 각종 부세수취 향촌조직의 운영에 상존위의 존재와 역할이 크게 부각된 것도 이에 무관하지 않다.[7) 18세기 원주목에서 상존위 역시 면임·리정과는 달리 양반신분으로서 각 동단위로 설정되어 있었고, '동중공론(洞中公論)'을 주도한다 하여 관의 전폭적인 신뢰를 받았다.

한편 『여지도서』에 수록된 1759년 당시 원주목은 1읍, 20개 면, 4개 동,

---

6) 「비변사등록」 63책, 숙종 37年 12月 26日, 6책 322쪽.

7) 예를 들어 환곡의 징수내지 군역의 확보를 위한 실제 호구의 사정에서, 향촌의 사정을 파악하고 있는 실무자인 면임에게 전적인 책임을 기대할 수 없다고 하며 상존위를 내세워 해당 임무를 수행하고 있었던 것이다(「농첩」 무오 12.24 전령 각면, 정사 12.27 하첩 상존위). 심지어 '대중소잔협잔독호(大中小挾殘獨戶)'의 구별에서 관가는 오직 상존위에게 자주 번거롭게 하면 반드시 동중 공론에 따르는 바가 있으므로 하첩을 기다려 수보하면 관에는 착각하는 우려가 없고 민들에게는 함께 한다라는 뜻이 있다'라고 하여 상존위가 동중 공론을 형성하는 주요한 존재임을 부각시켜주고 있다(「농첩」 정사 1.4 각리 보장제사(各里 報狀題辭)).

<표 10> 원주목의 면·리와 호구현황

면	리	호	구	비고(관문)
본부	1,2,분2,3,분3	335	2,387	동 10리
사근사	1,2,3	467	1,997	동 15리
수주	初,1,2	338	2,027	동 60리
좌변	1,2	433	1,582	동 100리
우변	1,2,3	486	2,161	동 90리
부론	1,분1,2,3,4,5,6,7	545	2,821	남 60리
사제	1,2,3	458	2,008	서 40리
강천	1,분1,2,분2,3,4,분4	609	3,670	서 70리
지내	1,2	282	1,670	서 70리
며내	1,2,분2,3,분3	361	1,424	남 40리
소초	1,분1,2,분2,3,4,분4,5,6,분6,7,8	606	2,173	북 30리
호매곡	1,2,3,4,5	395	1,089	북 30리
고모곡	1,2,3,4,분4	377	1,295	서 60리
정지안	1,2,3,4	426	862	서 20리
지향곡	1,2,3,4	300	1,635	서 40리
구을파	1,분1,2,3	299	1,212	남 40리
판제	1,2,분2,3	474	2,182	남 15리
저전동	1,분1,2,3	423	1,185	서 10리
금물산	1,2	241	981	남 20리
가리파	1,2	253	1,427	동남55리
읍내	상,중,하,후동내	609	2,265	
1읍 20면	4동 86리	8,719	38,052	

86개 리로 되어 있으며 원주목 관할에는 8,719호, 38,052명(남 18,639 여 19,413)의 인구가 거주하였다.

18세기 원주목의 면리편성에서도 타지역처럼 분동(分洞)·분리(分里) 현상이 촉진되고 있었다. 이 시기 리·동의 증가는 자연촌의 성장을 바탕한 것이었으나, 보다 직접적으로는 사회경제적인 변화에 따른 민의 성장 또는 사족 상호간의 갈등이나 부세, 특히 동역(洞役)이라 불리는 잡역(雜役)의 부담과 운영을 둘러싸고 나타나는 대립 등 촌락사회의 다양한 갈등관계를 반영하고 있었다.[8] 원주목의 경우도 본부면 2개 리, 수주면 1개 리, 부론면 1개 리, 강천면 3개

---

8) 정진영, 『조선시대향촌사회사』, 한길사, 1998, 520~521쪽.

리, 며내면 2개 리, 소초면 4개 리, 고모곡면 1개 리, 구을파면 1개 리, 판제면 1개 리, 저전동면 1개 리가 지속적으로 분동되고 있음이 나타난다. 각 동리별 사정을 구체적으로 파악할 수 없지만 대부분 기존 리·동의 호구수가 늘어나고 새로운 오가작통제로의 편성을 가능하게 했던 것으로 보인다.9)

원주목에는 이 같은 면리제와 아울러 그 하부조직으로 오가작통제(五家作統制)가 편제되어 있었다. 일예로 원주목 산하 정지안면 1리(필자주 ; 지금의 원주시 호저면 무장리)의 파평 윤씨 장파(長派) 윤상익(尹商翊)가의 18세기 오가작통제의 편제현황을 호구단자를 통해 살펴보겠다.10) 1759년 정지안면 은 1리(180호 343명), 2리(30호 102명), 3리(82호 268명), 4리(34호 149명)의 면리로 편제되어 있었다.11)

1738년(영조 14)의 호구단자에 따르면 파평 윤씨가 원주에 내려와 처음으로 기반을 닦았던 정지안면 제1리 장포촌에서 제8통 제3호로 편제되었고 통수(統首)는 이오금이었으며, 당시는 강원감사가 원주목사를 겸임하지 않은 때이므

---

9) 『여지도서』(1759년). 한편 오늘의 원주의 면리 모습은 다음과 같은 이합집산을 통해 나타난다. 읍내(상동리 하동리 중동리 배말), 본부면(봉산동 행구동), 저전면동(우산동 단계동 일부), 사제면(흥업사제리 문막 동화리), 판제면(판부동), 금물산면(흥업매지리와 대안면), 걸파면(귀래면), 어내면(문막면 반계 취병), 부론면(부론면), 강천면(여주강천), 지내면(강천과 함께 여주로 이속), 지향곡면(지정면 일부 안창 간현), 정지안면(월송 중심), 고모곡면(횡성군 서원면), 호매곡면(호저면 일부 평천), 소초면(소초면) 수주면(영월군으로 이속), 좌변면(영월군으로 이속), 우변면(영월군으로 이속), 가리파면(신림면), 사근사면(행구동 석경촌과 모래기 지역), 소초=소초, 호저면=호매곡면 4개리+저전동면의 4개리, 지정면=상지곡면－지향곡면 문막=사제면(건등면) 부론면=부론면, 귀래면, 흥업면=금물산면+판제면 일부+사제면, 판부면=판제면, 신림면=가리파면(『관동읍지』 고종 32년(1893)).

10) 이 가문은 25세 성휘시 원주로 이사온 지 지금까지 36세에 걸쳐 살아오고 있다. 특히 26세 상익시 가문의 토대를 닦았고 33세 달영시 원주문묘(文廟) 직원과 지산서재(芝山書齋)를 운영하면서 향촌에서의 위상을 다지게 된다. 24세 유준의 아들 성휘(통덕랑)·성민·성신 중 성휘가 75세까지 한성부 북부(北部) 진장방(鎭長坊)에 거주하다가 원주로 이전하였다(1726). 당시 아들 상익은 37세였고 동갑인 자부 원씨의 고향인 원주로 이전하였다.

11) 『여지도서』.

〈표 11〉 18세기 파평 윤씨 장파의 오가작통제 편성 실태

년도	호주(나이)	통호	직역	거주지	기타
1738(영조14)	윤성휘(87)	8통3호	통덕랑	정지안면 1리장포촌	목사 관장
1783(정조7)	윤상익(94)	7통5호	정헌대부 동지중추부사	상동	판관 관장
1801(순조1)	윤동운(63)	6통2호	유학	정지안면 1리 간곡촌	
1822(순조22)	윤광석(55)	5통1호	유학	상동	
1837(헌종3)	윤광진(63)	1통3호	유학	정지안면 분1리	윤광석 사망으로 동생 광진
1855(철종6)	윤흡(49)	5통1호	유학	상동	
1861(철종12)	윤극배(32)	1통2호	유학	상동	
1873(고종10)	윤선국(15)	1통3호	동몽(童蒙)	상동	윤극배 사망으로 대신
1894(고종31)	윤선국(36)	1통3호	유학	상동	

로 호적업무는 판관이 아닌 목사관장 사항으로 되어 있음을 알 수 있다.[12]

18세기 원주목의 면리 편성에서 주목되는 사실은 분동·분리 현상이 촉진되었다는 점이다. 이 시기 리·동의 증가는 자연촌의 성장을 바탕으로 한 것이었으나, 보다 직접적으로는 사회경제적인 변화에 따른 민의 성장 또는 사족 상호간의 갈등, 부세[특히 동역(洞役)이라 불리는 잡역]의 부담과 운영을 둘러싸고 나타나는 대립 등 촌락사회의 다양한 갈등관계를 반영하고 있었다.

원주목의 경우도 본부면 2개 리, 수주면 1개 리, 부론면 1개 리, 강천면 3개 리, 며내면 2개 리, 소초면 4개 리, 고모곡면 1개 리, 구을파면 1개 리, 판제면 1개 리, 저전동면 1개 리가 분동되고 있음이 나타난다. 각 동리별 사정을 구체적으로 파악할 수 없지만 대부분 기존 리·동의 호구수가 늘어나고 새로운 오가작통제로의 편성을 가능하게 했던 것으로 보인다.

오늘날의 문막은 당시 사제면, 어내면이 해당된다. 참고로 조선후기 사제면(오늘날 문막면 소속)에 거주한 익흥 이씨 사족의 가계구성을 살펴보면 〈표 12〉와 같다.

---

12) 윤상익의 손자 윤동운은 이미 1771년 이전에 장포촌에서 400여 미터 떨어진 간무곡에서 분가를 이루고 살고 있으며 차후 종가를 이루게 되었다.

<표 12> 익흥 이씨 가계구성

년도	호주	직역	거주지	통호	솔거가족	노비
1792(정조16)	이규두	통정대부	사제면2리 동곡촌	20통3호		
1795(정조19)	이규두		상동	상동	자	노4 비1
1801(순조1)	이규두		상동	20통5호		
1804(순조4)	이경암	유학	상동	20통5호	자	노4, 비2
1816(순조16)	이사국	유학	상동	12통3호		노5, 비4
1819(순조19)	이사국		상동	15통3호		노5, 비4
1822(순조22)	이사국		사제면 경장	12통3호		노4, 비5
1827(순조27)	이사국		상동	21통4호		노4, 비5

　조선왕조는 '민정을 두루 살핀다'라는 목적을 위해 오가통조직의 인보(隣保) 기능을 통해 상호간에 제어하도록 하는 한편[13] 상위직임인 면리기구 면·리임의 책임을 명백히 하여 이를 관할하게 하였다. 『목민대방(牧民大方)』에 규정된 통수의 임무 가운데 통내 주요 보고사항으로 '가축을 잡거나 술을 제조하는 행위, 소나무를 베거나 인면을 살상하는 행위, 타인의 물건을 절도하는 행위를 막는다' 등이 나타난다.[14] 원주목의 경우 이같은 금령의 위반 및 기강에 관한 제어가 거듭 나타난다. 먼저 송금(松禁)에 대한 규정이다. '감영과 원주목에서 매일 소요되는 시목(柴木) 외 함부로 베지 못하도록 규정되어 있는데 홀로 감영 읍내에서 이를 위반하는 일이 해마다 반복되고 있다. 필경 원주에는 집지을 나무는 물론 죽은 사람을 가릴 나무조차 없어질 지경이다. 민들이 싸리나무와 개오동나무, 산들에서 채취한 땔감을 판매하고 있는데 관에서 필요로 하는 땔감은 공식적으로는 1년초를 구입하여 사용하고 때로 일부는 작은 나무를 구입할 것을 분부하라. 먼저 공적인 관에서부터 변통해야 할 것이다. 그러면 민인들이 사사로이 소나무를 베거나 시중에서의 매매도 시정

---

13) 19세기 빈번한 농민항쟁에 대해 정부가 오가통제의 정비 및 기능강화를 통해 대처하려 했던 사실이 나타난다(오영교, 「19세기 사회변동과 오가작통제의 전개과정」『학림』 12·13, 1991 참조).

14) 『목민대방』 통수직장(統首職掌).

될 것이다'하였다. 이 전령 후 나무를 베는 범죄가 발생하면 면임과 당사자에 대한 처벌을 강하게 명시하고 있다.[15]

다음으로 주요 생산수단인 소의 도살행위에 대한 단속이 강력히 시행되고 있었다. 소의 경우 완악한 토호들이 폐사를 빙자하여 암도살하는 행위에 대해 우선 면임이 도기찰(都譏察), 리기찰장(里譏察將)과 함께 조사 처벌하도록 했다.[16] 폐사로 인한 도살 여부는 그 사실을 해당 면임과 동임이 확인하여 관에 알리고 우역(牛疫)이 발생하는 경우 식육으로 인한 마을민들의 중독을 방지, 감독하게 하였다.[17] 원주의 경우 어내면에 거주하는 양반 심송수가 사사로이 도살하여 법령을 위반하는 문제가 발생하였다.[18] 그러나 관에서는 90노모의 신병에 우황을 사용하기 위함이라는 사실을 인정하여 방면하고 있다.

다음으로 술의 제조가 사사로이 이루어지고 흉년이 들어 물가가 폭등하자 주가(酒家)의 권리가 거래되는 실정이 지적되었다.[19] 이에 따라 금주규정을 강하게 시행하려 했는데 이권을 노린 반호(班戶)의 주조행위에 대해서는 비밀 신고함인 망통(望筒)을 사용하여 단속하고 있다.[20]

또한 농산물에 대한 도적방지와 순경에 있어 향촌조직을 적극 활용하고 있는 점이 나타난다. 원주가 기호 양계 사이에 위치하여 역로가 연결되고 방문인·거객(居客)이 많으며 근착이 없는 실정이 지적되었다. 이에 따라 유식(遊食)의 폐단과 걸인들이 나타나고 수상한 무리가 자의로 사찰과 외떨어진 촌락에 횡행하자 포수를 편성하여 대응하는 과정에서 동거하는 협민(挾民)들을 괴롭히는 등 온갖 폐해가 속출하였다. 관에서는 호패와 거주지를 살펴보고

---

15) 「공첩」 정사 2.5 전령 각면, 정사 12.30 보영.
16) 「기양문부(岐陽文簿)」 12월 20일 전령 각면.
17) 「목강(牧綱)」.
18) 「형첩」 병진 11.19 고음, 11.20보 11.22보 11.24보.
19) 「형첩」 무오 8.15.
20) 「과첩」 정사 7.24 전령 읍4동.

이를 단속하고 타지역 거주자는 원적(原籍) 관에게 이문·압송하도록 지시하고 있다.[21] 필요하면 움막을 만들어 주야를 물론하고 순경·숙직하도록 지시하였다.[22]

한편 토호의 횡포와 풍화(風化)의 문제가 제기되고 이에 대한 단속이 시행되고 있었다. 마을의 토호들이 '구활노비(求活奴婢) 또는 빈궁자를 스스로 파는 행위는 그 해당자에 한한다'라는 법전조항을 위배하고 그 소생을 강제로 노역하게 하고 문서를 전매하는 행위에 대해 대·소민에게 알려 범법을 금단하도록 지시하였다.[23] 또한 원주 고모곡면 둔민(屯民)들이 경작하는 둔전소속 토지의 소출을 해마다 둔창에 납세해 왔는데 칠봉서원에서 서원 입안처라 우겨 강제로 징세하였다. 칠봉서원은 원주의 대표적 서원으로 재지사족의 결집체로서 기능하고 있었다. 이에 민들은 양처에 납세하는 행위에 대해 억울함을 수어둔청에 정소하고 있다.[24]

이 밖에 풍화에 관련된 많은 사건들이 거듭 발생되고 있었다. 노비가 상전의 환곡을 변납한 후 재산문기를 가로채는 사건,[25] 상전을 속이고 환곡을 몰래 받은 사건,[26] 평민이 양반의 사사로운 태형(笞刑)에 항의하여 폭행한 사건[27]이 발생하였다.

이상 원주목에서는 면리제와 오가작통제를 활용하여 금법행위와 풍화에 대한 관찰·처벌을 병행하고 봉건적 형행제도를 통해 민에 대한 제어를 거듭하면서 국가권위를 관철시키고 있었다.

---

21) 「형첩」 무오 8.15.
22) 「형첩」 무오 10.25.
23) 「형첩」 병진 8.23 영관.
24) 「형첩」 병진 11.3.
25) 「형첩」 정사 4.16보. 정사 12.7보.
26) 「형첩」 정사 7.27.
27) 「형첩」 무오 3.13보, 본주 정지안면에 거주하는 유학 정홍종의 진술에 따르면 금월 10일 지평 卑民 김세언이 기마로 통행하자 삼촌 관흠이 태결 5대로 경책하여 보냈는데, 12일 세언이 아들과 조카 10여 인을 몰고와 구타한 사건이었다.

『여지도서(輿地圖書)』원주목조에서 읍세(邑勢)를 보면, 1759년의 전총은 한전 1,590결 65부 6속, 수전 366결 40부 6속에 달하며 환총은 원회부(元會附) 각곡 1,583석 진휼청 각곡 4,340석 별회 각곡 1,462석 군수곡 1,083석 영곡 1,368석으로 기록되어 있다. 조세량은 전세가 미 242석 태 138석, 대동세는 전 1565량 저치미 2,162석, 균세 미 232석에 이른다. 지방관청의 재정내역은 상납분과 각관의 자체경비분[각관봉용분(各官捧用分)]으로 구분되는데 전자는 다시 경사각아문(京司各衙門)과 감·병영에 대한 상납분으로 구별된다. 이 시기 원주목의 세입내역은 크게 토지[결역]·호역·신역·잡세 수입과 환곡수입으로 구분할 수 있다. 토지수입으로는 대동미의 지방유치분과 관둔전 및 아록(50결)·공수전(15결)의 수입, 화전세와 각청(各廳)의 전답 등의 수입이 있었다. 호역의 형태로 징수되는 수입은 향공으로서 치계·시·탄·소목·곡초 등 현물을 들 수 있다. 신역과 관련된 수입으로는 급가고립제(給價雇立制)에 따른 군보 또는 보인의 신역가와 노비를 비롯한 직역부담자의 신공이 해당된다. 그 밖에 각급관청의 주요재정자금으로 자리잡은 환곡의 이자수입과 개별기관의 수입원이기도 했던 잡세(민고세, 장세, 삼세 등)가 징수되었다.[28]

원주목은 '영문이 있는 중요한 곳으로 공사적으로 일이 많고 다스리기 힘든 지역',[29] '영문 지척지지(咫尺之地)'라는 기사[30]에서도 확인되듯, 한 고을에 두 개의 관청이 존재하였고 이로 인한 많은 문제점이 내재되어 있는 곳이었다. 또한 물품에 대한 지공이 많으므로 고을의 재력이 빈약해지는 어려움을 겪기도 했다.

강원 관찰사는 인조 12년(1634) 이후 연속하여 원주에 머무르며 열읍을 두루 순시하였다. 원주목은 감영의 관찰사 외에 별도의 목사가 판관을 대동하여

---

28) 오영교, 「조선후기 지방관청재정과 식리활동」『학림』 8, 1986(『조선후기 향촌지배정책 연구』, 2002 소수) 참조.

29) 『인조실록』 인조 9년 12월 경진조.

30) 「호첩」 정사 6.2.

읍을 다스리고 있었다. '관찰사겸병마수군절도사순찰사원주목사(觀察使兼兵馬水軍節度使巡察使原州牧使)'라는 직함처럼 계속적으로 겸목(兼牧)하게 되었다.[31] 원주목에는 성종 3년(1472)에 목사 김춘경과 함께 부임한 윤보 이래 고종 10년 6월에 부임한 이철주에 이르기까지 216명의 판관이 임명되었다.[32]

조선시대 원주목은 강원감영과 같은 영내에 있었는데, 『해동지도(海東地圖)』상에는 영·아·객·창으로 표시된 4개의 건물이 있으나 그 규모는 알 수 없다.[33] 정조 22년(1798) "원주목이 영하에 위치하여 육방 이서들이 처소가 없어서 길가에서 방황하며 이로 인해 사무가 밤늦게 집행되고 지체되는 폐해가 있다"라는 실정이 보고되었다.[34] 18세기 원주목의 지방관직은 판관(종5품) 좌수(1)·별감(1)·군관(110)·아전(69)·지인(28)·사령(31) 등 330명에 이른다.[35] 이를 인접 군현과 비교하면 〈표 13〉과 같다.

〈표 13〉 강원도 군현의 관원수(1760)

	좌수	별감	군관	아전	지인	사령
원주	1	3	110	69	28	31
춘천	1	2	80	46	37	10
강릉	1	3	30	50	20	21
평해	1	2	35	67	27	25
회양	1	3	30	34	20	15
금성	1	2	30	23	18	
철원	1	2	52	30	20	12

후대인 1873년 원주목 소속 향리는 하리(下吏) 65명·통인(通印) 16인·사령(使令) 24명·책장(冊匠) 1명·관노(官奴) 6명· 비자(婢子) 5구(口)로 구성되어 있다.[36] 호장(戶長) 손계득과 이방(吏房) 정환기 외 2인이 있으며 인리(人吏)

---

31) 『관동읍지』(1871년).
32) 『관동읍지』「원주목선생안」.
33) 『해동지도』상 강원도 원주목 지도 참조.
34) 『수록』「형첩」무오 2.1 보.
35) 『여지도서』방리조.

손석면 외 85명이 편제되어 있었다. 인리 가운데 29명은 감영의 영리로 옮겨가거나, 정소로 업무가 정지되거나 혹은 죄로 인하여 향리안에서 삭제되었다. 그 밖에 통인 박영석 외 19인, 사령 안동명 외 30명이 있었다.

관기(官妓)는 상행수기(上行首妓)·부행수기(副行首妓)·삼행수기(三行首妓)로 나누어져 있고 이속되거나 감영으로 옮겨간 경우 13, 의녀(醫女)로 상경한 경우 6, 나이 들어 제외된 경우 39, 도망 22, 사고가 있어 역이 면제된 경우 7로 구분되었다. 관노의 경우 수노(首奴) 8, 비자(婢子)의 경우도 수비(首婢) 6, 감영으로 옮겨간 경우로 구분되어 있었다. 또한 원주목과 예하 24개 면 사이의 공문서 수발을 담당하는 저졸(邸卒)로서 다음과 같은 면주인(面主人)이 존재하였다.

본부면(마거봉) 저전동면(김학봉) 사제면(김춘악) 판제면(장장손) 금물산면(정석이) 귀래면(최득인) 며내면(김기복) 부론면(심검이) 강천면(박덕원) 지내면(박덕원 겸임) 지향곡면(고계종) 정지안면(김재용) 고모곡면(우성옥) 호매곡면(김업이) 소초면(신노적) 수주면(김노미) 좌변면(안정옥) 우변면(지녹이) 가리파면(최천실) 부흥사면(정귀달)

조선후기에 들어와 조선왕조의 지방지배정책이 보다 강화되었고 외관직·수령직의 중요성이 강조되었다. 조선왕조는 지방현실의 파악을 위해 국가적인 차원에서 새로운 유형의 지도와 읍지(『여지도서(輿地圖書)』·『해동읍지(海東邑誌)』)를 제작하였고, 이를 통해 확인된 사회문제를 효과적으로 해결하기 위해 삼남지역의 양전사업(1716~1720), 균역법(1750) 실시 및 구언교(求言敎)와 민들의 소장을 활용하며 어사제도의 강화를 모색하였다. 아울러 중앙차원의 법전 편찬과 함께 수령들이 행정업무를 수행하는 데 참조할 수 있는

---

36)「동치12년이월 일 원주목인리이하도관안(同治十二年 二月 日原州牧人吏以下都官案)」.

일종의 행정지침서로서 민정자료류가 집중적으로 편찬되고 있었다.

당시 원주목의 행정체계가 어떻게 향촌사회와 향촌민들에게 기능하며, 이의 수행을 돕는 향촌조직은 무엇인지에 대해 살피고자 한다.37)

원주목에는 각 면단위로 전령체계가 구축되었고 주로 농형(農形)보고의 업무에 활용되었다. 조선사회는 생산력의 대부분을 농업에 의존하는 사회였다. 권농은 담세원(擔稅源)이자 통치의 기반이 되는 농민들의 생산력 확보와 재생산구조의 정비라는 측면에서 조선왕조의 주된 시책으로 시행되었으며 진휼(賑恤)정책과 함께 향촌사회의 유지에 기능을 다하였다. 예하 면의 면보(面報)를 통해 각곡의 성취여부, 작황과 강수량·서리·풍수해와 농사조건 등이 상세히 보고되었다. 면보에는 가뭄에 대비하기 위해 권농의 의지를 거듭 전하며38) 강수량의 신속한 보고 및 이앙 독려와 강수량 부족으로 이앙을 제대로 못한 경우 대체 작물을 심는 대파(代播)의 시행 지시 등이 나타난다.

원주목의 각창에는 실무자로서 호장(戶長)·감관(監官)이 존재하고 창촌(倉村)에는 공원(公員)·유사(有事)·감색(監色)이 있으며 주요한 사안이 발생하면 좌수(座首)·장교(將校)가 파견되어 감독하고 있음이 나타난다. 창의 도감(都監) 들은 일과에 관련된 사안을 보고서로 작성하여 면보와 함께 보고하고 있다. 농형에 관한 면보의 작성자는 면임(풍헌)과 훈농관으로 나타나며, 각종 부세징수가 6개창을 중심으로 이루어지고 있어 외부 4개창 소속면의 면보를 창에서 수합하여 정리한 후 보고하는 형태를 지녔다.

원주목의 각 창고는 예하면의 거리를 감안하여 면보를 수합·정리한 후 일괄 보고하는 체계를 지녔다. 원주에는 감영재정과도 관련하여 읍내의 사창 (司倉, 40칸)·별창(別倉, 35칸) 외 북창(北倉, 48칸, 안창소재) 서창(西倉, 32칸,

---

37) 본고에서 분석하는 『수록』(농첩·호첩·예첩·공첩·과첩·병첩·형첩 규고5120-163·4) 은 정조 20년(1796)~22년(1798)까지 원주목과 강원감영의 행정·재정구조를 세밀하 게 파악할 수 있는 자료이다.

38) 수시로 권과하여 빈궁자가 절기를 놓치는 일이 없도록 하며, 농민 상호간에 서로 도와 일시에 제초하도록 할 것을 하달하고 있다(「농첩」 무오 3.24보).

흥원소재), 동창(東倉, 39칸, 주천소재) 각림창(覺林倉, 30칸, 각림 소재) 등 6군데의 창고가 활발히 운영되었다.[39]

동창	호장(1)—공방(工房, 3)—통인(通引, 1)
서창	호장(1)—공방(3)—통인(1)
북창	공방 2
각림창	공방 1

일례로, 정조 22년(1798) 들어 가뭄으로 인해 야기되는 농형이 보고된다. 밭작물의 상세한 작황여부와 함께 특히 이앙기를 맞아 수량이 확보되지 않은 절망적인 상황이 계속되었다. 감관들에 의해 자세한 시간별 강수량이 보고되었다. 이후 5월 13일까지 강수량이 확보되지 않자, 원주목에서는 민심의 상황을 감안하여 기우제를 준비하였다. 기우제는 모두 3차례에 걸쳐 사직단과 구룡사 및 영원산성에서 치러졌다.[40]

사직단 기우제문[41]

---

39) 『관동읍지』 강원감영 영지 창고조. 이 밖에 거리를 감안하여 횡성에 인접한 산간지역인 고모곡면에 고곡창(30칸)을 19세기초에 설치하였다.

40) 「농첩」 무오 5.17 사직단 기우제문, 5.23 구룡사 기우제문, 5.22 영원산성 기우제문 참조.

41) 「농첩」 무오 5.17.
同月 十七日 社稷壇祈雨祭 祭文
繫民與食 神所眷依 日雨日暘 惟召無違
化灟斯幹 粒蒸不饑 云胡旱魃 偏肆虐威
一旱月彌 百穀日非 惜彼望望 奈此霏霏
紅爐點雪 赤地炎輝 五日十日 禾麥亦稀
八百東關 承流無幾 憂眙東顧 撫躬惕唏
昕夕焦熅 未遑鮮衣 日不暇卜 秉珪曷歸
有坤翼翼 于神斯祈 今猶可及 在運一機
需苟盈尺 何穀不服 回災作禎 以揚厥徽

이 백성과 음식은 신께서 돌보시고 의지하게 하는바

하루는 비가 오고 하루는 해가 돋으니 오직 어김없이 부를 뿐이다.

물길이 조화를 이루어 이를 돌보니 쌀 낟알을 익혀 흉년이 들지 않는다.

어찌하여 한발이 한쪽으로 치우쳐 방자하게 무섭게 위협하는가?

한 차례의 가뭄이 달마다 계속되니 백곡이 날로 잘못되고 있다.

저것을 안타까워하면서 황망하다. 이처럼 비가 오지 않는가?

빨갛게 달아오른 화로에 쉽게 녹는 눈같고 거둘 것 없는 황망한 땅만 보일 뿐이다.

닷새나 열흘을 먹을 벼와 보리 또한 희박하니

팔백 개의 동쪽 고을에 물이 흐를 기약이 없다.

근심함이 동쪽을 돌아다보는 것에까지 미쳐 몸소 두려워하고 슬퍼하는 것을 어루만
　　지니

아침과 저녁으로 애태워도 급히 옷을 벗지 못한다.

점을 칠 겨를마저 없으니 홀을 잡고 어찌 돌아가겠는가?

조심함을 더하여 신께 이를 기도하니

지금은 오히려 미칠만하여 한번의 기회에 맡길 뿐이다.

비가 쏟아져서 만일 한 자를 채운다면 어떤 곡식이 복종하지 않겠는가?

재앙을 거두어 상서로움을 만드니 그 아름다움을 떨치는구나.

　기우제 이후 농사에 필요한 약간의 비가 내려, 논에 물을 저장한 후 이앙하여 조전(早田)·만전(晩田)에 심은 곡식이 차츰 무성하게 되었다. 다만 황량한 벌판 내 보(洑)가 없는 곳과 산골짜기의 논은 물이 부족하여 이앙을 얻지 못하였다고 하였다. 원주의 지형상의 특징처럼 동 4면은 원래 '밭이 많고 논이 적은' 지역으로 이앙의 지체가 없으나 내면 지역은 이앙을 하지 못한 논이 많으며 서면의 경우 극심하다는 보고가 이어졌다.
　강원감영의 지시는 최선을 다해 이앙에 힘쓰고 부득이할 경우 대파(代播)(作)하도록 하여 그 목표가 '비록 적은 땅이라도 그대로 방치되지 않도록 하는

것(無寸土空棄)'임이 강조하였다. 관에서 이앙을 극력 권하는 이유는 가을철 공사세(公私稅)의 징수가 어렵게 되고, 위로는 '국가에 바쳐야할 조세가 없어지 며 아래로는 농민들의 식량이 줄어들어 관과 민 모두가 낭패에 이른다는 것'이었다. 차후 2번의 쟁기질할 정도의 비교적 많은 비가 내리자 장교(將校)를 발송하여 이앙을 독려하였다. 강우량이 삼리(三犁) 규모에 이르자 빗물의 관리 상황에 대해 각 창감(倉監) 및 각 면임의 보고와 장교의 면고(面告)가 거듭되었다. 이에 따르면 각 면에서 많으면 5, 6석 그리고 적어도 3석을 이앙할 수 있다는 것이었다.

많은 어려움 가운데 이앙이 마무리되자, 이번에는 완전히 이앙을 놓친 토지에 관한 대파의 업무가 시달되고 있다. 우선 모내기를 이행한 논의 실태와 시행 못한 논 가운데 대파 예상규모를 살펴서 마땅한 곡종과 그 수량을 정해 분급하도록 했다. 이앙작업과 마찬가지로 대파작업 역시 면리임의 주관 하에 빈부간 협력하도록 지시하였다. 특히 이앙의 시기를 놓친 원주 관내 서북지역의 대파를 위해 동창과 각림창 소속 면민들에게 목맥(木麥) 이전을 지시하고 있다. 거듭된 전령을 통해 "이번 이전은 전적으로 휼환(恤患)을 구제하는 뜻이 있으므로 빠지지 말라. 만약 동 4면이 딱한 처지에 놓이면 서 4면도 장차 이와 같이 행할 것이다. 엄격히 행하여야 할 공곡(公穀)의 도(道)가 있으므로 감색(監色)에게 위임할 수 없고 반드시 좌수(座首)가 출송(出 送)하여 감독할 것이며, 양반·상인 할 것 없이 상세히 살펴서 서민을 구하는데 힘쓰도록 할 것"을 명하고 있다. 보다 구체적으로 동창 호장 및 창촌공원(倉村公 員)·유사(有司) 등에게 전령을 내려 협호(挾戶)의 참여와 우마(牛馬)의 동원은 물론 노소(老少)가 힘을 합쳐 7일에 반드시 운반할 것을 당부하고 있다.

이를 통해 소농경제의 생산과 재생산에 깊이 간여하고 향촌사회의 최하 조직을 관장하고 있음이 나타난다.

산이 많고 평야가 적은 강원도의 산읍(山邑)에서 화전농업이 크게 진행되었 다. 화전의 폐해가 만만치 않아서 관방(關防)의 중요한 장소인 영애(嶺阨),

선박(船舶), 재목의 장양처(長養處), 인삼채취처(人蔘採取處) 등이 화경(火耕)되고 있었으며, 능(陵)·원(園)·묘(墓)에 사용되는 향과 숯을 조달하기 위해 지정된 향탄산(香炭山)이 피해를 입고 있었다.[42]

당시 조선정부는 여러 차례의 '송금사목(松禁事目)'을 반포하여 산림을 보호하였다. 나무를 베어 운반하기 용이한 섬과 곳 등을 '의송지지(宜松之地)'로 정하여 땔나무로 작벌하는 것을 엄금하였다.[43] 그러나 이러한 규정의 성과는 크지 않았다. 한편 국가가 직접 산림 이용의 독점권을 부여하는 경우가 있다. 이는 두 가지인데 하나는 정부의 각 기관이나 궁방에 필요한 땔감을 조달하도록 시장(柴場)을 분리하여 나누어주는 것이고, 다른 하나는 개간을 전제로 하여 산지, 한지(閑地)를 나누어주거나, 인증서인 입안(立案)을 내주는 것이다. 특히 절수, 입안은 국가가 개간을 장려하기 위해 취한 시책으로, 주로 양반층이 이를 이용해 산지, 한지(閑地) 등을 독점하고 개간하였다. 하지만 한편으로 개간하지 않는 경우에는 양반들이 산림을 독점하는 근거가 되었다.

조선후기에 이르러 산림이 현실적으로 매매, 상속되는 등 산림 소유권이 형성되는 과정에서도 산림의 소유와 매매를 규정하고 보장하는 법적인 장치가 제대로 마련되지 않았다. 조선후기 산림의 이용 및 소유에 대한 법규는 분묘의 보수(步數) 규정과 금송계(禁松契) 설립 장려, 산림 이용의 독점권 부여와 이를 위한 절수·입안 시행, 산송(山訟)의 처리 규정 등으로 나타났다. 그리고 이러한 일련의 규정들은 일반 민보다는 양반들의 산림사점(山林私占)을 용인하는 방법으로 이용되었다.

한편 산림보호와 운용과정에서 나타나는 투작(偸斫)과 남벌은 원주에서도 꽤 심각했던 것으로 보인다. 1798년(정조 22) 감영의 공문에서는 "관동지방의 큰 정사가 송금(松禁)이라는 조정의 명령이 엄절한데도, 근래에 들어 금령이

---

42) 김양식, 「조선후기의 화전농업과 수세문제」 『한국문화』 10, 1989, 172~175쪽.
43) 김선경, 「조선후기 산송과 산림 소유권의 실태」 『동방학지』 77·78·79, 1993, 515~518쪽.

해이해져 경중(京中)의 목상배(木商輩)가 공문을 빙자해 남작(濫斫)을 도모하는 폐단이 매우 낭자하다"고 밝히고 있다.[44] 그 실태를 좀 더 자세히 들여다보면 "사산(私山)으로 봉한 것은 말할 것도 없고, 예전에 초목이 매우 무성했던 곳이 남작의 폐단으로 인해 나무와 풀이 없는 동탁(童濯)의 상태가 되었으며, 모리(牟利)하는 무리의 투작이 더욱 심해진 상태"임을 알 수 있다.[45] 또한 송상배(松商輩)가 온갖 꾀를 내어 몰래 베어가는 폐단이 있었으며, 영동의 봉산읍(封山邑)은 영민(嶺民)이 투작하고 연강(沿江)의 각 읍은 경상배들이 몰래 운반하는 폐단이 만연하였다.[46]

이러한 상황을 개선하기 위해 당시 원주목은 여러 가지 노력을 기울이기 시작한다. 우선 장리(將吏)를 따로 정하여 일일이 산을 순찰하여 상세하게 잡아내도록 하였다. 그런데 이때에 비록 나무 한 그루와 하나의 판목이라도 금하는 자가 있다면 즉시 잡아들여 가두고 그 이름을 지적해서 첩보할 것을 엄하게 전하고 있다. 또한 잡아낸 목물(木物)에 대해서는 관청의 소유로 넘겨 낙인한 뒤에 책으로 만들어 첩보하도록 명하고 있으며, 공사가(公私家) 재목의 경우는 사유지에서 어쩔 수 없이 베어내더라도 결단코 마을대로 베어내지 말 것을 전하고 있다. 이외에 송상(松商)들이 묵고 있는 각각의 해당 읍에서는 공문의 유무를 논하지 말고 일일이 수색해서 잡아들여 착가(着枷)하도록 당부하였다. 그러나 이처럼 엄하게 함에도 불구하고 투작이 낭자하거나 적발하는 소임을 제대로 하지 않고 숨겨두었다가 감영에서 염탐할 때에 드러남이 있다면 해당 수령의 사정을 듣고 죄상을 논하여 다스리되 그대로 두지 않을 것임을 강하게 드러내고 있다.[47] 이를 통해 조선후기의 '송금정책'이 감영차원에서 강력하게 이루어져야 할 만큼 매우 절실했음을 알 수 있다.

---

44) 「공첩」 무오 3월 9일 영관.
45) 「공첩」 무오 3월 9일 영관.
46) 「공첩」 무오 3월 6일 영관.
47) 「공첩」 무오 3월 9일 영관.

한편 조선후기에 각종 화전이 급속하게 보급되고 확대된 것은 우선 기본적으로 '인구증가'와 '토지부족'을 그 원인으로 들 수 있다. 이러한 문제를 개선하는 기본 방법은 결국 새로운 농토를 개척하고 개발하는 일이었는데, 당시 농토의 개간은 진전개간(陳田開墾)을 넘어 간석지와 갈대밭 등을 대상으로 진행되는 것이 일반적이었다. 그러나 이러한 개간은 어느 정도의 물력(物力)과 인력(人力)이 소요되는 사업으로 그럴만한 능력이 있는 자들에게나 가능한 일이었다. 따라서 개간의 주체는 대부분 양반과 토호, 왕실 및 각급 관청·영아문(營衙門)들이었다. 반면, 영세빈농이나 무전농민층은 소작농으로서 생활을 꾸려나갔으나 이앙법과 견종법의 보급으로 광작(廣作)이 확산되면서 점차 토지에서 배제될 수밖에 없었고, 점차 농민들은 산골짜기로 들어가 화전을 일구면서 살게 되었다.

무엇보다도 농민들이 화전을 택할 수밖에 없었던 것은 화전이 가지고 있는 이점 때문이었다. 즉 호적과 실결(實結)에서 파악하지 않았다는 것, 화세(火稅)를 한 번 납부하면 다른 역(役)이 없었다는 점이다. 또한 세금의 액수도 가벼워서, 첫 개간에는 면세되었고 이후 수기수세(隨起收稅)의 원칙에 따라 세금을 납부하면 되었다. 이러한 부세의 이점 외에, 화전은 가뭄으로 인한 기근에 양식을 얻는 정도가 일반 논밭보다 나았다. 여기에는 화전의 대부분이 땅이 높고 메말라서 가뭄이 들었을 때 일반 논밭에 비해 피해가 적다는 이유가 있다. 따라서 이러한 이점과 사회경제적인 문제들로 인해 화전은 조선후기에 전국적으로 확대되고 있었다.[48]

한편 각종 조세수취과정에서 원주목 소속 관임과 향임들의 역할이 주목된

---

48) 김양식, 「조선후기의 화전농업과 수세문제」『한국문화』10, 1989, 175~181쪽. 한편 화전에 대한 정부의 규제는 이미 16세기 중엽부터 시작된다. 이 시기 『각사수교』에는 '개간에 앞서 관에 신고할 것'이라는 규정이 실려 있으며, 17세기 중엽에는 '화전금령(今 슈)'이 내려졌다. 이후 18세기 중엽(1746년) 『속대전』을 통해 법제화 되었고, 아울러 양안과 별개로 화전양안을 작성하여 세부규정을 마련하였다. 1786년 『대전회통』에서 화전의 세율을 법으로 정하였다(신호철, 「조선후기 화전의 확대에 대하여」『역사학보』 91, 1981, 84~97쪽).

다. 조선후기 각종 부세의 징수 및 군·요역의 징발은 생산단위 및 생산체계와 대응되는 면리제를 중심으로 이루어진다. 부세의 분급·징수과정이 면리제의 편제와 궤를 같이하며 향촌내 사회기구가 보조기능을 수행하고 있었다.

농형보고 과정을 통해서 보았듯이 원주목에서는 생산력 증대와 농산물 확보를 위해 대단히 구체적인 지시와 함께 갖가지 노력을 기울이고 있다. 전결세는 매년 가을에 답험(踏驗)을 통해 세의 부과 대상 및 감면 대상을 파악한 뒤, 호조에서 인정해 주는 급재결수(給災結數)를 제외한 나머지 실결(實結)에 대해서만 일정한 세액을 징수하도록 되어 있었다. 즉, 매년 호조에서 그 해의 풍흉을 참작, 연분사목(年分事目)을 작성해 각도에 보내면, 수령이 관내 경지의 재실(災實)·진기(陳起) 여부를 조사하였다. 그리고 이를 다시 감사가 조사해 중앙에 보고하면 중앙에서는 경차관(敬差官)을 파견해 심사하였다. 이 과정이 끝난 뒤, 각 도에서 올라온 연분문서(年分文書)를 받아 중앙에서 부세가 면제되는 대상결수를 정해 지방에 내려주면, 각 지방에서는 이를 토대로 전세·대동·삼수미 등을 징수하였다.

1797년(정조 21) 8월말에 원주목 전령에는 9월 초순 감영에서 조사하는 시기이므로 미리 답험개장·연분문서 일체를 마련하여 각읍을 순력할 때 지체가 없도록 지시하였다. 원주의 비총(比總)에 관한 임무는 도서원(都書員)이 관장하고, 좌수와 공형(公兄)은 상례로 된 버릇에 따르지 않도록 철저히 감독하게 했다.[49] 이어 당해년 원주목을 비롯한 영서지역 수조안은 12월 1일을 지켜 보고를 완료하도록 했다.[50]

징수된 전결세의 운반은 다음과 같은 과정을 거치게 된다. 규정에 따르면 원주의 조세납부는 얼음이 녹은 후 흥원창에서 출발하여 섬강·남한강 수로를 따라 3일후 삼포에 도달하여 호조에 납부하는 것이며 대동세와 균역세 운반도

---

49) 「농첩」 정사 8.24.
50) 각도 수조안은 세전(歲前)을 기한으로 마감하도록 규정되어 있다(『대전통편』 호전 조전조).

이에 준하는 것이었다.[51]

다음으로 군역 및 노동징발인 요역의 운영과 향촌조직과의 관련문제를 살펴보겠다. 역대 조선왕조가 시행한 대민·대향촌 정책의 주된 목적은 풍부한 양역(良役)을 확보하는 것이었다. 그런데 18세기에 들어와 각급 관부의 재정수요에 따라 군인의 수효에 따른 재정분인 군액(軍額)은 증가하는 데 비해 신분제 변동과 피역으로 인한 양역농민의 수는 감소되는 상황, '군다민소(軍多民少)'의 문제가 제기되었다.

정조 21년 원주목의 경우도 『양역실총(良役實總)』의 군액에 비해 1,040액이 가짜인 것으로 밝혀졌다. 당시 원주목의 호구총수가 7,365호인데 경안(京案)·외안(外案) 및 기타 각항 잡역 군액의 총수가 무려 8,112명에 달해 양반호 1,641호를 제외하고 관내민 총수 대비 2,388명이나 많았다.[52] 원주목의 군폐는 감영군과 원주목 소속 군의 구별이 모호하여 혼란이 야기되는 측면이 있었다. 원주목의 군인 중 일단 감영안에 들어가면 판관이 발견해서 조치되지 않는 한 첩징(疊徵)·겸역(兼役)의 혼란이 해마다 발생하게 된다는 것이다.[53] 이의 대책으로 해당 군역자의 이름을 본주안(本州案)과 서로 비교하여 빙고하되 용모나 신체를 적은 기록인 파기(疤記)의 선후를 서로 살펴 감영의 장부를 정비할 것을 지시하였다.[54] 지역내 부정을 막기 위한 관속들의 엄정한 집행을 강조하였는데 특히 최하단위 리·동의 군안 작성에 양반신분인 상존위가 직접 나서서 관장해줄 것을 권유하였다.[55]

요역제는 국가권력이 농민으로부터 무상의 노동력을 징발하는 호역의

---

51) 『관동읍지』.
52) 「병첩」 병진 8월 순영군정변통 장계 원주판관 홍 첩정.
53) 「형첩」 병진 5월 읍폐, 중영의 경우 양군관 60인 보군관 60인에 대해 각각 1량5전, 1량의 군액이 징수되었다.
54) 「병첩」 병진 보사(保使), 순영·중영 양영의 군정 파기(疤記)시 거주·성명을 살피되 만약 군안에 본주군이 있으면 봉파(捧疤)하지 말 것이며, 원부목 군정 봉파시에도 역시 양영 군안을 살필 것을 지시하였다(「병첩」 병진 제사(題辭)).
55) 「병첩」 병진 5.13 전령.

한 형태이며 불특정 민호를 대상으로 수시로 차역(差役)하는 부역노동이었다. 이 시기 향촌에서의 요역징발은 권농과 관련된 제언과 교량·도로 보수, 하천 준설시 이루어지고 있었다. 수전농업에서 더할 나위 없이 중요한 것이 농업용 수이다. 원주의 대표적인 제언으로 지내와 사제를 들 수 있다.56) 사제면에 내려진 전령에서 흙으로 쌓은 제언은 근처 경작자들이 작업하여 저수가 필요한 시기에 민들에게 이익이 되도록 지시하고 57) 비온 뒤 새는 제언은 면·이임의 책임아래 저수지 근처 민들에게 전령을 내려 토사로 뒤덮이는 우려가 없도록 지시하였다.58)

감영이 소재하는 사실로 인해 원주목에서 볼 수 있는 잡역(雜役)이 있다. 그 한 예로 관풍각의 수리가 있었다. 관에서는 읍내거주민 만으로 이틀 부역을 통해 끝마칠 계획이었다. 이때 경내 각 면의 목재가 부족할 염려가 있어 가리파 면민을 동원하여 1일 부역으로 가리파 정상까지 벌목한 목재를 운반하고, 봉우리에서 작업 장소까지의 운반은 사근사면에서 1일 부역으로 담당하게 했다.59)

강원감영에서는 1797년(정조 21) 8월 19일에 생원·진사과, 9월 2일에 원주·강릉·철원 등 3진의 도시(都試), 9월 15일 문과 초시(初試)가 치러졌다. 무과의 경우 감사가 병마절도사를 겸임하였기 때문에 감사가 관장하였다. 문과 초시(생원·진사과)의 경우 감영에서 시행되어 여러 읍을 돌아가면서 치르는 폐해와 시험장 혼잡의 폐단이 줄어드는 사실이 지적되었다.

응시 유생들에 대한 구두시험 격인 '조흘강(照訖講)'은 규정에 따라 문신·음관출신 수령들이 담당하도록 했다. 이로 인해 평해·울진 유생들은 삼척부사가, 평창은 영월부사, 횡성은 원주판관이 시행하였다. 호적의 대조를 마치고

---

56) 지내제언－재주서70리 주640척 장274척 광158척, 사제제언－재주서30리 주588척 장311척 광89척(『관동읍지』).
57) 「농첩」 정사 5.20 전령 사제면.
58) 「농첩」 정사 6.8 전령 각면.
59) 감영에서는 영교를 하송하여 이를 감독하게 했다(「공첩」 정사 7.3 영관).

소학을 배강(背講)하게 한 후 조흘첩(照訖帖)을 부여하였다. 이 조흘첩을 받은 사람은 다음 해에 보는 생원·진사시의 복시(覆試)에 응할 수 있었다. 7월 15일에서 29일까지 계속된 '고강(考講)'에서 군역면제를 도모한 '모록유학(冒錄儒學)'들을 적발하기 위해 호적을 면밀히 조사하고 적발된 자는 과장(科場) 참여를 제지당하였다.

감시시행 관문을 등서(謄書)한 후 관문 밖 사로(四路) 십리 점막벽(店幕壁) 위에 게시하여 왕래하는 많은 사람들에게 알렸고 원주판관과 횡성현감을 입문관으로 삼아 병문(丙門) 좌우로 1인씩 입장시켜 객사 10여 칸에서 먼저 외시(外試)를 치르게 하였다. 8월 19일에 시행된 시험에는 1,124인의 유생이 응시하였다.

이때 시험장소인 감영 객사 및 담장의 수리를 위해 영문 근처 13개 면의 면민들이 '가좌(家座)'의 순서에 따라 하루 동안 윤회(輪廻) 부역에 동원되었고,[60] 각읍 유생들의 숙식제공을 후히 하도록 명받았으며 삼시관(三試官)과 차비관(差備官) 및 여러 하인들의 접대를 담당하였다. 원주목에서는 1,200여명에 이르는 과거응시자와 비속(卑屬)·가족들의 연접(延接)시 원주면민으로 하여금 안색을 밝게 하고 집을 버리고 떠나지 않도록 감영 근처 4개동 민인을 거듭 효유하고 있다.[61] 당시 과거의 폐단이었던 수종(隨從)의 폐가 원주 감시(監試)에서도 재현되었다. 특히 조선후기의 각종 과거에는 수험생들이 많은 수종인들을 데리고 들어갔기 때문에 입문자의 수가 많아서 큰 혼란이 일어나고 인사 사고가 많았다.

본래 환곡은 소농경제를 영위하는 사회에서 반드시 존재하는 제도로 진대(賑貸)의 성격이 강한 것이었다. 그러나 환곡의 이자분을 중앙아문의 재정으로

---

60) 「과첩」 정사 7.20 전령 내.
61) 「과첩」 정사 7.20, 8월 19일에 시행된 시험에는 1,124명의 유생이 응시하였다. 이후 9월 2일에는 원주·강릉·철원 등 삼진(三鎭)의 도시(都試)를 감영에서 시행하여 각 지역 무사들이 응시하였고 9월 15일 문과 초시가 치러졌다.

충당하는 회록제(會錄制) 이후 각 아문과 심지어 군문까지 재정보충을 위해 앞다투어 환곡을 설치하고 회록률을 높여갔다. 이로 인해 지방재정으로서의 비중이 급속히 증대되면서 규정된 환곡의 총량을 훨씬 초과하는 환곡이 각 고을에 존치되었다. 이때부터 환곡은 거의 부세화되고 분급을 비롯한 전 운영과정에서 많은 폐단이 제기되고 있었다. 특히 원주는 감영과 자체 환곡이 혼용되고 읍민들을 대상으로 분급·수수됨에 따라 많은 문제점이 노출되었다.

환곡의 징수 과정에서 간여한 실무자의 직임은 다음과 같이 나타난다. 도감관(都監官)인 좌수가 감독자로서 사창(司倉)감을 겸임하였고, 도색리(都色吏)는 공형 가운데 차출되었다. 징수 실무자로서 각창의 감관-색리-고자(庫子), 각면의 풍헌(風憲)-리임(里任)의 체계가 있었다.[62]

1796년(정조 20) 5월 현재 원주에는 읍의 환곡 48,084석 7두, 감영환곡 13,297석 1두 도합 61,381석 8두에 이르며, 읍환은 반을 남기고 지급하는 형태이고 감영의 환곡은 모두 분급하는 방식으로 운영되었다. 당시 감영과 원주목의 환곡은 각종 재해에 대응하고 기관의 주요 재정자금임을 강조하여 변통이 용이하지 않음을 강조하였다.[63]

분급을 위한 환호성책(還戶成冊)은 동·리단위로 작성한다. 이의 작성은 해당 이정·별임(別任)·동임·중존위(中尊位)가 담당하였다.[64]

구체적인 분배과정에서 읍창과 외창(外倉)을 막론하고 균분(均分)을 도모하고자 했다. 원주목의 경우 사창(司倉)·별창(別倉)·북창(北倉)·서창(西倉)·동창(東倉)·각림창(覺林倉) 등 6군데의 창고에서 균분하되 부근 면리부터 차례를 정해 면리임과 통수가 마을민을 인솔하여 지급받도록 했다. 또한 읍창에는 수령이, 외창에는 별도로 좌수가 파견되어 분급과정을 감독하게 했다.[65]

---

62) 「농첩」 정사 11.15보.
63) 「형첩」 병진 5月 읍폐.
64) 「농첩」 무오 1.14 전령 지내.
65) 「농첩」 무오 3.15 전령.

그런데 원주목 소재 6개창의 운영상의 문제점이 크게 부각되었다. 창의 설치목적은 '민들의 식량사정을 여유있게 하고 편의를 위한 것'이었다.[66] 각 창에는 환곡의 입고 수량과 곡식의 질을 살피는 감관과 이를 보좌하는 직임으로 감색을 두었다.[67]

특히 문제가 된 곳은 동창 소속 4개 면이었다. 정조 20년(1796) 동창에 소재한 각곡이 8,889석으로 가장 많지만 민호는 다른 곳에 비해 적은 사실이 지적되었다. 따라서 당해년의 경우 1호마다 15석씩에 이르는 분급량으로 인해 많은 민소(民訴)가 답지하는 실정이었다.[68] 따라서 민들이 신역을 피하려 하고 환곡 받기를 꺼리며 가사와 전토를 버리고 흩어지고 있는 사례가 빈번하며, 특히 화재를 빙자한 휼전(恤典)의 명목으로 원주에서 수식(受食)하고 타 지역으로 이거한 자가 많은 사실 등이 보고되었다.[69]

반면 감영에 가까운 서북창은 미곡 부정이 심하고 영속·관속들의 수탈이 극심한 사실이 지적되고 있다. 원래 감영 근처에 위치하여 매달의 운영자금을 위한 수취가 집중적으로 이루어지는데, 이에 더하여 관속들이 전례(前例)·정채(情債)·소포(所逋)를 칭하여 수쇄하는 폐해가 거듭 발생하고 있었던 것이다.[70]

환곡 징수의 업무에 있어서도 사족 출신 상존위의 존재가 크게 부각되었고 적극 활용하려 했다.[71]

한편 12월 30일 본주 내(內)14개 면의 유생들이 의송(議訟)을 정납(呈納)한 사실이 있었다.[72] 여기에는 영창의 재정을 확보하기 위한 분배곡이 원주

---

66) 「농첩」 무오 12.24 전령 각면.
67) 「농첩」 정사 9.22 전령. 환곡은 다음해 종량이므로 민인이 받는 환곡은 정실하개 비납해야 되는데 환민들이 이를 두려워하지 않고 저열한 곡으로 비납한다는 것이다. 이에 감색의 직무가 막중함을 강조하고 있다(「농첩」 정사 윤6.5 전령 서창 소속면).
68) 「형첩」 병진 5월 읍폐.
69) 「형첩」 정사 2.13 보.
70) 「농첩」 무오 9월 전령 각면.
71) 「농첩」 무오 12.24 전령 각면.
72) 「농첩」 정사 12.30 보.

민인에게 집중적으로 분급되는데 따른 불만, 상정가와 시가, 지역간·계절간 가격차의 문제점이 재재된 전환(錢還)에 따른 갖가지 문제점, 실무자의 농간에 의해 부민은 뇌물을 써서 빠져나가고 빈민은 어쩔 수 없이 타인의 환곡까지 편수하는 문제점이다.

세월이 흘러 1885년의 원주농민항쟁 역시 전환에서 비롯된 것이었다. 이는 당해 2월 북창의 호장 남성갑의 부정에 대해 6개 면의 존위들이 사족 김택수를 내세워 소장을 올리며 시작되었다. 특히 남성갑이 전년 가을 화폐로 징수할 때 상정가가 아닌 시가로 하고 이를 봄에 분급하는 방법, 즉 전환을 통한 부정수탈과 무미(貿米)행위를 무려 7번이나 반복함으로써 창고에 있어야 할 1,300여석의 곡식 가운데 700여석을 투식(偸食)했다는 사실이 밝혀졌다.[73] 이처럼 원주민들은 오랜 동안 전환을 통해 많은 폐해를 받고 있었다.

2. 조선후기 사회변동과 원주

양란 이후 양반과 양인 사이의 구분은 크게 흔들렸고 양반의 권위는 점차 실추되어 갔다. 양반수가 급증하면서 격심해진 당쟁을 통해 전체 양반사회에서 집권양반층과 집권층에서 탈락한 양반층의 구분이 확연해졌다. 집권양반층에서 탈락한 양반층은 향반·토반이 되어 지역사회의 실권을 쥐고, 좁아진 집권양반층으로 이루어진 벌열(閥閱)정권이나 더 좁아진 세도정권을 뒷받침하면서 어느 정도 사회경제적 지위를 유지할 수 있었다.

한편 사회변동 과정에서 전혀 대응하지 못한 몰락양반이 발생하였다. 이들은 경제적으로 빈농의 처지에 빠져 심하게는 전호로까지 떨어져서 완전한 농민이 되거나 혹은 상공업으로 전업하여 생계를 유지한 경우가 있었다.

---

73) 「원주유민품보(原州儒民稟報)」.

권력권에서 탈락하여 낙향한 후 몇 세대를 지나면서 점점 노비와 농토를 잃고 소규모의 자영농이 되었다가 다시 소작농으로, 심하게는 머슴으로까지 전락하는 경우도 있었다.

1) 사족지배체제의 구조와 운영

사족지배체제는 사족들이 "관권과의 일정한 타협 위에서 군현단위 및 촌락사회에서 그들의 향권을 관철시킬 수 있는 지배기구를 장악하고 이민(吏民)을 통제하였던 향촌지배구조를 말한다.[74] 때로는 향촌사회에 국한하지 않고 좀더 포괄적으로 설명하여 사족지배를 위한 법률, 제도 및 이데올로기의 총체를 일컫기도 한다.[75] 사족에 대한 법제적 규정에 따르면 '사족이란 관직을 가진 자 또는 관직을 가질 자격이 있는 자'로 규정된다. 국가에서 파악하는 사족이란 본인이 과거에 합격하고 관직을 소지하였는가의 여부, 내외의 선조가 현관(顯官)이었는가의 여부가 가장 중시되었다. 그러나 실제 사회적으로 파악되는 사족층은 이러한 요소를 갖춘 사람과 그 족속을 의미하는 것으로 확대 해석되었다.[76] 조선의 사족지배체제는 15세기에 성립하여 16, 17세기에 발전하며 18, 19세기에는 변질되는 것으로 이해되고 있다.

사족은 고려말 이래 향촌사회를 실질적으로 장악하고 있던 토호적 향리세력을 규제하면서 독자적인 지배력을 보유하기 시작했고, 조선초기 이래 수령권과 훈척세력의 간섭과 견제를 배제하며 복잡한 지배세력의 교대과정과 맞물려 나타났다. 이들은 성리학적 향촌지배의 이념을 들고 나왔으며, 그 구체적인 방법으로 제시된 것이 유향소의 복립을 통한 향권의 장악과 향약을 통한

---

74) 김인걸, 「조선후기 향촌사회의 변동에 관한 연구—18·19세기 향권담당층의 변화를 중심으로—」, 서울대 박사학위논문, 1991.
75) 김현영, 『조선시대의 양반과 향촌사회』, 집문당, 1999.
76) 김현영, 「사족지배체제와 지방지배」 『조선은 지방을 어떻게 지배하였는가』, 1998, 아카넷, 91~92쪽.

지배이데올로기의 실천이었다. 사족들은 유향소와 경재소의 활용, 향약과 사창제를 통해 성장하였다.[77]

16세기 이래 사족들은 향촌지배를 위해 군현을 단위로 결속하고 문벌과 학식을 갖춘 유력 양반들의 명부인 향안(鄕案)을 만들었다. 향안 등재 사족들로 구성된 향회는 사족들의 결집체이자 자치기구였다. 사족들은 향회를 통해 공론을 모아 향촌사회의 부세운영과 향임층에 대한 인사에 적극적으로 참여하였다. 재지사족이 향촌사회에서 권력을 행사하는 데 가장 중요한 기능을 했던 기구는 유향소였다. 여기에서는 군현단위로 부과되는 부세를 농민에게 배정하고 거두는 과정에서 관여하고 이를 감독하였으며, 그 지역의 인사권을 장악함으로써 향리와 농민을 통제하였다.[78] 또한 향약을 실시하여 농민에 대한 지배를 모색하였다. 16세기 전반에는 「주자증손여씨향약」을 그대로 사용하다가 후반에는 재지사족에 의해 지역의 실정에 맞는 개별적인 규약으로 발전하였다. 서원과 향교는 성리학을 보급함으로써 지배이념을 전파하였고 아울러 사족이 자연스럽게 결집할 수 있는 터를 마련해 줌으로써 사족의 향촌지배를 보완하였다.

이와 같이 16세기는 재지사족이 농촌사회의 안정과 지주적 기반의 확보를 위한 각종 조치를 모색하고, 향촌사회의 권력을 장악할 수 있는 제도적 장치들을 확립하는 시기였다면,[79] 17세기는 사족 중심의 각종 향촌지배 조직과 규약이 강화되면서 공동체적 일향(一鄕)지배가 성립되어 가며 사족의 향촌지배체제가 전국적으로 확산되어 간 시기였다.[80] 그런데 사족들의 향촌지배는 관권과의 일정한 타협 위에서 가능한 것이었다. 즉 사족 스스로 수령과의

---

77) 이태진,『한국사회사연구-농업기술발달과 사회변동-』, 지식산업사, 1986 참조.
78) 김용덕,『향청연구』, 한국연구원, 1978 ; 한상권,「16,17세기 향약의 기구와 성격」『진단학보』58, 1984 참조.
79) 김인걸,「조선후기 향촌사회 권력구조 변동에 대한 시론」『한국사론』19, 1988, 317~322쪽.
80) 김현영,「조선후기 남원의 사회구조」『역사와 현실』2, 1989, 165~168쪽.

관계를 원활히 하기 위해 수령의 행정에 대한 시비를 금하고 부세 납부에 힘쓸 것을 강조하였다. 다른 한편 행정실무자인 향리에 대해서는 엄격히 감시, 통제하려 했다. 따라서 사족의 권한이 수령권을 넘어서는 것은 아니었고 향촌사회와 기층민 지배라는 목표를 위해 상호 이해관계를 일치시키고 있었던 것이다.

2) 향촌사회 구조의 질적 재편과 원주

사족이 매개가 되는 지방통치의 방식은 조선왕조의 입장과 상보적 관계를 지닌 것이었다. 즉 국가권력으로서도 지방지배에 있어서 향촌사회의 공동체적 질서와 물적 토대가 확고했던 재지사족의 존재를 무시할 수 없었던 것이다. 그러나 이러한 사족지배체제는 17세기를 경과하면서 점차 변화된다. 사족지배체제의 변화는 근본적으로 향촌사회의 변동과 그 궤를 같이한다.

우선 그 변화의 전조로 임란 이후의 사회변동을 들 수 있다. 양란 이후 급격한 사회경제적 변화 속에 재지사족들의 지위와 권위 또한 적지 않은 영향을 받게 되었다. 사족들은 전쟁 중 의병활동을 통해 명분을 유지하고, 이를 바탕으로 이전 조직을 복구하거나 정비하여 위기를 모면하기도 했다. 향사당·향안의 중수(重修), 동계의 실시 등으로 나타났다. 임란 이후 향촌과 민의 지배를 둘러싼 국가와 재지세력 간의 갈등은 새로운 면리 편제과정에서 드러났다. 그들은 자신들이 세거하는 촌락을 중심으로 행정 리(里)가 편제되도록 하여 기존의 향권을 계속 유지하고자 하였다. 가령 진주지방의 경우 임란 후 각리의 편제는 호구와 전결 수보다는 사족의 유무와 크게 관련되었다. 사족이 거주하지 않은 촌락은 상대적으로 소멸되거나 흡수되었다. 즉 촌락의 행정적 편제는 재지사족의 이해가 깊이 개재되어 있었다.[81] 이는 임란 이후에

---

81) 이해준, 「17세기초 진주지방의 리방(里坊)재편과 사족」 『규장각』 5, 1982.

도 사족들이 이전과 같은 지배력을 복구하기 위한 시도가 만만치 않았으며, 촌락에서 사족들의 영향력이 여전히 강고했음을 보여주는 것이다. 따라서 새로운 향촌편제가 이루어질 때마다 재지사족들은 적극적으로 계급적 이해의 관철의지를 표명하였고, 결국 국가의 정책과 민의 동향이 상호 맞물리면서 대립과 갈등을 야기시키고 있었다.

다음으로 임란 후 재지사족에 의한 향촌지배에서 새로운 질서가 모색되는 모습은 사족 내부에서 자기 분열의 형태로 나타나기도 하였고, 하층민과의 관계에서는 사족중심의 규약에서 하층민의 참여를 전제로 한 향약과 '상하합계(上下合契)'의 동계 형태로 나타나기도 하였다. 여기에는 물론 향촌사회의 안정이라는 사족의 이해가 일차적으로 관철되고 있었으나, 지배층과 외세에 대한 저항을 통한 농민층의 성장이 반영된 것이다.[82]

또한 지방과 향촌민에 대한 집권력을 강화하려는 조선왕조의 향촌지배정책도 그 한 요인이 되었다. 국가는 '국가-수령-사족'의 연결구조 속에서 새로운 동반자로서 부민·신향 세력을 끌어들여 궁극적으로 관주도적인 통제방식을 강화하였다.

특히 17세기 양란의 위기를 극복하기 위해 대대적인 지방제도의 정비를 모색한 조선왕조는 생산, 조세 수취, 통치의 기반인 향촌사회의 제도적 정비를 모색하였다. 이는 향촌사회의 기저적인 변화에 대응하고 국가의 영향력과 대민 지배력을 강화시키려는 조선왕조의 의지였던 것이다. 18세기에 이르러서도 외관직·수령직의 운영은 크게 강화되었다. 당시기 조선왕조는 지방현실의 파악을 위해 국가적 차원에서 새로운 유형의 지도와 읍지(『여지도서』·『해동읍지』)를 제작하였고, 이를 통해 확인된 사회문제를 효과적으로 해결하기 위해 삼남양전(1716~1720), 균역법(1750) 실시 및 구언교(求言敎)와 민장(民狀)의 활용, 어사제도의 강화를 모색하였다. 아울러 중앙차원의 법전 편찬과

---

82) 정진영, 「16, 17세기 재지사족의 향촌지배」 『역사와 현실』 3, 1990.

함께 수령들이 행정업무를 수행하는 데 참조할 수 있는 일종의 행정지침서로서 민정자료류가 집중적으로 편찬되었다. 즉 18세기 조선왕조는 수령중심의 지방지배를 여러 형태로 보장하고 법제적·관료제적 지배의 틀을 마련해준 셈이었다.

17세기 이후 민과 향촌사회의 지배를 둘러싼 국가집권력 대 지방자치적 성향의 공방이 치열한 가운데 군현 단위로 편제된 향소는 지위가 점차 위축되었다. 첫째 국가적 목표에 따라 향촌통제책이 강화된 사실이다. 당시 시행된 영장제(營將制), 서원남설 금지조처 등은 토지와 민을 사적으로 지배하는 재지사족에 대한 조선왕조의 대응책이었다. 조선왕조는 향소의 분권성과 자치성향에 대해 중앙집권의 입장에서 견제하고 더 나아가 그 지위를 축소시켜 나가고자 했다.[83]

이에 사회질서는 점차 경제력을 중심으로 재편되었고, 지주가 곧 양반관료라는 지배계급의 구성요건도 변질되었다. 사족들은 대체로 중소지주적 기반 위에서 군현단위에 자신들의 공동이익을 추구하였다. 토지와 노비에 기반하였던 사족들의 물적 토대는, 토지소유의 분해에 따른 계급구성의 재편과 소농경영의 성장에 따른 노비의 자립, 양역 감소에 따른 노비 도망 등으로 인해 근본적으로 흔들리고 있었다. 더구나 상속제가 자녀 균분에서 적장자 중심으로 바뀜에 따라 이런 분화는 더욱 촉진되었다.

18세기를 전후하여 농촌사회의 분화가 진전되고 신분제가 동요함에 따라 사족 중심의 향촌지배질서도 크게 변화하였다. 그 계기는 사족들의 물적 토대의 약화, 새로운 사회세력, 즉 요호부민(饒戶富民)층의 성장으로 인한 신·구세력간의 갈등 심화에 있었다. 여기에 1728년(영조 4)의 무신란을 경계로 나타나는 노론세력의 향촌지배권 확대 기도도 한몫을 하였다.

사족들은 그 약한 쪽부터 점차 경제적으로 몰락해 갔다. 격심한 경제변동에

---

83) 오영교, 「조선후기 향촌질서의 변화와 향소」, 『조선시대사학보』 18, 2001.

적응하지 못한 사족의 경우 소빈농의 처지에 빠지게 되고 일부는 전호가 되거나 심한 경우 임노동자로 전락하기도 했다.

영조 년간부터 탕평정치가 시행되고 왕권이 강화됨에 따라 수령을 통해 향촌사회를 직접 통제하기 위한 정책이 본격적으로 실시되었다. 수령권을 강화하기 위해 면리제를 비롯한 기존의 사회조직을 수령 아래 소속시켜 하급기구로 만들었다. 그 결과 18세기 중엽 이후에는 수령을 중심으로 한 부세수탈이 강화되고, 종래 사족의 계급적 이익을 대변하여 왔던 향회는 주로 수령의 부세자문기구로 전락하는 현상까지 생겨나게 되었다.

이제 사족들도 경제력에 따라 이해관계를 달리하는 경우가 많아졌고, 군현 차원의 공론(향론)은 사족들 사이에서조차 형성되기 어려웠다. 향론의 불일치로 과거와 같은 향촌자율기구·사회조직(향안·향규·향약)을 통한 군현(일향)의 지배가 점차 불가능해지고, 또 사회경제적 변화로 향촌지배력이 약화되자 사족들은 나름대로의 자구책을 강구하지 않을 수 없었다. 사족들은 군현을 단위로 농민을 지배하기 어렵게 되자, 차츰 자기 거주지를 중심으로 촌락단위의 동약을 실시하거나 족적 결합을 강화함으로써 신분적, 경제적 이익을 지켜나가려고 했다. 이에 따라 수많은 동족마을이 만들어지고 문중을 중심으로 서원, 사우가 세워지게 되었다.[84]

특히 18세기에 이르러 사회의 분화가 진전되고 신분제가 동요되는 가운데 사족 중심의 향촌지배질서를 변화시키는 사안이 등장하였다. 그 계기는 사족들의 물적 토대의 약화와 새로운 사회세력, 즉 요호부민층의 성장에 따른 신·구세력간의 갈등 심화에 있었다. 조선왕조는 부세제도 운영의 새로운 동반자로서 요호부민층을 끌어들이고자 하였다. 이들은 경제적 능력은 갖추었지만 아직 자신들의 권익을 보호할 수 있는 제도적인 장치를 마련하지 못하였다. 이에 그들 가운데 일부는 신분을 상승하여 이서나 향임직을 맡아

---

84) 이해준, 『조선후기 촌락사회사』, 민족문화사, 1996, 284쪽.

그들의 지위를 보호하려 하였다. 정부의 납속, 원납, 또는 매향 등과 같은 정책적인 조처들로 이들이 신분을 상승해갈 수 있는 길이 열렸다. 요호부민층 가운데 경제력을 배경으로 새로이 향안에 오른 자들을 신향이라 불렀다. 새로운 사회세력은 최초에는 '양반이 되고자 하는 자(欲爲兩班者)' 등의 서술적 표현으로 불렸다. 따라서 어떤 정체성을 갖고 있지는 못하였다. 그러다가 점차 '신향(新鄕)'이라는 표현이 등장하게 되고 이제 이들은 신향이란 틀 속에서 나름의 정체성을 갖는 집단으로 결집되어 갔다. 기존의 사족들은 상대적으로 구향으로 불리며 여기서 신향과 구향 사이에 향권 장악을 둘러싼 대립이 일어나게 된다. 이러한 대립이 이른바 '향전(鄕戰)'이었다. 향전은 중세체제내 의 대립이므로 감사나 수령 등 관의 입장에서 그 결과에 직접 영향을 미치나 그것이 노론정권의 입장과 대치될 때에는 중앙의 정치적 입장이 보다 우선적으 로 관철되었다.

중앙권력은 향전에 대해서 한발 물러선 방관자적인 입장이었고, 사안에 따라서는 오히려 신향의 이해관계를 지원한다거나 묵인하고 있었기 때문이다. 이러한 중앙정부의 입장은 결국 구향과 신향 사이의 향전자체의 승패에 관계없 이 기존 재지 구향의 향촌지배력을 와해시키는 중요한 요인의 하나였다.

그런 속에서 향전의 결과는 대체로 신향의 승리로 종결되었다. 그러한 결말은 향촌사회에서 현실적 우위를 점한 세력의 승리가 점차 확대되어 감을 뜻하였다.

18세기 원주에서도 향전이 격심하게 발생하였다. 『비변사등록』을 보면 1783년(정조 7)에 내린 『관동어사사목(關東御使社目)』에는 향전을 준엄하게 다스리라는 조항이 명시되어 있었다. 그리고 정조는 아예 향전율(鄕戰律)을 만들었지만, 몇 년 뒤인 정조 16년 원주에서 향전이 일어났다. 경상도 안동의 예에 따라 만든 원주의 향헌(鄕憲)에서는 문벌이 좋은 양반을 도유사(都有司)로 뽑아 좌수와 별감과 같은 향임의 임면 등 향촌의 일에 간여하도록 하였는데, 당시에 이르러 향임을 둘러싸고 잡음이 일어났고 도유사의 권위가 떨어져

이 자리를 회피하는 일도 있었다. 이를 해결하기 위해 원주목에서는 천출(薦出)을 빙자하여 회식을 마련하고 육방관속들이 유사의 집을 방문하여 접대하는 등 도유사 선임에 간여하였던 것이다. 그 와중에 하급 향임들이 민간에게 부정을 저지르는 일도 발생하였다. 이 사건에 대해 조선왕조는 신·구향 사이의 향전에서 비롯된 것이라 규정하였다. 여기에서 말하는 향임선출의 문제는 곧 매향·매임으로 일컬어진 것으로 다른 지방처럼 원주에서도 향촌양반의 권위를 추락시키고 신분적 갈등을 일으키는 사태가 벌여졌던 것이다.[85]

한편 원주의 경우 중인층인 이서가 강원감영과 원주목의 실무행정가로서 활약하며 향촌사회에서 일정한 위상을 확보하고 있었다. 이들은 관청의 기능이 확대되고 세분화되면서 수가 증가되고 역할 또한 강조되었다. 이들 이서층은 자신들의 지위가 향상될수록 서로간의 공동체적 의식과 상호 결속을 강조하였다.

또한 양반들이 서원이나 사우를 건립하여 자신들의 지위를 유지하고 영향력을 행사했던 것처럼 이족의 사우를 신설하거나 중창·확장하여 향촌사회에서의 세력 기반으로 삼고 있었다.

원주에서도 그러한 모습이 황무진(黃戊辰)의 사우를 통해 나타나고 있었다. 황무진은 원래 사천(私賤)의 신분이었으나 임진왜란 때 군문에 들어가 왜적의 장수를 사로잡은 공으로 면천이 되고 원주목사 한준겸(韓浚謙)에 의해 병방으로 발탁되었다. 또한 그는 효성이 매우 지극하였는데 한준겸이 크게 감탄하여 시를 지어 읊으니 김상용(金商容), 김창일(金昌一), 이식(李植)이 차례로 그의 효행을 화답하였고 이로부터 명현들과 교유하였다. 그의 효행으로 인해 1634년에 정문(旌門)이 세워지고 사후에는 '충효'라는 시호가 내려졌으며 1653년에는 다시 홍색의 정문이 세워졌다. 1704년에는 그를 봉안한 충효사(忠孝祠)가 건립되어 충효라는 현액(縣額)과 제기(祭器)가 하사되었다. 이처럼 사천 출신

---

85) 『비변사등록』 180책, 정도 16년 윤4월 26일조.

으로 국가로부터 현액까지 받은 황무진의 사우를 이서들은 향촌사회에서 자신들의 지위를 유지하고 영향력을 행사하는 구심점으로 삼고 있었다.

이러한 세력기반을 바탕으로 이서들은 종종 양반층과의 충돌이 있었다. 대표적인 사건으로 1799년(정조 23) 전 도사 원유붕(元有鵬)이 모친의 산소문제로 아전 및 군교층과 충돌한 일이 있었다. 즉 원유붕이 광해군 때의 효자인 황무진 일족의 묘 옆에다 산소를 정했는데, 황무진의 후손인 황이대와 아전, 군교들이 그 산소를 파헤쳤다. 이에 격분한 원유붕이 황무진의 정문을 훼손하였다. 이 일은 조정에까지 알려져 원유붕이 부령부로 유배되었다.[86) 1860년 황무진의 정려가 화재로 전소되었을 때, 사우재건에 향리층이 많은 도움을 주었다. 이처럼 이서들은 양반과의 분쟁에서도 승리할 정도로 크게 성장하고 있었다.

19세기 전반의 중앙권력층은 지지기반의 폭이 매우 좁았던 까닭에 지방 지배층의 이탈을 우려하여 향촌사회의 동향을 주시하고 있었다. 이들은 향촌사회를 강력히 통제하기 위하여 수령 중심의 행정체계를 강화하고, 또한 이를 사적으로 장악하였는데, 이는 이 시기 사회모순을 더욱 심화시켜 수많은 농민항쟁을 일으키는 일 요인이 되었다.

3. 원주의 사회조직과 동약

조선후기 강원도 각 지역에서도 사회조직과 단위, 공적 사회제도가 편제되어 운영되었다. 향촌사회는 동일한 생활문화를 형성·공유한 곳이며, 역사주체로서 성장하여 가는 민이 그 주체로서 역량을 실현할 수 있는 일차적 정치영역이다. 이러한 사회조직에는 재지사족 외에 일반민들의 조직으로 구성되었다.

---

86)『정조실록』권52, 정조 23년 12월 병인조.

향촌사회에는 성씨별 문중·가족·친족 등의 원기적 사회단위와 촌락·동족마을·향약·계·향안 등의 사회조직이 내재화되어 있다. 이 위에 공적 사회제도가 존재한다. 특히 조선후기에 재지사족들은 "관권과의 일정한 타협 위에서 군현단위 및 촌락사회에서 그들의 향권을 관철시킬 수 있는 지배기구를 장악하고 이민(吏民)을 통제하였다"고 평가된다. 그 지배기구가 향약·동약인데, 이는 한편으로 향촌민들의 생활자치기구·생활공동체이기도 했다. 이하 원주 동약의 사례를 통해 사회조직의 구조와 기능분화, 그리고 향촌사회 변동의 추이를 서술하고자 한다.

1) 요선계(邀僊契)의 운영

16, 17세기 재지사족들이 각 군현단위의 지배세력으로 존재할 수 있도록 한 근거는 향안과 향규, 향회 등이었고, 그들이 실제로 거주하던 지역(촌락, 동)의 통제가 우선되어야만 했다. 이를 가능하게 한 것이 바로 동계였으며, 동계는 사족들의 군현차원의 지배를 이룰 수 있게 한 물질적 기반이 되었다.

동계는 기원과 목적에 따라 두 계통의 것으로 구분한다. 하나는 사족 또는 양반의 친족계인 동계이고, 다른 하나는 일반민 중심의 동계이다. 후자의 동계는 촌락공동체적인 성격을 강하게 띠며, 두레 등의 공동노동, 당제(堂祭) 등의 공동신앙을 통한 촌락의 공동문제를 해결함에 목적이 있었던 것이다. 그러나 사족 중심의 동계는 비록 명칭은 동계이지만 촌락민 모두의 의무적 가입을 강요하고 있지 않다. 동계의 중심자는 양반이나 사족이었으며, 결국 한 지역을 표방하고 있으나 그 위에 혈연적인 규제가 가해지고 있고 그 지역에 살고 있는 상민이나 노비 등을 같은 계원으로 인식하는 경향이 있다.

현 영월군 수주면은 조선시대 강원감영이 소재한 원주의 동 4면에 편제된 곳이다. 요선계는 조선중기 이래 중방동·도곡동·두릉동·하동·도내라는 5개

마을에 거주한 재지사족 가운데 원주 원씨, 원주 이씨, 청주 곽씨가 결성한 동계를 말한다. 단일한 가계로만 구성된 것이 아니라 특정인들의 내외자손들이 구성원을 이루고 있으며 해당 마을 민들의 삶을 일정 정도 규정하였다는 점에서 기존의 족계와는 다른 확대된 사회조직이라 볼 수 있다.

요선계는 무릉리와 도원리에 거주하는 원주 이씨(파주공파), 원주 원씨(관란파, 호군공파), 청주 곽씨(밀직공파) 등 3개 성씨의 대표들이 요선암에 모여 조직하였다고 전언된다. 요선계의 입약에 의하면 1695년 봄에 화재로 인하여 요선계 창고와 마을에서 공동으로 사용하는 기구들이 소실되었다는 기록이 있는 것으로 보아 적어도 그 이전에 이미 계가 조직되어 있었다는 것을 알 수 있다. 현전하는 요선계 입약(좌목)은 1744년 이세림·원명일·곽만성 등 3성의 대표가 제정한 것이다.[87]

요선계는 향촌 내 사적인 사회조직이지만 계의 규약을 어기면 누구나 즉시 그에 상응하는 벌을 받게 하여 그 시행에 강력력을 지녔다. 특히 요선계는 당시 생활양식 중 가장 중요한 관혼상제에 소요되는 모든 기물을 소장하여 이를 통하지 않고서는 혼례나 장례를 치를 수 없을 정도였다. 이는 생산력이 열악한 지역적 특징에 기인한 바 크다. 이렇게 볼 때 본 동계의 설립목적은 사족중심의 향촌질서를 유지하되, 현실적으로는 혼상(婚喪) 부조 특히 상사(喪事)의 부조가 주된 내용을 이루고 있다. 다른 동계와 마찬가지로 요선계 역시 사족들의 하민 지배의 수단으로 출발하여, 점차 하민들을 동계 내에 포섭해 나가면서, 혼·상사를 부조하고, 사소한 생산활동에까지 규제조항을 마련하는 등 생활공동체의 모습으로 변하고 있었다.

34개조의 입약조 강규는 3부분으로 구성되어 있는데, 첫째 부분은 덕업상권, 예속상교, 과실상규, 환난상휼 등 「여씨향약」의 4강목을 부연 설명하고 향당윤리를 위반한 계원들에 대한 처벌규정을 담고 있다. 둘째 부분은 춘추강신조와

---

87)「요선계좌목(邀僊契座目)」 동내중수서(洞內重修序).

혼상조로서 춘추의 강신일자 및 운영규정, 그리고 혼인과 상장에의 상호부조를 규정한 것이다. 특히 길례구와 상례구의 대여·부조 내역 등 대단히 소상하게 명시되어 있다.

셋째 부분은 동계의 운영세칙이 담겨 있고, 감영소재지로서 행정적 규제가 비교적 심했던 지역의 특성상 조세·부역의 납부에 대한 규정과 요역 및 인보관계 등 공동체 생활에 필요한 규정들이 담겨 있다. 관의 지시나 조세납부는 반드시 절대 복종할 것을 규정하였고, 위반하는 경우 경중에 따라 자체적으로 처벌하는 경우와 관청에 알려 처벌하는 예로 구분하였다. 무엇보다 사적 사회조직으로서 동계가 제대로 시행되기 위해서는 관으로부터의 지원이 필요하다고 여기고 있었다.

18세기 요선계의 구조와 관련하여 '상하합계'의 사실이 주목된다. 이는 향촌사회의 안정이라는 사족의 이해가 일차적으로 관철된 것이며, 생산자 농민층의 성장 내지 새로운 향촌질서를 반영하는 것이다. 그러나 요선계의 경우 1744년도의 입약문에서도 아직까지 '상계' 중심, 즉 사족 중심적인 동계 운영의 입장을 명백히 드러내고 있다. 그것은 입약을 어긴 처벌규정이나 부조 규모 및 범위에서 상계원에 대한 차별적인 지원이 눈에 띈다.

19세기 요선계의 경우 18세기와 달리 구체적인 동계의 운영과정에서 신분제적 차별성이나 위상이 제대로 반영될 수 없었다. 현실을 반영하듯 상하계가 무너지고 직임에 있어서도 대폭 축소된 점이 확인된다. 혼·상계로서의 기능은 여전히 강조되었지만 부조액의 규모에서 보듯 동계의 재원 역시 크게 줄었던 것으로 보인다.

1743년부터 작성된 「유사전장기(有司傳掌記)」에 따르면 직임은 '공사원(公事員)-상유사(上有司)'와 '하유사(下有司)-고직(庫直)-색장(色掌)'으로 구성되어 있다. 일단 상계원 가운데 선출된 것으로 보이는 공사원과 상유사가 있고 하계원 가운데 선발된 하유사 1명, 고직 1명, 색장 2명으로 구성되어 있다. 반면 중·하위 직임은 동족인 가운데 양인·서얼이거나 타성관 계원이 담당하고

있다. 다만 19세기에 들어와 신분제의 혼효가 격심해지자 공사원의 직임만이
기록되는 것으로 추정된다.

2) 신림(神林)향약[88]

신림향약이 운영된 신림면(동)은 조선후기에 가리파면이라 명명되었고,
우변·좌변·수주면과 함께 원주의 동 4면에 편제된 곳이다. 원주의 지형적
특색은 서북지역은 강에 인접해 있어 원주분지와 기름진 충적평야인 문막평야
가 발달하였으나 동 4면이 소재한 동남지역은 험한 산골에 인접하여 생산력이
상대적으로 낮은 곳이었다.

본 향약은 신림동 거주민들을 대상으로 한 것으로 조선후기 영조 초기
이래 당시(1912년)까지 200년 동안 시행된 사회조직이었다. 이는 1727년
신림동민에 의해 제정되고 1753년(영조 29)에 수정된 내용을 담고 있다.
향약의 조규에는 상호부조와 생활공동체의 운영에 필수적인 내용이 설정되어
있으나 한편으로 차별적인 신분사회의 원칙이 엄격히 반영되어 있었다. 재난
에 상호 부조하고 저축의 방법을 제시하며, 규칙을 위반하거나 태만한 구성원
에 대한 제재를 담고 있는바, 하급신분에는 태형을 쳐 구속하나 상급신분에게
는 벌배 3잔을 과하는 등의 신분 차별적 징계 규정을 담고 있다.

『여지도서』에 수록된 1759년 당시 지금의 신림면인 가리파면은 1, 2리에
253호 1,427명이 거주하며 원주읍내에서 동남으로 55리가 떨어진 곳에 위치하
였다. 강원감영이 소재한 원주에서 내 14개 면과 달리 동 4면(가리파·우변·좌

---

88) 신림향약은 『강원도상황개요』(춘천헌병대본부편찬, 1913년)내 13장 풍속관습의 제1
절에 신림구향약 항에 수록된 것이다. 이는 1727년(영조 3)에 신림동민이 의결
제정한 것으로 26년 후인 1753년(영조 29)에 수정된 내용이다. 이 향약은 1912년
11월 헌병대장 관내 순시 중 원주분대 신림파견소 관내에서 발견한 것이다. 따라서
일본인들이 현지인들의 전언과 설명을 덧붙여 채록·보완하였다. 다만 본 향약이
원본이 아니어서 이를 입안한 성씨들과 재지세력의 존재를 정확히 파악할 수 없다.

변·수주)은 생산력이 상대적으로 열악하고 재지세력의 존재도 다소 미약했다고 여겨진다.

신림향약의 직임은 상계원 가운데 선출된 공사원(公司員)과 중계(中階)에서 선출되는 유사존위(有司尊位) 각 1원(員), 하계원 가운데 선출되는 공사원 1인, 장무(掌務) 1인, 색장(色掌) 2인으로 구성되었으며, 서기 1인, 고직(庫直) 2명은 하급계원 중에서 선임하였다. 존위, 중계, 공사원의 임기는 2년이고, 장무, 색장은 1년 단위로 돌아가면서 맡았다. 상계원인 공사원의 지휘 아래 존위는 동내의 일을 담당하고, 하계인원은 존위의 명을 받아 모든 일을 거행하였다.

신림향약의 입약조(47개조) 강규는 먼저 봄·가을의 강신(講信)일자 및 향약 가입절차를 비롯한 운영규정, 향당윤리를 위반한 계원들에 대한 처벌규정을 담고 있다. 다음으로 계원들의 수재·도적으로 인한 폐해, 질병구호, 화재로 인한 파손 주택의 재건을 위한 자금의 운영을 규정하였다. 특히 민들의 일상사 가운데 공동체의 도움이 가장 필요한 것이 상장(喪葬)인데, 상례구의 대여와 인적·물적인 부조 내역 등이 대단히 소상하게 명시되어 있다. 이를 위한 자금의 확보를 위해 식리를 운영하고 있다. 마지막으로 감영소재지로서 행정적 규제가 비교적 심했던 지역의 특성상 군역의 납부에 대한 규정이 담겨 있다.

본 향약은 신림면 거주자를 대상으로 하고 있어 계원의 상속·후계자를 제외하고는 외부인의 가입을 허락하지 않았다. 하지만 부득이한 경우 제6조의 규정에 따른 진정품(進呈品) 이외에 돈 15냥(1원 50전)을 선납한 후에 계의 명부인 좌목(座目)에 기재하여 가입을 허락하였다. 새로 향약에 가입하고자 하는 자는 춘추향회시 상하신분을 막론하고 과일 한상과 청주 1동이를 납부하게 했다. 출자(出資)의 경우는 3년 기한으로 절반은 마포(麻布) 1필을 납부하고 3년이 지난 후에는 동규(洞規)에 의해 납부하였다. 한편, 계원 중에서 관리로 나아가는 자는 면포(綿布) 2필, 백지(白紙) 2속을 서단(書單)과 함께 계의 공용으로 납부해야 되는바, 이행하지 않고 부임한 자는 남아있는 일족에게 죄를 물었다.

향회는 정기적으로 매년 3월과 9월 중 유사가 날을 정해 통문을 돌려 개최하였는데, 지각을 하거나 불참을 하면 벌로 다스렸다. 지각의 경우 상계인은 벌주를 마셨고, 하계인은 10대의 태를 맞았다. 불참의 경우 상·하인은 각각 단자와 소장을 바쳐야 했다. 정당한 사유 없이 불참한 자는 상·중·하원을 불문하고 상지(常紙) 1권을 연속해서 3번 작성하며, 존위·중계는 추가로 면책하고 하인은 추가로 태 20에 처했다.

계에서 결정한 사항은 한 사람의 소견으로 개정하는 것은 불가하지만, 부득이한 경우는 논의하여 개정할 수 있게 하였다. 결정한 사안을 준수하지 않는 자는 2년 동안 향촌에서 쫓아내는 손도(損徒)의 징벌을 가한다. 단, 하인은 태 30대에 처한다. 또 윗사람을 능욕하거나, 신분제를 위반한 자는 손도하고 배척하며, 하인은 태 30대에 처한다.

본 향약은 주로 재해복구, 장례 부의, 계 재원의 분급 등에 대한 규정을 담고 있다. 재해복구에 대한 조항을 보면, 계원이 수재, 화재, 도적의 피해를 입으면 집의 재건축 등을 서로 도우며, 참여하지 않는 자는 쌀 5승을 보내야 했다. 상을 당한 집에는 계의 창고에서 대미 4두, 전미 6두를 출급하고, 계원은 하루를 정해 상가에서 일을 돕도록 한다.[89] 혹 장례에 참여하지 않은 자는 벌로 쌀을 납부하였으며, 반은 상가에 주고 반은 계의 재산으로 귀속하였다. 또한 하나의 상에 두 차례 부미(賻米)를 받는 것을 허락하지 않지만, 형제가 같이 계에 들어온 경우에는 예외였다. 빈가마니를 상가에 보내되 상을 당한 일파의 색장(色掌)이 수합하여 상가에 전달하도록 했다. 유사는 장례의 일을 감독하고 인부들의 작업 상황을 점검한다. 본 장례식 때에 참여한 동군(洞軍)에게 음식제공은 저녁에 술 6동이 과실 6그릇을, 아침에는 술 4동이 과실 4그릇을

---

89) 초상(初喪)에는 대미(大米) 4두, 전미(田米) 6두를, 대소상(大小喪)에 원하는 자에게는 정조(正租) 9두, 속(粟)12두를 지킨다. 이는 계유(癸酉) 정월에 입의하여 개정함.

출급한다. 관을 운구할 담지(擔持)일꾼의 식사 때에는 맛있는 국 1그릇, 나물, 소금에 절인 생선, 떡, 김치, 젓갈 각 1그릇을 출급한다. 만약 이 같은 규정을 제대로 지키지 않은 상가에 대해서는 책임을 추궁하고 중벌로 다스린다. 묘위에 잔디를 입히는 인부에게 술과 과실을 주는데, 절반은 전사(田舍)의 일에 제공하고 절반은 산막(山幕)에 제공한다. 장례도구를 계원 이외의 자에게 빌려줄 경우 목면 5필을 사용료로 받고 대여하며, 천막과 병풍 등은 미 1두를 먼저 납부하게 한다.

계의 보유곡은 항상 160석을 유지하고, 원곡 외에 이자곡은 매년 분급 시에 그 다소에 따라 상하 계원에게 평등하게 배당하고 원곡미납자는 그 미납미를 공제하고 출급한다. 의무출자를 하지 않은 자는 계 재원의 이자 배분시 공제하고 분급한다. 부모포함 사상(四喪)의 부조로 대미 16두, 전미 24두를 분급한다.

불가피하게 대소미를 청분(淸分)할 경우, 봄에 1두를 분급하고 가을에 1두 3승을 거둬들인다. 두, 태, 정조, 서, 속으로 대납하는 것을 허락하고 목맥(木麥, 메밀)을 오곡 중에 대납할 경우 매 1두 당 1두 5승을 수납한다. 봄, 가을 계미의 출납시에 통조직을 작성하여 통단위로 소속자를 정하여 분급한다. 가을에 수납할 때 통조직의 사람에게 납부량을 독촉하고 통수에게 업무를 수행하게 한다. 수납은 10월 15일로 정한다. 상중계(上中階)는 저리로 대부하고 하계(下階)는 고리로 대부한다. 만약 이 정식을 따르지 않은 자가 있으면 영원히 계에서 내쫓는다. 대소미의 계 재원은 영외(嶺外)의 사람에게 분급하지 않는다. 만약 마음대로 분급한 자는 출계한다. 분급을 담당한 유사, 서기, 고자(庫子)에게 분급시 식사를 계 재정에서 제공한다.

동내인 중 빈곤하여 자력으로 군역포를 납부하기 어려운 자는 동내에서 납세하여 구조하고, 동외인의 경우는 그가 거주하는 통의 조직 중에서 대납하는 것을 정식으로 한다. 그리고 신원이 불확실한 부랑자에게는 그것을 허락하지 않는다.

동내 계의 재산을 차용한 자는 2일을 기한으로 반납하고 만약 이 기한 내에 반납하지 못하면 벌로 미 1두를 징수한다. 상등의 도구는 동외의 자에게 대부하는 것을 허락하지 않되 만약 부득이한 경우 사용료 10전을 받은 이후에 대부하는 것을 허락한다. 대두 2두를 매년 고직(庫直)에게 지급하여 간장을 제조하게 한다.

이처럼 신림향약은 향촌 내 사적인 사회조직이지만 계의 규약을 어기면 누구나 즉시 그에 상응하는 벌을 받게 하여 그 시행에 강제력을 지녔다. 신림향약의 조직은 당시 생활양식 중 가장 중요한 관혼상제에 소요되는 모든 기물을 소장하여 이를 통하지 않고서는 혼례나 장례를 치를 수 없을 정도였다고 파악된다. 이는 생산력이 열악한 지역적 특징에 기인한 바 크다. 이렇게 볼 때 본 향약의 설립목적은 사족중심의 향촌질서를 유지하되, 현실적으로는 상사(喪事)의 부조가 주된 내용을 이루고 있다. 다른 향약(동계)과 마찬가지로 신림향약 역시 사족들의 하민 지배의 수단으로 출발하여, 점차 하민들을 동계 내에 포섭해 나가면서, 혼·상사를 부조하고, 사소한 생산활동에까지 규제조항을 마련하는 등 생활공동체를 견인하고 있었다. 18세기 신림향약의 구조와 관련하여 '상하합계'의 사실이 주목된다. 이는 향촌사회의 안정이라는 사족의 이해가 일차적으로 관철된 것이지만, 생산자 농민층의 성장 내지 새로운 향촌질서를 반영하는 것이다.

그러나 신림향약의 경우 운영상 신분제적 차별성을 크게 반영하고 있다. 양반과 중인, 그리고 하민에 대한 부조액의 내용과 부조방식, 식리의 이자율 적용에서 차이가 있었다. 또한 입약을 어긴 처벌규정에서도 차별적이었다. 물론 이러한 차별성은 신분제의 혼효가 극심했던 19세기에 들어와 점차 약화된 것으로 보인다.

4. 원주의 사회조직과 동족마을

1) 동족마을의 형성과정

　　다양한 유형의 마을 가운데 동족마을이란 한두 동성동본(同姓同本)의 성씨 집단이 특정 마을에 대대로 거주하면서 마을의 인적 구성뿐만 아니라 운영에도 주도적인 역할을 하고 있는 경우를 말한다. 동족마을의 구성원들은 동조(同祖) 의식을 갖고 있고 동족결합을 유지하기 위한 여러 조직을 지니고 있었다.

　　마을은 일정한 주거지와 경작지에 근거를 둔 근린(近隣)의 인간집단 조직을 의미하며 주민들의 생활상의 필요와 재생산의 필요에 따라 형성되었다. 따라서 마을 내에는 지역의 근접, 생활형태와 감정의 근사성에 기반하여 지닐 수 있는 강한 인보단결의 기조가 긴밀하며 생성·자율적인 질서를 담지하고 있다. 원론적으로 마을의 발전은 인구의 증가, 생산력의 발전에 따른 경작지의 확대, 유통경제의 발달에 따른 장시권의 형성에 의해 영향을 받는다. 또한 인위적 요인으로 마을의 운영과 조세문제를 둘러싼 지역 주도세력 간의 갈등 대립, 그리고 외적으로 향촌을 직접 지배하에 두고자 하는 국가적 질서의 확산에 의해 좌우되는 것이었다.

　　동족마을의 형성 시기는 삼국 또는 고려시대까지 소급되기도 하고, 일제시기의 조사에서는 500년 전부터 형성된 것으로 보기도 한다. 역사학계에서는 조선전기에 성립된 동족마을에 대해 집성촌, 지연(혈연)공동체로 파악하면서 대체로 조선후기 17세기를 경과하며 집중적으로 형성되었음을 지적하고 있다. 다소 이견이 있기는 하나 동족마을 형성이 일반화되는 객관적 배경으로 상속제도의 변화, 「주자가례」의 보급과 예학의 발달, 종법적 가족제도의 수용 등을 들고 있다.

　　조선전기에는 아들·딸 또는 친손·외손의 구별이 엄격하지 않았으며, 이러한 사정에서 재산상속 또한 자녀균분을 원칙으로 하였다. 또한 이 시기에는 양자(養子)가 일반화되지 않았고, 남자가 장가를 가서 처가살이하는 것이 일반적인 경향이었다. 따라서 사위가 처부모의 터전을 이어받는 경우와 외손 봉사 또한 흔한 일이었다. 그러나 17세기에 이르러 종법적 가족질서로의 변화와 함께 상속제도 또한 점차 적장자(嫡長子) 중심의 차등상속으로 변화하였다. 가부장적인 친족체제의 변화, 상속제의 변동, 문중의식의 대두 등이 이 시기 가례의 사회적 실현 위에 나타난 현상들이었다.

한 마을에 거주하던 이성(異姓)인 여서(女壻)·외손 또한 장자상속의 관행이 보편화될 때 계속 그 마을에 거주하게 된다. 이처럼 여타 성씨가 함께 거주하던 이성잡거(異姓雜居)의 마을이 동족마을로 전환하기 위해서는 무엇보다 특정 성씨의 경제·사회적 기반의 확보가 필수적이다. 이 경제적 기반이란 토지와 노비의 소유로 나타나는 것이며, 사회적 기반은 관직이나 학문적으로 뛰어난 조상인 현조(顯祖)를 강조하는 것이다. 특정 성씨가 향촌주도권을 배타적으로 장악함에 따라 열등한 여타 성씨들은 점차 촌락사회에서 소외되고 그들을 다른 곳으로 이주시키는 결과를 낳게 되었다.

동족마을에서의 갈등은 적서간 또는 계층분화에만 따른 것이 아니라 동족마을 구성원 상호간, 즉 서로 다른 성씨간(2개 이상의 성씨로 동족마을이 형성된 경우), 동성의 지파간에서도 심각하게 전개되고 있었다. 조선후기 산송(山訟)과 토지분쟁에 관한 무수한 소지(所志)에서 확인할 수 있다.

동족마을은 이러한 내부 문제에 대응하기 위해 여러 장치를 마련하고 있었다. 우선 원사(院祠), 재실(齋室), 종택(宗宅)의 건축물들은 하층민이나 다른 성씨에 대한 그들 가문의 위세와 권위를 나타내는 상징물인 셈이다. 여기에는 이름난 학자 또는 고관의 유물이 보관되었고 춘추향사(春秋享祀)의 개최 장소가 되었다. 상당수 동족마을의 입지를 보면 언덕에 터를 잡은 동족구성원들은 입향조의 종가를 후면 계면부(界面部)에 위치하고 종가 전면으로 그들의 후손들의 주거지를, 그리고 마을의 입구가 되는 경작지와 가까운 쪽으로 민촌을 입지시키는 계층간의 확연한 위계성을 보여주고 있다.

이상의 건축물들이 마을 내 유교적 의례장소의 기능을 수행하였다면 또 다른 다양한 수기공간도 존재하였다. 정(亭), 정사(精舍)라 불리는 수기공간은 유교적 교양인, 독서인으로서 사대부들의 생활양식과 거주지 선호를 가장 잘 나타내는 생활공간이다. 명망 높은 선비의 수기공간은 나중에 마을에 널리 알려져 공공장소의 성격을 가지게 되는 것이다.

동족마을은 이러한 외형적인 자기과시 장치와 더불어 동족간의 결속과 하층농민을 지배하기 위한 구체적이고 직접적인 장치를 마련하고 있었는데, 그것은 족적 기반의 바탕 위에 운영되는 족계와 특정 가문이 마을을 단위로 주도하는 동계였다. 조선후기 이래 족계는 다양한 형태와 명칭으로 동족마을에 보편적으로 보급되고 있었다. 족계의 가장 큰 목적은 조상에 대한 제사와 묘지 관리 등을 통해 자손들의 화합을 도모하는 것이다.

이상의 공간과 조직이 동족마을 유지를 위한 사회적 기반이라면, 보다 직접적인 사안으로 경제적 기반(토지와 노비 등 물적 기반)을 들 수 있다. 그들은 오랜 시기에 걸쳐 재산상속과 경작지의 개간 및 매입을 통해 토지소유를 유지·확대하였다. 다산 정약용은 경제적 기반과 현조를 중심으로 형성·전개된 조선후기 동족마을에 대해 다음과 같이 묘사하고 있다.[90]

> 사대부가 수백 년 동안 관직에서 막혀 있어도 존부(尊富)를 잃지 않는 까닭은 그 풍속이 집집마다 각기 한 조상을 떠받들고 넓은 토지를 점하여 종족이 흩어져 살지 않으므로 견고하게 유지되고 근본이 뽑히지 않았다.

오늘날 확인할 수 있는 동족마을의 전형은 대체로 17세기에 형성되어, 18, 19세기를 거치면서 보다 보편적인 마을의 형태로 발달하였다. 일제하 연구에서 동족마을의 형성 계기와 요인에 대해 다음의 10가지가 언급되었다.[91]

90) 『여유당전서』 1, 시문집 「발택리지(跋擇里志)」.
91) 젠쇼 에이스케(善生永助)는 1935년 강원도의 동족마을을 조사하였다. 당시 79개

一. 한 지방에 세력을 가지고 있으면서 부근의 적지를 골라 전거(轉居)하는 것

一. 한 지방에 세력이 있으면서 자손이 부근에 분가해 발전하는 것

一. 중앙관인이면서 적지를 고르거나 또는 관으로부터 토지를 받아 일족 또는 일가가 이주하여 개간·개척해 그 자손이 번성한 곳

一. 인구 조밀한 남쪽에서 서·북쪽지방으로 일족 또는 일가가 이주하여 개간·개척해 그 자손이 번성한 곳

一. 지방관으로 있다가 물러난 후 정주하거나 또는 수년 후 재래하여 토착해 자손이 번성한 곳

一. 불평을 품고 산간에 숨거나 죄를 얻어 유배하면서 정착해 자손이 발전한 곳

一. 피난했다가 그대로 머물러 자손이 번창한 곳

一. 한 씨족이 발전한 부락에 다른 씨족이 들어와 서로 함께 발전하는 곳

一. 기존 거주 씨족이 쇠미하고 새로운 씨족이 발전한 곳

一. 조상의 묘소를 지키기 위해 묘막(墓幕)을 세우고 그 자손이 번성한 곳

하지만 이상의 조건들은 각기 절대적이라기보다는 상호 연관 하에 작용한 것이었다. 특히 서울 인근의 지역 특징이 감안된 경기 북부지역 집성촌(동족마을)의 형성 계기는 다음과 같이 지적된다. 우선 16세기 이래 이 지역에 새로이 정착한 가문의 입향 유래나 집성촌의 발달 계기를 보면 지방출신으로 과거에 급제하거나 성균관에 유학하는 가운데 고관 내지 왕실과의 혼인을 통해, 이에 부수되는 재산상속 후 처가의 별서(別墅)나 선산에 묘소를 쓰게 되는 경우가 있었다. 또한 조선전기에 마련된 경기지역 선산 중 한 곳을 택하여 묘를 쓰는 경우, 이후 그 후손이 서울에서 관직에 종사하면서 점차 묘산(墓山)으로 확산시켜 가게 되고 벼슬이 여의치 못한 집안은 묘산 부근으로 낙향하거나, 혹은 정치적으로 불우할 때 별서에 우거(寓居)하기도 하는 등의 과정을 겪으면

마을 중 500년 이상 경과된 마을이 12개, 300년 이상 500년 미만의 마을이 25개, 100년 이상 300년 미만의 마을이 14개로 조사되었다.

서 동족마을이 형성되어 간 것으로 되어 있다. 별서의 지역적 확산은 번성한 가문의 후손들이 경기 각 지역에 세거하는 계기를 마련해 주었다고 한다.

현달한 특정 가문이 여러 지역으로 확산되는 지리적 배경에는 한강수로의 이용을 들 수 있다. 서울에서 관직생활을 하며 그들 선조의 묘산에 봉사하기 위해서는 비교적 도성과 가까운 지역이거나 설혹 원거리라 하더라도 왕래가 편리해야 했기 때문이다. 한강은 집성촌의 확산을 가져왔을 뿐 아니라 경기지역 학자들의 학문적 교유를 원활히 하는 문화적 창구역할도 하였다. 한강 미음나루 부근의 석실서원에서 이루어졌던 교유와 학풍의 전파가 이를 잘 말해주고 있다. 전란의 피해도 경기 북부지역 사족들의 이거에 주요한 원인으로 작용했으며 정치적 격변기에 화를 모면하기 위해 이거하는 사례도 많았다.

일반적으로 16세기 이후 성립한 마을들은 양란으로 인한 피병(避兵), 정치적 격변기에 화를 모면하기 위해 이거하는 피세(避世), 또는 정치에 대한 실망으로 인해 설정한 은둔지의 성격이 강하게 나타난다. 입향 시조들은 노자의 은둔사상이나 예학에 의거하여 골짜기를 찾아 동족마을을 조성하였다. 선조의 연고지나 근거가 없는 곳에 새로이 동족마을이 조성된 경우는 대부분 혼인을 통해 이루어졌다. 사족들이 처가의 토지를 분급받아 세거의 기틀을 마련하였던 것이다. 다음으로 조선전기 일찍이 현달하여 남한강 인접 지역에 기반을 확립하였고 후대에 이르러 그들이 문중 기반이 있는 지역으로 이주한 사례를 들 수 있다. 소위 지역에서 명문으로 꼽히며 조선전기부터 마련된 기틀을 유지하며 운영해 간 경우 그들 조상의 은거지를 숭모하는 과정에서 점차 동족마을(집성촌)로 확대·발전시키고 있다.

서울과 가까운 남한강 인근 영서지역이 지니는 지역적 특수성의 하나는 정치세력 교체와 중앙정국의 변화가 곧바로 이 지역에 파급된다는 사실이다. 몇몇 문중들은 급격히 전개되는 정치·사회적 변화에 능동적으로 대처하지 못하고 이후 가세가 위축되는 경우 낙향의 근거지로 삼았던 것으로 보인다. 지역 동족마을의 형성 계기는 이상의 사안들을 통해 설명될 수 있을 것이다.

우선 원주는 남한강의 수로와 육로의 발달로 서울과의 통교가 용이하였다. 이로 인해 원주의 재지세력들이 본관의 토착적 기반을 유지하면서 상경종사(上京從仕)하기에 편리하였고, 비토성(非土姓) 사대부들에 의한 새로운 입거(낙향)가 잦은 지역이었다.

원주의 양반사회는 16세기 후반부터 17세기에 걸쳐 형성되었다. 특히 17세기에 들어서면서 원래의 토성(土姓) 이외에 새로운 양반성관이 대거 입향하면서 양반사회가 급속히 변화하고 있었다. 그러한 모습은 이 시기 이후 급증하고 있던 사마시 입격자의 상당수가 새로 이거해온 가문에서 나오고 있음에서 어느 정도 알 수 있다. 물론 사마시 입격자의 수만으로 향촌사회에서 그들의 역할을 밝혀내기는 어렵지만 양반사회가 관료로 나아가는 것을 제1의 목표로 삼고 있음을 감안해볼 때, 사마시 입격자가 많다는 것은 향촌사회에서 '향중공론(鄕中公論)'을 이끌어 가는 재지사족으로서의 입지를 굳히고 있었다고 보인다.

한편 원주로 낙향하고 있던 유력 가문들은 고위관직자 출신이거나, 외가·처족의 소재지, 또는 사패지(賜牌地)를 가지고 있었기 때문에 경제적·인적 토대가 우월하였고 이를 바탕으로 비교적 안정적으로 정착하였다. 원주·횡성 등 원주 인근 지역 소재 동족마을의 형성과정과 입향 계기를 구체적으로 살펴보면 다음과 같다. 첫째, 조선조 이래 선조의 고향과 선산이 있는 경우, 그 뒤 문중의 현조에 대한 묘와 별묘가 건립되는 예를 볼 수 있다. 횡성 공근면의 초계 정씨와 영월 수주면 무릉리 원주 원씨의 사례를 들 수 있다. 둘째, 전란이나 정치적인 이유로 세상을 피해 은둔지를 찾아 낙향하는 것이다. 원주 봉산동의 평산 신씨와 횡성 서원면 압곡리의 강릉 최씨, 그리고 부창의 전주 류씨를 들 수 있다. 셋째, 외손봉사를 통해 외가 쪽의 사패지에 세장산(世葬山)을 삼고 마을을 건립한 경우이다. 대표적으로 횡성읍 정암리의 횡성 조씨를 들 수 있다. 넷째, 처가 쪽의 근거지에 이주하여 세거하는 경우이다. 원주시 호저면 무장리의 파평 윤씨, 원주시 지정면 간현의 한산 이씨를 들 수 있다.

이상의 사안을 정리하면 〈표 14〉와 같다.[92]

〈표 14〉 원주 인근 동족마을의 형성과정

입향 시기	성씨	현지 입향조	주요 인물들	현주소	비고
16세기	초계 정씨	정약	정윤겸, 정종영	횡성군 공근면 내공근	벽옥정· 사우·별묘
16세기	원주 원씨	원광보	원호, 원자보	영월군 수주면 무릉리	관란정· 요선계
17세기	평산 신씨	신상	신만, 신회	원주시 봉산동	귀석정
17세기	강릉 최씨	최문발	최세절·최기벽	횡성군 서원면 압곡리	취석정
17세기	전주 류씨	류은	류헌·류의창	횡성군 공근면 창봉리	
16세기	횡성 조씨	조준	조충·조린·조정립	횡성군 횡성읍 정암리	세덕사
18세기	파평 윤씨	윤상익·윤성휘	윤지임·윤성휘	원주시 호저면 무장면	지산서재· 양심정
16세기	한산 이씨	이지란	이희,이형덕	원주시 지정면 간현리	

그 밖에 성씨별 동족마을의 분포 현황을 보면 〈표 15〉와 같다.

〈표 15〉 원주의 성씨별 동족마을 분포

성씨	동족마을	성씨	동족마을	성씨	동족마을
원주 이씨	문막읍 건등3리 소초면 흥양리 호저면 매호리	청주 곽씨	문막읍 반계2리 문막읍 취병1리	창령 성씨	소초면 평장리
원주 원씨	시내 각동 지정면 신평1리 호저면 광격리 호저면 산현리	창원 황씨	문막읍 반계3리	은진 송씨	호저면 매호리
전주 이씨	문막읍 포진1리 호저면 매호리	삭영 최씨	문막읍 동화3리	한산 이씨	지정면 간현리
순흥 안씨	문막읍 비두2리 부론면 흥호1리	충무 지씨	부론면 법천3리 호저면 대덕1리	선산 김씨	부론면 오리곡
경주 김씨	문막읍 건등1리	청주 고씨	소초면 둔둔리	순흥 안씨	부론면 흥호1리
김해 김씨	부론면 법천1리 귀래면 용암1리 호저면 매호리	청송 심씨	소초면 장양리	나주 정씨	부론면 법천리

92) 오영교, 『강원의 동족마을』, 집문당, 2003.

청주 한씨	부론면 노림1리 호저면 대산리	경주 이씨	호저면 무장2리	영월 신씨	문막읍 거등리
초계 정씨	지정면 월송2리	추계 추씨	소초면 교항1리	평산 신씨	소초면 평장리 부론면 송정리
연안 김씨	지정면 안창1리				

또한 조선전기 이래 원주는 강원도의 수부(首府)로서 교육적 여건이 여타의 지역보다 좋았던 사실이 지적되었다. 특히 17세기 이후 학문의 전통과 좋은 교육환경을 반영한 서원과 사우의 건립이 급속히 이루어졌다. 운곡 원천석을 비롯하여 팔계군(八溪君) 정종영, 구암 한백겸, 관란 원호를 배향한 사액서원인 칠봉서원과 관설 허후(許厚)를 모신 도천서원, 우담(愚潭) 정시한(丁時翰)을 모신 도동서원, 사한(四寒) 김창일을 모신 취병서원이 있었다. 사우인 충렬사에는 원충갑을 주향으로 김제갑과 원호를 배향하였다.

그런데 원주지역 사대부들은 끊임없이 서울로의 진출을 모색하였고, 또한 수시로 진출하고 있었다는 점으로 인해 경상도나 전라도 등 정주가 확고한 지역과 같은 강력한 사족지배체제가 형성되기 어려웠던 것으로 보인다. 이점은 원주에서 감영을 주변으로 한 이서층들이 다른 지역보다 영향력을 확대해 나아갈 수 있는 하나의 원인이 되기도 하였다.

18~19세기에 들어서면서 재지사족들의 향촌에서의 삶은 새로운 국면을 맞이하게 되었다. 이 시기는 생산력의 발전, 상품화폐경제의 발달과 이에 따른 농민층의 성장과 저항이 나타나고 사회신분제의 변동으로 인해서 신향과 구향간의 갈등, 기존 재지세력의 몰락이 나타나고 있었다. 이러한 변화 가운데 원주의 사대부들은 자신들의 사회·경제적 기반의 확보를 위해 동족마을을 형성하여 인근 일대의 지배권을 행사하였으며, 혼인망을 통해 결속을 공고히 하였고, 조세부과를 비롯한 향촌사회 문제에 공동으로 대처하기 시작하였다.

2) 동족마을의 구조와 운영

전통마을에서 유교적 장소는 크게 의례장소와 수기장소로 나눌 수 있다. 의례장소란 종교적 규범의 실천이 강조되었던 전통사회에서 많이 발견되는 공공장소로서 유교의 경우 조상숭배의 가묘(家廟), 존현숭덕(尊賢崇德)의 사우(祠宇), 그리고 동족마을의 종통(宗統)을 나타내는 종택(宗宅)이 대표적이다. 각 마을은 종가집과 선조의 위패를 모시는 가묘를 드러나게 짓고 마을에서 충성, 효도, 절개 그리고 덕행과 학문으로 가문을 빛나게 한 선조를 기리는 사우를 건립함으로써, 내부적으로는 유교적 생활문화를 공유하는 마을 주민의 정체감을 높이고 대외적으로는 문화적 우월을 과시하기에 힘썼다. 이러한 건축물들은 하층민이나 다른 성씨에 대한 그들 가문의 위세와 권위를 나타내는 상징물인 셈이다. 여기에는 이름난 학자 또는 고관의 유물이 보관되어 있는 경우가 많았다.

정(亭), 정사(精舍)라 불리는 수기공간은 유교적 교양인, 독서인으로서 사대부들의 생활양식과 거주지 선호를 가장 잘 나타내는 생활공간이다.

또한 동족마을은 족적 기반의 바탕 위에 운영되는 족계(族契)와 마을을 단위로 하는 동계(洞契)였다. 이 가운데 족계의 가장 큰 목적은 조상에 대한 제사와 묘지 관리 등을 통해 자손들의 화합을 도모하고자 한 것이다. 이상이 동족마을 유지를 위한 사회적 기반이라면, 보다 직접적인 사안으로 경제적 기반을 들 수 있다.

먼저 동족마을 유지의 필수 요건인 토지와 노비 등 물적 기반에 대해 살펴보겠다. 동족마을을 이끌어 가는 횡성 초계 정씨의 경제력은 토지보유실태를 통해 파악할 수 있다. 공근 초당(草堂)에서 초계 정씨 마을이 형성된 것은 16세 종영의 묘가 조성된 직후인 17세 약(淪)대이다. 이후 18세 기광(基廣), 20세 수명(洙明)대 즉 17세기에 기반을 확립하였다. 21세 팔주(八柱)는 서울에서의 생활을 정리하고 완전히 초당으로 이거하여 18세기 이래 지역 내 문중의 위상정립에 힘쓰게 된다. 언덕에 터를 잡은 동족구성원들은 입향조의 종가를 후면 계면부(界面部)에 위치하고 종가 전면으로 그들의 후손들의 주거지를, 그리고 마을의 입구가 되는 경작지와 가까운 쪽으로 민촌을 입지시키는 계층간의 확연한 위계성을 보여주고 있다. 그들은 재산상속과 경작지의 개간 및 매입을 통해 토지소유를 유지·확대하였다.

1768년 무자양전(戊子量田)시 토지대장에 초계 정씨 소유의 원주소재 토지 현황이 기재되었고 횡성, 홍천, 파주, 여주 등지의 사례는 근거를 위한 기록으로 덧붙여져 있다. 본 문서에는 양안을 참조하여 사표(四標)가 표시되어 있고 소유 토지의 근거를 위한 사안들이 수록되어 있다.

제반 토지는 원주 입향조인 11세 변 이후 후손들의 묘자리와 세거지, 상속으로 이어받은 곳에 소재하고 있다. 한편 횡성의 경우 종가가 있는 벽옥정(碧玉亭)과 정종영의 별묘가 소재한 공근, 공수위답(公須位畓)이 소재한 동막골(봉우재 동쪽의 골짜기) 및 국재골과 창봉리, 성동리 장지원리 및 갑천면의 마일리가 존재한다. 파주 자곡면의 경우 정종영의 부인인 문화 유씨의 묘답(墓畓)이 소재하였다. 먼저 무자년(1768) 초계 정씨가의 양안을 근거로 추정한 토지소유 규모는 〈표 16〉과 같다.

〈표 16〉 정씨가의 소유전답규모(추정)(단위 : 두락)[93]

지 역	답	전	합
(원주)			
호매곡면	182.5	544.5	727
사근사면 산저	69.6	76	145.6
본부면 본현	42	84	126
저전동면 이소 망종	91.5	133.9	225.4
(횡성)			
공근면	158.7	615.8	774.5
갑천면 마일원	41.2	96.9	138.1
(기타)			
홍천 검기산	79	158	237
파주 자곡면 도감동	10	20	30
도합	674.5	1729.1	2403.6

다음으로 인적 기반으로 노비제 운영을 살펴볼 수 있다. 초계 정씨 노비안은 21세 팔주대에 작성된 것으로 당 시기 작성되는 호구단자·준호구와 수 차례에 걸친 분재기·신노비안을 참조한 것이다. 관련 년도는 1627년, 1631년, 1647년, 1702년, 1732년, 1737년이다.

1732년(영조 8) 당시 「묘직노비안(墓直奴婢案)」에는 노 150구, 비 149구에 이르는 것으로 기재되어 있다.[94] 이후의 기록인 호구단자에 따르면 1759년 현재 종가에서 관장하는 노비는 솔거노비(노11, 비16), 외방노비로서 횡성(노31, 비22) 원주(노25, 비35), 홍천(노1, 비7), 충주(비1), 제천(노2), 여주(노1, 비2), 지평(노1), 양주(노2, 비2), 파주(노1, 비2), 수원(노1, 비2), 강릉(노8, 비7), 양양(노5, 비4), 상주(비3), 영천(노1, 비2), 나주(노1), 도망노비(노26, 비12)에 이른다. 거대한 가계와 노동력의 규모를 파악할 수 있다. 이외에도 금천(노3, 비3), 파주 재일면 도감동 유씨묘(노3, 비4), 강릉 안의, 나주, 익산 동면, 장흥 고읍, 해남, 남원, 원주, 무장 하용복면 예동리, 고창, 영남 등 각 지역의 노비들의 명이 기록되고 부모의 출처와 함께 최소 3대에 걸쳐 추가로 기록되고 있다.

동족마을을 이끌어 가는 과정에서 나타나는 사회적 기반으로 초계 정씨 동족마을은 현조를 내세워 마을을 장악한 경우로 볼 수 있다. 정윤겸의 부조묘(不祧廟)와 정종영의 별묘가 그것이다. 이처럼 별묘의 건립은 현조 선양을 위한 대대적인 사업이었고 차후 초계 정씨 문중의 내적 결합은 물론 공근 일대 마을을 장악하는 주요한 장치가 되었다. 이상의 건물과 정종영의 칠봉서원에의 향사 사실은 충·효에 뛰어난 현조들의 삶을 드러내고 여러 동족의 단결과 마을 내 타성관 출신자들에 대한 초계 정씨의 위상을 보여주는 장치였다.

한편 원주 지정면 간현 한산 이씨의 경우 사간원 정언, 사헌부 지평 등의

---

93) 「경가잡록(耕稼雜錄)」.

94) 「묘직노비안(墓直奴婢案)」옹정 임자(필자주 : 1732년 영조 8).

조관(朝官)을 역임한 20세 형덕(馨德)이 벼슬에서 물러난 후 원주에 머물면서 당시 칠봉서원의 도유사를 겸임했다. 18세기 서원의 임원은 규모에 따라 다르기는 하지만 원장·강장·훈장·재장·도유사·집강·직일·장의·색장 등을 두었다. 이 중 서원내의 대소사를 담당하는 일은 도유사였다. 정조 연간 칠봉서원 도유사의 추천장에 따르면 중앙에서 관직을 역임한 지역 사족들이 상호 경합하는 사실들이 나타나 있다. 바로 도유사 직임의 획득은 향촌사회내 공론을 주도하고 관과의 영향력을 행사하는 지역 유력 문중들의 세과시 경연이 었던 셈이다. 조관의 경력이 있는 유력 재지사족들인 전 정랑 이형덕, 전 좌랑 한광식, 전 현감 정술조가 경합하다가 10표를 얻은 간현출신 이형덕이 선발되었다.[95]

5. 원주의 사회변동과 농민항쟁('민란')의 발생

19세기에는 수많은 농민항쟁('민란')이 일어나고 있었다. 특히 각 지역 농민들은 계급모순의 해결과 함께 환곡을 비롯한 현상적 부세문제를 해결하고자 봉기하고 있다.

본래 환곡은 소농경제로 운위되는 사회에서 그 재생산을 보장하는 제도였기 때문에 진대라는 형식의 사회경제적인 측면이 강조되던 것이었다. 그러나 18세기이후 환곡은 점차 본래의 기능에서 벗어나 관청의 재정확보 방안으로 변질되었다. 그 요인은 각 관청이 묵은 곡식의 보충을 위한 추가징수분(1할) 가운데 일부를 회록시켜 자체 재정으로 사용한 데에 있었다. 특히 세도정권기에 중앙재정의 부족현상이 만성화되면서 경사 각 아문은 물론 감·병영 및 군현에 이르기까지 독자적인 재정을 확보하기 위해 환곡을 회록시켜 이자를 취하는

---

95) 한산 이씨 의정공파 소장문서(오영교, 『한산이씨 동족마을과 송와잡기』, 연세대학교 매지학술연구소, 2001).

사례가 급증하였다. 국가재정의 환곡의존도가 크게 증가하면서 농민의 환곡부담량도 증가하였고, 이는 필연적으로 농민수탈의 강화로 귀결되었다.

19세기 중엽 이후 제기된 문제는 군현별로 관장하는 환곡의 총량이 급증한다는 것이었다. 19세기 환곡 운영상의 문제로 지적된 것은 재정확보의 극대화를 위해 원곡조차 모두 남김없이 농민에게 분배하는 진분화(盡分化)과 중앙의 유정지세(惟正之稅)의 납부독촉에 대해 우선 환곡으로 납부함으로써 군현의 창고가 비게 되는 허류화(虛留化)을 들 수 있다. 또한 당시 유통경제의 발달 추세에 따라 환곡의 분급·징수과정에 화폐관계가 매개되었다는 사실을 들수 있다. 국지적 유통권을 장악했던 관에서는 현물의 작전가(作錢價), 계절간·지역간 가격차, 상정가(詳定價)와 시장가의 차이 등을 적절히 이용하여 환곡의 고리대적 운영을 통해 막대한 차익을 누리고 있었다. 바로 이전(移轉)·가작(加作)·전환(錢還)·이무(移貿) 등의 현상이 그것이다. 이에 따라 대여받은 환곡조차 체납하는 농민의 숫자가 증가되었고, 전세·군역세와 달리 운영의 전과정이 지방관청에 일임되어 있다는 점에서 이포(吏逋)가 손쉽게 민포(民逋)로 전환될수 있었다. 조선왕조는 환곡문제를 삼남지역의 농민항쟁을 유발시킨 주원인으로 파악하고 차후 삼정이정책에서 이에 대한 근본적인 대책을 모색하고자 했다.

원주에서는 일찍부터 삼정(전정·군정·환정)의 문제가 크게 제기되었다. 그 중 18세기 이래 관청의 재정과 밀접한 환곡제의 폐단이 크게 나타났다. 감영과 원주목에서 관장하는 환곡량의 규모가 대단히 크며, 환곡이 혼용되고 읍민들을 대상으로 분급되어 이자곡을 징수하는 과정에서 크고 작은 폐단이 나타났다. 특히 원주의 환곡문제가 표면적으로 나타나기 시작한 것은 1863년 환곡 개혁책으로 만들어진 새로운 환곡제도가 1880년대에 와서 심각한 모순을 드러내면서부터였다.

원주의 환곡문제는 주로 전환(錢還)의 문제로서 상품화폐경제의 발달이 그 배경에 있었다. 즉 분급과 징수과정에서 상정가(詳定價)와 시가(時價), 현물가와 화폐납의 차이로 인한 폐단이었던 것이다. 원주 안창에 소재한 북창(北倉)에서의 농민봉기는 북창의 담당 이서인 남성갑(南聖甲)의 환곡을 통한 부정행위로 촉발된 것이었다. 남성갑은 환곡을 상정가보다 낮은 가격으로 분급하고 시가로 징수하면서 막대한 이익을 챙기고 있었다.

원주의 북창 주변에는 안창역과 안창진(津)이 있고, 안창장이 형성되어 있었다. 안창역은 원주로 들어오는 관문으로써 육운에 있어 중요한 위치를 차지하고 있었다. 안창진의 규모는 크지 않았지만 수운으로써 일정한 역할을 하고 있었다. 따라서 북창은 육로와 수로의 중심지역에 위치하고 지정면을 비롯한 주변 마을의 세곡 외에 인접 영서 남부 군현지역의 물산이 집결되어 있는 곳이기도 했다. 이와 같이 발달된 육운과 수운을 바탕으로 안창장이 들어서고 있었다. 안창장은 중대형 장으로서 많은 상인들과 이에 관련된 자들, 여행자들이 모여들었으며, 이들을 수용할 주막이나 점막(店幕)이 주변에 많이 들어서고 있었다.[96] 당연히 북창지역은 각지의 새로운 정보가 빠르게 유입되었다.

원주농민항쟁('원주민란')은 1885년 3월 2일 북창 관내 유력한 사족인 연안 김씨 김택수를 통한 등소운동으로 시작하였다. 원주의 환곡문제는 주로 전환(錢還)의 문제로서 상품화폐경제의 발달이 그 배경에 있었다. 즉 분급과 징수과정에서 상정가(詳定價)와 시가(時價), 현물가와 화폐납의 차이로 인한 폐단이었던 것이다. 원주 안창에 소재한 북창(北倉)에서의 농민봉기는 북창의 담당 이서인 남성갑의 환곡을 통한 부정행위로 촉발된 것이었다. 담당 이서인 남성갑은 환곡을 상정가보다 낮은 가격으로 분급하고 시가로 징수하면서 막대한 이익을 챙기고 있었다. 북창민들은 분급할 때와 징수 시의 두곡(斗斛)을 일치시킬 것을 요구하면서 봉기를 일으키게 된 것이다.

---

96) 심철기, 「19세기 원주의 환곡문제와 농민항쟁」『지방사와 지방문화』13-2, 2011 ; 조 경달, 「이조 말기의 민란-원주민란(1885년)사례-」『조선사연구회논문집』33, 1995, 95쪽.

원주농민항쟁은 1885년 3월 2일 북창 관내 유력한 사족인 연안 김씨 김택수(金宅秀)를 통한 등소(等訴)운동으로 시작하였다. 북창민들은 분급할 때와 징수 시의 두곡(斗斛)을 일치시킬 것을 요구하면서 봉기를 일으키게 된 것이다. 이들 북창민들은 봉기 과정에서 남성갑을 살해하였다. 창고 기둥에 게시된 남성갑의 다섯 가지 죄목은 다음과 같다.[97]

첫째, 국곡(國穀) 1000석을 투식(偸食)하였다.

둘째, 상정의 명령을 숨기고 민전(民錢)을 침탈하였다.

셋째, 소량의 환곡을 미납했다는 이유로 사고(私庫)에 잡아 가두는 악형을 가했다.

넷째, 이서로써 양반을 능멸하였다.

다섯째, 일곱 번이나 전환(錢還)을 탐하고, 임의로 높은 가액으로 농민에게 지급하였다.

이 같은 사실은 빠르게 다른 면으로 전해지고 있었다. 그리하여 읍내 사창(司倉) 소속의 지역민들도 민회(民會)를 개최하여 환곡의 폐단을 시정하고자 하였다. 당시 민회는 기존의 향회와는 별도로 구성된 질적으로 다른 기구였으며, 고정적인 조직이 아니라 일시적인 것이었다. 민회 과정에서 농민들은 환곡의 분급과 징수 시에 동일한 두곡으로 할 것과 궁극적으로 환곡의 원곡은 폐지하고 이자만을 징수하여 운영하게 하는 '와환취모(臥還取耗)'의 운영방법을 시행하도록 주장하였다.

그러나 당시의 봉기는 이서들에 의해 진압 당하였다. 이렇게 다른 지역과 달리 이서들이 민들을 제어할 수 있었던 것은 원주가 감영이 있는 지역임과 동시에 군사적인 요충지로서 중영(中營)이 존재하였기 때문이었다. 중영에는 상당수의 상비군이 존재하였고, 이들의 동원에 이서들이 간여했던 것이다.

---

97) 『안핵장계(按覈狀啓) 원주(原州)』「원주유민품목(原州儒民稟目)」.

비록 원주농민항쟁은 진압 당하였지만, 그들이 요구하였던 환곡제의 개혁은 어느 정도 성과가 있었다. 즉 원주는 이때부터 '와환취모'가 이루어졌고, 이를 바탕으로 1895~1896년에 사환제(社還制)로 전환되었던 것이다.

안핵사(按覈使)로 파견된 김선근(金善根)은 '원주민란'을 수습하는 과정에서 감영의 입장을 대변하였다. 그리하여 김택수를 '화외난민(化外亂民)'으로 규정하고, 잡혀온 사족들에 대한 처벌을 행하였다. 동조한 송원옥(宋元玉)·곽재린(郭在麟)은 3차례의 엄형에 '원악도정배(遠惡島 定配)'의 형을 받았고, 김사륜(金思輪)·정해수(鄭海壽)·이흥세(李興世)·원명규(元命圭)는 2차례의 엄형에 '원지정배(遠地定配)'의 형을 받았다. 또한 중영군 파견을 위해 감사의 영을 위조한 사창색(司倉色) 장붕기(張鵬基)를 효수(梟首)에 처할 것을 명하였고, 도망간 장두(狀頭) 이재화, 이승여, 김택수를 잡아들일 것을 명하는 선에서 수습하였다.[98] 이후 농민항쟁은 진정되어 갔다.

원주농민항쟁의 전개과정을 통해 봉기 주도층인 유생과 농민들의 조직활동이 분화되고 조직보위 능력이 탁월했음을 알 수 있었다. 그러나 봉건적인 지배체제에 대한 항쟁주체들의 의식이 군현차원에 머물러 있을 뿐 전 기구적인 차원으로 발전하지 못했던 점과 감영군의 무력진압에 전혀 대비하지 못했던 점이 한계로 보여진다.

1862년 이래 조선왕조의 부세재도 개선책이 모색되었으나 근본적인 문제점이 해결되지 않은 상태여서 다시금 부세문제의 폐단이 쌓이고 있었고 비교적 후대인 원주에서 다시금 농민봉기를 야기시킨 것이다. 원주농민항쟁은 앞서 발생한 타 지역의 1862년의 농민봉기처럼 반봉건투쟁이 조직적인 집단운동으로 발전하였고, 체제적 모순의 담지자인 농민에 의해 적극적인 운동방식으로 봉건사회의 구조적 변혁을 추구했다는 점에서 큰 의의가 있다. 봉기의 동인인 빈농들이 지향했던 사회변혁의 방향은 궁극적으로 농민적 토지소유의 실현이

---

98) 『일성록』 고종 22년 6월 26일 ; 『비변사등록』 고종 22년 6월 25일 ; 『고종실록』 고종 22년 6월 26일.

었다. 그러나 지주제 개혁과 농민적 토지소유의 실현에 대한 농민들의 요구는 반봉건투쟁의 전반적인 강도와 수준에 비해 미약한 편이었고, 봉건정부의 입장 또한 농민들의 대대적인 항쟁에도 불구하고 지주 양반가의 이해를 접어둔 채 지주제를 해체시킬 만한 능력을 지니지 못하였다. 그 대신 사회모순을 균등한 조세부과를 통해 해결하고자 하였다. 봉건정부는 농민항쟁으로 야기된 체제붕괴의 위기상황을 삼정이정책의 시행을 통해 모면하려 했던 것이다. 한편 수탈의 잠정적인 후퇴를 가져올 수 있는 삼정이정책은 농민들이 봉기를 통해 얻어낸 구체적인 성과물이기도 했다. 차후 대원군 정권은 대내적인 위기를 수습하기 위해 호포법·사창제와 같은 일련의 조세개혁을 실시했던 점을 볼 수 있다.[99]

이러한 조처가 있었으나 근본적인 문제점이 해결되지 않은 상태여서 다시금 부세문제의 폐단이 쌓이고 있었고 비교적 후대인 원주에서 다시금 농민봉기를 야기시킨 것이다.

19세기는 '민란'의 시대라고 할 만큼 많은 농민항쟁이 발생하였다. 특히 개항 이후가 되면 봉건적 모순에 외세의 침탈이 더해지면서 어느 때보다 빈발하여 1893년까지 전국적으로 54건의 농민항쟁이 발생하였다. 1885년 원주농민항쟁과 1889년 강원도 정선, 인제, 흡곡, 통천, 화천 등지에서 일어난 농민항쟁은 환곡제와 호포제의 폐단에서 비롯되었다.

원주농민항쟁은 개항 후 농민항쟁의 전형적인 모습으로 이전 시기 농민항쟁에 비해 크게 변화된 것은 없었지만, 사회적 모순에 대한 공감대가 군현단위를 뛰어넘고 있고, 선두에 서서 봉기를 이끄는 행동가와 의송, 통문 등을 작성하는 참모 등으로 조직활동이 분화되어 있었으며, 조선왕조의 농민항쟁에 대한 인식 변화에 선구적인 역할을 하였다는 점에서 특징이 있었다.

---

99) 오영교, 「1862년농민항쟁연구1」『조선후기 사회사연구』, 혜안, 2005, 274~276쪽.

6. 강원감영의 이전 시말과 원주사정

조선후기에는 8도 아래 5부·5대도호부·20목·75도호부·77군·148현의 지방 행정구역이 책정되어 있었다. 이와 같은 중세의 지방제도는 한말기에 이르러 갑오개혁과 아관파천 직후 광무개혁의 일환으로 개혁되었다.

1894년 개화파 정권은 근대적인 법제개혁을 단행하는 가운데 지방제도의 개혁을 추진하고자 했다. 대구역주의인 8도제를 폐지하고 소구역주의에 입각한 23부제를 설정하였던 것이다. 종래의 주·부·군·현 등 크고 작은 행정구역을 폐합시켜 획일적으로 군으로 통일한 336개 군을 두고 이를 23부에 분속시켰다. 그리고 각 군의 군수는 관찰사의, 각 부의 관찰사는 내무대신의 지휘·감독을 받되 각 부의 주무에 따라 각 부 대신의 지휘·감독을 받게 했다. 당시 신설된 23개 부와 각부에 소속된 군의 수를 살펴보면 다음과 같다.

한성부(11개군) 인천부(12) 충주부(20) 홍주부(22) 공주부(27) 전주부(20) 남원부(15) 나주부(16) 제주부(3) 진주부(21) 동래부(10) 대구부(23) 안동부(17) 강릉부(9) 춘천부(13) 개성부(13) 해주부(16) 평양부(27) 의주부(13) 강계부(6) 함흥부(11) 갑산부(2) 경성부(11)

23부 가운데 종전의 강원도는 강릉·춘천 2부로 나뉘었고 원주는 충주부 소속으로 변경되어 각기 관찰사가 임명되었다. 그러나 이는 일본과의 융화를 도모한 개화파정권의 정치적 사정에 기인하여 너무 급속하게 공포된 것이었다. 본래 지방행정구역은 보수적인 속성을 지니며 각 지역의 뿌리깊은 전통과 강렬한 귀속감에 의해 결합되어 있는 것이었다. 따라서 개혁의 취지가 근대적 관료제와 재정제도의 확립에 있다고 하여도 짧은 시일에 여러 문제를 전면적으로 개혁하기에는 부작용이 많았다. 더욱이 '민비시해' 사건과 단발령 이후 전국적인 의병운동으로 인해 지방제도의 원활한 운영은 사실상 불가능해졌다.

결국 이러한 23부제는 건양 원년(1896) 8월 4일 칙령 제35호에 의해 폐지되고 이어서 내린 칙령 제36호에 제1조 "전국 23부를 13도로 개정하고 각 도에 관찰사를 둔다."에 의해 13도제가 실시되었다. 이로 인해 전국의 행정구역은 13도 8부(한성·광주·개성·강화·인천·동래·덕원·경흥) 1목(제주) 332군으로 확정되었다. 광무개혁의 기본방침인 '구본신참(舊本新參)' 원칙에 따라 구제도인 도제로 돌아갔던 것이다. 그 결과 강원도의 경우 춘천관찰부가 강원도 관찰부로 승격되어 원주·강릉을 비롯한 강원도 26개 군을 관할하게 되었다.

그러나 이와 같은 개혁안에 대해 지방민들의 반대여론이 들끓었다. 『고종순종실록』을 보면 원주유생들이 집단 상경하여 원주로의 수부도시 변경을 강력히 요구하였고, 평안북도 수부도시인 정주가 영변으로 바뀌자 정주인들이 항의하는 사례가 발생하였다. 또한 23부 중 하나였다가 일반군이 된 강계에서도 격렬한 항의가 제기되었다. 개성부 역시 경기도의 부가 되어 수원의 속군이 되자 지역인사들이 격분하여 누차 대규모 집회를 개최하고 상인들의 철시(撤市)호응과 함께 소수(疏首)를 중앙에 파견하여 항의한 사례가 있다.

문제가 되는 강원감영의 춘천 이전은 철원의 강원도 소속과 가평의 경기도 소속사실과 함께 강원지역 지방제도 개혁에서 불가사의한 일로 여겨지며, 아직까지 확정적이고 구체적인 연구가 이루어지지 않고 있다. 그 중 하나가 강원감영의 춘천 이전에는 피난처로서 이궁(離宮)의 확보차원이었다는 설이다. 춘천관찰부가 강원도의 관찰부로 승격된 데에는, 우선 충주가 충청북도의 관찰부가 됨으로써 충주 인근의 원주가 강원도의 군으로 편입되어야만 했고, 강릉은 서울에서 너무 멀리 떨어져 있어 통치하기에 어려운 점이 고려되었다는 것이다. 이와 함께 춘천이 변란에 대비하여 국왕의 피신처가 될 수 있었으며, 1895년 이전에 새롭게 수리하고 증축한 춘천 이궁이 강원도 관찰부로서 기능을 수행할 수 있었던 점을 들었다. 특히 민두호(閔斗鎬)가 2대 춘천유수에 임명되어 제반 사업을 관장하였는데, 이는 당시 세도가 민영준(閔泳駿)이 그의 아버지 민두호를 고종에 극력 천거하여 이루어진 것이다. 참고로 민영준은 민비의 후광으로 1891년 8월 경쟁자 민영환이 정계에서 일시 물러나자 일약 40세의 나이로 조선의 인사권과 경제·군사업무를 장악한 세도재상의 반열에 올랐다. 이러한 배경 하에서 민영준은 고종과 민비의 뜻을 받들어 춘천군대를 조련하고 이궁을 영건하되, 춘천군대에 대한 통수권과 이궁의 관할권은 자기 부친이 장악하도록 함으로써 유사시에 변란이 일어나더라도 이를 발판으로 재기하여 세도권을 그대로 유지하고자 했던 것이다. 갑오개혁 및 을미사변 직후에 조선인은 물론 각국 공사관 직원들도 민비가 춘천으로 피신했다고 생각했을 정도로 춘천은 고종과 민비 및 민두호·민영준 부자의 보장지(保障地)의 역할을 수행했으며 민씨 척족세력의 근거지였다고 한다. 따라서 민비시해 이후 감행된 아관파천으로 민씨 척족이 일시 세력을 만회하게 되자 춘천은 관찰부의 소재지가 될 수 있었다는 것이다.

그런데 춘천 유수부가 설치된 다음 모든 보고서에서 '춘천은 본디 산골에 있는 작고 쇠잔한 곳인데 이번에 승격시켜 기내(畿內)를 보호하고 유수영으로 삼았으니 현재 가장 시급한 일은 그 유지비를 마련하는 문제이다'라는 지적이 반복되고 있다. 역대 원주·춘천의 역사상의 위상을 거론하지 않더라도 1890년대 초반만 하여도 원주는 21개 면 8,637호 과세 토지 면적이 4,654결인데 비해 춘천은 11개 면 6,260호, 과세 토지 면적이 3,528결에 불과하였다. 행정구역 설정의 전제조건인 호구와 전결의 다과, 사무 상의 편부(便否), 지리적 여건 등 읍세민정의 여러 면에서 크게 비교가 되었다.

감영이전 이후 원주의 당황함과 어려움은 1896년 9월 원주유생 김준호 등의 이설촉구 상소문에서 적나라하게 드러난다.

원주에 감영을 설치한 지가 3백년이나 되어 남으로 삼남의 인후지(咽喉地)로서 동으로 9읍의 두뇌로서의 역할을 수행하였는데 갑오 이후에 읍으로 강등되어 민정은 불편해하고 읍세는 쓸쓸해져 주민이 이산하고 패류(悖類)가 날뛰고 있습니다. (…) 다행히 금년 봄에 지방조사의 칙령이 내려오자 모든 사람이 이전처럼

감영의 복구를 바라고 대소 민인이 일제히 내각에 호소하였지만 제도개혁을
단행할 때 원주 감영을 춘천에 이설하니 이는 어떤 방책인지 모르겠습니다.
각도의 관찰영은 대부분 구지(舊地)에 그대로 설치하였는데 유독 강원도에서만
폐구신설(廢舊新設)하여 폐단을 자아내고 있습니다.[100]

당시 지방제도 개혁에 대한 구체적이고도 직접적인 반대운동은 이로 인해
위격이 강등된 지역 유생들과 여론 주도층을 중심으로 전개되었다. 당시
원주민들은 반상(班常)을 막론하고 일치단결하여 감영 이설에 반대하였고
집단 상경하여 상소운동을 전개했다. 갑오개혁 이전 8도 감영소재지 중 원주만
이 연속적으로 소홀히 취급을 받아 관찰부의 설치가 없었다.

감영 이설 후 조세·재정·행정 운영에 대한 사실은 『공문편안(公文編案)』을
통해 살펴볼 수 있다. 가령 1895년 6월 16일자 공문에는 전(前)감리서 감영
유수부의 기록·장부·토지·금전·곡 등의 인계를 칙령 97호 2조대로 하되 공동
조사하여 인계 받은 후에 즉시 개록(開錄)하여 보고하라는 훈령이 들어 있다.
1895년 9월 7일 원주군수 이우영(李遇永)에 대한 훈령에는 연분수조(年分收租)
는 정월내 마감 상송(上送)이 규정인데도 1894년도 수조가 늦어지니 전(前)감영
이 소관한 각읍의 승총출세결(陞總出稅結) 및 환기표재(還起俵災)를 일일이
장부에 기록하여 1893년도 승총과 빙준(憑準)하되 수정하여 9월 20일내로
올려보내라는 내용이 들어 있다. 다음으로 지금 신세(新稅)가 실시되는 데도
구결(舊結)이 정총(定總)되지 못하였으니 수조안(收租案)을 구분하지 말고 도내
각군의 전결부(前結簿)를 일일이 조사, 성안(成案)하여 올려 보내라는 훈령이
있다. 감영 이전 직전 원주에는 호적고(戶籍庫)에는 무자식(戊子式, 1888년)부
터 갑오식(甲午式, 1894년)에 이르는 호적 159권, 남정성책(男丁成冊) 71권
및 역형지안(驛形止案) 12권, 마화모성책(馬火毛成冊) 9권이 존재하였다.[101]

---

100) 「상소존안(上疏存案)」 3.
101) 『공문편안(公文編案)』.

감영 이설 이후에도 감영의 기록·장부·토지·금전·곡 등에 대한 인수인계에 관해 촉구한 사실과 1894년도분 년분 수조에 대한 기록은 불가피하게 전년도 감영기록에 의거 마감할 것을 촉구하고 있다.

제2편

조선후기 원주의 인물

제1장 항재(恒齋) 정종영(鄭宗榮)의 생애와 사상

1. 머리말

항재 정종영(鄭宗榮)의 본관은 초계(草溪)이고 어릴 때 부르는 이름인 자는 길인(吉仁)이며 사후 행적에 대해 국가에서 내려주는 특별한 이름인 시호는 정헌(靖憲)이다. 문중에서 부여한 그의 군봉(君封)은 팔계군(八溪君)이다. 1513년(중종 8) 원주 동이리(東梨里 : 현 봉산동)에서 태어나 오랜 벼슬생활을 마치고 1589년(선조 22) 원주에서 77세를 일기로 세상을 떠났다. 후손들인 초계 정씨 관동파(關東派) 문중은 정종영의 묘소가 횡성 공근(公根)에 조성된 이후 32세(世)에 이르도록 4백여 년 동안 원주·횡성 일대에서 거주하며 손꼽히는 명문으로 평가되었다.

본장은 항재 정종영의 전 생애와 사상을 조명하는 가운데 다음의 몇 가지 사안을 중점으로 기술하고자 한다. 우선 40여 년의 벼슬 과정에서 드러난 정치노선과 정치사상, 이어 염근리(廉謹吏, 청백리)의 선정 과정과 그 의미, 중앙관직과 관찰사 시절 펼쳐 보인 경세론(經世論)의 모습을 정리하고자 한다. 다음으로 조선후기 초계 정씨 관동파의 동족마을이 형성된 후 전개된 정종영의 선양사업과 관련된 여러 사실들, 특히 정종영의 묘소가 횡성 내공근(內公根)에 정해진 16세기말부터 17세기에 이르기까지 초기 동족마을의 형성과정과 그의 위패를 봉안한 별묘(別廟)의 설립 및 칠봉서원(七峰書院)에의 배향(配享)과정,

관련 제의(祭儀)의 집행과정에 대해 살펴보고자 한다.

이러한 내용의 정리에 있어 정종영의 경세론과 사상을 파악할 수 있는 문집을 비롯한 직접 자료가 남아 있지 않아『조선왕조실록』의 기사와 문중에서 발간한『세적(世蹟)』·『종사(宗史)』·신도비문을 통한 간접적인 자료에 의지할 수밖에 없다. 문중의 정종영 선양사업에 대해서는 정종영의 직계 후손인 정약(鄭爚, 17세), 정기광(鄭基廣, 18세), 정석문(鄭錫文, 19세), 정수명(鄭洙明, 20세), 정팔주(鄭八柱, 21세)대에 작성되어 집안에서 보유한 자료를 분석하여 서술할 것이다. 이들 역시 당대에 크게 활약한 인물들이었다.

이들 여러 자료 가운데 정약의『사류옹일기(四留翁日記)』,『금마일록(金馬日錄)』,『연석(燕石)』, 정기광의『팔천군일기(八川君日記)』,『옥호기사(玉湖記事)』 등을 확인할 수 있으며 그 밖에 연도로서 간지(干支)만이 표시된 일기가 다수 존재한다. 또한 각처에 소재한 조상들의 묘를 관리했던 노비들의 목록인 『묘직노비안(墓直奴婢案)』과 횡성을 비롯한 각처에 산재한 문중의 토지목록과 국가에 대해 토지세를 납부했던 내역을 기록한『경가잡록(耕家雜錄)』, 각 조상들의 장례를 기록한「상장기(喪葬記)」, 정종영의 별묘관련 수리기인「별묘정당중수기(別廟正堂重修記)」와 제의에 참가한 문중인들의 기록인「지알록(祗謁錄)」, 그리고 역대 조상들의 행적을 기록한『세적(世蹟)』등의 자료가 있다. 또한 행정자료로서 호구단자(戶口單子)·준호구(准戶口)를 비롯하여 과거답안지인 방목(榜目)과 벼슬과 직첩에 관련된 교지(敎旨), 문중내 동족(同族)간 계의 운영내역을 기록한 계첩(契帖) 등이 다수 남아있다.

한적 자료의 좀벌레 방지를 위해 음지의 볕에 말리는 작업인 폭쇄(曝曬)시 전 문중인과 노비가 참여하고 근처 들판을 뒤덮을 정도였다는 전언이 전한다. 이를 통해볼 때 이 가문이 본래 소장하던 자료의 양이 어느 정도였는지 가늠할 수 있다. 근현대 격변기와 전쟁의 혼란 속에서 이 가문 역시 몹시 시달렸고 이 과정에서 종가에 소장된 수많은 자료가 유실되었다. 그럼에도 불구하고 이 정도의 자료가 보존된 것은 초계 정씨 관동파 문중에서 과거

조상들의 유품과 유물을 계승하고 가풍을 지키려는 지극한 '수가(守家)의식'의 발로였음을 알 수 있다. 바로 이 가문이 명문가임을 보여주는 반증이기도 하다.

초계 정씨가는 14세 정윤겸(鄭允謙)의 신주를 모신 사우(祠宇)와 정종영의 별묘를 통해 마을 내 다른 성씨에 대한 가문의 위세와 권위를 나타내는 한편, 동족간의 결속과 하층농민을 지배하기 위한 장치로서 종약(宗約), 종규(宗規)를 운영하고 있었음이 확인된다. 타 지역 사례와 마찬가지로 이는 선조에 대한 제사의 집행과 묘지 관리, 동족의 화합을 도모하는데 목적이 있었다.

2. 초계 정씨와 관동파의 성립

문중(門中)은 공동의 조상을 지닌 자손들로 이루어져 조상의 제사를 목적으로 조직된 부계 혈연집단을 일컫는다. 종중(宗中)이라고도 하며 자손이 포함되는 범위에 따라 대문중(大門中)·파문중(派門中)·소문중(小門中)으로 구분짓기도 한다.

대문중은 동성동본의 혈족인 모든 사람을 포함하며, 파문중은 중시조를 중심으로 하고, 소문중은 일정지역의 입향조(入鄕祖)를 중심으로 이루어져 있다. 이 문중의 범위와 기능은 조상숭배의식과 밀접하게 연관되어 있다. 범위는 농촌지역에서 리·동 단위의 한 마을 내, 또는 인근지역의 여러 마을에 흩어져 살고 있는 동족(同族)들로 구성된다. 최근에는 거주지의 이동이 빈번하여 기존 거주하던 지역을 넘어서 도시지역에도 문중조직이 넓혀지고 있다. 그러나 문중이라고 모두 조직체를 지니고 있는 것은 아니다. 문중의 중심은 보통 학문이 높았거나 벼슬이 높았던 유명 조상의 직계 종가이다.

조선시대 이래 조직적 조상숭배가 넓게 행하여진 과정 속에서 문중의 조직이 강화되었다고 여겨진다. 즉 자손들이 조상을 위한 행사를 수행하는 과정 속에서 문중 구성원들의 결속력을 강화시킬 수 있었다.

초계 정씨의 시조 정배걸(鄭倍傑)은 초계 성산(草溪 城山 : 현 경남 합천군 쌍책면 성산리) 출신으로서 1017년(현종 8) 3월에 지공거(知貢擧) 곽원(郭元)의 문하에서 장원으로 급제하였다. 정종 때 좌습유 겸 지제교(左拾遺 兼 知製敎)를 거쳐 1047년(문종 1) 중추원부사(中樞院副使)로서 지공거(知貢擧)가 되어 김정신(金鼎新) 등 진사 20명을 선발하였고 1050년(문종 4)에 중추원사·한림학사승지를 거쳐 1051년(문종 5) 8월에 예부상서(禮部尚書) 중추원사(中樞院使)를 역임한 후 별세하였다. 유명한 인물이 세상을 떠난 후 국가에서 내려주는 이름인 시호가 홍문(弘文)이다.

그는 문종대에 일찍이 사숙(私塾)을 열어 제자들을 가르쳤는데, 예부시(禮部試)에 응시하려는 자들이 소속되어 공부하던 곳으로, 이곳을 홍문공도(弘文公徒) 또는 웅천도(熊川徒)라 불렀다. 당시 최충(崔沖)의 문헌공도(文獻公徒)에서 비롯된 사학십이도(私學十二徒) 중의 하나였다.

1080년(문종 34) 그의 공적을 기리기 위한 조서에서 홍문광학추성찬화공신(弘文廣學推誠贊化功臣) 개부의동삼사(開府儀同三司) 수태위문하시중(守太尉門下侍中) 상주국(上柱國) 광유후(光儒侯)라 하여 생전보다 벼슬을 올려주는 추증(追贈)이 시행되었다. 이때부터 후손들은 정배걸을 시조로 하고 초계를 본관으로 삼아 세계(世系)를 이어왔다.

정배걸의 아들 정문(鄭文 : 2세 亞始祖) 이하 분파 현황은 다음과 같다. 정배걸의 3세손 정복공(鄭復公)의 장자 정영(鄭榮)은 전중내급사(殿中內給事)를 지냈고 후손을 내급사공파(內給事公派)라 하며, 차자 정행부(鄭幸夫)의 후손을 천호장공파라고 한다. 정배걸의 3세손 정복경(鄭復卿)의 독자 정윤기(鄭允耆)의 후손은 대제학공파라고 한다. 정배걸의 3세손 정복유(鄭復儒)의 후손 중 국자박사를 지낸 7세손 정승(鄭丞)의 후손을 박사공파라고 하고 6세손 정태화(鄭太華)의 후손을 대사성공파라고 한다.

초계 정씨 분파

내급사공파(內給事公派) : 종파(宗派)

천호장공파(千戶長公派) : 정행부(鄭幸夫) — 4세　　호희공파

　　　　　　　　　　　　　　　　　　　　　전서공파

대제학공파(大提學公派) : 정복경(鄭復卿) — 3세　경산파

　　　　　　　　　　　　　　　　　　　　　초계진주파

　　　　　　　　　　　　　　　　　　　　　관동파

박사공파(博士公派) :　　　정승(鄭丞) — 7세　　진정종파

　　　　　　　　　　　　　　　　　　　　　장양공파

　　　　　　　　　　　　　　　　　　　　　상시공파

　　　　　　　　　　　　　　　　　　　　　용인파

대사성공파(大司成公派) : 정태화(鄭太華) — 6세

　이상 내급사공파, 천호장공파, 대제학공파, 박사공파, 대사성공파가 대파(大派)를 형성하고 있다. 그중 대제학공파는 선(僐)의 아들 광조(光祖, 9세)대에 경산종파(慶山宗派)를 형성하였으며, 둘째 광계(光繼)의 아들 보생(補生)과 영(英)은 초계 진주파를 형성하였고, 셋째 수(修)가 관동파를 형성하였다.

　여기에서 관동파는 중파(中派)이며 이는 다시 종파(宗派), 산일공파(山逸公派), 선무랑공파(宣務郎公派), 경주공파(慶州公派), 별좌공파(別坐公派), 예천공파(醴泉公派), 송포공파(松浦公派), 주부공파(主簿公派), 진사공파(進士公派), 의주공파(義州公派), 홍의공파(弘儀公派)의 소파(小派)로 구별된다. 관동파내 종파의 계보를 살펴보면 다음과 같다.

　배걸 — 문(2세) — 복경(3세) — 윤기(允耆, 4세) — (5세) — (6세) — 지후(祗侯) 신(愼, 7세) — 대제학(大提學) 선(僐, 8세) — 판도판서(版圖判書) 광계(光繼, 9세) — 수(脩, 10세) — 변(便, 11세) — 흥(興, 12세) — 온(溫, 13세) — 윤겸(允謙, 14세) — 숙(淑, 15세) —

종영(宗榮, 16세)

이처럼 원주에 거주한 초계 정씨는 대제학공파(大提學公派)내 관동파에 속하면서 다시 16세에서 17세에 걸쳐 소파(小派)가 나뉘어져 있다. 원주로 들어온 입향조(入鄕祖)인 11세 변(1364~1450)은 고려시대 해산물을 조달하던 관서인 사재시(司宰寺)의 부령(副令, 정4품) 벼슬을 역임한 수의 아들이며, 고려시대 조회와 의례를 관장하는 관청인 통례문(通禮門) 봉래(奉禮)를 지냈고 증직(贈職)으로 사빈시정(禮賓寺正)을 부여받았다. 그의 부인은 고려왕족(신종의 7대손)인 순평군(順平君) 산(珊)의 딸이었다. 고려왕조가 멸망하자 부인과 함께 원주 땅이었던 간천(干川)으로 피난하여 스스로 '상정(上丁)'이라 하고 이효성(李孝誠), 권순(權淳)과 더불어 3처사(處士)라 칭하며 고려 유민(遺民)으로서의 삶을 영위하였다. 한편 변의 아들인 흥은 원주향촌에서의 삶을 영위하다가 원주 봉산동인 본현(本峴)에 묻혔고, 대를 이은 후손들이 '간천과 본현은 살기에 대단히 귀한 곳이다'라고 일컬으며 초계 정씨 세거지로서의 원주의 위상을 분명히 했다.[1]

다음으로 정종영의 증조인 온(1434~1508)은 세조 연간에 무과에 급제하여 성종 연간에는 사헌부 감찰을 지냈고 초계군(草溪君)으로 봉직되었다. 조부 윤겸(1463~1530)은 1492년(성종 23) 무과에 급제한 후, 1506년의 중종반정에 참여하여 그 공으로 병충분의정국공신(秉忠奮義靖國功臣)에 녹훈되고 군기시(軍器寺) 검정(僉正)에 발탁되었다. 함경도병마절도사, 전라도수군절도사를 역임하였다. 사후 병조판서에 추증되었다. 시호가 장양(莊襄)이며 문중에서 전통으로 이어지는 계승으로 1519년 청계군(淸溪君)에 봉군(封君)되었다.

정종영의 부친 숙은 공신이나 당상관의 자녀 가운데 과거를 거치지 않고 벼슬에 오르는 제도인 음사(蔭仕)를 통해 현감에 오르고 팔계군으로 인해

---

1) 오영교, 「항재 정종영과 초계정씨 관동파 문중에 관한연구」『강원문화사연구』7, 2002 참조.

숭정대부 의정부 좌찬성겸 판의금부사로 증직되었다. 모친은 경주 김씨인 충의위선략장군(忠義衛宣略將軍) 김계훈(金季勳)의 따님이었다.

정종영은 1513년(중종 8) 11월 16일 원주 봉산동에서 출생하였다. 조선시대 전통가정의 아동들은 엄격한 심신의 관리를 통해서 인격을 닦고 장차 성인으로서 담당해야 할 기본적 역할을 학습하는 외에, 한 문중의 구성원이자 사회의 일원으로서 바르게 처신하기 위해서는 당시의 시대 문화에 따른 교양을 갖추어야 했다.

전통가정에서 이루어진 아동의 교양교육 중에는 선비들의 풍류놀이인 시문 짓기나 춘첩자(春帖字) 쓰기, 친족간의 혈연관계를 파악하는 가계사 익히기와 촌수 계산법, 그리고 생활예절인 인사 및 언어사용법, 조상의 덕업(德業)과 관직, 가훈을 통한 훈육 등을 들 수 있다. 가계사 교육에서 가장 중심이 되는 족보를 파악하는 것으로 이는 조상들로부터 자기까지의 가계를 아는 것에 그치는 것이 아니라 시조나 중시조를 비롯한 큰 인물의 정신과 행동을 알고 그를 본받는 것을 의미했다. 때로 중시조의 삶의 궤적은 후손들에게 하나의 경전처럼 암기되었으며, 조상이 생존 시에 만난 인물과 배운 스승 및 관계를 가졌던 가문들이 후손들에게 역시 동일한 삶의 체험요인으로 학습되어지곤 했다. 조상의 학문과 사상은 후손들에게 동일한 사상의 맥을 따르게 하고, 조상이 이룬 성취를 공유하도록 하며, 문중이라는 하나의 조직을 공동으로 쌓아올린다고 생각한 것이다. 생활예절 교육의 또 다른 내용인 언어사용법이나 인사법은 아동이 가계에 관한 지식을 바탕으로 직계 조상과 친족들 간의 혈연관계를 파악한 후에야 가능한 것이었다. 전통가정의 교양교육은 아동으로 하여금 기본적으로 문중의 관계 속에서 스스로를 파악하게 하는 일관된 성격을 띠고 있다. 언어사용법이나 인사법 등의 생활예절 교육을 통해 자신과 상대방이 이루어내는 혈연적 관계를 강하게 의식하는 법을 배우게 하고, 족보에 관한 지식을 바탕으로 자신의 존재가 이루어내는 계보상의 관계성을 파악함으로써 스스로에 대한 책임의식과 존재의식을 고취시켰다고 볼 수 있다. 남자는 6세가 되면 숫자 헤아리는 법과 동서남북의 방위를 가르치고, 9세에는 삭망·육갑 등 날짜를 헤아리는 법을 가르쳤다. 10세가 넘으면 밖의 스승에게 나아가 배우게 하였다. 즉 남성은 제도적인 교육기관에서 수학함으로써 자신의 가정을 대표하고 나아가 국가·사회에 필요한 인재가 되도록 하였던 것이다.

정종영은 어려서 가학을 익히다 15세 되던 해인 중종 22년 모재(慕齋) 김안국(金安國)의 문인이 되어 그에게서 성리서를 직접 받고 수학하였다.[2) 21세 때 『성리대전(性理大全)』을 읽었다는 연보의 기록에서 보아 어릴 때부터 성리에 대한 관심이 많았고 모재 문하 이전에 사숙에서 많은 과공을 쌓은 것으로 보인다.

정종영은 16세 때에 문화 유씨와 결혼했으나 26세에 사별하고 29세가 되던 해 성주 이씨와 혼인하였다. 28세인 1540년(중종 35) 향시에 합격하고 31세인 중종 38년에 전시(殿試)에 합격하여 승정원 정자로 임명된다. 연보에 그의 필법이 절묘하여 과거답안지인 시권(試券)이 상서 이철보(李喆輔) 집안에 전하였다고 알려진다.

1544년(중종 39) 32세 가을에 예문관 검열로 자리를 옮기고 다음 해 예문관의 봉교(정7품)로 승진하였다. 1545년(명종 즉위)에 을사사화가 일어나 주변 인물들이 제거되는 어려움에 처했으나 정종영은 위기를 극복하고 다음 해인 34세 때에 성균관의 정6품 전적으로 승진한 후 사헌부의 감찰, 병조좌랑이 되었다가 평안도의 평사가 된다. 외직으로 나가게 된 연유에 대해 연보에는 "사화의 화가 그 친척에게 미쳤으므로 항재가 평소에 공근하여 행동에 잘못이 없었으나 잠시 외직으로 나아가 화를 면하고자 했다"고 기록되어 있다.[3)]

---

2) 문인으로 河西 金麟厚 眉庵 柳希春 僉樞 洪德演 三友堂 李文忠 曺守元 金漢仁 南溪 許忠吉 保庵 沈連源 梧亭 朴蘭 李塢 訓導 金器 鄭千齡 朴喜春 朴敢 尹棐 咸敬忠 李場 李增 韓曾道 李勤忠 沈銓 朴壽春 許汴 權殷 朴漢老 許淮 朴希年 朴希載 朴士豪 朴士傑 申漑 成好問 柳忠洪 朴恬 鄭沼東 尹玉 贊成 許磁 右議政 尹漑를 들고 있다.

3) 『항재사집(恒齋史集)』(초계정씨관동파종약 간행, 1985).

35세 때인 명종 2년 겨울 이준경의 추천으로 호조정랑이 되어 내직으로 복귀한다. 이후 정4품인 사헌부 장령, 이조정랑으로 승진하려 했으나 서고모부(庶姑母夫) 윤원형의 방해로 이루어지지 않았다. 41세 때에 부친상을 당하여 여막을 짓고 3년상을 치르느라 관직에서 떠나 있다가 43세 때인 명종 10년 교리로 복귀되어 그해에 종3품 사헌부 집의가 되었다.

44세 봄에 정3품의 직제학이 되고 여름에 통정이 되어 당상관인 정3품 형조참의가 된다. 31세에 9품관으로 처음 환로에 오른 후 14년 만에 당상관이 된 셈이다. 48세가 되던 해인 1560년(명종 15) 봄 종2품인 공조참의로 있다가 강원관찰사가 되어 환향했다. 49세 때 가습(家襲)으로 팔계군(八溪君)으로 봉군되고 겨울에 한성좌윤이 되었다. 1562년(명종 17)에 경상도관찰사, 다음 해에 평안도관찰사로 임명되어 외임을 수행하였다. 53세 때에 이조참판으로 현반(顯班)으로 오르게 된다. 1567년(명종 22) 봄에 진향사(進香使)로 명나라 연경에 다녀왔고 겨울에 형조판서가 된다. 또한 원접사(遠接使) 직임을 수행하느라 관서지방에 머물렀다. 1569년(선조 2) 수정 명종실록 편찬에 참여하고 전라도관찰사로 나아갔다가 다음 해 형조판서에 제수되었다.

60세 때 예조판서가 되었다가 가을에 호조판서로 옮겨 비변사 당상을 겸하였고 62세 가을에 병조판서로 옮겼다. 63세 때 이조판서가 되었으나 김계휘의 논핵으로 사임했다. 65세 여름에 예조판서가 되었다가 정헌대부로 승진하고 가을에 공조판서로 자리를 옮겨 6조의 수장을 모두 역임하게 된다. 68세 때 숭정으로 승진하여 의정부의 정1품직인 우찬성이 되었다. 69세 겨울에 판의금부사(判義禁府事)가 되었고 70세 봄에 예우를 목적으로 종2품 이상의 벼슬을 지낸 사람으로 나이 70세가 넘은 관료들이 참여하는 기로소(耆老所)에 들었다.[4] 그 해 4월에 관직에서 물러날 것을 왕에게 알렸으나 윤허를 받지

---

4) 국왕이 나이가 많은 고관을 예우하기 위해 가을 중양절(重陽節)에 기영연(耆英宴)을 개최하는데, 선조 15년 11월 정종영과 함께 이 잔치에 참여한 노(老)신하는 판중추 원혼(89), 지중추 강지(70), 판중추 심수경(70), 지중추 임열(76), 우의정 노수신(72)이다.

못하고 가을에 판중추부사(判中樞府事)가 되었다. 77세 때에 사임이 윤허되어 긴 벼슬 생활을 마치고 고향인 원주로 은퇴하였다.

한편 정종영의 은퇴와 고향으로의 귀향 사실은 당대로서도 드문 사례였고 그 과정이 왕조실록에 자세히 기록되어 있다. 선조 22년 4월 정종영이 향리로 돌아갈 때 조정에서 말과 함께 다음과 같은 물품을 지급하였다.[5]

팔계군 정종영이 상소문을 올려 노병으로 인해 향리로 들어가기를 청하니, 상이 윤허하고 말과 아울러 강원도로 하여금 곡식을 제공하게 하였다. 그가 하직하는 날에는 모피로 만든 요인 아다개(阿多介) 1좌(坐)와 청나라산 산초 1말을 하사하고 아울러 문 밖에 어주(御酒)를 내리었다.

선조 22년 2월 정종영이 47년의 벼슬 이후 퇴임하는 데 대해 대단히 기이한 모습으로 여기고 서울이 아닌 향리로 물러나는 데 대한 평가를 내리고 이를 자세히 기록하고 있다.[6]

종영은 풍질(風疾)이 있어 관직을 모두 사퇴하고 공훈에 따른 봉작을 받고 집에 돌아갔다. 임오년 이후부터 여러 차례 벼슬을 그만 두기를 청하였는데, 이때에 집안사람에게 월봉(月俸)을 받지 말도록 하고 간절히 사퇴하여 윤허를 받아 횡성의 향리로 돌아갔다. 국왕이 역마(驛馬)를 주어 호송하도록 명하고 직접 만나고자 했으나나 걸음걸이가 불편하다 하여 사양하였다. 궁궐의 사신을 시켜 한강 가에서 전송하게 하였는데 백관 이하가 도성을 비우고 나와 전송하니 구경하는 사람들이 길을 메웠다. 종영은 이때 나이 77세였는데 벼슬한 지 47년이었다. 본조의 사대부로서 공로가 높고 명망이 중한 사람은 대부분 질병으로 일생을 마쳤고 벼슬이 높고 나이 늙은 사람은 시골에 살기를 좋아하지 않았다. 그러나

5)『선조실록』선조 22년 4월 경자조.
6)『선조수정실록』권23, 선조 22년 2월 무인조.

종영은 홀로 은례(恩禮)로 벼슬을 마치고 고향으로 돌아가게 되었는데, 이는 조정과 민간을 통틀어 처음 보는 일이어서 칭찬하고 사모하여 세상에 드문 성대한 일이라고 하였다.

이러한 정종영의 모습은 정파의 영향력 행사와 서울의 삶이 편하기 때문에 대체로 한양 주변에 거주하는 것이 대부분이었던 당대 분위기와 비교된다. 그가 서울의 가속들에게 국가에서 주는 월봉을 더 이상 받지 말도록 강력히 지시한 사실이 그런 결심을 대변해 준다.

은퇴 후 고향 원주 만종(萬鍾)에 돌아와 자연풍광을 즐기며 유람하고 흥취를 즐기다가 별세하였다. 선조 22년 8월 정종영의 죽음이 보고되자 국왕 선조가 "중하고 고귀한 신료가 죽어 너무 놀랍고 슬프다."라고 전교하였다. 실록에 실린 그의 사망기사에는 도량이 넓고 굳세며 삼가고 부지런한 자세로 공무에 힘을 다하여 세 조정에 두루 벼슬한 사실과 서고모 정난정을 적자가 아닌 서얼의 친척으로 격을 달리하여 대하며 그 세도에 기대지 않은 사실, 이발 등의 세력과 차후 권력을 장악한 사림파에게 미움을 받아 탄핵을 거듭 입은 사실, 국왕이 그를 정직하게 여겨 정승으로 삼으려 하였으나 마침내 나이가 많아 은퇴하여 물러날 시기에 이르렀으므로 명분을 잃지 않게 되었다는 사실 등이 기록되어 있다.[7]

정종영은 숙종 7년 12월 조정으로부터 정헌(靖憲)의 시호를 받았다. 이처럼 정종영은 28세인 중종35년 생·진 양시에 합격하고 3년 후인 31세 때에 전시에 합격하여 승정원정자로 임명된 후 77세에 사직할 때까지 무려 47년 동안 6조 판서를 모두 역임하고, 강원·경상·평안·전라 등 4도의 관찰사와 한성부 판윤을 지내는 등 조선시대에 대단히 드문 사례로 화려한 벼슬살이를 하였다. 무엇보다 그가 생존했던 시기가 이상적인 왕도정치를 내세우면서 정치개혁을

---

7) 『선조실록』 권23, 선조 22년 8월 무자조.

요구하고 나선 사림파와 부국강병의 현실적인 노선을 지지하면서 기득권을 지키려 했던 훈척간의 대립으로 빚어진 기묘사화와 대윤과 소윤의 외척간의 권력투쟁인 을사사화 등 투쟁과 반목의 시기였던 점에서 그의 벼슬 경력은 더욱 특이하게 여겨지는 것이다.

3. 정종영의 학통과 정치노선

정종영의 스승인 모재 김안국은 김종직으로부터 시작된 사림파 학문을 정통으로 계승한 성리학자이다. 모재가 살았던 15세기 말부터 16세기 초엽은 사림파와 훈구파의 정치적 대립과 갈등이 심화되어 무오사화, 갑자사화, 기묘사화 등이 발생한 시기였다. 모재는 이 시기에 조광조·기준 등과 함께 김굉필의 문인으로 중종 연간 개혁적인 사림파의 중심적 인물로 활동하였다.

당 시기 사회의 제 모순에 대해서 성리학적 윤리질서의 확립을 실현하고자 하는 사림파는 강한 개혁을 단행하였다. 그 과정에서『소학』은 '수기(修己)'를 위한 실천적 윤리규범으로 내세워졌고 소학의 도(道)의 구현은 강한 현실 개혁적 성격을 띠게 되었다.

잘 알려진 대로 조광조는 급진적 개혁을 통하여 훈구와 정면 대결을 하다가 참화를 당했다. 이에 김안국은 강학과 교화를 통한 우회적인 방법을 택하였다. 그는 1517년 경상도관찰사로 부임하여 대대적이 교화사업을 펼치었다. 각 향교에『소학』을 권하고, 생활서·농서·향약교본으로『농서언해(農書諺解)』·『잠서언해(蠶書諺解)』·『이륜행실도언해(二倫行實圖諺解)』·『여씨향약언해(呂氏鄕約諺解)』·『정속언해(正俗諺解)』등의 번역서를 발간했고,『언해벽온방(諺解辟瘟方)』·『언해창진방(諺解瘡疹方)』등 의약서를 번역하여 널리 보급하였으며 향약을 적극 시행하도록 권면하였다. 그의 교화시는 당대 풍속에 대한 비판적 성찰, 관료로서의 애민의식 발현, 매일 올바른 윤리의 실천을 촉구,

선현의 윤리적 삶에 대한 추앙 등의 내용을 담고 있다. 향약은 16세기 주자학적 질서 운영원리를 지역사회에 부여하는 장치로 작동되었다. 이는 "사(士)를 중심으로 한" 정치질서 재편과 함께 지역의 자율성 추구에 몰두했던 '사(士)문화'의 저변 확대였다. 향약은 중앙에서 활동하던 인물들의 네트워크를 통해서 지방으로 확산되었고 중앙의 '사문화'가 지역사회의 사와 민에게까지 전파되는 매개체이다.

이러한 온건적 태도로 점진적 개혁을 단행하였던 모재는 기묘사화에서 참화를 면할 수 있었다. 1519년 다시 서울로 올라와 참찬이 되었으나 같은 해에 기묘사화가 일어나서 조광조 일파의 소장파 명신들이 죽음을 당할 때, 겨우 화를 면하고 파직되어 경기도 이천·여주에 내려가서 후진들을 가르치며 한가히 지냈다. 퇴거기인 이때 정종영과의 인연도 맺어진 것으로 보인다.

수기치인(修己治人)은 스스로 수양하고 세상을 다스린다는 뜻으로서 군자의 두 가지 기본 과업이다. 수기에 일차적 관심을 두고 학문하는 것을 '위기지학(爲己之學)'이라고 하며 그것은 자신의 인격적 완성을 지향하는 공부를 의미한다. 반면에 치인에 일차적 관심을 두고 학문하는 것을 '위인지학(爲人之學)'이라고 하며 그것은 다른 사람들을 위하여, 즉 세상을 다스리는 일을 위하여 공부하는 것을 의미한다. 물론 공부하는 학자는 두 가지 일을 모두 추구하는 것이나 일차적으로 어느 것에 더 관심과 정열을 바치느냐에 따라서 수기(修己)의 학문과 치인(治人)의 학문으로 구별될 수 있다.

모재 김안국의 학문은 '위기지학(爲己之學)'으로서 먼저 자신을 수양하고 남을 다스리는[治人]의 경지에까지 이르는 것으로 평가된다. 그는 "선비는 모두 화려한 문사(文詞)를 뒤로 하고 실행을 급히 하며 이록(利祿)을 멀리하고 도의를 숭상해야 한다. 그리고 도리어 근원에 침잠하고 덕성을 함양하며 성명에 힘써 본말을 아울러 갖추어야 한다. 그리하여 위기지학에 전념하고 진유(眞儒)의 업에 부끄러움이 없기를 기약해서 조정이 장려하는 뜻을 저버리지 말아야 한다."고 강조하였다.[8] 위기지학이란 『퇴계집』에서 퇴계가 "자기를 위한 학문은 도리로서 내가 해야 할 바를 삼는 것이니, 내가 해야 할 바로 삼는 것은 내 주변의 작은 일에 공을 들여 마음에 얻어서 몸소 행하도록 하는 것이다. 남을 위하는 학문은 마음에 얻어 몸소 행하는 데 힘쓰지 않고 허황되게 겉만 꾸며 이름을 구하고 명예를 취하는 것이다."라고 한 것처럼 '인간이 마땅히 해야할 도리를 몸에 익혀 실천하는 학문'을 일컫는 것이다.

모재는 구체적이고 현실적인 방향에서 성리학에 몰두하여 『소학』 위주의 수기를 모색하면서 백성을 교화하여 아름다운 풍속을 이룬다는 화민성속(化民成俗)의 치인에도 치중하였다. 그가 소학을 중시했을 뿐 아니라 한글번역과 그림을 동원한 언해서와 생활서, 농서를 지어 출간한 일들은 모두 성리학의 실용화를 도모화한 것으로 보인다.

정종영은 모재의 이런 사상을 계승하였다. 그는 모재의 저서인 『이륜행실도언해』와 『잠서언해』를 다시 출간하여 향촌에 보급한다. 특히 모재가 『소학』을 중시한 사실은 정종영에 의해 거듭 강조된다.[9] 1555년(명종 10) 6월 왕에게 경서를 강의하는 직책인 시독관 시절 정종영은 어린이 교육에 대해 다음과 같이 아뢰었다.[10]

쇄소응대(灑掃應對)는 『소학』에서 가르치는 것입니다. 만일 이 쇄소응대를 말절이라 하여 익히게 하지 않으면 어릴 때의 공부에 모자라는 데가 있게 됩니다. 옛 사람들은 어릴 때의 교육을 중대하게 여겼었습니다. 후세에 인재가 나지 않는 것이 어찌 딴 이유가 있겠습니까. 어릴 때에 교육해 놓은 바탕이 없기 때문입니다. 오늘날의 부형들은 과거에나 오르기 위한 자질구레한 문장 기교나 자제들에게 가르치고 어릴 때의 교육을 어떻게 해야 할 것인지는 알지 못합니다. 어려서 익히지 않고 자라서 배우지 않으니 인재가 나지 않는 것이 당연합니다. 궁벽한

---

8) 김안국, 『모재집(慕齋集)』 권11, 공주중수향교기(公州重修鄕校記).

9) 최상익, 「항재 정종영의 인품과 사상」 『강원문화사연구』 7집, 2002, 11쪽.

10) 『명종실록』 권18, 명종 10년 6월 기사조.

항간에 더러 학문에 뜻을 둔 선비가 있어도 밝은 스승이 없어 옷자락을 여미고 나가 배울 만한 데가 없습니다. 만일 고금의 일을 두루 알고 의리에 밝은 사람으로 어린이들의 스승을 삼아 그들을 가르치고 지도하게 한다면 어린이를 가르치는 학문이 오늘날 다시 밝아져 인재의 번성이 옛날 못지않게 될 것입니다.

쇄소응대는 『논어』 제19편 자장에 나오는 말이다. 아침에 잠자리에서 일어나면 이부자리를 개고 물을 뿌리며 마당을 쓴다. 그리고 집안의 어른이 부르면 얼른 일손을 놓고 달려가 공손히 말씀을 기다린다. 이것은 여러 가지 공부에 가장 앞서는 것으로 아무리 훌륭한 공부라 할지라도 인간이 가져야할 가장 기본적인 자세부터 배워야 함을 강조하는 것이었다.

전통시대 아동교육의 전범인 『사몽집요(四蒙輯要)』 서문에는 "대체로 어릴 때는 뜻과 생각이 자리 잡지 않았으므로 늘 격언(格言)과 지론(至論)으로 날마다 베풀어 주어 귀와 가슴속에 가득하도록 하게 하여야 한다. 오래도록 스스로 익히게 하면 행습(行習)과 지력(智力)이 함께 성장되고 잘못되는 폐단에 빠지는 일이 없게 되어 마침내 확고히 되고, 성취하는 경지에 다다르면, 뒤에 비록 참설과 유혹이 있다 하여도 들어갈 틈이 없는 것이다"라고 지적하고 있다.

이처럼 『소학』을 통한 어린이 교육의 강조점은 그의 학문이 위기지학의 표현임을 드러내며, 이는 스승 모재의 가르침을 계승한 것이다. 행장(行狀)에 따르면 모재가 별세하자 그의 부인을 모친처럼 섬기고 기일을 지켜 제수를 도와주었다고 전한다.

정종영의 가계 가운데 조부 정윤겸의 첩실 소생인 정난정(鄭蘭貞)이 주목된다. 한성부에서 정윤겸과 차실(次室)인 남씨의 2남 3녀 중에서 막내 딸로 태어났다. 모친은 본래는 상민이 아니었으나 난신에 연좌된 부녀로서 노비가 되었고, 정윤겸의 집에 분배되었다. 그녀는 정윤겸과 노비가 된 양반가문 여성 사이에서 서녀의 신분으로 태어났다. 따라서 정종영의 서고모(庶姑母)가 되었다. 정난정은 20년간 세도를 부렸던 윤원형의 첩실이었다. 윤원형은 판돈녕부사 윤지임의 막내로 태어났다. 그의 누이가 중종의 제2계비 문정왕후가 되면서 권력의 실세로 떠올랐다. 누이 문정왕후의 후광으로 형성된 파벌 소윤(小尹)의 영수를 자임하며 막강한 권세를 휘둘렀다. 문정왕후가 낳은 경원대군 환[명종]을 세자로 책봉하려는 모의를 꾸몄고 세자(인종)의 외숙인 대윤(大尹)의 영수 윤임과 세력을 다투었다. 1544년 인종이 즉위하자 파직당하였으나 8개월만에 인종이 급사하고 어린 나이의 명종이 즉위하자 문정왕후가 대신 정치를 행하는 수렴청정이 시작되면서 득세하기 시작하였다. 1563년 영의정에 올랐다.

정난정은 김안로의 질녀였던 윤원형의 부인 김씨를 윤원형과 문정왕후의 묵인 하에 몰아내어 실질적인 안방 주인이 되었다. 그 후 명종 8년 문정왕후는 정난정에게 적처로 올리라는 전교를 내려 실질적인 윤원형의 정실이 되었고 윤원형과의 슬하에 4남 2녀를 남겼다. 윤원형의 득세와 함께 정난정의 위상도 크게 높아졌다. 정경부인으로 오른 후 궐에 자주 들어 명종과도 친분이 두터웠다. 하지만 1565년 문정왕후가 승하하자 정난정은 사림의 탄핵을 받아 본래 신분인 천민으로 강등되었다. 이후에도 사림의 계속적인 탄핵으로 남편 윤원형과 함께 황해도 강음지방으로 유배되었으나 윤원형의 적처였던 김씨를 독살했다는 의심을 받았고 결국 자결하였다.

그런데 『동평견문록(東平見聞錄)』에 의하면 정종영의 서숙(庶叔)이자 정난정의 오라비인 정담(鄭淡)도 자기 누이인 정난정을 일정하게 배척하고 동기간의 의(誼)를 멀리하기 위해 왕래를 삼갔다고 전해진다. 즉 정담은 난정이 정실을 자처하고 세도를 부리자 장차 닥칠 환난을 예견하고 스스로 삼가고 소원하게 하였고, 거처의 담장을 구불구불 복잡하게 만들어 가마의 출입을 힘들게 하였다. 정난정이 직접 찾아오지 못하였고 거듭 만나기를 청해도 극구 사양하며 스스로 왕래를 단절시켰다고 한다. 이로 인해 윤원형과 정난정이 몰락하였을 때에 정담도 연루되지 않았다.

정종영 역시 그 세도에 연을 대지 않았다고 한다. 오히려 이로 인해 정종영이 당했던 어려움도 전해진다. 이조좌랑의 자리가 비었을 때에 당시의 조정공론이 정종영이 그 자리에 앉아야 된다고 했으나 윤원형이 반대하여 취임하지 못한 사실이 있고, 50세 때 정종영이 경상도관찰사로 부임하게 되자 경상도내 수령들 가운데 윤원형의 문객이 많았던 상황에서 그가 주연을 베풀어 이들을 부탁하였으나 정종영이 그 부탁을 들어주지 않아 도리어 미움을 샀던 기록이 남아 있다.

졸기에 의하면 "명종 초기에 윤원형의 첩 정난정은 바로 정종영의 서고모였다. 윤원형이 옥사를 일으킬 적에 논의에 참여하도록 넌지시 일깨워주었으나 종영은 거짓 모르는 체하고 응하지 않았다. 난정이 참람하게 정실부인에 봉해져서 외명부의 우두머리에 있게 되자 사람들이 감히 항변하지 못하였으나 종영은 오히려 얼척(孼戚)으로 대우하였다. 이 때문에 원형이 크게 유감을 품어 매양 죄를 얽어 해치려 하였다. 난정의 어머니가 난정을 경계하기를, '너는 종손을 해치지 말라. 내가 맹세코 죽음으로써 당하겠다' 하였으므로, 화를 면하게 되고 예전처럼 높은 자리에 오르게 되었다."라는 기록이 있다.[11] 윤원형은 정종영과의 위의를 믿고 대하였으나 뜻대로 되지 않자 노하여 그 화가 임박하여 위태롭게 되었고 서조모의 간청으로 위해를 모면하였음을 알 수 있다.

정종영이 정치활동을 전개한 시기는 훈구파와 사림파가 맹렬히 대립했던 시기이다. 항재는 학맥을 보면 사림파이다. 그러나 그의 인척관계를 보면 분명 훈척파이다. 을사사화 당시 좌상의 자리에 있다 쫓겨난 유관(柳灌)이 그의 처숙이요 20년간 무소불위의 권력을 행사하던 윤원형이 그의 서고모부였다. 실제 을사사화 때 위기에 처한다. 당시 정종영과 더불어 예문관 사관으로 있던 동료 안명세(安名世)와 백인걸(白仁傑)은 유배되었다. 벼슬길에 들어간 지 불과 2년 만에 벌어진 위기상황이었으나 화를 모면한 것은 '천행(天幸)'이라

---

11) 『선조수정실록』 권23, 선조 22년 8월 병자조.

고 연보에 서술되었다. 정종영은 정신적으로 커다란 충격을 받았음이 분명하다.

정종영에 대한 사림과 훈구의 갈림은 그의 처신과 그를 보는 시각에 따라 달라지게 됨은 당연하다. 이점에서 관직에 있던 정종영의 처신은 참으로 어려웠던 것으로 보이며 그러한 상황은 실록 기사 곳곳에서 드러난다. 그가 윤원형과 일정한 거리를 유지하였지만 사림파를 자칭하거나 사림들을 옹호했다는 증거는 없다. 그는 사림파의 지탄을 받는다. 그를 탄핵할 때마다 사풍(士風)을 조장하지 않았고 도학(道學)을 좋아하지 않았으며 후진을 소외하였다는 지적이 뒤따랐다. 명종 14년 2월 사헌부에서 책무를 다하지 못한 도승지 정종영 이하 승지들의 파직을 청할 때 내세운 지적사항이 그 한 사례이다.[12]

승지는 아침저녁으로 가까이 모시는 신하로서 왕의 말을 출납하는 임무를 맡았으므로 세상에서 내상(內相)이라고 일컫고 있으니, 그 소임이 진실로 막중합니다. 근래 정원의 일이 자못 예와 같지 아니하여 위아래에 규찰하는 풍습이 없습니다. 근래에는 사풍(士風)이 좋지 못하여 자기 멋대로 하는 것을 당연히 여기고 능멸하고 우습게 보는 것을 기백과 절도가 있는 것으로 여기며 조금만 문제제기를 해도 따르지 않을 뿐 아니라 도리어 비방하여 조금도 꺼림이 없으니, 이 같은 자들을 언론정치를 담당하는 낭사(郎舍)와 사헌부, 사간원에 둔다면 그 나중의 해독을 어찌 다 헤아릴 수 있겠습니까.

또한 선조 11년 6월 사간원에 의해 "지경연 정종영은 본디 학식이 없으니, 체직시키소서."라고 하여 왕이 주저하다가 마지못해 윤허하였던 사례도 있다.[13] 정종영을 겨눈 사림파의 끊임없는 지적이 지속되었다.

이처럼 정종영이 중요한 직임에 임용될 때마다 대간들의 문제제기가 있었으

---

12) 『명종실록』 권25, 명종 14년 2월 병오조.
13) 『선조실록』 권12, 선조 11년 6월 경인조.

나 당시 국왕과 사초(史草)를 작성하는 춘추관이나 예문관의 관원인 사신(史臣)의 논평에는 정종영에게 강한 신임을 보내었다. 가령 명종 10년 5월 정종영을 홍문관 교리로 삼으려 할 때 "윤원형의 첩과 종영은 숙질(叔姪) 사이인데도 윤원형에게 붙지 않았으므로 사람들이 훌륭하게 여겼다."라는 주석은 정종영의 성품을 가장 잘 대변한다.

선조 8년 7월 정종영을 이조판서로 삼으니 사헌부가 '격이 낮고 속되다'하여 탄핵하였으나 국왕이 윤허하지 않았다. 선조 13년 3월 신임찬성 정종영에 대한 사헌부의 개정요청에 대해 국왕은 "정종영은 좌의정·우의정·영의정에도 가합하다. 일찍이 앞선 왕 때에는 권간에게 아부하지 않았고 과인을 섬기는데 있어서도 도와주고 이익되게 한 것이 매우 많았다."라고 하여 적극 두둔하고 있다.

즉 정파를 달리하는 일부 사림파 대간들이 자신들과 하나가 되지 않은 정종영의 처신에 대해 공격을 가하고 있으나 국왕을 비롯한 대신들은 단순한 정치공세로 보고 정종영의 성품과 능력을 크게 인정하고 있음이 실록의 기사 곳곳에서 확인된다. 이단하가 지은 신도비문에는 "그 엄숙하고 신중하고 공정함이 이와 같으나 후배들은 공의 이와 같은 뜻을 모두 미처 헤아리지 못하였다. 혹시라도 하고 누구든 한 다리를 걸쳐놓고 퉁겨봐서 되면 취해 보려고 했으나 공은 여전히 모르는 체 하셨다."라는 서술에서 정종영의 신중한 처신을 살펴볼 수 있다.

4. 정종영의 품성

정종영은 당시 왕실의 위세를 내세운 훈척·척족에 대한 처벌과 소장의 내용을 따지고 살피는 추고에서 거리낌이 없었던 것으로 보인다. 헌납 시절인 명종 4년 5월 훈척의 처지로 자기 마음대로 권력을 휘두른 전 좌의정 황헌을

추고하여 공신의 업적을 기록한 훈적에서 삭제하고 귀양보낼 것을 왕에게
고하였고 홍문관 직제학 홍담과 더불어 구수담에 대한 처벌을 강하게 주장하고
당시 윤원형과 결탁되고 실세 훈척인 이기의 휘하였던 진복창에 대해 강한
처벌을 주장하여 기강을 바로 세울 것을 건의하였다. 당시 정종영은 홍문관
교리의 지위에 있었다. 그리고 명종 6년 10월에는 홍문관 부응교로서 부제학
조사수와 당시 권력을 휘두른 이기를 처벌하는 상소를 왕에게 올린다. 명종
8년 윤3월 사신의 논평에 따르면 당시 이들은 훈척, 권신으로 "임금의 총애를
받고 권력을 행사하며 탐욕과 방종을 일삼았으며 다른 사람들이 감히 손을
대지 못했다"고 한다.

　이상의 사례들은 정종영이 국왕에게 간언하는 직책으로서 행한 정치행위였
을 것이나 시세와 타협하지 않은 인품의 강직성을 보여주는 면모이다.

　명종 8년 윤3월 시독관이던 정종영은 "옛날에는 평범한 공인(工人)도 자기가
하는 일을 가지고 임금의 잘못을 간하였으니 나아가는 사람마다 모두 간한다면
반드시 임금이 허물이 있는 데 이르지 않을 것입니다. 그런데 지금은 재상들도
임금과 경서를 강론하고 정치 현안을 논하는 자리인 경연에 들어와서 입을
다물고 말을 하지 않으니, 이는 타인의 관직을 침해해서는 안 된다는 말
때문에 그르쳐진 것입니다."라고 하여 경연에서조차 발언하지 않은 재상들을
강하게 비판하였다.[14]

　그의 충직한 인품의 면모는 조식의 비호사례에서도 나타난다. 명종 10년
11월 조식이 명종의 어머니인 문정왕후를 비난하는 상소를 올리자 이에 분노한
명종이 강력한 처벌을 내리려 하자 시강관 정종영은 "정직한 선비를 높여
나라의 기틀을 바로할 것"을 충심을 다해 논리적으로 고한다.[15]

　　신들은 그 소를 보지 못하여 그 말이 어떤가를 모르겠으나, 참으로 말이 국왕의

---

14) 『명종실록』 권14, 명종 8년 윤3월 계축조.
15) 『명종실록』 권19, 명종 10년 11월 신해조.

어머니께 미쳤다면 죄를 다스려도 될 것입니다. 다만, 이 사람은 지방에 은둔하고 있는 선비로 성품이 거칠고 예를 갖추는 것을 몰라서 그런 것입니다. 옛날의 제왕은 초야에 물러나 숨어 있는 선비와 갑옷을 입은 무사는 특이하게 대우하였습니다. 대저 거칠은 태도를 책망하지 아니하고 그가 벼슬을 버리고 물러나 있는 뜻을 귀하게 여긴 뒤라야 옛날의 제왕이 조용히 퇴임하는 기질이 올바른 선비를 높인 것과 같아질 것입니다. (…) 광무제가 '옛날의 성왕도 모두 복종하지 않는 신하를 두었다.' 하고, 그에게 상을 주었기 때문에 선비의 기개가 더욱 흥기되어 맑고 똑바른 선비가 많았었습니다. 그러므로 한 나라 말엽에 간사스러운 세력들이 주위에서 엿보았지만 감히 어쩌지 못한 것은 맑은 논의가 그것을 지켰기 때문이었습니다. 그러니 조식의 소가 이와 같은 것은 국가의 복입니다. (…) 옛날의 신하는 임금의 뜻을 거슬러 가며 극력 간하였고 손가락으로 가리켜 말하기를 꺼리지 않았으며, 소매를 잡아당기거나 머리를 부수면서까지 간하였었습니다. 그런데 더구나 초야의 서생이 조종의 체모를 알지 못하여 비록 지나친 말을 하였다 하더라도, 어떻게 공손치 못하고 공경치 않다는 책망을 하여 간하는 것을 거절하는 뜻을 보일 수 있겠습니까. 신하로서 할 일을 다하는 것은 모두가 임금을 위하는 정성된 마음에서 나오는 것으로 자신은 그 말을 지나치게 격렬하다는 것을 모릅니다. 그러니 그 내용이 비록 맞지 않더라도 그 뜻은 진실로 가상하게 여겨야 하는 것입니다.

이에 대해 국왕은 다음과 같이 정종영의 간언을 받아들인다.

신하가 된 자로서는 공손치 못한 말을 발설하는 것이 부당한데도 상하의 분수를 생각하지 않고 감히 자전[왕의 모친]에게 관계되는 공경치 못한 내용을 진달하였으니, 내가 자식이 되어 어떻게 마음에 편안하게 여기면서 책망하지 않을 수 있겠는가. 언로를 소중하게 여기기 때문에 너그럽게 받아들이고 추문하지 않는 것이다. 신하된 자는 공경치 못한 말을 한 것을 보면 당연히 놀라워 해야 할 터인데 도리어 나를 그르다고 한다. 신하의 마음이 이와 같으니 천변이 일어나는 것도 괴이할 것이 없으며 매우 한심스럽다. 만약 언로를 여는 것을 소중하게 여겨 윗사람을 업신여기는 풍조가 생겨나게 한다면 아마도 뒷날의 폐단이 없지는 않을 듯하다. 그리고 후설의 지위에 일찍이 여러 사람의 평판을 받은 자가 있다고 하였는데, 사람이 비록 한때의 잘못이 있다 하더라도 영원토록 직임을 회복시켜 주지 않는다면 허물을 고쳐 스스로 새롭게 하게 하는 뜻이 아니다. 나의 뜻을 알도록 하라.

또한 명종 10년 11월 홍문관 직제학 정종영은 혼란한 정치상황 속에서 군주가 공론으로 대표되는 대소 신료의 자문에 귀기울여 옳고 그름을 판명할 것을 아뢰는 차자를 올리고 있다.[16]

대간이 간쟁할 때에 더러는 귀에 대단히 거슬리는 말이 아닌데도 듣기 싫어하시는 것 같으니 어쩐 일입니까? 얼마 전의 일로 말씀드리겠습니다. 대간이 간곡하게 쟁론한 것은 모두 공적인 여론으로서 막을 수 없을 정도로 거센 것들이었습니다. 상께서도 간절하고 곧은 것인 줄 모르시지 않을 터인데 못 들은 체하시는 것이 점점 더해지십니다. 그러면 이목의 소임을 맡겨 주신 의의가 어디 있습니까?

이에 명종은 '차자에 담긴 뜻을 유념하겠노라'라는 답변을 한다. 정종영은 호조와 공조판서를 한 번씩, 병조와 이조판서를 두 번씩, 예조와 형조판서는 세 번씩 역임하는 등 중앙의 요직을 두루 지내면서 충심을 담아 소임을 다했던 것으로 보인다.

이단하가 지은 신도비에 따르면 정종영의 품성에 대해 동문수학한 미암 류희춘은 "독서하는 것은 공이 늙어서 더욱 현저하였다."고 평가했고, 남명

---

16) 『명종실록』 권21, 명종 11월 11월 기묘조.

조식은 "단산 봉황이 높이 날아올랐으니 어찌 바람을 기다리랴."라고 하였다. 영의정 동고 이준경은 "인품과 시문이 맑고 아름답다는 뜻으로 정금미옥(精金美玉)"으로, 영의정 소재 노수신은 "깰래야 깨기 어려운 쇠와 돌"로 비유하여 그의 품성을 높게 평가해주었다.[17]

　　정종영의 강직한 성품은 선조의 신임에서도 확인된다. 선조 13년 3월 신임 찬성 정종영에 대하여 사헌부에서는 "정종영은 재능과 기량이 부족한데다 본래 명망도 없습니다. (…) 이런 사람을 어떻게 의정부의 차관인 종1품의 서열에 오르게 할 수 있겠습니까. 개정을 명하소서."라고 상주하였다. 사헌부와 사간원에서 여러 날을 두고 논박하니, 선조가 "정종영은 삼공에도 가능한 인물이다. 일찍이 앞선 조정에서 권간에게 아부하지 않았고 과인을 섬기는데 있어서도 도와주고 이익되게 한 것이 매우 많았다. 다만 지금 사람처럼 성질이 굳세고 과격하지 않을 뿐이다."라고 하여 끝내 반대를 물리쳤다.[18] 당시 실록에는 "정종영은 사림을 좋아하지 않고 당에도 들지 않았다. 그리고 신중하게 스스로를 지켰기 때문에 당시의 명망이 없었다. 이조판서가 되었을 때에 낭관 이발이 매번 찾아 와서 인물의 진퇴에 대해 함께 의논하려 하였으나 정종영은 짐짓 응하지 않았다. 이 때문에 당시에 인망을 크게 잃었던 것이다."라는 평가가 뒤따랐다. 바로 정종영의 신실한 인품과 파당에 휩쓸리지 않았던 정치노선을 보여주며 그가 얼마나 노심초사하며 벼슬길에 임했는지를 알 수 있다.

　　이처럼 정종영은 훈구파로 행세하지 않았다. 그가 만약 윤원형의 처족으로서 자세를 취했다면 최소한 윤원형이 막강한 권력을 지닐 당시 자신이 누릴 부귀영화를 다 누렸을 것이다. 그럼에도 불구하고 정종영이 사림파를 자칭하거나 사림들을 옹호했다는 증거도 없다. 오히려 사풍을 조장하지 않았다는 지탄을 받기도 했다. 이처럼 정종영은 선조의 평가처럼 결코 과격하지 않은

---

17) 우찬성정공신도비명병서(右贊成鄭公神道碑銘並序).
18) 『선조수정실록』 권14, 선조 13년 3월 경자조.

자세로 도리를 지켜나갔던 것이다. 훈척은 물론 사림과 일정한 거리를 두면서 스스로를 엄격히 단속하여 모재의 가르침인 실용의 위기지학을 펴나간 것이다.

5. 정종영의 청백리〔염근리(廉謹吏)〕선발

조선왕조가 장구한 세월 동안 통치체제를 유지할 수 있었던 가장 큰 원동력은 관료제도에 있다. 유교 정치이념에 입각한 과거제도를 바탕으로 구축된 관료제도는 왕조의 집권성을 안정적으로 유지시키고 국가운영을 효율적으로 할 수 있는 근간이 되었다. 조선의 관료제도는 매우 효율적인 시스템을 가지고 있었다. 조직구성은 수평적 체계와 수직적인 체계가 짜임새 있게 배치되어 빠른 전령체계를 가지고 있었다. 그러나 관료들에게 지급되는 녹봉은 넉넉지 않은 수준에 그치고 있었다. 이렇듯 미약한 보수체계에서는 부정과 부패가 발생할 여지가 있었다. 그러나 유교 정치논리의 윤리규범이 강하게 표출되고 법전을 비롯한 처벌논리가 존재하여 조선시대의 국가시스템을 끊임없이 지탱하는 도구로 작용하고 있었다.

유교 정치이념에서 민을 다스리는 제민의 기본요건은 통치자의 윤리의식에 의거한 것이었다. 그리고 이러한 윤리의식이 투철하고 자신을 바로잡는 노력을 부단히 하여 왕도정치의 이상을 위해 복무하는 경우는 권장되고 면려되었다. 바로 순리(循吏)·염리(廉吏)·염근리(廉謹吏), 혹은 청백리(淸白吏)라고 불리는 존재들이다.

조선의 관리제도는 유교적 수기치인의 원리를 체득한 존재로서 치국의 주체가 되는 선량한 관리인 양리(良吏)를 권장하고, 이에 반대되는 존재로서 부패한 장리(贓吏)를 배격하는 원리로서 운영되었다. 따라서 조선시대 정치과정에서 청백리제도는 관료제도의 기본질서를 바르게 세울 것을 천명할 때 동원되는 선언적 담론이었다. 현직 관리는 물론 관직에 나아가고자 하는 유학들에게도 이러한 논리는 권장되고 강요되었다.

청백리 제도는 그 자체의 완성도 보다는 청백리를 선발하는 선언적 의의에서 의미를 찾을 수 있다. 관료제도의 틀을 넘어서 사회 기강을 확립하는 모범적 표본으로서 청백리 제도가 사용되었고 계승되어 갔다.

『대학』1장의 8조목은 통치자나 행정관료의 기초적인 수련요건을 단계적으로 명시하고 있다. 즉 사물의 이치를 궁리하여[격물(格物)] 앎을 극진히 추구하고[치지(致知)] 뜻을 성실히 가다듬어[성의(聖意)] 마음을 바르게 하면[정심(正心)] 자신을 단속할 수 있게 되고[수신(修身)] 나아가 가족을 책임질 수 있으면[제가(齊家)] 나라를 다스려[치국(治國)] 세상이 편안해진다는[평천하(平天下)] 것이다. 이 중에서 좋은 관리가 되기 위해 개인이 지켜야 할 덕목은 성의와 정심을 들 수 있다. 즉 공직자가 지켜야 할 원칙을 바로 세우려면 개인의 수양이 가장 중요하고, 그러기 위해서는 자신의 마음을 바르게 하고 뜻을 굳게 다지는 작업이 선행되어야 한다는 것이다.[19]

실학자 정약용은 『목민심서』권1 자신을 다스리는 6개 조목 가운데 청렴을 모든 선의 원천이고, 모든 덕의 근본이라고 보았다. 청렴은 지혜로운 관리가 가지는 덕목이라고 강조하였다. 청렴의 소리가 사방에 퍼져 좋은 소문이 나게 되면 이것이야말로 선비로서의 인생에 더할 나위 없는 영광이라고 보았다. 다시 말해서 청렴하고 근면하여 '좋은 관리'라는 평가를 받게 되는 것이 학자이자 정치가인 선비의 삶에 최고의 가치가 된다는 것이다.

조선시대 조정에서 공식적으로 청백리를 선발한 것은 1515년(중종 10)이다. 당시 청백한 자 7인을 뽑아 시상하였고, 중종 33년(1538)에 청백리 4인을 선발하고 1546년(명종 1)에 청백리 3인을 시상하고 명종 7년에 염근인 7인을 뽑았다. 정종영이 청백리로 선발된 것은 1552년(명종 7)의 일이다. 청백리에

---

19) 『대학』일장(經一章) 삼강령(三綱領) 팔조목(八條目).

대해 일정한 규정과 객관적인 제도가 존치하지 않아 그 선발과정은 대단히 논란이 많았던 것 같다. 이때의 상황에 대해 명종 7년 11월 임오조에 기재된 실록의 사신이 가한 논평은 다음과 같았다.[20]

　　대저 사람은 속일 수 있지만 하늘은 거짓을 용납하지 않는 법인데 뽑힌 자들이 모두 자신을 반성해 보아 부끄러움이 없겠는가? 추천하여 뽑는 것이 정밀하지 못하였기 때문에 물의가 비웃었을 뿐만 아니라 피선된 자들 가운데도 함께 참여된 것을 스스로 부끄러워한 자가 있었다. (…) 피선된 가운데 몇 명의 염근한 선비가 어찌 없겠는가? 피선자 속에 한두 사람은 합당한 자가 있지만, 기타는 약간의 염치가 있겠지만 진위를 알 수 없고 무능한 자들까지 섞였으니, 식자들이 비웃었다. 또 탐욕하지 않음을 보배로 여기고 일처리를 제사처럼 공경히 하는 자가 없지 않았는데도 제대로 살피지 못했으니, 이를 올바른 선출이라 할 수 있겠는가?

　사관의 시각에는 극히 일부만이 청간하고 염근한 자격에 맞다고 보는 것이다. 당시에도 "청간한 사람은 널리 뽑기가 어려우므로 청렴하고 경계한다는 것으로 이름을 고쳐서 보고하였습니다."라고 할 정도였다. 염근인의 선발 방법으로 수령은 해당 지역 감사가 먼저 선출하게 하고 육조에 소속된 중앙의 각 부서의 경우 육조로 하여금 뽑게 하였다. 이때 정종영은 홍문관 교리의 신분으로 염근인 33인 중 1인으로 선발된다. 이들에게는 단목(丹木)· 후취호초(胡椒)] 등의 물건이 차등적으로 배분되었다.

　그런데 정종영의 청렴한 품성과 관련된 역대 사신들의 평가가 실록에 기록되어 있다. 정종영은 벼슬이 끝날 때까지 청렴성을 유지하려고 애쓴 흔적이 보인다. 선조 22년 여러 차례 사임을 청하다가 결국 윤허를 받고

---

20) 『명종실록』 권13, 명종 7년 11월 임오조.

향리로 돌아가게 되었을 때 집안사람에게 월급을 받지 말도록 조치하였고 국왕이 역마를 주어 호송하도록 명하고 직접 만나고자 하였으나 걸음걸이가 불편하다 하여 극구 사양하였다. 그의 청백리 녹선은 후손들도 귀히 여겨 별묘를 조성한 계기가 되었으며 이긍익의 『연려실기술』에도 정종영의 청백리 녹선을 기록한 바 있어 후대 선비·유학자들에게도 귀감으로 남아 있었음을 살펴볼 수 있다.

6. 정종영의 목민활동

조선왕조의 성립 이후 지방통치체제에 있어서 주목되는 사실은 도제와 감사의 역할이 증대한 것이었다. 예하 군현에 대한 통제와 감독을 담당한 상급행정체제인 감영의 비중이 늘어났다. 각 군현의 인구 및 재원에 대한 감영의 통제가 강화되면서 감영의 소재지인 강원도의 원주, 전라도의 전주, 경상도의 대구, 충청도의 공주, 황해도의 해주, 평안도의 평양, 함경도의 함흥 등에는 물적 인적 집중도 두드러지게 된다. 바로 감영소재지로의 두드러진 경제력 집중과 인구증가라는 변화는 바로 상급행정기구로의 역할 증대와 병행하는 것이었다. 그에 따라 감영의 행정업무도 복잡하여지고 감영에 배속된 각종 행정 실무 집단의 영향력 증대를 초래하였다. 당시 감사는 '도관찰출척사겸 감창·안집·전수·권농·관학사·제조형옥·병마공사(都觀察黜陟使謙 監倉·安集·轉輸·勸農·管學事·提調刑獄·兵馬公事)'라는 직함에서 보듯 다기한 행정기능을 수행하고 있었다. 즉 예하 수령을 관할하고 그들의 고과를 담당하며 창고와 조세 확보 및 수송, 권농, 학문창달, 형벌권에 대한 여러 사안들과 군사권 행사 등의 직무를 수행하였다.

조선초기 관찰사의 외관통제와 규찰은 주로 고과를 통해서 실현되었다. 관찰사는 중앙의 대사헌과 같이 지방의 풍헌관으로서 수령을 평가하였다.

관찰사는 소관지역을 순력하여 수령의 성적을 공정하게 고과하고 이를 문서로 작성해서 상부에 알리는 것이 가장 주된 임무 중 하나였다. 관찰사와 수령은 사법권 행사가 가능했다. 관찰사는 병마절도사를 겸하거나 그들을 지휘·감독하기도 하였다. 그런데 관찰사가 행정·군사의 양권을 장악하였으므로 간혹 관찰사와 군사 전담의 직제(도절제사 또는 병사·수사)간에 군정 상의 문제가 발생할 수도 있었다. 그러나 관찰사가 한 도의 행정책임자인 동시에 군사책임자로서 막강한 힘을 장악하고 있었으며, 수령 또한 진관의 군사권을 행사하거나 관찰사의 지시와 감독을 받고 있었다.

그 중 농민의 생산·재생산과 일정한 권농의 업무가 특히 중요했다. 조선사회에서 농업생산은 사회적 생산의 근간이며 재생산 역시 전적으로 농업에 의존하고 있었다. 이로 인해 권농정책은 국가기능의 핵심부위에 위치하게 되고 해당 중앙기구와 지방관에게도 가장 중요한 임무가 되었다. 농업생산의 안정과 확충, 원만한 생산력 증진은 부세운영에서 관찰사·수령의 도·군현 운영력과 장악력을 높이는 것으로 권농의 업무와 긴밀한 것이다. 국가의 안정적 수취를 위해서는 소농민의 경영안정이 무엇보다 필요하였고 따라서 국가에서는 소농민의 재생산을 보장해주기 위해 일찍부터 권농정책을 시행하였다. 사실 조선초기 국가차원에서 농업정책이라고 불리는 정책은 여러 가지 측면에서 시행되었다. 농사를 권장하는 권농, 농사형편을 주의 깊게 살피고 감독하는 감농, 흉년이 닥쳤을 때를 대비하고 대처하는 황정(荒政) 등은 그러한 정책의 주된 구성요소이다. 그런데 이는 기본적으로 농사의 안정적인 수행을 도모하는 것일 뿐 보다 더 근원적인 것은 농업기술의 발달을 도모하여 농업생산력을 증진시키는 것이라고 할 수 있겠다.

그런데 재해의 결과는 비단 농업생산뿐 아니라 사회전반에 걸쳐 많은 피해를 끼쳤다. 따라서 국가는 재해의 결과가 사회전반의 동요로 이어지는 것을 차단하여 민의 재생산을 유지하고 지배체제를 안정시키기 위한 제반 조치를 강구하지 않을 수 없었다. 진휼정책은 바로 이러한 재해로 인한 농민들의 존재위기를 해결함으로써 최소한의 재생산을 가능케 하고, 나아가 이를 통해 궁극적으로 국가유지를 도모한 중요한 과정이었다.

명종 3년 1월 헌납 정종영은 기근이 든 평안도와 황해도 일대를 방문하여 민들의 참혹한 실태를 상세히 보고하였다.[21]

> 신이 새해 전에 창주의 강변에서부터 출발하였는데, 굶주림에 허덕이는 군민이 전보다 배나 많았고 초식도 구하지 못하여 굶어 죽은 송장이 즐비하였습니다. 백성을 진구하는 일은 빠짐 없이 조치하였습니다마는 그 많은 백성들을 어찌 두루 다 구제할 수 있겠습니까. 서쪽 지방의 일은 매우 한심스럽습니다.

이에 명종은 정종영의 계사를 바탕으로 삼공과 북도의 기근에 대해 의논하고 '구황경차관(救荒敬差官)'을 파견토록 하였다. 조선전기 진휼행정은 해당 지역의 1차 책임자인 관찰사-수령의 역할이 중요했으나 중앙에서 결정된 구체적 대책과 조치는 봉명 사신인 진휼사-진휼(구황)경차관을 파견하여 신속하게 실행에 옮겨가고자 했다. 한편 손실(재상)경차관의 재결 판정을 위한 재해조사의 과정 역시 재해의 상태를 파악함으로써 궁극적으로 농민의 재생산을 보장하기 위해 시행된 진휼과 연계되고 있었다. 17세기 중반 이후 진휼청이 조직구조의 제도적인 정비와 독자적인 재원을 갖추며 거의 상설기구화 됨으로써, 기존의 진휼사와 진휼경차관을 대신하여 직접 중앙정부와 지방 군현간의 다양한 대책을 진휼청을 중심으로 일원화해 나갈 수 있었다. 그리고 그 과정에서 지방의 감사와 수령을 중앙기구인 진휼청과 연계 속에 해당 도, 군현에서의 실질적인 진휼업무를 총괄하여 주도해 나가게 되었다. 그러나 명종 연간에는 사신을 직접 파견하여 재해조사과정을 포함한 진휼정책을 운영하였다.

---

21) 『명종실록』 권7, 명종 3년 1월 기축조.

이후 명종 19년 평안감사로 파견된 정종영이 서장을 올려 영변 등 12고을에 홍수로 인한 피해상황을 보고하고 조정에 대해 진휼을 요구하고 있다.

영변 등 12고을에 5월 29일부터 비가 내리기 시작하였는데 큰물이 흘러서 시냇가의 민가가 떠내려갔거나 파묻혔고 물길이 바뀌며 떨어져 나간 논밭이 곳곳에 널려져 있으며 또 충재가 있어 곡식이 손상되었다. 또 귀성·정주·태천 세 고을로부터 영변 경계에 이르는 1백 리 사이는 눈 깜짝할 사이에 모든 산의 흙과 돌이 무너져 내려 산 가까이에 있는 전답 중 과반이 모래에 묻혀 영영 경작할 수 없게 되었다.

정종영은 진휼책과 함께 물적·인적 자원이 고갈된 영원군의 공납품인 담비 가죽과 쥐가죽을 줄여줄 것을 보고하고 있다. 이에 조정에서는 "각 고을이 잔폐할 경우에 공물을 줄여주는 것은 국가가 백성을 아끼는 지극한 뜻이다. 다만 국가가 쓰는 비용은 반드시 지방에서 바치는 세금에 의지한다. 지방에서 바치는 세금을 경감시켜 주게 되면 국가의 재용이 모자라게 되어 형세상 시중에서 무역하여야 할 것인데, 지방민의 삶을 편안케 해주려 먼저 경성의 백성을 곤궁하게 하는 것도 염려치 않을 수 없다."라고 하여 그 방안을 논의하도록 조처하고 있다.

조선시대 감사는 농사의 작황과 강수량을 살펴 보고하고 제언을 수축하고 벌목을 금지하여 수·한해를 막고 가뭄에 기우제를 실행하는 등 농정 전반에 대한 업무를 수행하였다. 감사는 농사의 진행상황, 농작물의 작황, 병충해 상황 및 강수량 등을 군현으로부터 보고를 받아 이를 총괄하여 국왕에게 보고하였다. 감사의 안집(安集) 업무는 각종 재해로 발생한 유민들을 구제하여 백성의 안정에 저해되는 사안이 발생되지 않도록 예하 수령을 감독하고 이에 대한 최종 책임을 담당하는 것이었다. 국가재정의 근원이 되는 조세의 담당자 이자 생산·재생산을 담당하는 농민의 안위는 당시 조선왕조가 내세우는 위민

(爲民)정치의 핵심 사안이기 때문이다.

평안감사 정종영은 기근이 든 고을 현장을 두루 방문하여 실태를 파악하고 지방관들과 해결방안을 강구하고 있다. 무엇보다 지역민들의 입장에서 토산 공납물의 감축 등을 조정과 직접 논의하였다.

정종영은 목민관으로 파견된 지방에서 민생의 실태를 직접 보고 이처럼 백성들의 생활안정에 많은 힘을 쏟았다. 민생이 안정되지 못하면 왕도가 행해질 수 없다는 유가의 이념을 직접 실천한 것이다. 평소 그가 지은 시에서도 백성들의 생활안정을 소망하는 심회를 자주 드러냈다. '정집중(鄭執中)을 송별하는 시'에서 "곧은 도로 임금 섬겨 네 조상 생각하고, 성심으로 늙가의 어린 백성을 구휼하라"라는 구절이나 홍천현에서 지은 '조수구류차헌운(阻水久留次軒韻)'에서 "언제나 흐린 하늘 걷혀 흔쾌히 맑은 햇빛 볼꺼나"라는 시는 도탄에 빠진 농민의 실태를 지적하고 이를 개선하고자 염원하는 일종의 사회성 시였다.

한편 정종영은 평안감사 시절 서원을 설치하여 평안도 지역의 문풍을 불러일으키려고 노력하였다. 이는 인조 11년 10월 평양의 유학 양의원 등이 기자(箕子)의 화상(畵像)을 서원에 봉안할 것을 상소하는 기사에서 확인할 수 있다.[22]

우리의 태사(太師) 기자가 동방을 맡아 8조목으로 가르쳐 떳떳한 윤리가 정립되었기 때문에 오랑캐의 풍속을 면하고 예의 바른 나라가 되었으니 그 분의 공적과 덕업은 영원히 잊을 수 없는데다가 지극한 다스림의 혜택을 이곳이 더욱 많이 받았으므로, 우러러 사모하는 정성이 순임금이 요임금을 사모한 것보다도 더 간절합니다. 그 때문에 팔계군 정종영이 감사로 있을 때 유생들이 창광(蒼光)의 양지쪽, 정전(井田)의 북쪽에다 서원을 건립하여 도덕을 가르쳐 밝히는 장소로

---

22)『인조실록』권28, 인조 11년 10월 무진조.

삼았는데, 그 후 감사 김계휘가 '홍범서원(洪範書院)'이라 이름을 붙이었고 유생 양덕록 등이 상소하여 '인현(仁賢)'이라는 편액(扁額)을 걸게 되었습니다.

정종영이 감사시절 서북지방인이 무예를 좋아하고 문교를 싫어하는 지방이라는 형세를 감안하여 평양에 서원과 서적포를 설립하여 학문의 진흥에 크게 기여하였다. 서원의 위치는 평양에 소재한 기자의 유적지로서 정전을 주목하고 그 북쪽에 기자를 배향하는 홍범서원을 건립하였던 것이다.

감사는 형옥(刑獄)에 관한 여러 직무를 관장하였다. 관내에 유배된 죄인을 비롯한 수형자의 관리, 옥사의 관리, 죄인의 치사·질병·치료·학대 등 죄수에 관한 검찰, 명령에 관한 업무 등을 총괄하였다. 형옥에 관한 감사의 권한이 컸다. 조정에서는 관찰사들이 순행할 때 수령들이 무고한 인명을 상하게 하거나 옥송을 지체하는 일이 없도록 자세히 검찰하여 억울한 사람이 없도록 거듭 지시하고 있다.

명종 17년 7월 경상감사 정종영이 관내 죄수가 옥에서 자결한 사건이 발생하여 스스로 파직을 청하는 사례가 발생하였다. 그 해 3월 이래 영천내 운부사의 중 옥준과 신암이 화주승이라 칭하면서 인종의 태봉 금표 안에 있는 나무를 자그마치 419그루나 베었고, 또 주산에서 흙을 파서 기와를 구운 범죄사실이 있어 도사 박거인을 보내어 현장에서 체포하였다. 이어 태봉을 수호하는 사찰의 지음승 영수를 아울러 체포하여 공초하려 하자 영일현 옥내에서 자결한 사건이 발생하였다. 궁궐 내 왕실세력들이 불교를 숭봉하여 이들에게 가끔 시주를 하므로 중들이 이를 믿고 사대부를 능멸하고 관부를 위협하는 사례가 많았다. 조금이라도 그들의 비위를 거슬리면 즉시 양종(兩宗)에 정소하였고 그러면 반드시 중사를 보내어 추고하여 다스렸다. 이로 인하여 집안이 파산된 자도 있었으나, 감사·수령들도 감히 간섭할 수 없었다.

한편 조선전기 이래 산지에 대한 이용이 증대되어 남벌과 화전을 방지하고 산림을 묘지로 이용하여 사유화하는 것을 막기 위해 봉산제(封山制)가 시행되었다. 특히 관찰사는 도내에 소재하는 황장봉산(黃腸封山)은 국가적인 필요에 의해 황장목을 배양하기 위해 사사로운 벌목을 금지하였던 산이다. 황장목은 소나무 중에서 연륜이 오래되어 재질이 단단하고 잘 썩지 않아 왕실의 관곽 제작과 병선의 건조·수리에 주로 사용되었다. 관찰사는 봉산에서 소나무를 불법으로 베지 못하도록 단속하고 국가에서 분정한 목재를 베어 서울소재 창고로 운송해야 하는 책임이 부여되어 있었다. 중들이 왕실의 권위를 내세워 벌목을 감행한 것은 무엇보다 큰 범죄사실이었다.

이에 경상감사 정종영이 옥준 등의 행위를 통분하게 여겨 중벌로 조치한 것은 당연한 공사 집행이었다. 그러나 정종영이 이러한 사실을 계문하자, 국왕이 중들에게는 죄를 주지 않고 도리어 정종영을 옳지 못하다 하였던 것이다. 대단히 잘못된 방향으로 사안이 전개되었다. 결국 자세한 정황이 밝혀지고 시론이 들끓게 되자 경상감사의 서장을 입계하고 태봉의 수직을 처벌하라는 전교를 내리게 된다. 이로써 지역 내에서 왕실의 권력을 믿고 부정을 자행하던 세력들을 처벌하고 잘못된 관행을 바로 잡는 계기가 되었다.[23] 정종영은 경상감사로 부임하여 윤원형에게 아부하여 부정행위를 자행하는 수령들을 응징한 바 있고, 내전의 힘을 빌려 발호하는 요승(妖僧)을 제거하여 지역내 부패한 세력에 의한 부정을 방지한 '간활식(奸猾息)'의 업무를 제대로 수행하였다.

7. 초계 정씨 동족마을의 성립과 운영

정종영의 후손들이 보장한 자료를 통해 초계 정씨 동족마을의 형성과정을 살펴볼 수 있다. 종가의 유물보관은 집을 지키는 일의 하나이다. 대부분의

---

23)『명종실록』권28, 명종 17년 7월 을유조.

종가들이 조상의 유물을 보관하는 데 많은 노력을 기울여 왔다. 유물은 단순한 물건이 아니라 조상의 역사와 얼이 밴 증거물이다. 종가가 어려운 살림살이 속에서도 유물을 얼마나 잘 유지해 왔는지는 곳곳에서 찾아볼 수 있다. 집이 불타서 없어지지 않는 한 조상의 유물은 후손에게 남아있게 될 것이라고 조상들은 생각했었고 그들의 예측은 들어맞았다. 무엇 때문에 이렇게 처절히 삶의 흔적을 남기려 했는가? 바로 선대와 자신의 이야기를 기록하고 그것을 반드시 후손에게 전하려 했던 소명의식의 발로였을 것이다.

동족마을의 형성과 관련하여 정종영은 후손들에게 2가지 유언을 남겼다. 첫째, 고향을 떠나지 말 것을 강조하였다. 이는 관직생활로 인해 외지를 떠돌아다니면 이미 8세 가까운 원주 거주 조상들의 묘와 후손을 돌보는데 소홀해질 것을 염려한 것이다. 둘째는 '시문(詩文)을 탐하지 말라'는 것으로 유몽인의 「어간기(於干記)」에 실려 있는데 그것은 유학자로서 시문을 즐기면 도학(道學)을 경솔히 하기 쉽다는 뜻이기도 하고, 한참 당쟁으로 인한 갈등이 야기되던 현실과도 관련하여 후손들이 시를 지어 사화(士禍)에 휩쓸릴 것을 염려한 때문이었다고 전해진다. 정종영의 저작은 아들 약(爚)의 여막(廬幕)에서 보관되었으나 1590년과 1607년의 실화와 병란으로 인해 소실되고 강원관찰사 시절에 지은 '차동헌운(次東軒韻)' 등의 시와 '평양아영벽상기(平壤亞營壁上記)', 그리고 만사(輓詞)와 제영(題詠)이 전한다.

횡성 공근[초당]의 동족마을 형성은 17세 약 이후 기광·석문·수명·팔주 대에 걸쳐 꾸준히 전개된다.

종영(16)－약(17)－기광(18)－석문(19)－수명(20)－팔주(21)－희좌(22)－이중(23)－진노(24)－홍점(25)－존화(26)－현구(27)－창시(28)－호준(29)－근철(30)－병하(31)

먼저 이들의 관력과 함께 횡성의 세거지를 중심으로 한 생애를 살펴보면 다음과 같다.

17세 약(1544~1616)은 1567년(선조 즉위)에 진사시에 합격하였다. 1581년 (선조 14)에는 개성도사로 나아갔고 이어 수원판관, 김포현령을 역임하였다. 1592년(선조 25) 왜군의 침입시 원주 영원산성으로 들어가 가족과 함께 사민(士民)을 인도하였다. 1593년 이후 고성군수, 순안어사, 사복사 첨정, 이천부사, 영월군수, 양주목사로 나갔으나 1607년(선조 40)에 낙향하여 관직에서 떠났다. 1616년(광해군 8)에 향사에서 생을 마감하였다.

약은 부친인 종영이 벼슬을 마치자 더불어 귀향하였다. 종영이 별세하자 묘 옆에서 거려하였는데 윤의립에 따르면 "소재(小齋)를 삼연(三然)이라 하고 3명의 동생과 더불어 지키며 가까이 거주하는 종족을 초대하여 모임을 가졌다."라고 하였다.[24] 3년상을 마친 후에도 모친을 봉양하며 묘소 옆에 살면서 땅을 개간하고 경작지를 만들어 식량을 조달하였다.

18세 기광(1579~1645)은 1608년(광해군 즉위)에 별시 문과에 등과하였고, 인조반정시 사헌부 지평의 벼슬을 거쳐 1630년(인조 8) 강원관찰사로 나아갔다. 1638년 한성부좌윤 겸 도총부부총관에 제수되었다. 1642년 철원부사로 나아가고 1645년 관에서 생을 마감하였다. 기광은 나이 14세 때 임진왜란을 당하여 70여 가구를 강릉으로 피난시키는 데 참여하였다. 이후 문중인들은 그를 가리켜 용력·지모·통솔력의 소유자라고 평가하였다. 기광은 관동파 종파의 중시조로 일컬어질만큼 횡성·원주 관내의 동족마을을 이룩하는 데 주요한 역할을 수행하였다. 반면 동생인 기성(1580~1662)은 임란으로 인해 학문이 늦었고 주로 고향을 지키며 상경하여 벼슬살이를 하는 동족들을 지원하였다.

19세 석문은 관직에 나가 도사를 지냈고, 호란시 남한산성 전투에 참여하였다. 당시 원주의 양반들과 농민을 거느리고 원주 영장 권정길과 합세하여

---

24) 정원선, 「세적(世蹟)」 상.

청군과 싸운 기록이 전한다.

횡성 초당에서의 초계 정씨 마을이 형성된 것은 16세 종영의 묘가 조성된 후 17세 약과, 18세 기광, 20세 수명대 즉 17세기 초반에 이르러서였다. 이후 21세 팔주는 서울에서의 생활을 정리하고 완전히 초당으로 이거하여 18세기 이후 지역 내 문중의 위상정립에 힘쓰게 된다.

한성좌윤의 벼슬을 역임한 기광이 1613년 강원관찰사를 지낸 뒤 횡성 초당에 벽옥정(碧玉亭)을 짓고 퇴휴한 때부터 종가가 조성되기 시작하였다. 그 후 1693년(숙종 19) 20세 수명이 영월부사에서 물러난 다음 본격적으로 개척하였다. 우선 띠로 이은 집을 많은 물을 끌어다가 연못을 만들고 꽃과 나무를 심었다. 자연미에 인공미를 더한 전통적인 사대부가 건축조경을 조성하였다. 양 연못 사이에 '독락당(獨樂堂)'이라는 정자를 조성하고 독서와 사색하는 곳으로 이용하였다. 양 연못 앞에는 초가집 2, 3칸이 있었고, 독락당 뒷면 백여 보가 떨어진 곳에서 폭류가 소리를 내며 흐르고 있었다고 한다. 이는 희좌가 서술한 「삼지연유고초(三止齋遺稿抄)」 등 수많은 후손들의 시 가운데 그 풍치가 서술되어 있다.

양자였던 수명은 조부 기광의 적서(嫡庶) 남녀 13인, 생부(生父) 석규의 적서 남녀 12인 등 본가와 생가의 후손들을 포함하여 수백여 명의 생활을 관장하였다. 심지어 서얼의 고모와 누이들의 자녀 등 친척들을 모두 보살핀 것으로 기록되고 있다. 당시 종가의 생활과 문중인들의 관력에 관해서는 석문이 남긴 「부군일기(府君日記)」와 수명의 「첨정공일기(僉正公日記)」, 홍점이 남긴 「가장일기(家狀日記)」를 통해 확인할 수 있다.

한편 팔주는 성균관 진사였으나 1725년 가족을 거느리고 서울에서 낙향하여 횡성 초당으로 이전하였는데, 시냇물이 폭포처럼 흐르는 연못의 동쪽에 3개의 기둥이 있는 정자를 세우고 본인의 별호인 '술재(述齋)'라는 현판을 내건 후 매일 서적을 읽으며 소요하였다.

팔주는 돈목과 종족보존에 유난히 힘쓴 인물이었다. 종영 사후 5대가 되자 묘제로 전환시키는가에 대한 논쟁 과정에서 '도학(道學)과 덕망(德望)'이 뛰어나 위패를 옮기는 조천(祧遷)이 불합리하다고 주장하여 여러 종족들의 합의를 도출하고 공근에 별묘(別廟)를 건축하며 근처에 춘추제향비를 위한 토지를 마련하였다. 팔주는 벼슬을 역임하지 않은 대신 문중의 모든 기록물들과 절차를 정리한 문서를 남겨 초계 정씨 동족마을의 초석을 닦은 인물이다.

8. 칠봉서원(七峰書院)에의 향사(享祀)

조선시대 원주는 소과와 대과의 급제자를 많이 배출한 지역이었다. 이는 원주가 지닌 학문의 전통과 500년 감영소재지였던 점에서 상대적으로 유리한 교육환경을 배경으로 한 것이다.

서원 건립을 위해서는 향촌사회에서 사족들의 기반이 확고하고 지역 여론이 먼저 일치되어야만 했다. 또한 경제력과 학문을 중시하는 기풍이 중요하였고 더불어 봉사의 대상이 되는 훌륭한 학자가 반드시 존재해야 했다. 원주는 운곡 원천석 같은 절의의 인물을 배출한 이래 사풍(士風)이 크게 진작되었다. 17세기 전반의 원주에는 직접 거주하거나 여러 연고를 가진 유명한 학자와 문인, 관료가 다수 있었다. 정종영·한백겸을 비롯해서 관설 허후, 우담 정시한, 사한 김창일, 동명 김세렴 등이 원주와 관계를 맺으면서 지역에 자극을 주어 학문분위기를 고조시켰다.

원주에서 가장 먼저 설립된 서원은 칠봉서원이다. 광해군 4년에 사우(祠宇)를 창건하고 13년 뒤인 1624년(인조 2)에 원천석의 위판을 봉안하였다. 「칠봉서원사적(七峰書院事蹟)」에 따르면 '사림이 본향 선현에 대한 존모의 뜻을 합의'하여 1612년(광해군 4)에 칠봉서원(사우)을 창건하였고 1624년(인조 2) 원천석을 주벽(主壁)에 봉안하고 1638년(인조 16) 동벽에 정종영, 서벽에 구암 한백겸을 추향함으로써 탄탄한 토대를 마련하였다. 이후 1703년(숙종 29)

10월에 관란 원호를 합향하여 유력 서원으로서의 위상을 확고히 다지게 되었다.

당시 칠봉서원 운영자들이 서원의 지위를 높이기 위해 사액(賜額)을 위해 끊임없이 청액소(請額疏)를 올렸다. 사액이라 함은 서원의 건립에 따른 국가적 공인을 받는 것이다. 사액을 얻기 위해서는 많은 비용과 인력이 소모되었다. 지역 유림들이 모여 사액을 요청하는 상소를 작성하고, 유생을 서울에 보내 상소를 나라에 내고, 또 여론을 불러일으키기 위하여 성균관과 고위 관료들에게 청탁 인사를 다니는 데에는 막대한 노력이 요구되었다. 많은 노력과 투자가 이루어져 사액을 받는다면 이는 무형의 자산이 되는 것이었다. 중앙의 당파는 유림들의 여론을 이용하고 정치적 배경을 튼튼히 하려고 한 점에서 사액서원에 대한 배려를 이전보다 한층 더 각별히 하였을 것이다. 그리고 사액서원에 대한 지방관의 협조적 태도와 물질적 지원이 계속되고, 사액서원으로서의 위상이 유림사회와 지역사회에 더욱 크게 작용하였을 것이다. 서원에 관여하는 유림들과 후손들도 그만큼 사회적 위세를 크게 지닐 수 있었을 것이다. 현종 4년(1663) 4월에 진사 한용명이 소를 올리는 일을 주관하고 판서 권대재가 제소하여 청액 상소를 올렸다. 그러나 이때는 예조가 제한하여 목표를 이루지 못했다. 재차 현종 5년(1664) 3월 생원 최동로가 소두가 되어, 현종 14년(1673) 2월에는 진사 한좌명이 소두가 되고 좌상 이단하가 제소하여 재차 청액하였다. 드디어 현종 14년(1673) 12월 16일에 국왕의 특명으로 사액하고 다음과 같은 사액치제문(賜額致祭文)을 첨부하여 관료를 칠봉서원에 파견하였다.

사액치제문

국왕은 신하 예조정랑 송정렴을 보내어 원양도 원주목 고려 국자진사 원천석의 영전에 제사 받드노라. 백성들이 고려의 덕을 싫어하므로 하느님이 성종에게 계시하사 어두움과 더러움을 깨끗이 씻으매, 만물이 다 그것을 함께 보았다. 그러나 특수한 사람은 홀로 가면서 돌아보지 않고 치악산에 숨어 영원히 고반을 맹세하였다.

삼가 생각하면 헌묘께선 그 생각이 감반에 간절하셨으므로, 이미 역마를 보내 부르셨고, 도 화란을 굽히였으나 굳은 그 뜻은 마침내 몸을 피한지라, 필부의 뜻을 빼앗기 어렵기에 예를 갖춰 겸손하사 높은 절개를 이룩하게 하셨다. 서산에서 고사리 캔 것이 주나라 덕에 무슨 손상이 있겠는가. 동강에 낚시를 드리운 것은 실로 한 나라 풍속을 붙든 것이니, 그 성취한 것을 살펴보건대 어찌 미리 수양한 것이 없었으랴. 젊어서 학문을 좋아했는데 장성해선 더욱 힘써 닦고 연구를 거듭하여 의리를 깊이 깨달았다. 탁하고 어지러운 세상을 만나자 쌓아 둔 포부를 시험하지 못했고, 잠깐 국자에 머물렀지만 그것은 벼슬을 구하기 위해서가 아니었다. 세상을 피해 살면서도 고민이 없었으니 그 일을 높이 평가할 만하고 풍성이 미치는 곳에는 다른 시대의 사람들을 흥기하게 하였다.

이에 예관을 보내어 삼가 맑은 술잔을 올리노니 이 몇 글자의 빛나는 액자는 만고의 자랑스런 법이 될 것이다.[25]

---

25) 賜額致祭文

世次癸丑十二月十六日 國王 遣臣禮曹正郎宋挺濂 諭祭于原襄道原州牧 故 高麗國子進士元天錫 右贊成鄭宗榮 贈領議政韓百謙之靈曰 民厭麗德 天 啓聖祖 一掃昏穢 萬物咸覩 展如之人 獨行不顧 隱居雉嶽 永矢考槃 恭惟 獻廟 念切甘盤 旣勤駈召 亦屈和鸞 志堅踰垣 匹夫難奪 能以禮下 俾遂高節 採薇西山 何損周德 垂釣桐江 實扶漢俗 究厥所就 豈無預養 少也好學 長益勉强 優游涵泳 深諭義理 遭時濁亂 蘊而莫試 暫遊國子 非爲筮仕 遯世無悶 高尙其事 風聲所及 異代興起

八八鄭君 天資英晬 曾在齠齡 觀者歎異 硏窮聖學 早登師門 內確外端 金精玉溫 國選廉謹 僉擧姓名 宮壺天樂 曠世輝榮 藥臣秉國 勢若煮手 朝臣奔走 猶恐或後 超然若浼 獨恥媚竈 頹波砥柱 疾風勁草 位躋崇班 終保雅操 履滿知足 引年懸車 江樓 賜饌 進退皆華 並美二疏 前後執多

侍侍郎韓子 行潔氣和 年纔弱冠 慨然求道 潛心義易 洞徹玄奧 中罹文網 禍將不測 天護善良 乃謫有北 歲在龍蛇 時事艱危 邊氓煽亂 遂膺島夷 官軍魚散 列邑風靡 一二人同 灑泣舊義 元惡授首 一方以平 世用武夫 功出書生 受知 穆陵 屢加 恩擢 謝事昏朝 居貞蘊憤 念玆賢喆 接武于原 譬馬多冀 如玉出崑 所操雖殊 均播遺芬 瞻彼七峰 章甫如雲

妓遣禮官 敬奠洞酌 數字華額 萬古矜式

知製敎 閔宗道 製

칠봉서원 당시 춘추제향에는 원천석과 한백겸에 대한 축문과 함께 정종영의
축문이 낭독되었다. 그 내용은 정종영이 성리학을 강구한 학문적 역량과
유림들과의 돈독한 관계, 귀향후 생활에 대한 예찬을 담은 것이었다.

정종영을 칠봉서원에 배향한 이후 초계 정씨 문중은 뛰어난 조상의 삶을
드러내어 종족의 단결을 모색함과 동시에 마을 내 타성관 출신자들에 대해
위엄을 보여주는 것이 되었다.

9. 별묘의 건립과 운영

1) 별묘의 건립과정

초당의 초계 정씨 동족마을이 현조를 숭앙하는 모습은 정윤겸의 부조묘(不祧
廟)와 정종영의 별묘를 운영하는 데에서 알 수 있다.

우선 정윤겸의 부조묘를 살펴보겠다. 부조묘란 옮기지 못할 위패[불천위(不
遷位)]의 대상이 되는 신주를 두는 사당이다. 본래 기제사(忌祭祀)에서 묘제사로
넘기는 4대 항렬의 사람이 죽는 대진(代盡)이 발생하면 4대 이상이 되는
조상의 신주는 사당에서 꺼내 묻어야 하지만 나라에 공훈이 있는 사람의
신주는 왕의 허락을 받아 옮기지 않아도 되었던 것이다. 불천위가 된 신주는
처음에는 묘 밑에 설치하는 것이 원칙이었으나 종가 근처에 사당을 지어둘
수 있게 됨으로써 부조묘가 등장하게 된 것이다. 부조묘는 본래 국가의 공인절
차를 받아야 하나 후대로 내려오면서 지방유림의 공의에 의해서도 정해지게
되었다. 봉사손이자 장증손 17세 약이 별세하여 3대 봉사가 끝난 후 1615년
장현손 기광대부터 부조묘를 창건하여 영세봉사하는 예법을 시행하고 있다.
기광대에 원주 망종리에 있던 종가는 이후 횡성 초당으로 옮겨졌고 본 부조묘
는 1694년에 종가 내에 중건되어 오늘에 이르고 있다.

다음으로 정종영의 공근별묘를 살펴보겠다. 사당에는 4조의 신주만을 봉안하기 때문에 사당에서 들어낸 고조(高祖)·고비(高妣)의 신주는 아직 4대의 대수가 다하지 않은 장방손의 집으로 봉안하거나 묘소에 묻는다.

초계 정씨는 대대로 3대 제사에 그치는 고로 1653년 19세 석문이 별세하자 종영의 사판을 18세 산일공 기성의 집으로 옮겼는데, 재차 1662년 기성이 상을 당하자 이후 여러 종족이 승지공 기풍의 집에 모여 종영과 부인의 천장(遷葬)과 사판을 종가로 환봉할 것을 결정하였다. 비록 3대 봉사로 끝났지만 '원정(院享) 유현(儒賢)이자 명조(名祖)'인 종영의 조천(祧遷) 논의는 적절하지 않다고 생각하였다. 그러나 한 가문에서 양대에 걸친 부조(윤겸과 종영)는 예법에 어긋남으로 잠정적이나마 4대 봉사로 연장할 것을 결의하였다.

여러 논의 끝에 '청백리로 인해 위패를 옮기지 않는다(淸白吏不祧)'로서 의논을 모으고 10월 10일에 원주 토동에서 초계군과 팔계군의 사판을 가져왔다. 이때 종손들이 출영하여 대현(大峴)에서 제사를 지낸 다음 초계군 사판은 승지댁에 봉안하고 종영의 사판은 종가로 환봉하였다. 재차 승지공의 경주 임지에 봉안하였는데 이는 앞선 가법(家法)에 비록 지자손이라도 재상인 경우 임지에서 가묘를 받들 수 있다는 규정 때문이었다. 12월 18일에 주제자를 교체하였고 이후 제사는 4대로 정하여졌다.[26]

수명의 별세 이후 오랜 동안 정종영의 별묘에 관한 논의를 진행하다가 1729년(영조 5) 벽옥정 검천공 건주집에서 회집하여 영세봉사를 위한 별묘건축을 결의하고 장소는 청계군이 머물렀던 삼연당의 옛 터로 정하였다. 4월 11일에 공사를 시작하여 5월 11일에 상량하고, 그 해 7월 11일에 준공하여 같은 해 11월 7일에 위판을 봉안하였다.[27]

---

26) 이에 대한 상세한 내용은 첨정공 수명(僉正公, 洙明)의 「임신일기(壬申日記)」에 기록되어 있다.

27) 재실(齋室)은 8월 1일에 시작하여 11일에 상량하고 1730년 3월 15일에 개와(蓋瓦)하였다. 동년 11월 7일에 사판(祀版)을 봉안하고 향사(享祀)는 음력 3월 10일과 9월 10일에, 묘제(墓祭)는 10월 1일로 정하였다. 당시 영건유사(營建有司)는 봉주(鳳柱)·희기(熙夔)

이처럼 별묘의 건립은 현조 선양을 위한 대대적인 사업이었고 차후 초계 정씨 문중의 내적 결합은 물론 공근 일대 마을을 장악하는 주요한 장치가 되었다.

2) 제의(祭儀)의 집행

조선시대 신분상의 지위가 중기 이래 문중에 따라 그 격이 달라지기 시작하여 문중의 중요성은 더욱 강화되었다. 족보의 간행도 문중을 중심으로 이루어졌다. 조상숭배라는 유교의 예를 숭상하는 전통 속에 그 기반을 두고 있고, 신분제와 밀접한 관계를 이루고 있었다. 문중의 사회적인 기능은 이러한 조선시대의 사회구조와 연관되어 있다. 문중의 중심인물에 대한 의례는 문중 구성원들이 모두 모여 같은 조상의 자손임을 재확인하는 기회가 된다.

유교 의례에 있어서 가족 내지 친족의식을 드러내는 가장 핵심적인 의례는 제사이다. 가례의 제례에는 사시제(四時祭), 기일제(忌日祭), 묘제(墓祭)가 있다. 사시제는 보통 시제라고 부르는 것으로서 사계절의 가운데 달(음력 2, 5, 8, 11월)에 고조 이하의 조상을 함께 제사하던 합동제사의 하나이다. 시제는 조상을 모신 사당에서 거행하는 것이 원칙이나 사당이 협소할 경우에는 본채의 대청에서도 할 수 있었다. 기일제는 조상이 돌아가신 날에 올리는 제사이며 모든 제사에 우선하여 제수도 가장 풍성히 차리게 된다. 기제사에는 다른 제사와 달리 돌아가신 당사자만을 제사하는 것이었으므로 신주나 지방도 당사자의 것만 모시고 제수도 단독으로 장만하는 단설(單設)로 하여 행하게 되어 있다. 그러나 대부분의 경우 제사 당사자와 배우자를 합설(合設)하여 행하는 것이 관행이었다. 이는 초계 정씨가의 경우도 마찬가지였다.

묘제의 경우 『가례』에서는 매년 3월 상순에 행하는 것으로 되어 있으나

이고 전곡(錢穀)과 목재(木材)를 모으고 부역(賦役)을 통해 완성했는데 입목처분(立木處分) 등 경비만 600량에 달했다(鄭元善著, 「世蹟」 上).

대체로 10월에 행하였다. 조선시대에는 매년 4절일(청명, 한식, 단오, 추석)에 묘소를 찾아가 제사하는 것이 관행이 되어 시제보다 더 중요한 제사가 되기도 했다. 묘제는 음력 10월에 기제사를 지내지 않는 그 웃대의 조상, 즉 5대조 이상의 조상에 대한 제사를 일년에 한 차례 지내는 것이 관행이 되었다. 묘제는 그 조상의 묘소에서 지내는 것이 원칙이다. 시제에 참여하는 범위는 직계자손, 방계자손을 포함하여 누구라도 참여할 수 있다.

제사를 지내는 주제자 및 참제자는 속절제, 시사는 자, 손 등이 참여하고, 기일제인 경우에는 독행하는 경우가 많았다. 초계 정씨 가문에서 거행했던 제사의 내용은 〈표 1〉과 같다.

〈표 1〉 초계 정씨 종가제사

제향대상	일시(음력)	묘지소재지	향사내용
11세 편(배 개성 왕씨)	10월 1일	여주 강천	묘제
12세 흥(배 주천 조씨)	10월 8일	원주 본재	묘제
13세 온(배 원주 원씨 배 밀양 박씨)	10월 11일	원주 격동	묘제
14세 윤겸(배 원주 원씨)	10월 11일	원주 격동	묘제
	6월 12일	횡성 초당종가	불천지위 기제
15세 숙(배 경주 김씨)	10월 8일	원주 본재	묘제
16세 종영(배 성주 이씨)	10월 5일	횡성 공근	묘제
배 문화 유씨)	10월 5일	파주 도감	묘제
	3월 10일	횡성공근 별묘	춘향
17세 약(배 남양 홍씨)	10월 12일	원주 광격	묘제
배 동래 정씨)	10월 10일	원주 만종	묘제
18세 기광(배 횡성 조씨, 배 전주 유씨)	10월 12일	원주 광격	묘제
19세 석문(배 밀양 박씨)	10월 11일	원주 격동	묘제
20세 수명(배 함평 이씨)	10월 5일	횡성 공근	묘제

이 가운데 초계 정씨 문중은 파주군 월롱면 도내리 소재 문화 유씨묘에는 원래 묘전이 없이 청성군 재산분배시 묘를 관리하는 노비만을 두어 그들의 신공으로 제유에 보태도록 하였다가 21세 팔주가 비로소 답 11두락, 전 1일경

(일경)을 구입하여 묘지노비 몽남에게 지급함으로써 비로소 묘위(墓位)를 마련하여 예의를 갖추었던 사례가 보인다.

초계 정씨가에서 1년 수차례 반복되는 각 문중의 의례는 사람들로 하여금 행동의 제도적 의미를 구현하고 나아가서 그 행동의 총화로 이루어지는 삶의 의미를 알도록 하기 위하여 고안된 제도적 장치였던 셈이다. 이러한 제의를 통해 정종영이 늘 자제에게 경계하여 말했던 "나는 일찍이 내 자신의 편안함을 얻으려고 남에게 해를 주지 아니하였느니라, 너희들도 이와 같은 마음을 본뜬다면 모든 일에 허물이 적으리라."는 훈계와 '시문을 금지'하고 '고향을 지키라'는 유언이 회자되게 되었던 것이다.

3) 별묘 향사의 전개과정

문중에 소속되어 있는 공동재산은 여러 묘택(墓宅)에 딸려 있는 토지와 종가의 위토(位土)로 이루어져 있다. 이는 주로 제사경비를 충당하는 데 쓰인다. 종가에 속한 토지는 문중을 찾아온 손님들을 접대하는 데 쓰이며, 그 밖에도 문중단위로 부조를 하거나 문회 등을 소집할 때 드는 모든 경비를 조달한다. 또한, 문중은 문중산을 소유하여 자손들에게 묘지를 제공하여 준다. 문중이 소유하고 있는 재산은 구체적으로 종답(宗畓)·종위토(宗位土)·문중답(門中畓)·제전(祭田)·묘전(墓田)·묘위토(墓位土)·제위토(祭位土)·종산(宗山)·선영(先塋)·사당(祠堂)·제각(祭閣) 등이다. 이를 모두 위토라고 통칭한다. 이러한 재산은 조상 중의 중심적 인물이 장만하는 수도 있지만 대개 문중에서 함께 장만한다.

조선시대에 제사를 성대히 지낸다는 것은 사회적 명성과 관계가 깊기 때문에 유명 양반들의 문중은 여러 곳에 흩어져 있는 묘지 주변에 광대한 위토들을 장만하였다. 특히, 관료를 많이 배출한 문중일 경우 경제적인 부는 곧 문중재산의 확대를 의미하였다. 이러한 부는 봉제사를 위한 위토뿐 아니라 선비들을 양성해내는 서원 창립의 배경이 되기도 하였다.

그 밖에도 제각의 설립, 종가의 수리, 정자의 건립 등을 지원하면서 인근 유림사회에 확고한 위치를 차지하게 된다. 즉, 문중재산은 조상의 유명도와 함께 위세를 견지하는 데 필수적이다. 유명한 조상의 자손들은 문중재산을 적립, 행사를 성대하게 치름으로써 조상의 사회적 지위를 계승하려고 한다.

1730년 11월 7일 문중의 오랜 논의 끝에 준공된 별묘의 봉안일에 현손 수란, 5대손 전현감 건주, 6대손 전현감 희보, 전좌랑 희규, 진사 희기 및 외손 권성철, 5대 서손 인주, 6대 서손 희열, 7대 서손 동 등이 참례하였다.

별묘에서는 정종영의 기일(8월 11일)과 전배 문화 유씨(2월 5일), 성주 이씨(9월 29일)의 제사가 함께 거행되었다. 3월 10일 거행되는 향사의 제사는 집례, 찬인, 초헌, 아헌, 종헌, 첨작, 도진, 대축, 진설, 봉향, 봉로, 봉작, 존작, 사준, 전사 등이 있었다. 1732년에 거행된 시향에서 초헌관은 6대 지손 희준, 아헌관은 6대 지손 희백, 종헌관은 희언이 거행하였다.[28]

「내외자손섬배기(內外子孫瞻拜記)」에는 별묘의 건립 후 70여 년이 지난 후 별도의 범례를 세워 시행할 것을 규정하고 있다.

제향의 내용 중 예제는 향현사를 따르되 신중, 근엄할 것을 규정하였다. 특히 묘위 전답과 노비가 거의 없는 상태에서 잡비를 줄여서 영구 준봉할 것을 강조하였다. 그 규정은 다음과 같다.

一. 춘추향사는 전답소출로 준비하되 이식행위로 마련하지 말 것.
一. 향용의 잉여분은 유사와 고직이 함께 이자를 취하여 식리를 할 것.
一. 제향후 소입과 소여분에 관한 문서 2건을 작성하여 1건은 별묘에 두고 다른
   1건은 종가에 납부할 것.
一. 별묘 재용에 대해서 유사와 여러 자손은 물론하고 조금이라도 잘못 사용하고

---

28) 「지알록(祗謁錄)」 '팔계군별묘제향홀기(八溪君別廟祭享笏記)'.

납부하지 않으면 당사자를 태벌하고 집안을 수색하여 전답·우마 등을 압수할 것.
─. 별묘에 들어온 후 흡연을 금할 것.
─. 남초비용을 지불하지 말 것.
─. 자손 중 대소과에 입격한 자의 경우 전례에 의거하여 접대하고 그 비용을 제향조에 혼입시킬 것.

다음으로 별묘 운영에 대한 제원들의 행동을 엄격히 규정하고 있다.

─. 제기의 사용을 금할 것.
─. 묘사에 노비를 배제시키고 각 집안에서도 사사로이 사역시키지 말 것.
─. 전답은 평민 외 경작을 허용하지 말 것.
─. 별묘근처 낭사에는 양반의 거주를 불허할 것.
─. 별묘내 소나무와 잡목의 벌목을 금할 것.
─. 제원외 공적인 접대를 허용하지 말 것.
─. 당해 유사가 대단한 사고 외에 제향에 참여하지 않은 경우 준엄히 처벌할 것.
─. 자손 중 묘소에서 패악 무례하게 행동하는 자는 영구히 그 행위를 지적하여 배제시킬 것.
─. 별묘 건물과 담장의 훼손 부분은 당해 유사가 보는 대로 수리할 것.
─. 향사시 집사가 임의로 봉행하는 것을 허용하지 말 것.
─. 향사시 제원이 소란을 피우거나 실례하는 일이 없도록 할 것.

별묘는 몇 차례의 중수를 거듭한다. 중수의 전과정 즉 논의와 재원의 마련, 관리까지 관동파 전 문중의 관심 속에 대대적으로 이루어져 그 단합력을 과시하는 사안이 되었다. 그 중의 한 사례인 1836년의 정당중수내역은 다음과

같다.29)

일정은 3월 16일에 시작하여 5월 29일에 마친 후 30일 재차 봉안한 것으로
나타난다. 별묘의 건축이 오래되어 정당은 서까래와 기와 및 벽이 파손되었고
비가 새는 문제가 있었다. 1835년 추향시 공계비를 계산한 결과 3백량으로
추산되었다. 과거로 서울에 올라갈 때 안동에서 종회를 개최하여 개수방안을
논의하였다. 그 비용은 당시 별묘관리직임자 홍경 및 지평·원주·횡성·강릉·양
양 등 각처에 연락하여 별묘에 송금하기로 결정하였다. 실제 공사 직임자로
홍철을 임명하고, 부직임자 홍적이 끝까지 시종을 맡기로 했다.

「각전배정기」에 의하면 경유사 105량(홍경 100량 포함), 원주유사 16량,
지평유사 4량, 횡성유사 16량, 양양유사 32량, 강릉유사 14량 등 도합 149량에
달하였다. 종가에서는 1량5전과 단청공사비를 담당하였다. 당시 목수·야장·
개와장·단청장에 대한 임금으로 31량 8전이 지급되고 물품 지급조로 41량
7분이 소요되었다. 그러나 당시 수합된 금액은 32량에 불과했으며 1835년
위전에서 소출하여 남은 미곡 75두를 팔아 35량 2전 8분을 마련하였다. 부족분
은 창봉의 강후종·이완금·한치문·이덕상, 공근의 노비 일분 등에게 각각
매달 5분 이자로 이식을 하였다.

이후에도 사우 및 재실의 수리는 수차 실시하였고 유사 2인을 두어 음
매월 1일과 음 15일에 오늘날까지 분향을 시행하고 있다.30)

---

29) 「별묘정당중수시사적(別廟政堂重修時事蹟)」, 도광16년(道光十六年).
30) 별묘는 영정을 봉안하고 있는 사당과 재실의 기능을 하면서 묘성 및 사당관리를
   위한 부속 건물로 구성되어 있는데, 사당은 부속건물 뒤편에 위치하고 있다. 그리고
   이곳으로부터 100여 미터 떨어진 곳에 신도비가 세워져 있고 신도비 앞을 지나
   산 쪽으로 나 있는 소로를 따라 300여 미터 가면 오른쪽 작은 능선에 정종영의
   묘를 비롯하여 정수명·정석연 묘가 한 곳에 위치하고 있다.

10. 맺음말

정종영은 원주에서 태어나 원주에서 세상을 떠난 인물이며 강원감영이 소재한 원주의 칠봉서원에 배향되어 있다. 그는 모재 김안국의 학통을 계승하여 위기지학(爲己之學)의 논리를 견지했고, 유교 이념의 실천적 의미로서 『소학』을 유아교육의 장에서 적극 시행하도록 건의하고 있다. 4곳의 관찰사를 역임할 때 따뜻한 목민관으로서 백성들의 안집과 진휼에 최선을 다하고 엄혹하게 금도를 지켜 파쟁과 청탁을 거절하며 47년의 벼슬살이를 일관하였다. 그 과정에서 청백리로 선발되어 문중과 후대 학자들의 칭송을 받았다.

그가 벼슬길에 올랐을 때에는 을사사화(1545)가 발생한 지 얼마 되지 않은 때였고 대윤과 소윤의 반목으로 인한 여파로 인해 관계에 있어 처신하기가 조심스러웠다. 특히 그가 벼슬하고 있을 때 서고모부되는 윤원형이 20년 세도를 잡고 있었다. 그러나 그가 요직에 발탁된 것은 윤원형이 거세된 뒤의 일이었고 윤원형이 세도를 부리고 있었을 때는 윤원형과 뜻이 맞지 않아 그의 미움을 사 오히려 사사건건 방해를 받았다. 그가 오랜 동안 평탄하게 벼슬살이한 이면에는 그의 성품 외에 달리 설명할 것이 없다. 그는 자기에게 혹독할 정도로 엄하였으나 타인에게는 너그러웠다. 이러한 성품은 붕당을 멀리하여 자력에 의한 벼슬살이를 했을 뿐 붕당에 의지한 출세를 시도하지 아니하여 남명 조식은 그를 일러 '단산 봉황이 높이 날아올랐으니 어찌 바람을 기다리랴[丹鳳高飛不待風]'라고까지 평했다. 그는 47년의 벼슬로 인해 학문을 탐구하는 학자의 삶보다는 관료로서의 삶에 더욱 치중할 수밖에 없었다. 무엇보다 민생의 안정을 위한 제도의 개선과 점진적인 개혁의 길을 모색했던 것이다. 심수경이 정종영의 행장에서 "화려하게 수식을 위주로 한 글을 좋아하지 않고 오직 힘쓰는 학문에 주력했다. 그러다가 자연스럽게 우러나오는 감회가 있게 되면 그것을 시로 읊었다."라고 한 평가는 위기지학의 실용성을 강조한 정종영의 노선을 보여주는 점이다.

정종영이 벼슬을 마침 후 고향 원주에 내려갔고 그가 세상을 떠난 후 횡성 공근에 장사되고 묘에 가까운 횡성 초당(벽옥정)에 후손들이 대대로 거주하면서 동족마을이 형성된다. 후손들은 벼슬이 끝나면 반드시 고향에 은퇴하여 생활하다가 묘소를 설정하여 세거지로서 확고하게 삼고 있다. 약(17세), 기광(18세), 석문(19세), 수명(20세), 팔주(21세)대에 걸쳐 기반이 탄탄한 동족마을과 문중이 건립되었다. 이들은 관직을 위한 임지에서의 생활과 횡성 벽옥정의 생활을 병행하면서 사회·경제적으로도 굳건한 기반을 형성하였다.

당시 초계 정씨가 동족마을에서의 위상을 유지하는 데에는 현조인 종영과 윤겸의 별묘·사우, 지역 대표서원인 칠봉서원에 배향된 사실, 그리고 막대한 경제력 때문이었다. 이와 함께 극진한 제의 집행을 통해 지역 소재 선친 묘소들에 대한 관리와 문중 구성원들 사이의 결집을 이루어내고 있다. 「상장기(喪葬記)」와 「지알록(祗謁錄)」에 나타난 원주·횡성 인근지역의 묘소 관리와 내외손의 끊임없는 별묘 배향사실은 이를 입증한다.

참고로 초계 정씨의 경제력은 토지와 노비제 운영에서 비롯되었다. 17세기 초반 토지의 규모는 답 657두락 240부 4속과 전 418두락 116부 8속에 이르며, 18세기에는 2,403두락이 넘는 토지를 소유·경영하고 있었다. 노비 수만 하더라도 솔거노비·외방노비·묘지기노비를 합쳐 1732년 299구(口), 1759년 236구에 이를 정도였다. 18세기 이후 19세기에 걸쳐 초계 정씨는 종손들의 중앙관직으로의 진출이 적었고 거듭된 재산분배로 인한 토지 및 노비소유 규모가 급격히 감소되었다. 그러나 정종영의 별묘를 중심으로 한 제사의 운영과 기존 시기부터 활용되어온 종약(종규)을 통해 관동파의 전 거주지, 즉 서울·경기·강원 일대의 문중원들에 대한 관리와 연망을 계속 맺을 수 있었다. 이를 통해 마을 내 다른 성씨에 대해 문중의 위세와 권위를 드러내는 한편 동족간의 결속과 하층농민을 지배하기 위한 장치로 이용하고 있었다. 초계 정씨 관동파는 종파를 중심으로 하여 소종들을 결속시키려 하였고 종족의 소통을 분명히 하여 계통을 밝혔으며, 이를 바탕으로 16세 정종영 이래 문중의 전언이기도

한 '조상을 섬기고 종족을 존중하라' '친족을 친하게 여기며 서로 화합하라'의 원리를 실현하고자 하였다.

이러한 전통 위에 성립한 초계 정씨 관동파는 오늘날에도 '선조의 유업을 보호유지하고 추모사업과 육영사업, 회원상호간의 돈독과 화목을 통해 서로 번영한다'라는 목표 하에 '홍문장학회의 운영', '선세 봉심사업', 시조 숭배와 관련된 '광덕사와 옥전서원의 건립', '종사발간' 등의 사업을 꾸준히 전개하고 있다.

현대로 오면서 경제적 기반이 되었던 농토는 상속과 농지개혁 과정을 통해 상당 부분 소멸되기도 하였지만 아직도 지역에서 손꼽히는 든든한 종친회가 존재하고 있다. 오늘날까지도 관동파 선친들에 대한 시제가 거듭되어 횡성·원주는 물론 서울·경기와 강원도 관내에서 두루 참석한다. 종약의 모임도 꾸준히 이어져 문중의 중요 과제를 해결하고 있다.

제2장 임진왜란과 의재(毅齋) 김제갑(金悌甲)의 목민활동

1. 머리말

역사도시란 시간의 흐름 속에서 과거의 제반 규정을 바탕으로 새로운 것이 부가되고, 그것들이 층을 이루며 형성된 도시이며, 공동체의 기억이 오랜 시간을 보내면서 물리적 대상과 장소 속에 복잡하게 얽혀있는 도시를 의미하는 것이다.

조선시대 원주를 상징하는 대표적인 역사유적은 강원감영이다. 그곳에서는 조선왕조 500년 동안 강원도의 정치·행정의 중심지였고 각종 문화교류가 이루어졌다. 또 하나의 유적지인 영원산성은 나말여초 호족의 시대 유력한 지역 세력이던 양길(梁吉)과 궁예(弓裔)가 장악하였던 사적으로 인식되어 왔다. 통사 차원의 주요인물이 관련된 곳이라는 점 외에 이곳은 1291년(충렬왕 17) 원충갑(元沖甲)으로 대표되는 지역의 방위군이 카단(哈丹) 침략군을 무찌른 국난극복의 사적으로 잘 알려져 있다. 그런데 이곳은 임진왜란 때 김제갑 목사의 지휘 아래 왜군에게 항전하다가 수많은 지역민과 장졸(將卒)들이 목숨을 잃은 현장이기도 하다.

잘 알려져 있듯이 임진왜란은 대륙을 정복하기 위한 도요토미 히데요시[豊臣 秀吉]의 야욕에서 비롯된 조선 침략전쟁이자 동아시아 삼국간의 국제 전쟁이었다. 그 중에서 전쟁준비가 전혀 없었던 조선의 경우 그 피해가 가장 컸다.

조선사회는 1592년부터 7년간 전개된 임진왜란과 정유재란의 과정에서 삼남을 중심으로 전국토가 전장화(戰場化)되는 상황을 겪었다. 이 전쟁은 '개벽 이래 없었던 화(禍)'라고 평가될 만큼 막대한 폐해가 발생하였고,[1] 이는 일차적으로 생산자 농민들에게 전가되었다. 경작농지의 황폐화는 물론 농민들의 유리·사망으로 인구는 더욱 감소되었다. 이와 같이 사회의 재생산 기반이 되는 농업 생산력 및 경작지의 감소, 농가 경제의 파탄은 조선왕조의 붕괴 위기로 귀결되었다. 전란이 진행되면서 국왕을 비롯한 지배층의 무능과 나약함으로 인해 전쟁은 더욱 길어지고, 나라의 근본인 백성들은 극심한 어려움에 처했던 것이다.

이 과정에서 관군을 대신하여 목숨을 바친 의병들의 활동이 전개되고 자신에게 주어진 본분을 다하고자 최선을 다해 항전했던 수령·장수들의 모습도 보인다. 장구한 역사 속에서 임진왜란은 전란극복의 항쟁사(抗爭史)였다는 평가를 가능하게 하는 대목이다.

본고는 임란시기 수령제의 실태와 충렬사(忠烈祠)에 배향된 김제갑(1525~1592) 원주목사가 목민관의 사명을 수행한 영원산성의 항전, 그의 생애와 정치활동, 그리고 추숭 활동에 대해 살펴보고자 한다.

2. 전쟁시기 조선군의 대응과 수령제의 운영실태

1) 왜군의 침략과 전쟁초기 조선군의 대응

임진왜란은 1592년(선조 25) 4월, 일본이 약 20만 명에 이르는 대규모 병력으로 조선 침략을 감행한 일방적인 침략전쟁이었다. 전쟁은 4월 13일

---

1) '開闢以來所未有之禍'(『연려실기술(燃藜室記述)』 권17, 선조조고사본말(宣祖朝故事本末) 난중시사총록(亂中時事摠錄)).

고니시 유키나가(小西行長)를 주장(主將)으로 한 1번대 병선 7백여 척과 1만 8천여 병력이 부산포에 상륙하여 부산진과 동래성을 공격하면서부터 시작되었다. 경상좌수영의 조선군대는 크게 저항하지도 못하고 패배하였다. 잘 알려져있듯이 조선군은 200년간의 평화 속에서 실전의 경험이 없는데 비하여 왜군은 오랜 전국시대를 겪는 동안 전쟁의 경험을 쌓은바 있어 조직화된 정예군이었고 수적으로도 압도적이었다. 따라서 전쟁 초기에 조선군은 이들을 제대로 대적할 수 없었다. 또한 왜군의 신무기 조총은 조선군에게 두려움을 주어 전의를 상실하게 하였다.[2]

부산·동래를 함락한 후 왜군의 1번대는 중로(中路 ; 양산−밀양−청도−대구−선산−상주−조령−충주−용인−한성), 2번대는 서로(西路 ; 김해−성주−무계−지례−김천−추풍령−청주−한성), 3번대는 동로(東路 ; 장기−울산−경주−군위−용궁−죽령−원주−여주−한성)로 침공하여 북진하였다. 나머지 1로는 영남지역 해안을 따라 조선의 여러 진을 함락시킨 다음 장차 서해로 진출하여 전라도를 공격하였다.[3] 호남지방에 대한 침공은 전라도 수군의 응전과 영남지역 의병 및 호남의병의 항전에 의해 실패하였으나 나머지 3로를 통한 북상공격은 별다른 저지 없이 가능했다.

그해 5월 거침없이 조선에 진주한 왜군은 8도를 분산 점령하고 각 도별 책임자로 하여금 점령지의 민정을 다루고 현물 납세까지 징수케 하였는데 각 도별 징수 책임자는 다음과 같다.[4]

함경도−가토 기요마사(加藤淸正)　　평안도−고니시 유키나가(小西行長)
황해도−구로다 나가마사(黑田長政)　　강원도−모리 요시나리(毛利吉成)

---

2) 장학근, 「임진왜란기 관군의 활약」, 『한국사론』 22, 국사편찬위원회, 1992, 77쪽.
3) 『선묘중흥지(宣廟中興誌)』 권1, 규장각도서 한국본 15123-1, 17쪽 ; 이석린·김의환, 「임진왜란기 청주 의병과 조강의 의병활동」, 『호서사학』 43, 2006, 28쪽.
4) 조원래, 『새로운 관점의 임진왜란사 연구』, 아세아문화사, 2005, 131쪽.

경기도-우키다 히데이에[宇喜多秀家] 충청도-후쿠시마 마사노리[福島正則]

경상도-모리 데루모토[毛利輝元]　　전라도-고바야카와 다카가게[小早川隆景]

한편 조선 침략에 앞서 나고야성[名古屋城]에 모여 군진을 정비한 다이묘[大名]의 명단과 실태는 다음과 같다.[5]

출진자(出陣者)를 중심으로 한 다이묘[大名] 일람표

推定大名	官職	城地	都道府縣	知行高(萬石)	軍役(人)	陣所字名
淺野長政	彈正少弼	若狹少浜				
島津義弘	兵庫頭	大隅栗野	鹿兒島	55.9	10,000	湯蓋
上杉景勝	越後宰相	越後春日山	新潟	56.1	50,000	官尺
九鬼嘉隆	大隅守	志摩鳥羽	三重	3.5	1,500	春田
福島正則	左衛門大夫	伊予今治	愛媛	11.3	4,800	大平
加藤淸正	主計頭	肥後熊本	熊本	25	10,000	大平
小西行長	攝津守	肥後宇土	熊本	24	7,000	中魚見
黑田長政	甲斐守	豊前中津	大分	12	5,000	猿浦
增田長盛	右衛門尉	近江水口	滋賀	2	1,000	波戸大平
生駒親正	雅樂頭	讚岐高松	香川	16.7	5,500	田中
峰須賀家政	阿波守	阿波德島	德島	18	7,200	鳥巢
高橋直次	主膳正	筑後三池	福岡	1.8	800	小崎
加藤光泰	遠江守	甲斐甲府	山梨	24	1,000	白崎
富田信則	左近小監	近江, 美濃 內		3.7	1,300	宮口
名古屋經述	越前守	肥前名古屋	佐賀			兵庫屋町
小早川隆景	左衛門左	筑前名島	福岡	33.6	10,000	
細川忠興	丹後少將	丹後宮津	京都	11	3,500	
松浦鎭信	刑部卿法印	肥前平戸	長崎	6	3,000	貫拔
木村重隆	常陸介	越前府中	福井	12	3,500	池山
片桐貞隆	主膳正	播磨 內	兵庫	1	200	垣添
波多 親	三河守	肥前岸岳	佐賀	1.2	750	戸屋崎
稻葉貞通	郡上侍從	美濃郡上	岐阜	4	1,400	池尻
加須屋眞雄	內膳正	播磨加古川	兵庫	1.2	200	池尻
長宗我部元親	土佐侍從	土佐浦戸	高知	9.8	3,000	石屋町
立花宗茂	左近將監	筑後柳川	福岡	13.2	2,500	穀出

5) 『수길(秀吉)과 문록(文祿)·경장(慶長)의 역(役)』, 2008년 사가현립 나고야성박물관(佐賀縣立 名護屋城博物館) 제작.

宇喜多秀家	備前宰相	備前岡山	岡山	57.4	10,000	笠冠
鍋島直茂	加賀守	備前佐賀	佐賀	35.7	12,000	高嶽
小野木重次	縫殿助	丹波福知山	京都	3.1	1,000	柴田
管野達長	平右衛門	淡路岩屋	兵庫		250	串崎
谷 衛友	出羽守	丹波山家	京都	1.6	450	串辻
藤堂高虎	佐渡守			2	2,000	野元大平
龜井茲矩	武藏守	因幡鹿野	鳥取	1.3	1,000	値賀川內辻
長谷川秀一	東鄉侍從	越前東鄉	福井	11	5,000	上薄木
毛利輝元	安藝宰相	安藝廣島	廣島	1112	30,000	下薄木
筑柴廣門	上野介	筑後福島	福岡	1.8	900	三本松
石田三成	治部少輔	近江佐和山	滋賀	19.4	2,000	野元辻
大友義統	豊後侍從	豊後內府	大分	23.6	6,000	赤松
早川長政	主馬首				250	江迎
伊達政宗	侍從	陸奧岩出山	宮城	51.5	1,500	江迎
藤堂高吉	宮內少輔					江迎
來島通之		伊予 內	愛媛			横竹
加藤嘉明	左馬助	伊予松前	愛媛	6	1,000	弁天崎
大谷吉繼	刑部少輔	越前敦賀	福井	5	1,200	魚見崎
毛利吉成	壹岐守	豊前小倉	福岡	6	2,000	大畑
前野長康	但馬守	但馬出石	兵庫	5.3	2,000	長尾
吉川廣家	新庄侍從	出雲富田	島根	12	2,000	下薄木
脇坂安治	中務少輔	淡路洲本	兵庫	3	1,500	横竹

조선왕조는 부산 함락 3일 만에 경상좌수사 박홍(朴泓)으로부터 첩보를 받고 급히 이일(李鎰)을 순변사에 임명하여 중로(조령 방면)를, 성응길(成應吉)을 좌방어사로 하여 동로(죽령 방면)를, 조경(趙儆)을 우방어사로 하여 서로(추풍령 방면)를, 유극량(劉克良)과 변기(邊璣)를 조방장으로 임명하여 각각 조령과 죽령을 지키게 하였다. 또한 신립(申砬)을 도순변사로 삼아 이일에 뒤이어 파견하여 북상하는 왜군을 저지하고자 하였다. 그러나 이일은 4월 24일 상주에서 가토 기요마사 군에게 패하여 충주로 물러섬으로써 왜군은 자연 요새인 조령·죽령 등지에서 저항도 받지 않고 충주로 내닫게 된 것이다. 한편, 서울을 출발한 신립은 왜군이 이미 조령을 넘고 있음을 깨닫고 탄금대에 배수진을 치고 임전하였다. 그러나 왜군의 조총에 밀려서 기병(騎兵) 작전도 실패하였고 신립조차 전사하였다.

충주의 패전 소식이 전해지자 선조는 마침내 파천을 도모하고 함경도와 강원도 지역을 중심으로 두 왕자를 보내어 근왕병을 모집하게 하였다. 임란이 발발한 지 20일 만에 한양이 함락되고 2개월 만에 전략의 요충지였던 평양성까지 함락되면서 조선정부는 전쟁의 지도력을 상실하였고, 조선 관군은 여러 차례의 패전으로 와해된 상태가 되었다.

임진왜란 초전의 패인에 대해 3가지 요인이 지적된다. 첫째 제승방략(制勝方略)의 채택, 둘째 해상 격퇴를 고려하지 않은 '방왜육전론(防倭陸戰論)', 셋째 지형지물의 불이용이었다.[6] 기존 진관체제(鎭管體制)에 대신한 제승방략은 현지 병사·수사의 지역방위 책임을 이완시키고 병력이 전투 예상지역으로 이동된 진관은 무방비 상태에 놓이게 되며, 적의 진격이 신속하게 이루어질 경우 이동된 병력이 경장의 부임 전에 격파될 위험이 있었다. 또한 '병사들이 장군을 따르지 않는다(兵不隸將)'라는 표현처럼 경장(京將)은 생면부지의 부하를 지휘하게 되어 부대원의 장악이 어렵고 소규모의 침입에도 병력이 이동되어 민심이 동요되며, 지휘계통의 혼란이 초래될 가능성이 있었다.[7] 한편 하삼도 근왕군(勤王軍) 8만 명이 용인에서 왜군에게 참패를 당하여서 한성 이남 지역에서의 활약을 기대할 수 없었다.[8]

왜군이 침략했을 때 조선왕조는 지상군을 이용하여 적의 북진을 막고, 수군을 이용하여 해로를 차단함으로써 북진 중에 있는 왜군의 세력을 양분시키고자 했다. 그리고 근왕군을 이용하여 한양을 호위하면서 반격군을 편성하겠다는 계획을 수립했었다. 그러나 이는 수포로 돌아갔다. 다만 남해안에서 수군의 승리는 왜군에게 군량과 인력의 부족을 가속화시켜 전열을 정비하기 위해 왜군이 일시 남해안으로 철수하게 되는 계기가 되었다.

---

6) 허선도, 「제승방략연구」 상, 『진단학보』 36, 1973, 49쪽 ; 육군본부, 『한국군제사』, 근세·조선전기 편, 1968, 275쪽.

7) 『선조실록』 권40, 선조 27년 3월 정미.

8) 『연려실기술』 권15, 선조조고사본말(宣祖朝故事本末) 삼도근왕용인패적(三道勤王龍仁敗績) 참조.

2) 군역제와 지방군제의 동요

개전 후 조선 관군들의 패배가 거듭되고 일본군의 북상이 계속됨에 따라 불과 수십 일 만에 호남지방을 제외한 대부분의 주요 간선로가 왜군의 수중에 들어가게 되었다. 그리하여 "나라가 반드시 망한다."는 유언비어가 떠돌면서 지도층의 인사들이 모두 스스로 살 궁리만을 꾀할 지경에 이르렀다.[9]

주지하듯이 조선왕조의 통치이념인 성리학은 도덕의 기초를 본성의 선함에서 찾으려는 맹자의 주장을 자연의 법칙[天理]으로 확립한 철학체계이다. 성리학자들은 정치수단의 위약성에 대한 합리화 방안으로 도덕 본성론의 논리를 대동하였다. 즉 정치적 강제가 인간 외부에서 가해지는 타율이 아니라 각각의 인간들 스스로 이끌어내는 자율적 강제임을 각인시켰다. 성리학은 '유교적 이상사회'의 수립이라는 '목적'을 달성하기 위한 '수단'으로 인간 본성의 회복이라는 도덕의 원리를 내세운 것이다. 이렇게 정치의 목적과 수단을 합일시킨 성리학의 세계를 회의하거나 부정하는 것은 쉬운 일이 아니었다. 그러나 목적과 수단을 합리화한 성리학의 질서가 전쟁, 특히 왜란을 통해 도덕보다는 무력이 현실이라는 각성을 통해 무너질 수도 있다는 위기의식이 팽배해졌다. 전쟁 과정에서 성리학으로 무장된 국가체제가 드러낸 도덕적 무력함과 위선이 크게 부각되었다. 특히 왜군이 저지르는 조선의 부녀자 겁탈과 군신·효제를 뒤엎는 살육 만행 속에 도덕적 규범이 제대로 작동될 수 없었다. 점차 도덕에 대한 회의와 의심은 커져가는 반면에, 시세와 현실이 가치 판단의 기준이 되어 갔던 것이다.

전쟁이 시작되자 곧바로 드러난 정부, 지배층의 무책임한 행동과 무능은 민들의 짙은 불신을 유발하였다. 국왕과 집권관료들이 왜군의 침입을 받아 도성을 버리고 피난을 간 후 민들은 관아에 불을 지르고 문서를 소각하며

---

9) 『선조수정실록』 권26, 선조 25년 6월 기축.

항의하였고, 전쟁 중 병력확보를 위한 모병(募兵)에도 제대로 참여하지 않았다. 특히 '삼남지방 전역이 왜군의 지배하에 들어가지 않았고 강원도와 함경도 지역은 아직 무사한 상황'에서 국왕 일행이 요동으로 도피하려 한데 대해, 민들은 '병란(兵亂)' 자체도 문제이지만 이러한 국왕의 소극적 행위로 인해 더욱 망연자실했던 분위기가 지적되었다.[10]

왜군의 실질적인 공세는 개전 초기의 불과 수개월에 지나지 않은 것이었음에도 불구하고 조선정부는 적으로부터 군기나 군량을 분소(焚燒), 혹은 약탈당함으로써 차후 군량의 부족으로 인한 어려움을 겪었다. 따라서 전쟁이 개시되자 전쟁 수행과 관련하여 각종 물자의 마련, 운송, 토목공사 등의 분야에서 민들에 대한 차역(差役)이 되풀이되고 있었다.

> 경상도·전라도·충청도·황해도·평안도 백성으로 말하면 안으로는 전쟁물자 납부에 이바지하고 밖으로는 전쟁에 동원되며 적의 침범으로 포위를 당하여 큰 고난을 당하지 않은 자가 없었으나, 한 번 영이 내린 것을 듣고는 도로에서 허둥지둥 뛰며 남녀노소가 지고 싣고 따라가면서 조금도 원망하지 않았습니다.[11]

전쟁으로 인해 어려운 현실에서도 변함없이 농민들의 의무와 역할이 강요되고 있음을 보여준다. 우선 수시로 장정을 확보하기 위한 초군(抄軍) 작업이 진행되었다. 육군과 수군, 소모병(召募兵)과 의병 등이 서로 병력의 규모를 다투는 형세였다. 당시 민들은 자신의 부담능력을 초월하는 역의 징발에 시달리고 있었다. 민의 부역 부담능력이 전반적으로 약화되는 가운데 가중되는 역으로부터 벗어나려는 유랑민의 대열이 크게 늘어났다. 혹은 유력한 호세가에 투탁해서 루호(漏戶)가 되는 사례도 나타났다.

다음으로 군역제 운영에서 나타나는 심각한 문제는 실제 편제된 군병들이

---

10) 『오음유고(梧陰遺稿)』 권3, 임진년(선조 25, 1592) 용만(龍灣) 계사(啓辭).
11) 『선조실록』 권45, 선조 26년 윤11월 갑오.

군기를 어기고 도망하는 현상이었다.[12] 오희문(吳希文)에 따르면 격전지 영남 지역은 물론 전라도 지역의 경우도 마찬가지였다. 1592년(선조 25) 완산 통판 이성임(李聖任)이 우주창에 주둔시킨 군사들은 하루아침에 무너져 흩어졌으며, 전 첨사 백관언(白光彦)이 금구현에서 통솔하고 있던 군사들 또한 모두 도망쳤다는 것이다.[13]

이에 대해 "태평을 누린 지 이미 오래 되어 기율로 말하면 해이하고, 기계로 말하면 예리하지 못하고, 군졸로 말하면 훈련되지 않았고, 장수로 말하면 마땅한 재목이 아니어서 소란한 변이 눈앞에 닥쳐와도 손발을 쓸 수 없다."는 날카로운 지적이 있었다.[14] 지방 군현에서는 이탈자를 잡아서 참형에 처하거나 본인 혹은 가족을 옥에 가두는 방식으로 처벌하였다. 대개는 군영으로 강제 송환하는 정도의 조치가 취해졌다.[15] 조선왕조로서는 군율을 엄격하게 적용하거나 또는 처벌대신 속죄의 방면으로 상경시위(上京侍衛)하게 한다든지, 곡식을 바쳐 군량미를 보태도록 하였다.[16]

이처럼 전쟁은 구래의 군역제가 안고 있었던 모순을 전면에 드러나게 하였다. 초기 전투에서의 패전이 그러한 상황을 잘 보여주며, 무거운 부담을 강요당한 군역 농민들이 피역·도망하고 설사 입역(立役)되었다 하더라도 이탈하는 현실은 거듭되었다.

---

12) 실제 개전 초기 영남지방의 경우 감사의 징발령이 각 읍에 이르자 군인들은 '惑中路逃去 惑出門輒走 惑不見賊而走'하는 실정이었다(『연려실기술』 권15, 선조조 고사본말 임진 왜란 대가서수(大駕西狩)).
13) 『쇄미록(瑣尾錄)』 권1, 임진남행일기 1592년 5월 3일.
14) 『선조실록』 권45, 선조 26년 윤11月 갑오.
15) 『쇄미록』 권6, 무술일록(戊戌日錄) 정월.
16) 『선조실록』 권43, 선조 26년 10월 병술.

3) 전란기 수령제의 운영실태

조선왕조는 전기 이래 330여 군현에 대해 '토지를 지키고 백성을 양성하며 왕명을 받들어 행하는' 관료로서 부윤(종2품) 이하 현감(종6품)에 이르는 목민관을 파견하였다. 조선의 전시기를 통해 수령은 집권체제의 강화, 지방통치 조직의 확립을 운위할 때 가장 중요한 직임으로 간주되었고, 중앙집권적 정치구조와 향촌의 권력구조의 두 측면에서 동시에 주목되는 대상이었다.

대체로 수령의 임무는 '농상성(農桑盛)'·'부역균(賦役均)'·'호구증(戶口增)'·'학교흥(學校興)'·'군정수(軍政修)'·'사송간(詞訟簡)'·'간활식(奸猾息)'으로 표현되는 칠사를 중심으로 설명할 수 있다.[17] 다시 말해 수령의 통치는 농업재생산의 지원, 재생산의 기초이자 세원으로서의 인구의 확보, 수취체계의 운영, 체제유지를 위한 지배이데올로기의 확산, 군정 및 행정의 수행, 재지세력에 대한 견제가 그 중심내용이었다. 또한 수령은 각종 사송의 해결권과 정령의 수행권을 지니며, 면리제·오가통제 내 면리임·통수 등 하위 직임자들에 대한 총괄 임무를 부여받고 있었다. 조선왕조는 일정 군현 내 국왕을 대신하는 존재[命吏]로서 수령을 규정하고 그에게 백성에 대한 왕화(王化)·선도(善導)의 책임을 부여하였다.

특히 군정의 문제는 수령에게 대단히 중요하였다. 양민의 군역을 고르게 부과하며, 규율을 엄격히 하고 때에 맞추어 진법(陣法)을 익히고 연습해야 했다. 군사문제는 국가의 안위나 존망과도 직결되어 있어 소홀함이 있을 수 없는 일이었다. 결국 수령은 각 군현의 행정권·사법권·군사권과 함께 재정권까지 행사한 목민관이었던 바, 그 품성과 능력 여하가 민들의 생활에 많은 영향을 끼쳤다.

조선왕조 개창 이래 '문존무비(文尊武卑)'의 국가시책으로 사족들이 무를

---

17) 「선각(先覺)」 첨록(添錄)(『조선민정자료-목민편』), 249~254쪽.

경시하는 풍조가 일어났고, 그 정도가 지나쳐서 스스로 문약(文弱)에 빠지는 모순이 생겨났다. 사족들 가운데 문무를 겸비한 사람을 높게 평가하는데 그것은 문관으로서 무를 겸비하는 자를 말하는 것이다. 실제 1587년(선조 20) 4월 당시 이원익은 안주목사로, 김제갑은 창성부사에 임용되었는데 목표는, "명망이 중한 문신을 정밀히 골라 그 지방을 다독거려 수습하게 하되 구임(久任)시켜 공을 세우도록 책임지우기를 청한다."는 것이었다.[18] 그러나 본 인사가 단행된 다음 해인 1588년(선조 21) 11월 병조판서 정언신(鄭彦信)은 북도(北道)와 만포진과 강계 등지가 요해처(要害處)인데 70세에 가까운 만포진 첨사 조대곤(曺大坤), 강계부사 이태형(李泰亨), 창성부사 김제갑의 임용사례를 문제로 제시하고 수찬 김신원(金信元)은, "연소한 문관으로 궁마의 재주가 있는 자를 차송해야 됨"을 진언하였다. 선조 역시 "우리나라의 소위 문관들은 어려움을 만나면 달아난다. 군대의 통솔은 당연히 해야 할 자기분수의 일인데 평시에는 그대로 행하다가 어려움을 만나면 달아나곤 하니, 어찌 이 같은 문관이 있을 수 있겠는가. 대체로 편안히 날짜만 보내기를 좋아할 뿐이다."라고 자탄하고 있다.[19] 이 같은 우려는 차후 전쟁이 발발하자 현실로 나타났다. 결국 11월 16일 비변사에 의해 창성부사 김제갑과 의주목사 이양중(李養中)은 나이가 많고 질병이 있다는 이유로 체직되었다.[20] 이를 통해 조정에서는 문관 위주의 수령제 운영에 따른 문제점을 절실히 깨닫고 있었고, 한편으로 북방의 후금에 대한 방비에만 신경을 곤두세웠던 분위기를 알 수 있다.

전쟁이 발발하자 향촌사회와 민의 실태는 최악의 상황이 되었다. 전쟁 당시 민의 실태는 "임란을 당해 민들이 모두 항산(恒産)을 잃고 풀을 엮어 의복으로 삼으며 열읍이 텅 비어 사망이 반이나 되어 평소 100가구나 되는 촌락에서 10에 1~2가구만이 있을 뿐이다."[21]라고 묘사되었으며, "인가가

---

18) 『선조수정실록』 권21, 선조 20년 4월 경신.
19) 『선조실록』 권22, 선조 21년 11월 정사.
20) 『선조실록』 권22, 선조 21년 11월 을축.

1~2년 동안에 거의 다 훼손되어 비록 서울로 돌아오고자 하는 자가 있어도 거처할 곳이 없고, 또 마을의 민가 마당에 곡식이 가득 재배되고 있어 보기에도 참담하다."라고 묘사되었다.[22] 농업 노동력이자 부세 담당층인 농민들의 심각한 유리 실태가 보인다.

전쟁으로 인해 향촌사회의 조직 자체가 무너지는 등 상상을 넘는 전쟁의 피해와 거기에 따르는 새로운 동향도 파악할 수 있다. 함안의 경우, "우리 고을은 비록 바닷가 모퉁이에 소재하나 백년 낙토이며 사람이 많이 거주하고 물산이 풍부하다. 예전 산익리(山翼里) 한 마을의 예를 들면, 당시 인구가 850여 명에 이르렀는데 지금에는 한 사람도 돌아오지 않고 있다. 한 귀퉁이의 사정이 이럴진대 전국의 사정은 헤아릴 수 있겠다."[23]고 하여 큰 마을이 전쟁의 와중에서 소멸되어 버린 상황이 설명되며, 진주 금산리(琴山里)와 대촌리(代村里)가 임란 직후에 금산으로 통합되는 사실도 나타나고 있다.[24] 최현(崔晛)은 "전쟁을 경과하면서 수백 마을에 걸쳐 밥 짓는 연기가 피어오르지 않으며 한 고을에 겨우 수십호 만이 거주하여 수령되는 자가 텅텅 비어 있는 빈집을 지키는 것처럼 통치가 이루어지지 않는다."[25]라고 하여 극심한 향촌사회의 붕괴상황이 지적되고 있다. 수령제와 군현제의 절대적인 위기였다. 우리가 살피려는 원주의 사회·경제상황도 여기에서 추론해 볼 수 있을 것이다.

---

21) 『선조실록』 권93, 선조 30년 10월 정축.

22) 『선조실록』 권73, 선조 29년 3월 정해.

23) '吾鄕雖僻在海隅 百年樂土 民物盛居 姑以吾山翼一里言之 當時戶口見錄者 八百五十有餘 而今 無一人還土者 一隅如此 四境可知(『함주지(咸州誌)』 오운 근서 우한성지우사(吳澐 謹書 于漢城之寓舍 ;『朝鮮時代 사찬읍지』 23, 경상도 8, 한국인문과학원, 400쪽).

24) 『진양지』 권1, 각리조(『조선시대 사찬읍지』).

25) '經兵亂之後 或有數百里無烟火者 或有數十戶爲一縣者 爲守令者徒持空器 無爲成形(『訒齋集』 권2, 陳時務九條疏). 서애 유성룡은 전쟁 직후 향촌사회의 실태에 대해 '今日亂離之余 各於民居稀闊 或數里而一家'라고 설정하였다(유성룡, 『군문등록(軍門謄錄)』 병신 선조 29년(1596) 정월 3일).

심지어 전란기 적의 점령 하에 들어간 지역에서는 기존 조선왕조의 통치체계는 무시된 채 새로운 일본의 지배기구가 만들어졌다. 가령 해남의 경우 왜에 투항한 향리·좌수·별감이 마을 민들에게 흉악을 저질렀던 사실이 보고되었고,[26] 경상도 지역에서 적장 가토 기요마새[加藤淸正]는 군현 부로(父老)에게 방문을 게시하여 각관 좌수·변장·경내 색장·유사의 성명을 기록하고 각관 리의 수, 전결 수를 자세히 파악했던 사례가 보인다.[27] 오희문(吳希文)에 따르면, "왜적이 경계에 들어온 후에 영남사람들은 그들에게 들어가 길을 인도한 자가 몹시 많아서, 혹은 그들과 붕당을 맺어 왜의 말을 하면서 어지러이 민가에 들어가면 사람들이 모두 도망해 흩어지고 재산을 약탈해간 것이 몹시 많다고 한다. 또한 성산(星山)을 점령한 왜적이 스스로 목(牧)을 삼고 우리나라 중들로 판관(判官)을 삼아서 관곡을 나누어 주면서 민심을 진무했다."고 기록하고 있다.[28] 즉 왜군의 점령지 하에서 조선왕조의 지방통치체제 자체가 완전히 붕괴되었음을 보여주고 있다.

전시 하에 수령들의 사망소식이 거듭 알려졌고 수령들이 감사·목사 및 지역 사민(士民)들과 함께 산간이나 해안지역으로 피난하는 사례도 빈번히 보고되었다.[29] 특히 접전지대인 남쪽지역의 수령들은 현지를 고수할 의사가 없고 모두 산골짜기로 도망가 피신하므로 적이 쳐들어오지 않아도 민심이 동요된다고 지적되었다.[30] 조선왕조는 '쥐처럼 도망한' 한 수령에 대해 '국문하여 죄를 묻거나', '전쟁에 참여하여 공을 세우거나' 또는 '곡식을 바쳐 전량미를 운송'하게 하는 처벌만을 거듭 지시할 뿐이었다.[31]

---

26) 『선조실록』 권94, 선조 30년 11월 12일 기해.
27) 『선조실록』 권94, 선조 30년 11월 임인.
28) 『쇄미록』 권1, 임진남행일기.
29) 안음현감 곽준, 전 함양군수 조종도가 전사하고(『선조실록』 권91, 선조 30년 8월 을해), 구례현감 김응서 등이 전사한 사실(『선조실록』 권85, 선조 30년 2월 갑술), 남원·전주 패몰 후 수령이 도망하고, 사민이 궤멸하여 흩어지며, 감사·목사는 해안 지역으로 기탁하는 사례가 보고되었다(『선조실록』 권92, 선조 30년 9월 임진).
30) 『선조실록』 권74, 선조 29년 4월 무술.

조선왕조는 전쟁으로 인해 동요하는 수령에 대해 처벌 방침과는 별도로 진무책을 강구하였다. 그 중 하나는 보장책(保障策)이었다. 전시 하 수령체제 유지를 위한 방안으로써 국왕 선조는 난리가 평정될 때까지의 기한으로 주읍내 험요한 곳을 택해 산성을 설치한 후 감사 및 수령이 가솔을 거느리고 들어가 머물면서 보장하도록 하였다. 평소 정비하며 준비하지 않다가 위급할 때 촌민만을 보내면 명령체계가 제대로 서지 않게 되는 사실을 문제점으로 지적하였다.[32]

아울러 거듭 지적된 것처럼 도로의 요해처와 관방의 중요한 곳은 문무재략이 있는 자를 주선하여 수령으로 삼을 것과 모든 장관과 여러 고을의 수령을 나누어 위장(衛將)을 삼고 자기의 성채를 지키면서 상황을 연락하도록 지시하고 있다.[33]

당시의 최대 난제는 시기적 상황과도 관련하여 '안으로 백성을 구휼하고 밖으로 적을 치는 방도'였던 바 '인재를 얻어 한 마음이 되게 한다면 몽둥이를 만들어 적을 격퇴하는 셈'이라 하고,[34] 조정에서 하달되는 명령의 원활한 수행을 위해 적임 수령을 얻는 것이 중요하다고 했다.[35] 즉 당해 시기의 문제해결을 위한 수령제의 역할이 막중함을 강조하고 있다.

수령은 전시 하의 지원업무는 물론 농경 권장, 폐잔읍(廢殘邑) 보강, 도적방지 등 생산력과 행정체계의 보완을 위한 각종 임무를 수행하여야 했다.[36] 첫째, 전시상황 하에서 군량비축 책임이 수령에게 모두 일임되어 있었고,

---

31) 도망하여 탈출한 8명의 수령을 체포하여 죄를 묻고(『선조실록』 권93, 선조 30년 10월 병인, 정묘, 무진, 기사, 경오, 병자), 도망간 수령 14명은 전투에 임하여 공을 세우게 하였고, 10명은 곡식을 바쳐 군량미로 운반하도록 했다(『선조실록』 권95, 선조 30년 12월 임술, 을축, 병인, 무진, 을유, 병술).

32) 『선조실록』 권71, 선조 29년 정월 갑신 ; 『선조실록』 권88, 선조 30년 5월 기미.

33) 『선조실록』 권72, 선조 29년 2월 계축.

34) 『선조실록』 권47, 선조 27년 정월 계사.

35) 『선조실록』 권83, 선조 29년 12월 무인.

36) 『선조실록』 권49, 선조 27년 3월 3일 신사.

그 비축량에 따라 포상이 실시되었다.[37] 또한 각 군현 별로 무기 수리를 강조하고 위급함에 대비하려 했으며,[38] 『경국대전』 병전 적추(積芻) 조항에 의거하여 전쟁물자인 말의 꼴을 차등적으로 마련하게 했다. 특히 여러 읍 수령들에게 원병인 중국군의 군량조달과 그 지원 사업에 집중하라는 지시가 거듭되어 지역 내 기민의 구활(救活)사업이 추진되지 못한다는 지적이 있을 정도였다.[39]

둘째, 수령의 주요 기능 가운데 전시의 상황과도 관련하여 크게 강조된 것이 '군정수(軍政修)'의 기능이었다. 군역을 통해 전반적인 국방의 문제는 처리하고 있으나 개별 군현에서의 군사조련, 군비의 마련 및 효율적인 병력동 원 지휘체계의 확보 등은 주요한 사항이었다. 이를 위해 수령으로 하여금 면리에 현존한 장정을 일일이 단속하여 '초관(哨官)—기대통(旗隊總)' 조직을 정비하고 평시에는 토적(土賊)을 방비하는 데 이용하고 유사시 긴급 소집이 가능하도록 했다.[40] 아울러 수령이 군사훈련을 관장하게 하되 잘못하는 자는 장형(杖刑)에 처하도록 조치했다.[41] 병조에서는 수령이 직접 군안(軍案)을 통해 현존자(現存者)의 나이와 장약(壯弱)을 살펴서 장실한 자는 호수(戶首)로, 빈약한 자는 보솔(保率)로 구분시킬 것과 결원 군정을 보충하지 못한 수령에 대해 파직을 명하고 있다.[42]

셋째, 당시 수령은 조선왕조의 향촌정책의 수행과 민심동요를 무마하기 위한 정책을 펴는 데 핵심적인 역할을 하였다. 민의 안집(安集)에 긴요한 진휼·권농 등 농업 재생산 체제의 지원이 있었다. 특히 2~3구 혹은 4~5구씩의 유민을 관청에서 부양하는 사업, 종자 곡의 구입과 토지를 가려 지급하는

37) 『선조실록』 권87, 선조 30년 4월 갑신.
38) 『효종실록』 권12, 효종 5년 6월 을해 ; 『선조실록』 권110, 선조 32년 3월 경인.
39) 『선조실록』 권46, 선조 26년 12월 계유.
40) 『선조실록』 권73, 선조 29년 3월 을유.
41) 『선조실록』 권82, 선조 29년 11월 계사.
42) 『선조실록』 권195, 선조 39년 정월 계유.

사업43) 등이 수령의 책임 사안으로 강조되었다.

조선왕조는 민의 불신감을 불식하고 통치체계를 강화하기 위해 여러 조치를 강구하였다. 가장 시급히 제기된 사안은 전쟁 시 패장 또는 투항자를 처벌함으로써 자체 단속을 강화하는 데 있었다. 예컨대 황석성장(黃石城將) 백사림(白士霖)은 성이 함락되자, 성내에 가득한 사민을 모두 죽게 하고 그의 가족과 일부 부하만을 데리고 도망하였다는 혐의로 처벌되었으며,44) "팔도의 수령들이 바람에 휩쓸리듯 성을 버리고 도망쳐 숨어버렸는데, 특히 김수(金晬)는 적을 인도하여 서울로 올라와 군사를 거느리고 호구(湖口)에 있었다"라는 혐의가 대두되었다.45) 그리고 적에 투항한 관료들은 자신들 뿐만 아니라 그 자손들까지 관료에 임용될 수 없도록 조치하였다.46)

3. 영원산성 전투와 원주목사 김제갑의 대응

왜군이 북상하자 강원감영이 소재한 원주에 주둔하였던 원주진(原州鎭) 군은 대거 충주전투에 파견되었다. 4월 27일 충주의 패전으로 인해 이에 참전한 원주진 군이 함께 타격을 받아 후일 원주방어에 어려움을 겪었던 것이다.47) 충주 패전 후 강원도 각처에 있던 지방군은 서울로 징발되어 경사(京師)에 편입되고 현지에는 정규군이 거의 없었다고 한다.48)

강원도로 침입한 왜군의 침략경로를 보면, 부산 상륙시 제4진으로 들어온 모리 요시나리[毛利吉成] 군은 동두천으로 올라가 철원·평강·김화를 거쳐 동북

---

43) 『선조실록』 권46, 선조 26년 12월 계유.
44) 『선조실록』 권107, 선조 31년 12월 경오.
45) 『선조실록』 권107, 선조 31년 12월 무진.
46) 『선조실록』 권189, 선조 38년 7월 경술.
47) 『문숙공 김제갑 약전(文肅公 金悌甲 略傳)』.
48) 『한국전란사』 조선기 임진난 4월 29일조.

방향으로 나아간 후 6월 5일에 김연광이 지키는 회양부를 점령하였다. 6월 10일 원호가 지키는 여주에서 격전을 벌인 후[49] 더욱 북상하여 6월 15일에는 함경도 남병사 이휘가 진을 치고 있는 철령을 넘어 6월 19일 김화에서 원호와 충돌하였다. 이곳에서 조방장 원호가 전사하였다. 이들은 6월 17일 가토 기요마사[加藤淸正] 군과 함께 함경도 안변부에 입성하였다.

가토 기요마사 군은 함경도를 장악하였기에 여기에서 북진하고, 모리 요시나리 군은 안변에서 흡곡을 거쳐 강원도 영동지방으로 남하하여 통천·고성·양양·강릉으로 침입하였다. 1지대는 서향하여 양양에서 설악산을 우회하여 인제로 들어가고 주력부대는 삼척으로 내려가 두타산성(頭陀山城)을 함락시켰다.

7월 이후 주력부대는 삼척에서 주둔하고 1지대가 다시 남하하여 울진·평해를 휩쓸고 다시 삼척의 서쪽 백복령을 넘어 정선·영월을 분탕했다. 8월 22일 유종개·한효순이 지킨 봉화를 함락시키고 충북 영춘으로 나아갔다가 다시 남한강 상류를 따라 평창을 점령하고 영월·주천을 빠져서 신림을 거쳐 원주 영원산성으로 침입하였던 것이다.[50] 모리 요시나리 군은 1만 4천명의 병력으로 구성되었는데 육군의 제9군 가운데 가장 잔인했다고 평가되었다.

조선은 산지가 많은 지형적인 조건과 지역적 특수성 때문에 산성이 발달하였다. 조선시대 각 읍의 인근에 있는 산지에는 대개 1~2개 혹은 그 이상의 산성이 있었는데, 성안에는 우물이나 창고 혹은 임시 관아를 두어 유사시에 주변의 주민을 이끌고 성에 웅거하여 적과 대응하도록 하였다. 이러한 산성은 당대에 신축한 것도 있지만 상당수는 고대로부터 현전하는 것이 많았다.

산성은 조선중기에 이르러 200여 년에 걸쳐 외침이 없었던 까닭에 정비·관리를 소홀히 하여 대부분 폐철(廢撤)되거나, 퇴락하였다. 당시 조선왕조의 방비시설에 대한 관심이 주로 북방의 변경지역과 남방의 연해지역, 특히 왜인들이

---

49)『선조실록』권26, 선조 25년 5월 을유.
50) 조동걸,『태백의 역사』, 강원일보사, 1973, 167~176쪽.

자주 왕래하는 곳과 왜적 방비에 요충지가 되는 곳에 집중되어 소재함에 따라 내륙지방의 방비는 상당히 해이해졌던 것으로 보인다.[51] 이처럼 임진왜란 직전 조선의 관방시설은 '내고외허(內固外虛)'의 방어실태를 보여주었고, 왜란이 일어나자 그 단점이 쉽게 노출되었다. 왜군이 부산진성·동래읍성을 차례로 함락시키고, 주요 교통로에 위치한 읍성들을 무시하다시피 북상하였던 것이다.

따라서 왜란을 겪는 동안 변경을 돌파하여 내지까지 깊숙이 침입한 적을 제압하는 방법으로는 역시 들을 비우고 모든 물자를 산성에 비축하여 싸우는 '청야입보(淸野入保)'의 방안이 효과적임이 인식되었다.[52] 이에 따라 전란 중에 수많은 옛산성들이 수축 또는 개축되었다.[53]

전라감사 이정암(李庭馣)의 장계에 의한 비변사의 견해에 따르면 왜군과의 전투 시 산성의 유리한 점으로 첫째, 하늘이 만든 험지이자 삼국에서 고려 말까지 외환을 물리친 경험이 있는 경우가 있었고, 둘째, 전술적으로 왜군이 철환에 의지하는데 조선의 평지성은 낮고 엷어서 적의 비루(飛樓)로 성안을 조망하면 우리 군사가 고개를 들 수 없는데 비해 산성은 이에 대응할 수 있다는 점을 들었다.[54]

임진왜란 때 강원도의 산성 중 삼척의 두타산성, 평창의 노성산성(魯城山城), 원주의 영원산성에서는 직접 전투가 전개되었다. 이 가운데 영원산성은 원주 동쪽 30리 치악산 남쪽 기슭에 위치하며, 석축의 길이가 3,749척으로써 사방이 모두 절벽이며 전방에 통로가 하나 있어서 겨우 한 사람씩 기어 올라갈

---

51) 유재춘, 「임진왜란시 일본군의 조선 성곽이용에 대하여-철원 성산성 사례를 중심으로」, 『조선시대사학보』 24, 2003.
52) 청야책은 당시 이원익에 의해서도 제기되었는데 이는 방방곡곡에 저축한 것이 깨끗이 없어지므로 적의 진로를 차단시키는 유효한 방책임이 지적되었고, 수령으로 하여금 백성에게 직접 지시하여 성사시키도록 하였다(『선조실록』 권82, 선조 29년 11월 17일 기유).
53) 차용걸, 「조선후기 관방시설의 변화과정」, 『한국사론』 9, 국사편찬위원회, 1981, 72쪽.
54) 『선조실록』 권46, 선조 26년 12월 임자.

수 있는 요새였다.

현전하는 영원산성은 해발 970.9m의 북동쪽 정상부에서 서남향한 계곡을 능선으로 감돌아 서남부의 계곡부를 에워싸고 있다. 성벽이 능선을 따라 축조되고 굴곡이 심한 능선이 가지 능선으로, 회절하는 위치마다 곡성(曲城)을 마련하였을 뿐 아니라 성 밖으로 작은 계곡을 이루는 곳마다 좌우에 밖으로 돌출한 곡성이 있어서 방어에 가장 유리하도록 축조되었다.

성문은 북쪽 성벽의 가장 낮은 곳을 통과하는 안부의 외면에 치성을 동반한 북문이 있고, 남쪽 성벽의 곡부 상단에 개구부가 남아 있는 남문이 있으며, 서남쪽 계곡의 북편으로 통행로가 있고 수문 터가 있다. 따라서 성으로의 통행은 당초에 계곡을 이용하여 이루어진 것으로 보인다.

성벽은 원칙적으로 내외 협축(夾築)의 할석축이며, 성벽의 상단에서는 평여장(平女墻)을 역시 작은 할석으로 석축하고, 안쪽에 가끔 계단의 흔적이 있으나, 대부분 안쪽 성벽의 높이가 낮으므로 성벽으로 오르내리는 별도의 계단은 만들지 않았다고 여겨진다. 그러나 경사가 가파른 곳에서는 안쪽의 성벽에 계제(階梯)식의 석축을 함으로써 높이 차이가 심한 성벽 위에서의 이동을 원활히 할 수 있도록 고려되어 있다. 성벽은 능선의 바로 외측면 경사를 이용하여 축조되었으므로, 성벽의 내면은 능선 정상부로 바로 이어진다. 북쪽에서는 일부의 구간에서 석축 성벽의 안쪽으로 토루(土壘) 흔적이 있고, 서쪽 성벽의 남반부는 절반 이상이 천연의 암벽을 이용하고 있다. 천연의 암반을 이용한 곳에서는 일부에서 암반 위에도 형식화된 석축을 한 부분이 있다.[55]

김제갑 목사는 원주에서 정사한 지 1년이 채 안된 시기에 왜란을 만나게 되었다. 인근 충주에서 전투가 벌어질 때 신립 군에게 정예병과 이기구(利器驅) 모두를 지원해 주었기 때문에 원주 자체 방어를 위한 무기나 인적 자원이

---

55) 차용걸, 「영원산성에 대하여」(치악산 영원산성 심포지엄 발표문), 1999, 31~32쪽.

크게 부족하였다.

임진년(1592) 6월과 8월 김제갑이 아들 김시헌(金時獻)에게 보내는 2통의 편지를 통해 당시 실정을 살펴볼 수 있다.

왜적이 양주로 하여 포천·영평·가평 등지로 지나 들어오며 노략질하고 분탕 친다고 들었다. 수일 전에 왜적이 충주로부터 북창을 건너 분탕질을 하였다. 연일 비가 내려 강물이 불어서 지금인 즉 범접을 못할 것 같다. 염려하지 말라. 또 들으니 왜군이 도성에 웅거하고 양주에서 임진강까지 다 무너진 후 아군이 다시 싸우지 못하고 한갓 결진(結陣)만 한 채 양식만 축내고 있다고 한다. 오랜 시일이 지속되어도 적이 쉽게 물러가지 않으면 농사를 못할 것이니 백성들이 다 굶어 죽을 것이다. (…) 왜적이 임진서 패망해 온 장수를 죽이고 경강 사람들을 심복으로 삼아 파선한 배를 수리하여 강을 건넌다는 말이 전한다. 이 말을 믿을 수 없으나 이 나라는 아군 다수가 궤몰한 후 다시 견고히 방어하기는 어렵다. 저 왜적이 강변에 진을 친 지가 이미 오래되어 그 뜻이 반드시 서방으로 향하고자 하리니 통분을 참을 수 없다.[56]

이곳의 사람들은 완강하나 쉽게 겁을 먹는다. 적의 형태를 보지 못하였으나 한번 적이 온다는 말을 들으면 비록 50리 밖에 있다 하더라도 넘어지고 흩어질 것이다. 이 고을의 사람들은 적을 방비하기가 쉽지 않을 것이라는 것을 알고 있으며 가속을 다른 지역에 숨기려 해도 그 지역에도 적이 출몰할 것을 두려워하여 부득이 옛성에 들어온 것이다. 비록 험지이기는 하나 군사가 적어 걱정이 앞선다.[57]

---

[56] 『의재유고(毅齋遺稿)』 권1, 서(書) 기자시헌(寄子時獻) 임진 6월 2일.

[57] 『의재유고』 권1, 서 기자시헌 임진 8월 5일. 이 편지가 의주에 도달하기 전에 흉음이 먼저 와서 국왕 선조는 김시헌에게 이 부고는 믿을 수 없다고 하고 발상(發喪)하지 말 것을 명한 후 확인 차 원주에 역마를 보내었다. 얼마 안 되어 이 서신이 비로소 도달되어 바로 승정원에 이르니 승정원에서 행재소로 보내었다. 국왕 선조도 놀라 탄식하는 말이, "이 글을 보니 김제갑이 반드시 죽겠구나."라고 하고 환도(還都)할 때까지 잘 보관하도록 명하였다.

김제갑은 국왕의 호종으로 의주에 있는 아들에게 보내는 서찰에서 적의 강성함과 대응태세의 불비함, 군·민들의 사기 저하를 지적하고 있다. 죽음을 앞둔 혼미한 상태를 언급하고 있다.[58]

> 가만히 오늘의 형세를 살펴보면 우리 군대는 크게 패하고 장졸들의 마음이 상하여 위축됨이 전날 싸우지 않을 때보다도 더 심하다. 적의 형세는 더욱 치열하고 용병술도 교묘하고 민첩하여 가는 곳마다 앞에 아무것도 없는 듯 예봉을 꺾었다. 치욕을 설욕하려는 거사는 결코 가망이 없다. 백성들이 물크러져 모두 없어지고 뒤가 없다. 지금 세상을 살아간다는 것은 살아있는 것 같기도 하고 혼이 떠있는 것 같기도 하며, 죽음을 앞에 두고 있음은 늦고 빠름이 다를 것이 없으니 이를 어찌해야 하는가. 회복하는 것마저 하늘에 사람의 일을 의논할 수 없으니 상심함이 이와 같다. 저들 적들은 서쪽으로 가는 것을 중지하지 않을 것이다.

처음 영원산성을 지킬 때에 이희(李墍)가 호소사(號召使)로서 원주의 서쪽 지경에 머무르며 김제갑에게 보낸 편지에서, "비록 땅을 지키면서 죽기로써 직분을 다하고자 하나 성은 외롭고 일은 급한데 어찌하겠는가. 모름지기 이리로 와서 나와 함께 일하고 여주와 원주의 지경에서 형세를 보아서 나아가고 물러가는 것이 옳다."라고 하였다. 김제갑은 몸소 흥원창을 방문하였으나 서로 만나지 못하였고 1592년 8월 18일 저녁에 보낸 답서에, "대의를 개진(開陳)하여 반드시 죽더라도 두 마음이 없다."라고 굳은 의지를 표명했다고 한다.[59]
한편 회양에 진을 친 왜군은 평창·영월을 유린하고 주천·신림을 거쳐 원주로

---

58) 친필서찰,『근묵(槿墨) 인(仁)』, 87쪽, 성균관대학교 간행, 1995, "竊觀今日之勢 我軍大敗 將卒喪膽 沮縮有甚於前日 不戰之時 賊勢益熾 用兵巧捷 所向無前催鋒 雪恥之擧 決不可望 生民糜爛 絶滅後已 今之生世 如寄如浮 就死無 有遲速之殊矣 爲之奈何 至如恢復 天也 未可容議 以人事喪之 則如此矣 彼賊西向之不中止."
59)『의재유고』권1, 서, 기소모관 이희(寄召募官李墍).

쳐들어올 태세였다. 김제갑 원주목사는 재계(齋戒)한 후 융상(戎床)에 나가 투구·갑옷·활·융복·화살을 구비하고 칼창과 기를 세우고 각각으로 행오(行伍)를 정제하며 좌우를 명하여 다음과 같이 말하였다.

누가 능히 몸을 가볍고 날쌔게 적을 대적할 수 있느냐? 적의 강경한 것은 더하고 우리는 약한 것이 날로 심하여 겁이 배나 나니 싸우면 피만 흘릴 것이요 사람으로 지키자니 꽤나 어렵다. 성은 첩지가 없고 밭도랑도 흐르지 않고 식량이 넉넉하지 않으며 기계가 다하여 우리 고을은 하나도 믿을 것이 없다. 그렇다고 하여 어찌 속수(束手)하는 것이 편안할까? 하늘이 원주에 준 것은 오직 영원성이 있어 가히 웅거할 만하다. 예전 사람이 여기를 얻어 공을 세웠다. 나는 비록 재주가 예전 사람만 못하지만 나의 뜻이야 어찌 예전 사람만 못하리오. 지금에 버리고 지키지 않으면 다만 일이 기회를 잃을 뿐 아니라 하늘이 내 몸을 벌줄 것이다.[60)]

이때 사족 정사영이, "적의 강성함이 다른 적에 비할 것이 아니요 지금 때가 예전과 다르고 이 병졸로서 적봉을 대하지 못합니다. 마땅히 나아가 피하였다가 길고 짧은 것을 침착하게 살피고 이해를 강구함이 좋을 듯합니다."라고 간언하였다. 그러나 김제갑은 "너와 더불어 말할 것이 없다."라고 하며 목민관으로서 나라 지키는 직분을 다하고자 하며 "나라를 위해 죽는 것이 사사로이 죽는 것보다 낫다."는 말을 남기고 성안으로 이동하였다.

관속과 노약자를 비롯한 원주민인들 그리고 한성에서 피난 온 자들이 포함되어 수일 내에 성안이 가득 찼으며, 그 숫자는 4천 명에 이르렀다. 성의 사면은 모두 절벽이며 앞에는 길 하나만 통하여 반드시 어관(魚貫)같이 올라가도록 되어 있었다. 깎고 파고 쌓으며, 안에는 양식을 넓게 싸놓고

---

60) 이하 『김제갑목사원주충열비(金悌甲牧使原州忠烈碑)』『문숙공(文肅公) 김제갑 약전(金悌甲 略傳)』참조.

기계와 나무를 쌓고 샘을 파는 등 여러 달 동안 생활할 준비를 하였고, 밖으로는 큰 수레에 거듭 난간을 하여 돌을 실어 공중에 달아놓고 왜군이 오기만을 기다렸다. 성첩(城堞) 사이에 활과 화살, 화총을 구비하고 낮과 밤이 없이 몸소 순성(巡城)하였다.

8월 23일 김제갑은 경장 박종남(朴宗男)에게 지형을 이용한 매복 작전을 지시하였다.

> 적은 반드시 가리령(可里嶺)을 지나서 원주로 향하여 북상할 것이다. 이 령은 매우 험하여 말 두 필이 동시에 지나지 못할 만큼 길이 좁으니 이 령의 목을 눌러서 병력 천 명으로만 지킨다면 비록 백만의 적이라도 날개 없이는 통과하지 못할 것이다. 만일 그 령을 잃을 때에는 내가 뒤에서 견고히 준비한 것으로 대책을 세우겠으니 힘써 싸우라.

박종남은 가리령까지 나간 후 병사를 시켜 적이 근접하는 동정을 살펴 오라고 명하였다. 이때 왜군은 이미 아군의 복병이 있는 곳을 몰래 돌아 그 후방에 나와 있었으며, 복병들은 별안간 왜군이 기습해 오자 도망쳤고 박종남 역시 홀몸으로 겨우 빠져나왔던 것이다. 이 날에 왜군이 원주목에 이미 들어왔다는 소문이 돌자 성중의 사람들이 모두 두려움에 떨게 되었다. 김제갑은 간절한 말과 엄한 령으로 방수(防戍)에 힘쓸 것을 맹세하면서 민들의 동요를 제지하였다.

원주에 들어온 왜군은 8월 24일 군사(軍使)를 성에 보내어 장대 끝에 항복을 권하는 적장의 편지를 꽂아 김제갑 목사에게 전하였다. 이후 위엄으로 겁박하여 굴복하도록 하니 김제갑이 허리에서 칼을 빼어 그 사자를 직접 베어 죽였다. 김제갑이 평상에 돌아와 걸터앉자, 사람들은 다 두렵고 떨며 무서워 감히 우러러 보지 못하였다고 한다.

다음날에는 왜군이 크게 몰려올 것으로 예상하고 곧 부하 병사들에게 명령하여 산성에서 5리쯤 떨어져 있는 다섯 군데 산봉우리에 한 사람씩 숨을 정도로 구멍을 파고 척후병을 파견시키고 왜군의 내습 시 피리[笛]를 불도록 했다. 이튿날 25일 아침 다섯 군데의 각(角)이 일제히 울리기 시작했다. 창과 검이 산을 뒤덮고 북소리와 고함소리가 땅을 울렸으나 외부에서는 전혀 도움이 없었던 것이다.

성첩을 지키는 숫자가 적어 중과부적의 형세였다. 험준한 지형 및 인화가 넘치는 군율로 무장된 조선군은 저녁까지 왜군과 처절히 맞서 싸웠다. 이후 어둠을 틈타 왜군은 수십 명의 결사대를 뽑아 절벽의 틈 사이로 기어 올라와서 성벽에 구멍을 뚫고 불시에 고함을 치며 돌격해오니 왜군의 본진 3천 명이 이를 기화로 성으로 쳐들어 왔다. 성중에서 활과 돌을 동원하여 적과 대항하였으나 결국 함락되고 말았다.

김제갑은 군관 오항(吳杭)이 자신을 잔등에 업고 후퇴하려 하였는데, "평생에 나라에 두터운 은혜를 입었는데, 이제 이 격전의 마당에서 어찌 살겠다고 도망갈 수 있겠는가."라고 하며, 마침내 조복(朝服)을 꺼내어 갑옷 위에 입고 북향재배한 후 의자에 걸쳐 앉아 내려가지 않고 활을 당기어 적을 쏘았다.

왜군의 화살이 그의 등에 꽂혀도 내려가지 않고 다시 가슴을 관통하여도 내려가지 않자 왜군의 부장 중 한 명이 그에게 호상에서 내려앉아 항복의 뜻으로 무릎을 꿇리게 하였으나 끝내 거부하였다고 한다. 이때 김제갑의 나이 68세였다.

부인 이씨는 남편 김제갑의 순절 소식을 접하자 그 노비에게, "남편은 나라를 위해 죽었으니 내가 살아 무엇하랴?"하고, 곧 성 아래로 몸을 던져 자결하였다. 큰아들 김시헌은 관서에서 임금을 호종하고 있었으나 작은아들 김시백(金時伯)은 김제갑 목사 옆을 떠나지 않고 부모의 시신을 거두기 위해 산성에 남아 최후까지 싸우다가 장렬히 전사하였다.[61]

---

61) 『동국여지지(東國輿地志)』 원주조.

또한 김제갑이 거느린 아전들과 가솔 백여 식구 역시 끝까지 적과 싸우다가 산성과 운명을 같이 하였다. 왜군이 물러간 후 조문벽(趙文璧)과 고현(高峴)은 성안에 들어가 김제갑 목사 내외와 아들 김시백의 시신을 거두어 주천에 가매장했다가 1594년(선조 27) 여주 홍복동(洪福洞)에 장사지냈고, 전란이 끝난 후 1602년(선조 35) 봄에 충주 복성동(福盛洞) 발천 건좌(發川 乾坐)에 이장했다.

원주 관민들은 영원산성의 사수(死守)를 듣고 모두 눈물로써 치제하였는데 그 제문에, "공과 부인 그리고 아들 등 세 사람은 충성(忠誠)과 정렬(貞烈)과 효도(孝道)로서 같은 날 같은 장소에서 돌아가셨다니 한귀퉁이 고적한 성에서 만세에 떨친 삼강을 세우셨나이다. 이에 고을 백성들이 이를 흠모하는 나머지 삼가 한 잔의 술을 부어 치제를 올리는 바입니다."라고 하였다.

김제갑 원주목사의 죽음은 비변사를 통해 국왕에게 보고되었고, 10월 21일 그를 자헌대부(資憲大夫)로 올리고 이조판서 겸 경연 홍문관대제학 의금부 성균관 춘추관사(吏曹判書 兼經筵 弘文館大提學 義禁府 成均館春秋館事)를 추증하였다.

영원산성 전투는 만약에 신립 장군이 원주의 군사를 데려다가 탄금대에서 소멸시키지 않았다면 연안의 전투처럼 승리할 수도 있었을 것이라는 지적이 있다.[62] 김제갑이 맞서 싸운 모리 요시나리 군은 구로다 나가마사[黑田長政] 군보다 전투력이 약했고 숫자도 많지 않았다는 평가가 뒤따른다.

영원산성 전투의 패배로 왜적이 원주에 본격적으로 주둔하고 군영을 지평현(砥平縣)까지 연결하여 한양에 이르는 길을 확보하였다고 한다.[63] 강원도의 경우 왜군은 원주를 완전히 함락하고 횡성을 거쳐 춘천을 점령한 이후 원주에

---

62) 연안전투에서는 1592년 8월 28일부터 9월 2일에 걸쳐 전 이조참의 이정암이 현지인의 추대로 의병장이 되어 12만 석의 영주 출신 구로다 나가마사 군과 대응하여 승리하였다. 그 뒤 연안성은 다음 해 봄 일본군이 전면 퇴각할 때까지 보전되어 충청도와 전라도 및 경상도와 의주의 피난 조정을 잇는 중계역의 역할을 하였다.
63) 『선조수정실록』 권26, 선조 25년 8월 무자.

모리 요시나리, 김화에 시미즈 요시히로[島津義弘]·시미즈 다다토요[島津忠豊], 철원에 이토 스케타카[伊藤祐兵] 부대가 주둔하면서 숱한 분탕질 끝에 다음 해인 1593년(선조 26) 4월 18일 왜군 전체가 한양을 철수할 때 강원도의 왜군들도 철수하였다.

『여지도서』에 의하면 임진왜란이 끝나고 성안에는 산성사(山城寺)를 두고 승장(僧將)을 임명하여 산성을 수호하도록 했는데, 이미 영조 연간에 성은 무너지고 사찰도 폐지되어 군기와 군향(軍餉)은 주내(州內)로 옮겼으며, 다만 산성사의 서쪽 언덕에 단을 쌓고 가뭄에는 관리를 보내어 여기서 제사를 올려 전망한 장사들을 위로하였다고 한다.[64]

4. 의재 김제갑의 정치활동과 추숭사업

김제갑은 본관이 안동이며, 자는 순초(順初), 호는 의재이다. 고려의 명장 김방경(金方慶)의 후손이며 진사 김석(金錫)의 아들이다. 1525년(중종 20) 5월 17일 서울 반석방(盤石坊)에서 태어났다. 조선시대 전통가정의 아동들은 엄격한 심신의 관리를 통해서 인격을 닦고 장차 성인으로서 담당해야 할 기본적 역할을 학습하는 외에, 한 문중의 구성원이자 사회의 일원으로서 바르게 처신하기 위해서는 당시의 시대 문화에 따른 교양을 갖추어야 했다. 전통가정에서 이루어진 아동의 교양교육 중에는 선비들의 풍류놀이인 시문 짓기나 춘첩자(春帖字) 쓰기, 친족 간의 혈연관계를 파악하는 가계사 익히기와 촌수 계산법, 그리고 생활예절인 인사 및 언어사용법, 조상의 덕업과 관직, 가훈을 통한 훈육 등을 들 수 있다.[65] 전통적인 가학을 공부하던 김제갑은 7세가 되던 1531년(중종 26) 앞산의 황소를 보고 "황소가 청산에 매어 있는데, 청산에

---

64) 『여지도서』 강원도 원주 사찰 산성사.
65) 유안진, 『전통사회의 유아교육』, 서울대출판부, 1990, 569~581쪽.

한 점이 누르구나[黃牛繫靑山, 靑山一點黃]"라는 시를 지었다고 한다. 10세 때 부친이 별세한 후 고모부 묵제(默齋) 이문건(李文楗)에게 수학하였고 17세 때 서파(西坡) 윤기(尹漑)의 딸과 혼인하였다. 이를 계기로 장인 밑에서 수학하였다.[66]

19세 때 형 충갑(忠甲)을 따라 도산서원 이황(李滉)의 문인이 된 후 21세 때 성균 진사, 1553년(명종 8) 29세 때 별시 문과에 병과로 급제하여 승문원 권지정자가 되었고, 1555년(명종 10) 홍문관 정자(正字)를 제수하였다. 1558년(명종 13) 병조좌랑에 오르고 1562년(명종 17) 외직인 옥천군수를 역임하였다. 1565년(명종 20) 군기시 첨정, 사도시·장악원 정을 거쳐 이듬해 선위왜사(宣慰倭使)로 부산에 다녀온 후 성균관 사예에 제수되었다.

1567년(명종 22) 남양부사에, 1569년(선조 2) 종부시 사정, 사헌부 지평, 성균관 전적을 거쳐 54세 되던 해인 1578년(선조 11) 가을에 당상에 진급하여 첨지중추부사가 되어 공마관압사(貢馬管押使)로 연경에 다녀왔다. 서울과 연경을 오가며 공마 50필을 제대로 보존한 공로를 인정받아 황제로부터 비단 4필과 말 1필, 상홀(象笏) 1척을 하사받았다. 이듬해 국왕에게 술과 호피 담요를 받았고, 승정원 동부승지에 제수되었으며. 해주목사, 진주목사와 병조참지, 예조참의를 역임하게 된다. 진주에서 토호들을 잘 다스려 치적을 쌓은 일과 모친에게 효도하기 위해 부임지를 지방으로 삼았던 일이 기록되어 있다.[67] 57세가 되던 해인 1581년(선조 14) 우부승지, 대사간, 충청도관찰사를

---

66) 『의재유고』 권2, 세계(외손 양천 허용 근찬). 이문건(1494~1567)은 중형 충건과 함께 조광조의 문하에서 학업을 닦았고 1519년 기묘사화로 조광조가 화를 입자, 그 문인들이 화를 염려하여 감히 조상하는 자가 없었으나, 그의 형제는 상례를 다하였다. 이에 남곤·심정의 미움을 받아 1512년 안처겸 옥사에 연루되어 충건은 청파역에 정배되었다가 사사되고, 그는 낙안에 유배되었다. 1527년 사면되어 이듬해 별시문과에 병과로 급제, 이조좌랑에 이르렀다. 1546년 명종이 즉위하면서 을사사화가 일어나자 족친 이휘가 화를 입었고, 이에 연루되어 성주에 유배되었다가 그곳에서 몰하였다. 이문건은 김석의 매부로 김충갑 및 그의 아우 김효갑, 김우갑, 김제갑, 김인갑을 가르쳤다. 이에 김제갑은 이문건에게 문안편지를 통해 본인들의 상황을 수시로 알리고 있다(『의재유고』 권1, 상 이승지문건).

이듬해 황해도관찰사직을 수행하였다. 1583년(선조 16) 좌승지를 제수받아 업무를 수행하다가 사직하고 귀향하였다.[68]

이후 1587년(선조 20) 북도의 창성부사에, 1589년(선조 22) 광주목사, 1590년(선조 23) 황해도관찰사가 되었다. 1591년 공조참의로 배명된 후 이조에서 보좌하는데 아들 김시헌 역시 전랑으로 있어, 거듭 외읍을 구하다가 원주목사에 부임하게 되었다. 그의 나이 67세였다. 원주목사로 임용된 지 채 1년이 되지 않아 임진왜란을 맞이하게 되었던 것이다.

김제갑의 전배 부인은 파평 윤씨 좌의정 윤개의 따님으로 1560년 4월에 김시헌을 출산하고 6월에 졸하였다. 후배 정부인 이씨는 전주부 관적으로, 부친은 정의대부 진주군 이옥정이다. 천성이 인자하고 영명하여 전처 소생의 자녀들(2녀 1남)을 사랑하는 것이 자기 낳은 아이들처럼 하고 비복을 은혜로써 대우하였다고 하며, 전술한 바와 같이 46세에 영원산성에서 김제갑과 함께 죽었다. 1606년 정경부인으로 추증되었다.[69] 김제갑에게는 김시헌, 김시백, 김시준(간성 훈도), 김시걸(군자감 직장)의 아들이 있었다.

전쟁기 조선왕조는 민들의 생존조건을 개선하여 민심수습에 나서는 한편으로 민에 대한 포장책(襃獎策)을 강구하였다. 이에 따라 전시의 충신·효자·열녀에 해당되는 사례를 꾸준히 발굴하였다. 포장 작업의 진행과정을 보면 그 지방 사족이 지방관에게 선행사례를 상신하면 지방관이 이를 접수하여 관찰사에 보고하고, 관찰사는 예조에 실적을 올리고 포상을 의뢰한다. 예조는 예에 따라 등급을 나누어 정표·상직(賞職)·복호(復戶)하며, 상물(賞物)은 그 고하에 따라 선별하여 의정부의 검토를 거쳐 국왕에게 보고함으로써 확정 짓는 형식이

---

67) 『의재유고』 권2, 부록 언행록.
68) 성균관 선비들이 잘못된 논의를 선동시킨 후 회유하거나 협박하여 상소하는 것을 사습의 패란이라 지적한 사건으로 인해 도승지 박근원·우승지 김제갑·우부승지 이원익·동부승지 성낙이 체직된 사건이다(『선조실록』 권17, 선조 16년 8월 경술, 을묘).
69) 『의재유고』 권2, 세계.

었다.[70] 특히 '충신'으로 선별된 사례를 보면 전쟁 기간 유공자였음에도 기왕의 포장에서 누락된 의병장과 그 지역 지방관으로서 전사한 경우가 대부분이었다.[71] 조선왕조는 그들의 충성 사례를 강조함으로써 여타 지방민의 충성심을 견인시키고자 하였다.

김제갑은 1592년(선조 25) 10월 강원도관찰사 강신(姜紳)의 장계에 의거하여 추증되었다. 1606년(선조 39)에 맏아들 김시헌의 호성선무원종훈(扈聖宣武原從勳)으로 인해 의정부 좌찬성에 증직되었고, 1608년 영의정 이원익, 좌의정 이항복, 우의정 심희수, 좌참찬 윤승길, 우참찬 서한 등의 청원에 의해 '의정부 영의정'으로 재차 추증되었다.

1609년 예조판서 박홍구, 참판 정사호, 참의 정엽 등이 장계하여 치제와 함께 충효열(忠孝烈) 3여(閭) 및 '일우고성만고삼강(一隅孤城萬古三綱)' 여덟 글자를 성교(聖敎)로 하사하고, 예조좌랑 김물을 보내어 양양부 김시헌의 임지에서 치제하였다. 이후 원주인들이 충렬사(忠烈祠)를 세우고 제사하였다.

김제갑의 사후에도 조선조정에서는 그의 순국과 그의 충절에 대한 추념이 계속되었다. 1595년(선조 28) 6월 별전에서 국왕이 강관(講官)들을 인견하는 가운데, 시강관 김시헌이 『주역』을 진강하였다. 국왕이 주역을 정밀하고 숙달되게 읽음을 칭찬하자 특진관 이헌국이 아뢰기를, "김시헌은 김제갑의 아들입니다. 지난 선왕조 때에 문신을 뽑아 주역을 학습시킨 적이 있었는데, 그때 김제갑도 신급제로서 그 가운데 들었었으나 임진왜란 초기에 원주목사로서 순절하였습니다."라고 하였다. 국왕이, "김제갑의 죽음은 나도 안다." 하니 김시헌이 아뢰기를, "신의 부모가 신에게 서찰을 보내 죽음을 결심했음을 말하였는데 과연 적의 손에 죽었습니다."라고 하여 김제갑의 순국 사실을 재차 거론하고 있다.[72]

---

70) 정홍준,「임진왜란 직후 통치체제의 정비과정-성리학적 질서의 강화를 중심으로-」 『규장각』 11, 1988, 45~47쪽.
71) 『선조실록』 권169, 선조 37년 정월 갑술.

1657년(효종 8) 6월 대사헌 민응형(閔應亨)의 상소를 통해, "절의가 국가를 유지하는 것이 매우 크므로 비록 태평한 때라도 포상하기에 겨를이 없는 것인데 더구나 이 어려운 때야 말할 것이 있겠습니까? (…) 조헌·이순신·김제 갑·김응하·김준 등의 자손에 이르러서는 마땅히 모두 도움을 받아야 할 것인데 녹용된 사람이 있다는 것을 듣지 못하였으니 장차 어떻게 뒷사람을 권장할 수 있겠습니까?"라고 문제를 제기하고 국왕이 이를 받아들이고 있다.[73]

1670년(현종 11) 윤2월 7일 원주목에 있는 원충갑·김제갑·원호 사우의 편액을 충렬사(忠烈祠)로 하사하였다.[74] 이때에 이르러 원주의 유생들이 수차 례 상소하여 묘액을 내려주기를 청한 데 대한 조치였다.[75] 당시 건립된 충렬비 의 명문은 원주지역 생원 정석형(鄭錫衡)이 찬하였다.[76]

1709년(숙종 35) 상락부원군 김시민·원주목사 김제갑에게 시호를 내렸다. 이는 도제조 이유와 제조 조태채가 건의한 것이다.[77] 이때 이유가 시장을, 이산해가 원성전(原城傳)을, 윤효선이 언행기문(言行記聞)을, 합천군수 허함이 계보행적을 찬(撰)했으며, 좌윤 이의·목사 한준겸·사인(舍人) 권흔·대사헌 윤효선·종손 김소의 제문이 있다. 그 밖에 송와 이희, 곤육제(困六齋) 김의원(金義元), 낙포(藥圃) 이해수(李海壽) 등의 만사가 있다. 1711년(숙종 37)에 영의정 에 재추증되었고, 문숙(文肅)의 시호를 받았다.[78] 원주 충렬사와 괴산 화암서 원(花巖書院)에 제향되었다.[79]

---

72) 『선조실록』 권64, 선조 28년 6월 병진.
73) 『효종실록』 권64, 효종 8년 6월 무인.
74) 『현종실록』 권18, 현종 11년 윤2월 갑오.
75) 『현종개수실록』 권22, 현종 11년 윤2월 갑오.
76) 원주의 충렬비(1670년 3월 건립, 생원 정석형 찬)에 의하면 "만력 무신년(1608)에 옛 정승 완평, 백사가 김공이 출생한 마을에 정표문려(旌表門閭)를 세우도록 건의하여 이제 그 마을에 충신 효자 열녀의 정문이 서 있고 (…)"라는 기사로 보아 상기의 것과 다른 정려와 현판이 괴산의 능촌에 있었을 것으로 추측된다.
77) 『숙종실록』 권47, 숙종 35년 9월 계사.
78) 『숙종실록』 권50, 숙종 37년 6월 갑술 ;「김제갑 略傳」『조선금석총람』하, 941쪽 및 「원주 충열비」 참조. 김교희 편저,『충열사의 배향인물』(원주문화원, 1995) 소수.

오늘날 충북 괴산군 능촌리에 소재하는 안동 김씨(제학공파 일부)의 동족마을은 1519년 제학공파 7세손인 김석(金錫, 1495~1534)이 괴산으로 낙향한데서 비롯되었다.

제학공파(提學公派) 가계도[80]

일달(益達 ; 提學公, 파시조, 시조로부터 11세) — 중시조 충열공(忠烈公, 방경으로부터 5세) — 고(顧)[司諫公] — 맹렴(孟廉)[監察公] — 철균(哲鈞)[主簿公] — 수형(壽亨)[承旨公] — 언홍(彦弘)[都事公] — 석(錫, 3자, 領相公) — 제갑(제갑, 4자)

김석의 자는 공하(公嘏)이며, 1519년(중종 14) 진사에 입격하고 정암(靜庵) 조광조(趙光祖)의 문인으로 학문이 높았으나 벼슬길에 나아가지 않았다. 그해 겨울 기묘사화로 은사인 조광조가 화를 당하자 서울 남산 아래인 주자동(현 회현동 극동빌딩 자리)에서 모친과 부인 행주 기씨, 그리고 5세가 된 아들 김충갑 등 가솔을 이끌고 충북 괴산군 문법리(일명 낙촌, 현 문법리 2구)로 낙향하였다가 외가인 의성 김씨가 많이 살고 있는 전법리(典法里)로 옮겨 은거하였다. 이때 매부이자 조광조의 문하생이던 이문건도 함께 피신하였다. 이곳은 후에 김석의 이름을 따 '금석골'이라 불리게 되었다. 김석은 5남 2녀를 낳아 양육하였다. 김충갑을 비롯한 아들 모두는 과거에 합격하였고 크게 성공하였다. 이 5자의 훌륭한 업적으로 인해 이들을 일컬어 특별히 오갑파(五甲派)라 하여 제학공파에서는 매우 자랑스럽게 여기고 있다. 그는 1534년(중종 29) 향년 40세로 몰하였는데 그 후 1581년(선조 14) 김제갑의 공훈과 손자 김시민의 공훈으로 영의정에 추증되었다. 괴산군 괴산읍 능촌리 개향산 자좌

---

79) 화암서원(花巖書院)은 1622년(광해군 14) 문순공(文純公) 좌찬성(左贊成) 이황(李滉)을 주향으로 하여 괴산군 칠성면 송동리에 창건되었는데 1871년(고종 8) 서원철폐령으로 폐쇄되었다. 이후 1955년 괴산 유림들이 다시 재건하였다. 그 사액인 충렬사 현판은 괴산의 충민사 경내의 구 사우에 보관하고 있다.

80) 『안동김씨대동보』 권5, 1979년 乙未刊.

에 묘소가 있으며 4자 김제갑이 쓴 비문이 현전한다.

　본래 이곳의 명칭은 방아재[砧嶺, 동네 어귀에 연자방아가 있어서 불려진 명칭]였는데 영상공(領相公)의 묘소를 쓴 이후 '능촌'이라 불리게 되었다. 그후 괴산에는 영상공의 후손들이 대를 이어가며 거주하고 있다.[81]

5. 맺음말

　임진왜란은 전쟁 의지가 전혀 없던 조선왕조가 침략군에게 철저히 유린당한 역사적 사건이었다. 한편으로는 조선이 일방적인 침략에 대해 처절하게 대응한 전란극복의 항쟁사이기도 했다. 이러한 규정이 가능한 것은 자기의 목숨을 던지며 본분을 지키려 했던 인물들 때문이다. 임진왜란 당시 원주목사 김제갑도 그 중의 한 사람이다. 1670년(현종 11) 그의 순국을 기리기 위해 세운 비문에서 원주의 생원 정석형은 다음과 같은 평가를 가했다.[82]

　　죽는 것이 어려운 것이 아니라 죽을 곳에서 죽기가 어렵도다. 오직 君子라야 생명을 버리고 의리를 취할 수 있으며 위급함을 당하여서도 보통으로 보며 충성심을 가다듬기를 시종 옮기지 않나니 신하는 충성에 죽고 부인은 정절에 죽고 아들은 효성에 죽어 만고에 삼강과 오륜을 심었도다.

　우리가 그려볼 수 있는 선비상은 끊임없는 학문연구와 수련으로 자질을 갖추고 인간의 마땅한 도리를 체득하여 실천함을 본연의 모습으로 삼으며,

---

81) 제갑 12세-시헌(참판공) 13세-두점(斗漸, 司果公) 14세-태학(太學) 15세-태좌(台佐, 司憲府 監察) 16세-가렴(可濂) 17세-한의(漢義) 18세-상원(尙元) 19세-효건(孝健) 20세-규원(奎源) 21세-영덕(榮德) 22세-성묵(聖默) 23세-재관(在寬) 24세-구회(九會) 25세(『안동김씨대동보(安東金氏大同譜)』 권5, 1979년 을미 간행).
82) 「김제갑목사비문(金悌甲 牧使 碑文)」(전석만 역, 『원주얼』 창간호, 117쪽).

이를 통한 인격의 성취에 목표를 두는 것이다. 선비는 과거 지난한 역사 속에서 우리 사회의 인격의 기준이었다. 그리고 각 시대의 과제에 대해 책임 있는 행동으로 대응했다.

원주목사 김제갑은 지조와 절개를 중히 여긴 선비상의 전형적인 인물로 평가된다. 선비의 입지(立志)가 확고하면 정의를 위하여 두려울 것이 없고 공론(公論)을 그르칠 염려가 없게 된다. 여기에서 "위급을 당하면 목숨도 바치며 득을 보면 의를 먼저 생각한다."는 선비정신이 발휘될 수 있으며, 의리의 명분은 생명보다 중시된다.[83] 임진왜란 당시 재야의 선비들이 구국충군(救國忠君)을 부르짖으며 의병을 일으켜 의의 실천에 나서고 있었다. 재야의 선비가 그러하다면 조정에 있는 선비는 벼슬하고 녹을 받으니 마땅히 나라와 운명을 함께 해야 되는 것이었다.

전쟁은 구래의 군역제가 안고 있었던 모순을 전면에 드러나게 하였다. 초기 전투에서의 패전이 그러한 상황을 잘 보여주며, 무거운 부담을 강요당한 군역 농민들이 피역·도망하고 설사 입역(立役)되었다 하더라도 이탈하는 현실 은 거듭되고 있었다. 전반적인 인적·물적 자원이 붕괴되면서 정상적인 군현통 치가 불가능한 상황이었다. 특히 지역을 방어하기 위한 정규 지방군인 원주진 군의 충주전투에로의 차출로 무력에서도 절대 열세 상황을 맞이하였다.

목민관으로서 김제갑은 조선왕조가 평소에 규정한 전형적인 수성(守城)의 규약에 따라 지역 내 사민부로(士民父老)들과 피난 온 한양의 유이민을 보호함 과 함께 왜군에 맞서 싸웠다. 그는 성이 함락되기 직전인 1592년 8월 5일자 아들 김시헌에게 보낸 편지에서 "내가 지금 다시 무엇을 하겠나. 다만 한 절개를 잃지 않기를 기약할 뿐이다."라고 하여 스스로의 의지를 다지고 있다.[84]

그는 '땅을 지키는 관리'의 사명을 제대로 감당하지 못함을 못내 안타까워하 면서 순국하였다. 영원산성 전투는 조선군의 패전으로 기록되었다. 그러나

83) 『논어』 권19, 자장편.
84) 『의재유고』 권1, 서, 기자시헌, 임진 8월 5일자.

목민관으로서 민을 안집(安集)해야 하는 사명에 부응하려 했던 모습, 원주목사 김제갑의 행적은 우리로 하여금 임진왜란이 국난극복의 항쟁사였음을 알 수 있게 한다.

제3장 송와(松窩) 이희(李堅)의 정치활동과 사회인식

1. 머리말

15세기 훈구와 사림의 갈등 과정에서 거듭 탄압받으며 집권력에 저항하던 사림은 선조즉위를 전후로 점차 그 세력을 확보하게 된다. 중앙정계는 사림에 의해 장악되었으나 정국의 운영방향을 둘러싸고 사림 내부의 의견이 돌출되었다. 동인과 서인의 분화에 이어 기축옥사를 계기로 동인은 다시 남인과 북인으로 분열되었다.

송와 이희는 1555년 식년 문과에 급제하여 관직을 받은 이후 1600년(선조 33) 지돈녕부사(知敦寧府事)를 끝으로 벼슬에서 물러났다. 79세에 이르기까지 관료로 복무하며 2번의 전쟁(임진왜란과 정유재란)과 명종·선조 연간의 정치 일선에서 주요 정책을 결정하고 집행하였다. 그는 16세기 동·서 붕당과 남·북 붕당이 전개되는 시기, 동인과 대북파로 분류되는 정치노선을 따른 것으로 평가되었다. 1583년(선조 16) 대사헌으로서 사헌부 관인을 이끌고 서인 율곡 이이의 탄핵에 가담하였고, 1594년에는 기축옥사에 대한 송강 정철의 정치행위에 대한 무리함을 밝히고자 그 탄핵에 앞장섰다. 전쟁기에 순화군(順和君) 보를 수행하면서 고향인 강원도에서 의병을 모집하였다. 전쟁기 핵심관료로서 대책을 논의하는데 참여하고 임진왜란 후 주전론을 주장한 북인의 입장에서 서애 유성룡의 주화론을 공격하는 쪽에 섰다. 그는 1603년에 청백리에 뽑히고 영의정에 추증되었다.

이처럼 조선중기 정치, 사상적으로 주요한 위치를 점했던 이희의 학문과 사상에 대한 연구는 많지 않다. 그 이유는 병화를 거치면서 이희의 사상을 담은 저술이 거의 분실되었고 문집이 존재하지 않는다는 데 기인한다.[1] 최근 16, 17세기 정치·사상사 연구가 활발하게 이루어져 인물과 정치사상 분야에서 기존의 수준에 비해 그 폭과 외연을 크게 확장시키고 있다. 당시 정계의 중심에 머물러 있던 송와 이희의 연구 역시 이에 기여할 수 있으리라 여겨진다.

본고는 자료의 한계는 있지만『선조실록』·『선조수정실록』등의 연대기와 후손들이 정리한『송와잡설』·『간옹우묵』및 관련 당론서 등을 통해 이희가 활동했던 동서분당기, 남북분당기의 정국 동향을 개관하고, 그의 정치활동과 시국관, 사회인식에 대해 살펴보고자 한다. 특히 문풍이 뛰어난 한산 이씨 명문가의 후손으로 그의 행적과 글에는 앞선 선대들의 정치인식이 반영되어 있었다고 여겨진다.

---

1) 이희 본인의 저술인『송와잡기(松窩雜記)』(『송와잡설(松窩雜說)』·『간옹우묵(艮翁疣墨)』의 합철본)의 자료는 현재 영인본으로 오영교편,『원주학 사료총서 2권 : 한산 이씨 동족마을과 "송와잡기"』(연세대학교 매지학술연구소, 2001)로 발간되었고, 문중에서 펴낸 국역 번역본으로서『국역 송와잡기』(송와사상연구회, 2000)가 있다.『송와잡기』의 일부인『송와잡설』이 한국고전번역원 DB 서비스에서 제공되고 있으며, 2010년 한국학중앙연구원에서『간옹우묵』을 번역하였다. 2004년 원주시립박물관에서『원주 한산이씨 고서, 고문서』(오영교 해제)를 출판하여 교지(敎旨), 홍패(紅牌), 간찰(簡札)등의 한산이씨가 고문서자료를 탈초, 영인하여 자료로 제시하고 있으나, 이희 본인(14세)은 물론 이희의 부친 이지란(李芝蘭 : 13세), 직계후손(慶澤, 慶澳, 慶沄, 慶津 : 15세), 손자(嬌, 仙, 柚 : 16세)가 직접 저술한 자료는 없고 대부분이 18~19세기의 자료들이다. 그 중에서 제일 오래된 것도 증손자인 인화(仁華, 17세)부터 시작되고 있다.
원주 간현의 입향시조이자 의정공파를 형성한 이지란은 4명의 아들을 두었는데 문중에 의하면 첫째 기(基)로 인해 셋째인 이희의 득음이 기가 아닌 희가 되었다고 한다(『한산이씨의정공파세보(韓山李氏議政公派世譜)』권상, 「의정공묘갈(議政公墓碣)」). 이는 필자가 수행한 한산이씨 동족마을연구의 문중 조사 과정에서 확인한 사실이다.

2. 선대 가문과 송와 이희의 생애

1) 송와 선대의 정치활동

한산 이씨는 고려초기 권지호장(權知戶長) 직을 세습하면서 지방호족의 기반을 닦은 윤경(允卿)을 시조로 하고 있다. 이후 인간(人幹)을 거쳐 손자대에서 충진(忠進)계와 효진(孝進)계로 갈렸다.[2] 한산 이씨 초기 가계를 살펴보면 다음과 같다.

한산 이씨 초기 가계

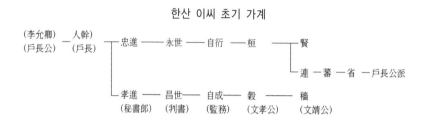

한산 이씨의 시조 윤경부터 자성까지는 한산의 향리 가문이었다. 자성의 셋째 아들인 곡(호 가정)은 1320년(충숙왕 7) 수재과(秀才科) 제2명으로 급제하여 복주수록참군(福州司錄參軍)으로 관리생활을 시작하였다.[3] 신진 관료로서 실력을 갖춘 그는 다시 정동행중서성(征東行中書省)의 향시에 도전하였고 마침내 36세가 되던 1333년(원통 원년) 원에서 시행하는 최고의 관문인 제과(制科)에 제2갑(甲)으로 급제하였다. 이곡은 한림국사원 검열, 정동행중서성 좌우사 낭중을 제수받고 원 조정에 직접 참여하게 되었다. 이곳에서 그의 지위를 이용하여 고려의 이익을 대변하는 역할을 했고 원 학사들과 교유를 통해 학문적 기반을 더욱 확충시켜 나갈 수 있었다.

---

2) 한산이씨의정공휘지란공파보(韓山李氏議政公諱之蘭派譜)』.
3)『고려사』 권9, 이곡전(李穀傳).

이곡은 1337년(충숙왕 6)에 고려에 들어와 1348년(충목왕 4) 조첨의찬성사 우문관대제학 감춘추관사 상호군(都僉議贊成事 右文館大提學 監春秋館事 上護軍)에 올랐다. 문한(文翰)을 담당했으며, 재상의 반열에 오른 것이다. 민지(閔漬)가 찬수한『편년강목(編年綱目)』을 보수하고, 충렬·충선·충숙 3왕의 실록을 찬수하였으며, 동지공거로서 장시(掌試)하고 한산군(韓山君)에 봉작됨으로써 신분적으로도 최고의 지위에 오르게 되었다.[4]

목은(牧隱) 이색은 26세가 되던 해인 1353년(공민왕 2) 5월 명경과 을과에 장원으로 급제해 숙옹부(肅雍府) 승(丞)에 제수되었고, 이듬해 원에 들어가 2월에 제과 전시 제이갑 제이명으로 급제해 응봉한림문자 승사랑 동지제고겸 국사원편수관(應奉翰林文字 承事郎 同知制誥兼國史院編修官)에 제수되었다. 원에서 과거가 부활된 1315년 이후 고려인으로서 과거에 합격한 사람은 안진(安震)을 비롯하여 이곡·이색 부자 등 18명에 달한다.[5]

이색은 1375년(우왕 1) 정당문학(政堂文學)·판삼사사(判三司事)를 역임했고 1377년에 추충보절동덕찬화공신(推忠保節同德贊化功臣)의 호를 받고 우왕의 사부가 되었다. 고려말 정치적 격변기에 고초를 겪다가 1391년에 석방되어 한산부원군(韓山府院君), 1395년(태조 4)에 한산백(韓山伯)에 봉해졌다. 태조 이성계의 출사 종용이 있었으나 끝내 고사하였다.

이색은 원에서 공부한 주자학을 성균관을 통해 보급하고 주자학적 윤리를 정착시키는 데 공헌하였다. 그는 부패한 친원파 문벌귀족의 전행을 막고 신흥사대부의 진출을 보장하기 위해 귀족들과 밀착된 불교를 비판하고 불교의 식을 유교의식으로 바꾸려고 노력하였다. 이색과 그를 추종하는 사대부들은 혈연을 준거로 하는 음서제와 사적인 인간관계를 매개하는 좌주문생제(座主門

---

4) 가정 이곡의 정치활동에 대해서는 다음의 논고가 참조된다. 고혜령, 「가정 이곡과 원 사대부와의 교유」『벽사이우성교수정년퇴직기념논총·민족사의 전개와 그 문화』, 1933 ; 김종진, 「이곡의 대원 의식」『태동고전연구』창간호, 1984.
5) 장동익, 「원에 진출한 고려인」『민족문화논총』11, 1990, 63~64쪽.

生制)를 활용하여 조기에 관계에 진출하는 길을 열었고 정치·경제적 기반을 다졌다.[6] 이색계열의 사대부들은 집권체제의 정상화와 국왕 주도의 정치론을 전개하였다. 이들은 '선왕지법'·'고제'·'구제' 등으로 표현되는 고려의 제도를 복구하였고, 이 과정에서 주자학을 적극 수용하고 인륜의 확립을 통하여 현존하는 지배와 피지배의 복종관계를 합리화하려 하였다.[7]

이색은 신흥사대부의 이익을 위해 활동했지만 '불사이군'을 내세워 이성계의 역성혁명에는 반대했다. 따라서 정치적 박해를 심하게 받았다. 본인은 사형언도를 받아 청주옥에 갇히기도 하고, 폐서인이 되었다가 풀려난 후 여강에서 의문의 죽음을 당하였다. 이색의 아들인 종덕은 호가 삼당(三堂)으로 문과에 장원 급제하고 우왕 때에 동지밀직사사(同知密直司事)를 지냈으며, 정조부사(正朝副使)로서 명나라에 다녀왔다. 둘째 종학은 호가 인재(麟齋)인데 1376년(우왕2) 문과에 급제하였고 첨서밀직사사(簽書密直司事)에 올라 1389년(창왕1) 동지공거(同知貢擧)를 겸하다가 공양왕이 즉위하자 아버지와 함께 탄핵을 받아 파직되었다. 종덕과 종학은 당시 권력에 의해 죽임을 당하였다.

시호가 양경(良景)인 셋째 종선만이 귀양 갔다가 풀려나와 차후 명문가의 가계를 계승하는 데 공헌했다. 종선은 15세때 문과에 급제하고 언관에 재직 중 1392년(공양왕 4) 정몽주의 일당으로 몰려 장유(杖流)되었다가 조선이 건국된 후 풀려 나왔다. 1417년 풍해도와 충청도의 도관찰사를 역임하고 1429년 개성유후에 이어 1438년(세종 20) 자헌대부 지중추원사로 승진되었으나 3월 14일(무오)에 죽었다.

종선의 아들 계전은 호가 존양재(存養齋)이며 시호는 문열(文烈)이다. 1427년(세종 9) 친시문과(親試文科)에 급제한 후 집현전 학사로 발탁되었다. 1452년(문종 2)「세종실록」편찬에 참여하고, 1453년(단종 1) 계유정난에 공을 세워 정난(靖難) 일등공신, 1455년(세조 1) 좌익(佐翼) 이등공신으로 한성부원군에

---

6) 도현철,『목은 이색의 정치사상연구』, 혜안, 2011, 49~57쪽.
7) 도현철,『고려말 사대부의 정치사상 연구』, 일조각, 1999, 258~260쪽.

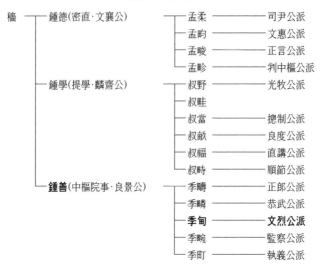

한산 이씨 계파

```
穡 ─┬─ 鍾德(密直·文襄公) ─┬─ 孟柔 ──────── 司尹公派
    │                     ├─ 孟昀 ──────── 文惠公派
    │                     ├─ 孟畹 ──────── 正言公派
    │                     └─ 孟畛 ──────── 判中樞公派
    │
    ├─ 鍾學(提學·麟齋公) ─┬─ 叔野 ──────── 光牧公派
    │                     ├─ 叔畦
    │                     ├─ 叔當 ──────── 摠制公派
    │                     ├─ 叔畝 ──────── 良度公派
    │                     ├─ 叔福 ──────── 直講公派
    │                     └─ 叔時 ──────── 順節公派
    │
    └─ 鍾善(中樞院事·良景公) ─┬─ 季疇 ──────── 正郞公派
                            ├─ 季疄 ──────── 恭武公派
                            ├─ 季甸 ──────── 文烈公派
                            ├─ 季畹 ──────── 監察公派
                            └─ 季町 ──────── 執義公派
```

봉해지고 대제학·영중추부사 등을 역임했다. 1456년(세조 2) 의금부에서
사육신 개(塏)의 사건으로 사촌인 맹진과 함께 연루되었으나 맹진은 귀양가고
계전은 작위를 그대로 보존하였다. 계전은 형 계린과 함께 수양대군을 지지하
였다.

『한산이씨세보(韓山李氏世譜)』(1905)에 따르면 한산 이씨는 이색의 손자
대를 기점으로 대략 13개파로 분파되었는데 이계전은 문열공파의 파조였다.
이계전은 두 차례 공신으로 책훈된 후 방대한 규모의 전지를 하사받았다.[8]

한편 10세 개는 계주의 아들이다. 1436년(세종 18) 문과에 급제한 뒤 훈민정
음 창제에도 참여했으나, 세조가 왕위를 찬탈하자 직제학으로 성삼문 등과
함께 단종의 복위를 꾀하다가 발각되어 심한 고문 끝에 죽었다.

---

8) 1453년에는 200결(『단종실록』 권9, 단종 1년 11월 병진) 1458년에는 100결을 사패지로
   하사받았다(『세조실록』 권13, 세조 4년 6월 을유). 사패비의 위치는 경기와 호서일원
   에 분포되었다. 사육신 사건에 연루된 인물들의 땅을 모두 몰수하여 종친과 대신들에
   게 하사할 때 이계전은 이개·성삼문 등의 소유지였던 한산·예산·온양·풍덕·아산·해
   미·회덕·임피의 전지를 하사받았다(『세조실록』 권7, 세조 3년 3월 병술).

원주 간현의 입향시조인 13세 지란(之蘭)은 문열공파 계전(9세)−우(堣)−장윤(長潤)−질(秩)의 후손이다. 12세 질(1474~1560)은 1498년(연산군 4)에 생원시에 합격해 문화·상주·울진 등 7고을의 수령을 역임했다. 손아래 동생인 치(稺)는 1507년(중종 2)에 사마시에 합격하여 수원판관을 지냈다. 손자 이산해 때문에 좌찬성에 추증되었다. 지란의 사촌이자 치의 아들인 토정(土亭) 지함(之函)은 서경덕의 문하에서 글을 배워 경·사·자·전을 비롯하여 복서(卜筮)·지리·술수(術數)에 능통했으며, 선조대에 포천현감을 지냈다.

의정공파(議政公派)는 지란의 원주 거주와 함께 형성되었다. 지란은 처향을 따라 지금의 원주 지정면에 낙향하여 관동 일파의 중시조가 된 것이다. 그는 1492년 11월 20일에 부친 한성군(韓城君) 질과 모친 연안 김씨의 둘째로 태어났다. 40세에 이르러 과거의 업을 포기한 후 낙향하게 된다. 1560년 부친이 세상을 떠나자 이로 인하여 애훼(哀毁)해서 병을 얻고 다음해인 1561년 4월 30일 나이 70에 세상을 하직하였다. 아들 희의 벼슬로 인해 1573년 이조참판, 1605년 의정부 영의정으로 추증되었다. 지란의 부인은 원주 원씨 가문으로 운곡(耘谷) 원천석(元天錫)은 부인의 현조(玄祖)이다. 부는 진사 선(璿)이다.[9] 지란은 4남 1녀를 두었다. 맏은 기(基)이고, 둘째는 선원전 참봉 루(壘), 셋째는 희, 넷째는 별좌인 용(墉)이다.

이처럼 이희의 선대는 조선개국과 세조의 왕위찬탈과정의 공방에서 깊이 관여된 문중이었고 이희를 비롯한 후대 동족인들의 정치적 사유와 역사관에 커다란 영향을 끼친 것으로 보인다.

---

9) 「議政公墓碣」『韓山李氏議政公派世譜』권 상. 지란의 조부 장윤과 부 질의 묘가 성남시 수내동에 위치하고 지윤의 묘가 서울 신림동, 지숙의 묘가 성남시 수내동에 있는데 비해 지란의 묘는 원주시 지정면 간현리 능동(자갑동)에 있다. 지란의 아들인 기의 묘가 바로 옆에 인접해 있으며 루의 묘는 소초면 흥양리, 의(壋)의 묘는 인접 간현리 능곡에 위치한다. 이 사실은 이들 후손들이 이곳을 세거지로 삼고자 하는 의지의 표현이라 볼 수 있다.

2) 송와 이희의 생애

「송와공신도비명(松窩公神道碑銘)」과『한산이씨의정공파세보(韓山李氏議政
公派世譜)』, 실록 자료에 의해 이희의 행적을 다음과 같이 재구성할 수 있다.
이희는 1522년(중종 17) 2월 5일 출생하였다. 그는 7세 때『효경』과『대학』을
배우고[10] 8세 때 이미 시·서에 능했다고 한다.[11] 16세에 안분당(安分堂) 이희보
(李希輔)에게서 수학했는데, 이 때문에 그의 저서『송와잡기』[12]에는 3대 문장
가의 한 명으로 이희보를 들어 추숭하고 있다.

치의 손자이자 이지번의 아들인 이산해는 이희가 은퇴할 때까지 관로를
함께 하였다. 두 사람 사이에는 인척관계를 넘어 사사했다는 평가가 있을
만큼 정치적 견해와 당색까지 함께 하였다. 이산해는 숙부 이지함으로부터
5세부터 학문을 사사받았다. 가학의 내용은 주로 강경과 사장을 근거로 한
것이었지만 대대로 문장으로 명망을 얻은 가문의 영향이 적지 않은 것으로
판단된다.[13] 이희 역시 가학의 학문전통을 배우고 계승한 것으로 여겨진다.

이희는 1546년(인종 2)에 사마시에 입격하였다. 이어 1555년(명종 10) 4월
식년문과에 급제한 뒤 1557년(명종 12) 정자·저작겸봉상직장을 거쳐 예문관
검열, 승정원 주서, 경사와 도의를 가르치던 정7품 관직인 세자시강원 설서를

---

10)「송와공신도비명(松窩公神道碑銘)」.

11)『번암선생집(樊巖先生集)』권42, 시장(諡狀) 송와이공 시장.

12) 이희는 안분당(安分堂) 이희보(李希輔), 기재(企齋) 신광한(申光漢), 호음(湖陰) 정사룡
(鄭士龍)을 손에 꼽을 만한 문장가로 들었는데 그 중 스승이었던 이희보는 박식하고
신광한은 시와 문장에서 준일한 기상이 있으며, 정사룡은 어릴 때부터 총명하고
학문이 뛰어났음을 보였다고 소개하고 있다. 특히 이들의 사상의 정수라 할 수
있는 시문을 적절히 인용 소개하였다(『송와잡기』).

13) 이지함은 항상 성인의 경지는 배워서 도달하는 법이라며 경을 위주로 한 자세로
경전의 이치를 궁구하고 실천을 돈독하게 하는 것을 학문의 요체로 삼았다. 또한
그는 의리를 논변하거나 시비를 분별할 때에는 명확하고도 빠른 통찰력으로 사물의
미세한 부분까지 분석하여 듣는 자로 하여금 의혹이 없도록 하였다고 할 만큼 사리에
밝은 측면을 보여주었다고 한다(『아계유고(鵝溪遺稿)』권6, 명류(銘類), 숙부묘갈명(叔
父墓碣銘).

역임하였다. 이어 명종 15년 5월 정언, 8월 정6품의 관직인 병조좌랑에 임용되었다.

1599년(선조 32) 6월 예조판서의 관직을 제수하면서 "목은 이색의 후예로 검약하게 살아 자못 청덕이 있었다."라는 평을 받았다.14) 즉 이희의 관로에서 한산 이씨 선대의 현인을 들어 명문가문의 후예임이 사신들에 의해 늘 강조되었다.

1561년(명종 16) 그의 나이 39세 때 부모를 뵙기 위하여 강원도사를 맡았다. 부친 지란의 상을 당하여 형제가 묘 아래에 거려(居廬)하며 예법을 모두 갖추었다. 1562년 이희가 병조정랑직을 제수 받았을 때 친척 이산해는 홍문관 저작에 임용된다.

1563년(명종 18) 11월 사헌부 지평으로 이량(李樑)에 대해 나라를 그르친 죄를 물어 논핵을 담당하였다. 당시 이희는 "진실하여 겉치레를 일삼지 않았다."라는 사평을 받았다.15) 1564년(명종 19) 6월 사헌부 장령 시절 차자를 올려 시폐를 말했는데 '자전(慈殿)의 교지가 안에서 내려져서 궁중이 엄하지 못하고, 관리를 임용한 명단이 내려지기도 전에 민간에서 이를 먼저 아는 폐단'을 지적하였고, 국왕에 의해 대관들이 모두 교체되었다.

1566년(명종 21) 이희는 사신에 의해 "질박함이 많고 후덕한 데 가까웠으며 일가들과 화목했고 속이는 일을 하지 않았다."16)라고 평가되었다. 명종 22년 3월 부수찬으로 임용될 당시 "성격이 소탈하고 염정으로써 몸을 지켰다."17)라는 사신의 평가가 뒤따랐다. 붕당의 고착화로 인한 사림의 정치적 이해관계가 본격적으로 반영되기 이전인 명종 연간, 그의 인품에 대해 실록의 사신들의 평가는 이처럼 호감과 친화력이 넘치는 인물로 평가되고 있다. 그의 임용이

---

14) 『선조실록』 권114, 선조 32년 6월 신묘.
15) 『명종실록』 권29, 명종 18년 11월 무자.
16) 『명종실록』 권33, 명종 21년 12월 정미.
17) 『명종실록』 권34, 명종 22년 4월 경술.

직접적인 검증과 공론을 적절히 반영하였음을 보여준다.

선조 연간에 들어와 1569년(선조 2) 예빈시 선공 정·사간 집의·교리·응교 직에 봉직하였고, 경상도 재상어사(災傷御使) 임무를 수행하였다. 1572년에 들어와 첨지, 승정원 동부승지, 좌승지, 첨지 직을 수행하였다.

이희가 오랜 벼슬길에 있으면서 근친(覲親)하기 위한 원주왕래가 몇 차례 있었다. 1573년(선조 6) 신정에 좌승지로서 휴가를 얻어 원주 땅에 어머니를 뵈러 가는데 임금이 감사 홍춘년(洪春年)에게 하서(下書)하기를 '좌승지 이희가 나를 보필한 지 오래도록 여러 번 부지런하고 수고로움을 끼쳤다. 80여 세의 늙은 어머니가 원주 땅에 있기에 써서 주는 식물로 나의 뜻을 보이노라' 하였다. 또한 임금이 친히 써서 '귤 50개를 하사하노니 이 물건은 비록 늙은 부모에게 맞지 않지만 먼 바다에서 왔으니 어머니에게 올려서 임금이 주는 것을 영화롭게 하라. 또 규장(奎章)의 27글자도 50개의 선과와 함께 하사한다' 고 했다.[18] 소재(蘇齋) 노수신(盧守愼)이 서첩에 쓰고 차후 아계 이산해와 청천(聽天)이 이희의 시에 차운(次韻)하여 시를 썼는데 이것을 보배로 여겨 북부 준수방(俊秀坊) 소재 집에 간직해두었다. 그러나 임진왜란시 어첩 및 두 정승의 시가 모두 불에 탔고 이희는 이를 몹시 아쉬워했다고 한다.[19]

조정에서는 이희에게 추호의(樞戶議), 승지에 배했으나 모친의 병환으로 사양하였다. 1573년(선조 6) 4월 강원도관찰사에 제수되었다. 이듬해 우승지를 맡아 경관직에 복귀하였다. 1574년 겨울에 모친의 상사를 당했을 때에도 곡읍(哭泣)과 죽을 마시는 절차를 한결같이 행하였다고 전해진다. 이처럼 이희는 벼슬이 갈리면 곧 시골로 내려와 부모를 봉양하였고 아울러 반드시 3년상을 극진하게 모셨다.[20]

---

18) 『선조실록』 권6, 선조 5년 12월 무인.

19) 『송와잡기』.

20) "其省覲大夫人於原州庄舍也 上賜耽羅貢橘 親降御翰 諭以歸遺老母 以榮君賜 又諭江原道臣 若曰 李墍侍予日久 屢效勤勞 有八十老母 卿其給食物 以示予優待 命下 搢紳大夫莫不相傳爲異 數異數云 是年春 拜江原道觀察使 秩滿 遷戶曹參議 連拜承旨 以母病辭不就 未幾遭艱 公篤於孝

1578년(선조 11) 2월 양주목사를 배임 받은 후 가까운 시골집 간촌서당(艮村書堂)에서 기거하던 사실을 기록하고 있다. 이곳은 부친 지란과 같이 거주하던 산방이 소재한 곳이었다. 1579년(선조 12) 군함(軍銜)으로 오위장직을 수행하였고, 대사간, 병조참지, 병조참의에 임용되었다. 이 해 첨추가 되어 성절사(聖節使)로 중국을 다녀왔다. 선조 14년에 좌승지와 경기도관찰사를 수행하였고, 선조 16년 7월 대사헌, 8월 장흥부사에 임용되었다.

임진왜란이 발발한 후 조정이 기대하던 충주 방어선마저 무너지자 국왕 선조는 서천을 결정하고 윤두수(尹斗壽)에게 어가를 호종할 책임을 맡기고 세자가 동행하도록 하였다. 다른 왕자들은 여러 도에 나누어 보내 근왕병을 불러 모아 회복을 도모하였다. 함경도로 가는 임해군은 김귀영(金貴榮)·윤탁연(尹卓然)으로 하여금 수행하게 하고, 강원도로 파견한 순화군 이보는 장계부원군(長溪府院君) 황정욱(黃廷彧)과 그의 아들 전 승지 황혁(黃赫), 동지중추부사 이희로 하여금 수행하도록 하였다. 황혁은 딸이 순화군의 부인이며 이희는 원주가 고향이기 때문에 동행하게 했다.[21]

관동호소사로 명받은 이희에게 자금을 담은 짐을 몸종이 절취하여 도망가는 사태가 발생하였다. 이로 인해 출발이 지체되었고, 아들 경운(慶澐)이 도맡아 노력하여 행차에 지장이 없도록 하였다. 당시 원주에 도착했을 때에 즉시 소집에 응하는 장정들이 없어 영동과 영서를 오가며 충의로 격려하자 점차 응모자들이 모였다고 한다. 이어 원주와 여주 사이에 병사를 주둔하며 왜군과 대치하였다.[22]

親老在鄉 解官未嘗淹於京 歸侍親左右服勤 及是年躋五十 廬墓歠粥 視前喪如一 人無不感服
服旣関"(『번암선생집』 권42, 시장 송와이공 시장).

21) 『선조수정실록』 권26, 선조 25년 4월 계묘 ;『선조실록』 권37, 선조 25년 4월 무오. 실록에 의하면 이희는 강원도에 이르러 병을 핑계대고 따르지 않았다. 얼마 지나지 않아 왜적이 강원도로 침입하였기 때문에 순화군도 재를 넘어 북쪽을 향하여 임해군과 동행하게 되었으므로 김귀영과 황정욱에게 협동해서 호위하여 가도록 명하였다고 한다.

22) "特命爲關東號召使 公雪涕辭行 奴夜竊負資橐以逃 使庶子慶澐鞭獨馬 間關到原州 鄉里虛無人

『송와잡설』에는 이희가 관동호소사로서 원주 일대에서 활동한 사실이 상세히 기록되어 있다. 그 가운데 원주 영원산성에서 순직한 목사 김제갑과의 인연도 소개하였다. 이희와 김제갑은 사간원의 옛 동료였다. 당시 김제갑은 원주목사로서 고을 군사를 모아서 산간지역이자 왜군의 출몰 초입부인 동남쪽을 방어하여 한양으로 연결된 서쪽길의 방비 계획을 수립하였다. 이희는 관동 지역의 근왕병을 흥원창에 주둔시켰고 김제갑은 가리령(加里嶺)과 영원산성에 의지하여 주둔하고 있었다. 이때 이희는 적은 규모의 정병(精兵)을 보내어 그를 도왔다. 그러나 왜적에 의해 성이 함락되자 김제갑 자신과 부인 및 둘째 아들이 해를 당하였다.

이희는 1593년(선조 26) 한성좌윤에 임용되었다. 전쟁의 공로로 벼슬이 올라 재상의 반열[가의(嘉義)]에 오르게 되었다. 이 해 동궁이 3조의 신하들을 거느리고 전라도·경상도에 나가 군대를 관리하고 전쟁과 관련된 모든 일에 책임을 다하기 위해 노력하는 가운데 국왕은 전격적으로 전위를 발표하였다. 윤11월 홍문관 부제학 이희는 국왕 선조가 세자에게 왕위를 전위하려는 것을 극력 반대하고 거듭 상차를 올려 철회를 강력히 촉구하였다.

> 어려운 시운을 당하여 난이 평정되지 않아서 종묘 사직의 위험이 한 터럭 사이에 있을 뿐이 아니니, 이는 바로 군신 상하가 마음에 맹세하고 힘을 다하여 수복을 꾀하기에도 겨를이 없을 때인데, 도리어 어렵고 큰 사업을 잊어버리고 갑자기 물러나 쉬려는 생각을 하시니, 이 어찌 신들이 평소에 전하께 바라던 것이겠습니까.[23]

身出入嶺東西 以忠義激勵 於是應募者集 駐兵原驪間 戰比有獲 一日 聞倭劫興原倉 密授方略 令麾下將環以攻 因風縱火 賊焚死且盡 餘者走 當是時 諸路號召使四出 獨公以捷聞 上喜甚命加 一資"(『변암선생집』 권42, 시장 송와이공시장).

23) 『선조실록』 권45, 선조 26년 윤11월 정미 ; 『선조실록』 권45, 선조 26년 윤11월 무신.

윤11월 29일에도 이희는 전위에 대해 "위로 공경에서 아래로 백료(百僚)까지 그리고 여항(閭巷)과 초야까지도 다들 옳지 않다 하여 모두가 답답하게 여기고 있음"에 거듭 상차를 올렸다.

1596년 이희는 대사간·대사헌·동지중추부사를 역임한 뒤 이조판서를 제수 받았다. 그 해 7월 사간원 대사간 직임으로 이몽학(李夢鶴)을 국문하는데 참례한 공로로 자헌대부(資憲大夫)에 올랐다. 조정은 선조 29년 6월 파병된 중국 군사 3만 3천여 명의 병량(兵糧) 제공에 많은 어려움을 겪고 있었다. 각도에서 햇곡식이 여물 때까지 별다른 재원을 마련할 방안이 없었던 것이다. 이에 이희는 안집청(安集廳)의 곡식을 호조에 소속시켜 군량에 보태도록 하는 대안을 제시하였다. 이에 영사(領事) 김응남(金應南)이 동의하여 안집청뿐 아니라 훈련도감의 둔전 소출도 군향청(軍餉廳)에 보내도록 진언하였다.[24]

1597년 다시 지중추부사, 예조판서를 역임하였다. 6월에 국왕이 '동궁이 입학하면 진하(陳賀)하고 반사(頒赦)'하는 전례를 묻자 오래 된 일이어서 노신(老臣) 이희가 나서 순회세자(順懷世子)의 관례·입학·가례 사례를 들어 답을 하고 있다.[25]

선조 30년 정유재란이 발발하자 궁권(宮眷)을 피난 보내서는 안된다는 뜻으로 논집하고 있는데 궐내에서 옥교(屋轎)가 잇달아 떠나고 일부 사대부의 가속 가운데 어두움을 틈타 먼저 도성을 빠져나가는 자들이 발생하였다. 이는 백성들을 놀라게 하고 중국 장수들이 기이하게 여기는 실정이었다. 이에 대사헌 이희는 이 같은 실태를 국왕에게 알리면서 개탄해하고 미리 진정시키지 못한 죄를 물어 사의를 표하였다.[26]

이희는 이후 우참찬, 형조판서, 지돈령부사, 이조판서를 잇달아 제수받았다. 선조 31년 12월 이조판서 이희, 호조판서 한응인(韓應寅)이 주도한 비변사의

---

24) 『선조실록』 권76, 선조 29년 6월 경술.
25) 『선조실록』 권89, 선조 30년 6월 신유.
26) 『선조실록』 권89, 선조 30년 6월 갑신 ; 『선조실록』 권91, 선조 30년 8월 정묘.

상차에서 7년동안 계속된 왜군과의 전쟁에 대비할 전략방안이 제시되었다. 전함 수리와 수병의 증강, 성루(城壘)의 보강, 무기의 정비, 노련한 장수의 선발, 병사의 훈련 방안이 제시되고 '비록 목전에 시원한 설욕을 하지 못할지라도 만전의 계책'임이 강조되었다. 또한 대마도와 일기도(一岐島)를 비롯한 적진에 다방면의 간첩을 보내 정탐하는 일이 중요함을 강조하고 있다.[27]

선조 32년 8월 신임 정승을 추천하여 가려 뽑는 좌의정 복상단자(卜相單子)에 후보자로 올랐으나 이항복(李恒福)이 제수되었고, 이희는 10월에 이조판서가 되었다. 선조 33년 1월 이희는 건강상의 이유로 이조판서 사직소를 바쳤다.[28] 이리하여 1600년(선조 33) 지돈녕부사(知敦寧府事)를 끝으로 벼슬에서 물러났다. 당시 친척인 이산해가 영의정을 맡고 있었다.

이희는 1600년(선조 33) 4월 17일 서울 집에서 세상을 하직하였다. 그 해 10월 원주 서면 지향곡(地向谷) 건좌(乾坐) 언덕에 장사되었다. 당시 이희는 대광보국숭록대부의정부 영의정겸 영경연홍문관 예문관 춘추관 관상감사 세자사(大匡輔國崇祿大夫議政府 領議政兼 領經筵弘文館 藝文館 春秋館 觀象監事 世子師)에 추증되었다.

이후 1789년(정조 13) 우의정 채제공(蔡濟恭)이 국왕에게 시호를 내려줄 것을 건의하였고[29] 다음 해 4월 11일에 시호로 장정(莊貞)이 하사되었다.[30]

3) 청백리(淸白吏) 녹선

유교 정치이념에서 민을 다스리는 제민의 기본요건은 통치자의 윤리의식에 의거한 것이었다. 그리고 이러한 윤리의식이 투철하고 자신을 바로잡는 노력

---

27) 『선조실록』 권107, 선조 31년 12월 계유.
28) 『선조실록』 권121, 선조 33년 1월 을축.
29) 『정조실록』 권27, 정조 13년 윤5월 병신.
30) '履正志和曰莊, 淸白守節曰貞'(『정조실록』 권30, 정조 14년 4월 신유).

을 부단히 하여 왕도정치의 이상을 위해 복무하는 경우는 부단히 하도록 권장되고 면려되었다. 그 표징으로 순리(循吏)·염리(廉吏)·염근리(廉謹吏)·청백리라고 불리는 존재를 들 수 있다.[31] 조선의 관리제도는 유교적 수기치인의 원리를 체득한 존재로서 치국의 주체가 되는 양리(良吏)를 권장하고, 이에 반대되는 존재로서 장리(贓吏)를 배격하는 원리로서 운영되었다. 따라서 조선시대 정치과정에서 청백리제도는 관료제도의 기본질서를 바르게 세울 것을 천명할 때 동원되는 선언적 담론이었다. 현직 관리는 물론 관직에 나아가고자 하는 유학들에게도 이러한 논리는 권장되고 강요되었다. 청백리 제도는 그 자체의 완성도 보다는 청백리를 선발하는 선언적 의의에서 의미를 찾을 수 있다. 관료제도의 틀을 넘어서 사회 기강을 확립하는 모범적 표본으로서 청백리 제도가 사용되었고 계승되어 간 측면이 있는 것이다. 조선시대 조정에서 공식적으로 청백리를 선발한 것은 1515년(중종 10)이다.

이희의 청렴한 품성과 관련된 역대 사신들의 평가가 실록에 기록되어 있다. 선조 28년 2월 영사 김응남이 "탐풍(貪風)이 크게 일고 있어 청백한 사람을 높이 등용하지 않을 수 없다."라고 아뢰며 "이희의 청소(淸素)한 절개는 남들이 따르기 어려운 바이다."라고 하며 국왕에게 이희를 추천하고 있다.[32]

한편 선조 28년 2월 이희를 행대사간(行大司諫)에 제수할 때에도 "이희는 청고(淸苦)로 자신을 가져 머리가 희도록 변하지 않았다."라는 평을 하였다.[33]

---

31) 이영춘 외, 『조선의 청백리』, 가람기획, 2003, 16~17쪽 ; 오영교·정두영·김영봉·이상순, 『송와 이희 연구』, 원주시, 2013, 37쪽. 그런데 청백리를 전통시대 관리의 표상으로 매우 중요하게 인식하는 경우와 함께 청백리를 하나의 제도적 관습으로서 그 내면에는 허실이 함께 존재한다는 견해가 혼재한다. 특히 청백리는 정치적·학문적 업적이 높은 인물과 유사하게 인식되어서 본래의 사실보다는 매우 과도하게 보는 입장이 있다. 또한 숫자상으로 너무 많은 인물이 등재된 데 대한 비판이 뒤따른다. 이에 대해서는 이장희, 「청백리제도의 사적 고찰」 『근세조선사논고』, 아세아문화사, 2000 ; 오수창, 「조선시대 청백리 선발과 장리 처벌」 『한국사시민강좌』 22, 일조각, 1998이 참조된다.

32) 『선조실록』 권60, 선조 28년 2월 기유.

33) 『선조실록』 권60, 선조 28년 2월 무오.

3월 이조참판으로 임명할 때에도 "이희는 고절(苦節)을 맑게 닦은 이로 늙어서도 더욱 독실하였으니 참으로 서리 속의 푸른 대요 백료의 의표였다."라는 평가가 가해지고 있다.[34]

선조 32년 6월 예조판서의 관직을 제수하면서 "목은 이색의 후예로 검약하게 살아 자못 청덕(淸德)이 있었다."라는 평을 하였다.[35] 또한 선조 32년 6월 우참찬에 제수될 때에도 "청백한 생활을 견지해 2품의 지위에 있으면서도 집이 가난하였다. 다만 연로하도록 퇴사하지 않아 편당에 흔들림을 면치 못하였다."라고 평가되었다.[36]

이희에 대한 실록의 사평은 『선조실록』과 『선조수정실록』이 상반되지만, 공통적으로 지적하고 있는 것은 그의 '청백'이었다. 청렴, 질박, 염정, 청수(淸修), 청소, 청고, 청간(淸簡), 청덕(淸德), 청백 등은 『선조실록』의 평마다 기술되어 있는 내용이다. 또한 『선조수정실록』에서는 혹평을 하는 가운데서도 '한고(寒苦)한 생활로 처신'했다거나,[37] '젊어서부터 청백함으로 이름이 알려졌다'[38]라고 기술하고 있다. 정치적으로 대립하고 있는 상대편마저도 이희의 청렴함은 인정하였던 것으로 평가된다.

선조 28년(1595) 7월 체찰사 이원익(李元翼)이 '노성(老成)한 사람으로 낮은

---

34) 『선조실록』 권61, 선조 28년 3월 무인. 선조 29년(1596) 6월 대사헌 이희에 대해 "기절과 풍채가 늙어서도 더욱 씩씩하여 예전의 곧은 신하라도 거의 이보다 낮지 못하나, 나이가 많고 덕이 뛰어나도 육경의 벼슬에 오르지 못하였으므로, 그 당시 사람들이 그의 적신(積薪)을 탄식하였다."라고 평가되었다(『선조실록』 권76, 선조 29년 6월 신축).
    선조 30년 5월 지중추부사로 명을 받는 데에서 "이기의 몸가짐이 청간(淸簡)하였다"라는 평을 하고 있다(『선조실록』 권88, 선조 30년 5월 정사). 선조 32년 4월 대사헌으로 임용하면서 "홀로 충성을 바치며 자신을 믿었고 청렴하고 사사롭지 않아 우뚝이 조정에 서 있자 풍채가 늠름하였다."(『선조실록』 권111, 선조 32년 4월 임신)라고 하였다.
35) 『선조실록』 권114, 선조 32년 6월 신묘.
36) 『선조실록』 권114, 선조 32년 6월 무술.
37) 『선조수정실록』 권57, 선조 27년 11월 을해.
38) 『선조수정실록』 권32, 선조 31년 12월 임자.

직위에 엄체(淹滯)되어 그 재능을 펴지 못하는 관료' 중 한명으로 참판 이희를 천거하고 "몸가짐이 청렴하고 근신하여 늙도록 변치 않으니, 진실로 세상에 드문 훌륭한 신하입니다. 상께서 발탁하여 낭묘(廊廟)에 두고 모든 일을 자문하는 것이 마땅합니다."라고 하였다.[39] 이처럼 이희의 인품에 대해 계속적으로 많은 동료와 관료, 사신들이 청렴과 정간을 강조하였다.[40]

1644년(인조 22) 예조판서 강현(姜鋧)이 지은 「신도비명」에는 이희에 관한 몇 가지 일화가 다음과 같이 소개되어 있다. 그가 대사간으로 부름을 받았을 때 가는 말이 절어서 역리가 놀라고 두려워했으나 그는 위로하기를 '나는 너희들이 가난해서 먹지 못하는 것이 불쌍하다'고 고삐를 잡고 서울에 겨우 도착하였는데 주위 사람들 모두 그가 대사헌인줄 몰랐다고 한다. 칙사(勅使)를 맞을 때 말이 종로거리에서 쓰러졌는데, 길을 인도하는 자가 이를 알지 못하고 소리치니, 앞에 달려가던 한 시민이 이것을 보고 크게 놀랐다. 당시에 말이 파리하고 자빠지는 것을 보면 '저것은 대사헌의 말이다'라고 회자되었다고 한다. 또한 그가 어사로 나갔을 때 도중에서 일산(日傘)을 펴지 않고 끝내 떨어진 단령(團領)을 입어, 안개와 이슬에 젖어서 붉은 빛이 반쯤 물들어 있었다. 관노들이 이 옷을 접어가지고 고하기를 "이 옷을 얻을 수 있으면 하나를 가지고 두 가지를 이룰 수가 있습니다." 하며 "윗도리는 빛이 희니 저고리를 만들 수 있고, 아랫도리는 붉으니 치마를 만들 수 있습니다."라고 하여 웃었다고 한다. 이상의 일화를 통해 세인의 평가와 이희의 언행이 일치되었음을 확인할 수 있다.

이희는 1603년(선조 36)에 청백리에 선발되었다. 종2품 이상이 빈청(賓廳)에 모여 작고한 재신(宰臣) 중에서 염근(廉謹)한 자 7인을 뽑았는데, 판서 이우직(李友直), 우의정 심수경(沈守慶), 영의정 이준경(李浚慶), 영의정 최흥원(崔興源), 판서 이희, 우참찬 백인걸(白仁傑), 북병사 장필무(張弼武)였다.[41] 당시 동고(東

---

39) 『선조실록』 권65, 선조 28년 7월 정유.
40) 『식암선생문집(息庵先生文集)』 권5, 부록 신도비명 병서. "李壐之節儉皆可仕".

皐) 이준경이 제1로 뽑히고 이희가 제2로 뽑혔다.[42] 조선왕조가 당대의 관료들에게 요구했던 높은 도덕성의 수준에 비추어 볼 때 청렴은 보편적 지향가치로 자리 잡고 있었을 것이다. 그런데 이희의 청렴성은 당대의 기간 자료와 사평, 그리고 후대의 정론가들에게 대표적인 청백리의 상징으로 서술되고, 전래될 뿐 아니라 1532년 이래 원주 간현에서 동족마을을 형성하며 살아온 한산 이씨 동족인들에게 자랑스럽게 계승되는 조상의 유훈으로 자리매김 되어 있다.

3. 16세기 정국상황과 송와 이희의 정치활동

이희가 식년문과에 급제하여 출사한 명종 10년은 외척 정치의 폐해가 극에 달한 시기였다. 이들의 배타적 권력 독점은 정치적 파국을 초래할 뿐 아니라, 부정과 비리 등 병리 현상을 유발하고, 사회·경제적 파탄을 야기하는 상황이 연출되었다. 일반 백성들의 광범위한 유망과 도적떼의 등장은 그 현실을 극명하게 보여주는 것이었다.[43]

사림 세력은 도덕 정치의 구현을 추진하기에 앞서 외척의 전횡을 막아내야만 했으며, 이에 명종 18년 8월 외척 이량에 대한 탄핵이 진행되었다. 이희도 이때 사헌부 지평으로 있으면서 탄핵에 가담하였다. 이량은 문외출송(門外黜送) 되었으며, 1565년(명종 20)에 윤원형이 실각되면서 외척의 전횡은 막을 내리게 되었다.

선조대는 사림세력이 훈구를 밀어내고 정국을 주도하는 가운데 새로운

---

41) 『선조실록』 권166, 선조 36년 9월 병진.

42) 後選淸白吏 東皐相爲第一公居其次(『번암선생집』 권42, 시장 송와이공시장).

43) 설석규, 「선조대 정국과 이산해의 정치적 역할」, 『아계 이산해의 학문과 사상』, 한국역사문화연구원, 2009, 106쪽.

정치질서가 조성되는 시기였다. 훈구와의 대결과정에서는 드러나지 않았던 사림 내부의 차이가 표면화하면서, 사림은 다시 정치적 분화 과정을 겪게 되었다. 선조대 초반 사림세력은 척신의 정치참여 배제를 강력히 추진하는 가운데, 훈척의 배제 범위를 둘러싸고, 신·구 사림간의 갈등이 야기되었다. 선배 사림들은 이미 훈척과도 일정한 인맥이 형성되어 이를 단절할 수 없었고, 후배 사림들은 엄격한 청산을 통해 도학정치를 구현하고자 하였다.

1575년(선조 8) 심의겸(沈義謙)과 김효원(金孝元) 사이에서 이조전랑 자리를 둘러싼 알력이 빌미가 되어 두 세력의 갈등은 시작되었다.[44] 양자 충돌의 근저에는 재상권을 기반으로 하는 선배집단과 낭관권을 중심으로 하는 후배집단 간의 구조적인 대립이 깔려 있었다.[45] 이에 심의겸과 그에 동조한 선배사류들을 서인이라 하고 김효원과 그에 동조한 후배사류들을 동인이라고 불렀기 때문에 동서분당이라 명명되었다. 그 동안 양쪽의 조화를 주장하던 이이가 서인으로 자정(自定)하면서 서인이 정파로서의 틀을 잡게 되는 1582년부터 본격적인 붕당정치가 전개되었다.

동서분당으로 야기된 선조대의 붕당적 양상이 초래되면서 유생층의 공론 및 정치참여층으로서의 역할은 새로운 국면을 맞이하게 되었다. 그 단적인 양상은 율곡 이이에 대한 논핵과 기축옥사를 통해서 노정되었다.

1583년(선조 16) 6월 병조판서 이이가 군정(軍政)과 관련하여 '전천만군(專擅慢君)'의 죄를 범했다고 하여 동인계 언관으로부터 탄핵이 제기되었다. 송응개(宋應漑) 등이 중심이 되어 겉으로는 이이가 조제(調劑)의 설을 내세우면서도

---

44) 『연려실기술』 권13, 선조조 고사본말, 동서분당지론. 심의겸과 김효원의 갈등 요인으로 다음 세 가지 사항이 거론되어 왔다. 하나는 심의겸이 김효원의 이조전랑으로 진출하는 것을 막았다는 점, 또 하나는 김효원이 심의겸의 동생인 심충겸의 이조전랑 진출을 방해했다는 점, 그리고 김효원이 윤원형가에 기숙했던 사실을 심의겸이 발설했다는 점 등이 그것이다(김돈, 『조선중기 정치사연구』, 국학자료원, 2009, 260쪽).

45) 『선조수정실록』 권24, 선조 23년 4월 임신.

실제로는 천총을 가려 상대를 모함하고 있다고 논박하였던 것이다. 이에 대해 이이를 옹호하는 유생들의 상소가 대대적으로 이어졌다.

1584년(선조 17) 1월, 이이가 갑자기 서거하자 삼사의 논계가 척신 심의겸과 이이와의 관련에 중점을 두고 계속 이어졌다. 이에 그의 '동문지사(同門之士)'를 중심으로 한 유생들이 단순히 그 관계를 부정하는 내용의 상소를 제기하였다. 이것은 유생들의 붕당화는 결국 사제관계를 토대로 한 학연 중심의 논리가 내포될 수밖에 없음을 의미하였다.

이희는 바로 이 시기 정치적 사안에 깊숙이 관여하고 있었다. 이희 자신이 관인으로서, 언관의 직분에 따라 행동했다고 하더라도 당대이든 후세에서든 당색의 규정을 받는 것에서 자유로울 수는 없을 것이다. 1583년 대사헌 이희는 이이의 탄핵에 나섰다.

> 병조판서 이이는 군정의 중대한 일을 먼저 시행하고 나중에 아뢰었으며 또 소명을 받들지 않았는바, 그가 마음대로 시행하고 임금을 무시한 자취는 이미 언관의 탄핵에 드러났습니다. 이이는 자신의 허물을 반성하기에 겨를이 없어야 함에도 불구하고 도리어 대간의 말을 옳지 않게 여겨서 여러 날 상소하여 불평스러운 말을 많이 하였는가 하면 매양 스스로 물러가는 것으로 구실을 삼고 있습니다.[46]

대간의 거듭된 논박에 대해 이이가 이를 가볍게 여기는 것은 공론을 무시하는 것이므로 파직시키라고 청하였다. 이어 선조 16년 7월 사간 성락(成洛)과 정언 황정식(黃廷式)은 "이이 자신이 먼저 의혹하여 언자(言者)와 옳고 그름을 다투기 위해 많은 말을 하다가 결국 공론을 더욱 격렬하게 만들었습니다."라고 하여 이이에 대한 주변의 기대를 스스로 저버리게 만들었다고 비판하였다.[47]

---

46) 『선조수정실록』 권17, 선조 16년 6월 신해.
47) 『선조실록』 권17, 선조 16년 7월 정유.

처음에는 조심스럽게 공론의 명목으로 이이를 옹호하던 상소가, 공론의 주체는 누구라도 될 수 있으며 언관언론이 유생들의 초야언론에 비해 반드시 '위중(爲重)'하지 않다는 선조의 견해가 알려지면서,[48] 삼사·승정원에 포열한 동인계 신료들의 편당적 태도, 대신이 아닌 전조(銓曹)의 낭료에게 집중된 조정의 정사운영 등 시사에 대한 논계로 그 내용이 보다 준열해졌다. 당시 유생들은 동인계의 언관들을 논박하였다. 이에 대해

> 국시가 정해지지 않고 공론이 날로 격렬해져 삼사가 번갈아 논하며 복합한 지 이미 오래되었습니다. 그러나 의아심을 갖고 계시어 참적(讒賊)의 상소가 날로 이르는데도 전하께서는 그 정상을 통촉하지 못하시고 도리어 아름답다고 권장해 주시니, 이야말로 온 국민이 다같이 안타깝게 여기고 답답하게 여기는 바라 하겠습니다.[49]

라고 하여 이들에 대한 조치를 요구하였다.

이상의 공방이 진행 가운데 이희의 정치활동에 대해 사신들은 "계미년에 대사헌이 되자 맨 처음 이이를 공격하는 의논을 꺼냈는데, 당시에 질시한 자가 많았지만 그의 청덕(淸德)이 백옥처럼 흠이 조금도 없었기 때문에 감히 허물을 들어 죄를 가하지 못하였다."라고 평판하였다.[50] 이어 선조 28년 7월 인사 임명을 주청하는 이조의 전형관(銓衡官)의 보고에서 당시 사헌부의 장관으로서 이이를 비롯한 서인의 질정을 논박하다가 선조의 제어로 외직인 장흥부사로 좌천되었던 사실을 지적하였다.[51] 이와 같은 이희의 행보에 대해 『선조수정실록』에 기록된 사신의 평은 이희를 동인의 앞잡이라고 혹평하기도

---

48) 『선조실록』 권17, 선조 16년 8월 정묘.
49) 『선조수정실록』 권17, 선조 16년 8월 경술.
50) 『선조실록』 권56, 선조 27년 10월 무오.
51) 『선조실록』 권65, 선조 28년 7월 기축.

하였다.[52)]

그러나 이희가 이이의 탄핵에 전면적으로 나선 것은 원칙 없이 당론만을 대변하는 것이 아니었다. 이희는『간옹우묵』에서 대간이 사사로운 세력의 하수인이 되거나, 임금의 총애를 받는 신하의 지시에 따르게 되면 백성들의 삶을 해치게 되고, 나라의 기강이 무너지게 된다고 보았다. 무엇보다 대간은 당대의 공론을 주관하는 자리이며, 국가의 눈과 귀가 되어야 한다고 생각하였다. 정치적 소신에 대한 피력으로 보인다.[53)]

동인과 서인으로 분기된 정치세력은 1589년(선조 22)의 기축옥사와 뒤이은 임진왜란을 경험하면서 큰 변동을 보였다. 한때 정국의 우세를 장악했던 서인은 이이가 죽은 뒤 선조의 견제를 받으면서 위축되고, 동인이 권력의 핵심에 진출하여 정국을 주도하였다. 그 과정에서 동인 정여립이 전라도·황해도 일대의 세력들과 결탁하여 대동계(大同契)를 결성하고 모역을 꾀하다가 발고된 사건이 있었다.

서인세력은 정여립에 대한 고변을 계기로 세력만회를 시도하였다. 우의정으로 위관(委官)이 되어 옥사를 처리하던 정철은 정여립과 교류가 있었던 다수의 동인세력에게 옥사를 확대함으로써 독점적인 세력을 구축하려 하였다. 옥사가 확대될 조짐이 보이자 선조는 좌의정 이산해에게 과격한 논의를 제재하여 수습에 나서도록 지시하기도 했다.[54)]

그런데 무리한 조사로 최영경(崔永慶), 이발(李潑)·이길(李洁) 형제, 정개청(鄭介淸) 등이 죽임을 당하였다. 정인홍, 홍가신은 삭탈관직 당했으며 한백겸은 회령으로 유배되었다. 정여립의 조카 이진길의 시신을 수습해 묻었다는 이유였다. 이 사건을 종결하는데 모두 3년이 걸렸으며 이로 말미암아 죽은 사람은

---

52) "이희는 성품이 괴팍하고 무식한 자로 평소 선비들을 미워하였는데, 이때에 와서 역시 허봉 등의 매와 사냥개 역할을 하며 홍여순과 유영경에 다름없이 앞장서서 담당하였다"(『선조수정실록』 권17, 선조 16년 8월 경술).

53)『간옹우묵』 역주본 10화. 역주본 57화.

54)『선조실록』 권23, 선조 22년 12월 임오.

수백 명, 연루되어 파출된 사람도 수백 명에 이르렀다.[55] 특히 최영경 등의 죽음이 서인세력에 의한 원사(寃死)로 받아들여져 명분상의 약점도 지니게 되었다.

한편 옥사의 수습과정에서 동인세력도 주도적인 인물의 사망과 서인세력에 대한 태도의 차이에서 남인과 북인으로의 분기의 조짐을 보였다. 무엇보다 서인세력에 대한 태도의 차이로 '편척서인(偏斥西人)'을 견지하는 북인과 '참용피차(參用彼此)'를 내세우는 남인으로 구분된다.[56] 동인세력은 임진왜란 중에 잠시 공동보조를 치하는 듯 했지만, 전란의 말기에 이르면 북인세력이 유성룡을 탄핵하면서 남인과 북인의 분기는 확연해진다.[57] 대체로 이황에게 직접 배웠거나 아니면 그 영향을 크게 받은 인물들은 남인으로 활동했다. 반면, 북인에 속한 인물들은 서경덕, 조식의 학맥과 연결되는 경우가 많았다. 이들은 사유구조, 학문방식, 정치론, 현실인식 등 여러 측면에서 서로 일치하지 않았으며 상호 대비되는 면모가 강하였다.

그러나 전쟁을 경과하면서 전란 이후 정치세력의 변동이 야기되었고 그 양상은 매우 복잡했다.[58] 그것은 아직 당색이 고착화되지 않고 운영방식의 정형을 확립하지 못한 상태에서 정치적 입장이 뚜렷치 않은 인물이 정치적 사건에 따라 거취를 달리하기 때문에 나타난다.

기축옥사 과정에서 직접적인 화를 면한 이희도 정철을 위시한 서인세력의 배척에 앞장섰다. 선조 27년 5월 대사간 이희는 다음과 같이 정철의 죄를 물은 것이 정당했음을 주장하였다.

---

55) 『선조수정실록』 권25, 선조 24년 5월 을축.
56) 『선조수정실록』 권22, 선조 21년 8월 임오 ; 『학봉집(鶴峰集)』 부록 권2, 행장.
57) 『당의통략(黨議通略)』 선조조.
58) 김돈, 『조선전기 군신권력관계 연구』, 서울대학교 출판부, 1997, 357~358쪽. 서인계 정철의 체직과정, 남인계 영의정 유성룡 및 소북계 김신국 등에 대한 논박, 대북계 내의 육·골북(肉·骨北)으로의 분파과정, 대북계의 서인계 및 소북계 영의정 유영경에 대한 논박 등 선조조 후반기에 들어가 붕당간의 대립이 첨예하게 되는 결정적 계기마다 유생들의 상소가 제기되고 있었다.

정철은 성질이 사납고 괴팍하여 어진 이를 꺼리고 남을 이기기를 좋아하여 시기와 질투만을 일삼아 왔었습니다. 자기와 의사를 달리하는 사람은 물리쳐 무함했고 조그마한 원한도 반드시 보복하였습니다. 그는 늘 최영경이 자신의 간사함을 배척한 것을 원망하면서 묵은 감정을 끼고 분노를 품어 오면서 그 독성을 부리려 한 지가 오래였습니다. 그러던 차에 마침 역적의 변이 있는 틈을 타서 문득 배척하고 무함할 계책을 내어 허다한 근거없는 말을 지어내서 드디어 그 옥사를 일으켰던 것입니다. 영경의 죄상이 근거가 없음이 밝혀져 성상께서 특별히 석방해 주라는 명을 내리자 은밀히 언관을 사주하여 다시 죄목을 청해서 마침내 옥중에서 죽게 만들었으므로 온 나라 사람들이 그의 원통함을 말하지 않는 이가 없었습니다.[59]

선조 27년 10월 이희는 다시 정철에 대한 실질적인 처벌을 국왕에게 건의하여 본인들의 주장이 옳았음을 거듭 강조하고 있다.[60]

동인세력 중에서 이황의 학통을 계승한 사람들을 중심으로 하는 남인세력이 분기하자 나머지 사람들은 북인으로 불리게 되었다. 그러므로 북인 세력은 구성원의 다기성과 사회·경제적 기반의 차이를 내포하게 되고 학문적 전통도 약했다. 북인은 조식과 서경덕의 학통을 계승한 사람들이 중심이었지만, 서인이나 남인에 비해 학연의 순수성은 강하지 않았다.[61] 이산해는 화담

59) 『선조실록』 권51, 선조 27년 5월 갑진.
60) 『선조실록』 권56, 선조 27년 10월 신해.
61) 대체로 북인들은 유기론(唯氣論)의 세계관에 큰 영향을 받았으며 그 사유에 기초하여 정치사회 운영론을 모색하려 하였다. 이는 16세기 전반기 서경덕을 중심으로 본격 정립된 것으로, 세계의 시원과 운동의 원리를 기개념을 중심으로 파악하려는 인식체계였다. 그것은 성리학의 기축을 이루는 리와 기의 개념 가운데 기의 움직임, 기의 역할을 중시하는 사고였다. 북인들이 크게 영향 받았던 사상이 갖는 이러한 특징은 이황학파나 이이학파의 인물들과 달리 주자학을 상대화하며, 주자학과는 다른 정치론을 모색하는 근거이기도 하였다(정호훈, 『조선후기정치사상연구-17세기 북인계 남인을 중심으로』, 혜안, 2004, 39쪽).

문하인 이지함의 조카이자 제자이고, 이발과 정개청은 화담의 학통과 연결되며, 정인홍은 조식의 문인이며, 정인홍의 문인 중 일부가 북인으로 지목되며, 나머지는 이들과 혈연·지연·혼인관계로 연결되어 있었다.[62] 처음부터 다양한 성분으로 구성되었던 북인세력은 전란을 수습하는 과정에서 현실정치에 대한 인식의 차이에 따라 다시 대북세력과 소북세력으로 분기하고 대북세력이 골북(骨北)과 육북(肉北)의 대립을 보이는 등 안정된 정국을 유지할 수 없었다. 편의상 북인세력을 범주화하면 다음과 같다. 대북(육북)의 중심인물은 이산해였다. 여기에 동조세력은 이희(산해 종제), 이경전(산해 차자), 임국노 부자(몽정·수정·취정), 이이첨, 이홍노, 민몽룡, 황우한, 유경종, 윤수민 등을 들 수 있다. 대북(골북)의 중심인물은 홍여순이고, 대북·문인의 중심인물은 정인홍이며 소북[청북(淸北)]은 김신국·남이공, 소북[탁북(濁北)]은 유영경을 들 수 있다.[63]

『선조수정실록』에는 이희의 정치 노선이 철저히 이산해를 따르며 심지어 그와 친척관계인 점과 사사를 받았다는 표현까지 등장한다.

> 이희는 이산해의 종질로 그를 사사하였는데, 한고한 생활로 처신하였으나 논의가 괴벽(乖僻)하여 크게 당인의 추중을 받았다. 또 홍여순(洪汝諄)과 더불어 시종 교제 관계를 맺고 선류(善類)를 공격하면서 한결같이 산해의 사주를 따랐다.[64]

여기서 이희의 당색이 홍여순을 지지하였다는 이유로 대북으로 분류되기도

---

62) 『전고대방(典故大方)』 문인록 ; 이덕형(李德馨), 『한음선생문고(漢陰先生文稿)』 권12, 아성부원군묘지명병서(鵝城府院君李公墓誌銘竝書) 참조.

63) 『선조실록』, 『선조수정실록』, 『전고대방』 문인록, 『래암집(來庵集)』 문인록 참조(구덕회, 「선조대 후반(1594~1608) 정치체제의 재편과 정국의 동향」 『한국사론』 20, 1988, 229쪽에서 재인용).

64) 『선조수정실록』 권28, 선조 27년 11월 을해. 이 기사에서 이희가 이산해의 종질이라고 한 것은 착오인 듯하다. 이희의 부친인 이지란은 이산해의 부친인 이지번과 같은 항렬이므로 종질이 아니라 종제가 맞다.

하지만, 이러한 구분은 후대의 평가에 불과하고 당대의 시각으로 보면, 그의 당색은 남북분당 단계의 북인에 해당한다고 할 수 있다. 이러한 분류도 이희가 정철을 탄핵하는 데 앞장서는 등 동서 대립과정에서의 활동이 기준이 된 것이다. 그러나 이희는 임진왜란이 끝나고 얼마 뒤인 1600년에 사망하므로 북인(대북)정권의 성립을 볼 수 없었다.

　　지금까지 살펴본 것처럼 이희의 정치활동은 이이에 대한 탄핵과 그리고 기축옥사 이후 정철에 대한 탄핵 과정에서 집중적으로 살펴볼 수 있다. 비록 이희가 이이와 정철을 탄핵하면서 근거로 들었던 것은 공론에 따른 것이었지만 이는 동인의 정치적 입장과 일치하는 것이기도 하였다. 이와 같은 점 때문에 당대에나 후세에 이희에 대한 평가는 동인 또는 남북분당 단계에서 북인으로 분류되었던 것이다.[65]

4. 시국관과 사회인식 – 『간옹우묵』·『송와잡설』 분석

　　이희와 관련하여 문집과 같은 체계적으로 정리된 자료가 전해지지 않아 그가 품고 있던 생각이나, 수십 년의 관직 생활을 통해 얻은 경험과 경륜을 자세히 접할 수 없는 한계가 있다. 이희의 단편적인 기술을 수록한 『간옹우묵』[66]·『송와잡설』에는 전체 내용을 관류하는 그의 행적과 경세관·시국관·대

---

65) 오영교·정두영·김영봉·이상순, 전게서, 15쪽.
66) 『간옹우묵』은 이희가 쓴 필기잡록이다. 이의 저술시기는 명확하지 않다. 다만 이 작품에 실린 기사 중 '안일해진 백성들의 삶에 대한 경계'에서 임진왜란이 일어난 1592년부터 1596년까지 조선사회에서 목격되었던 백성들의 황폐해진 삶에 대해 서술하였는데, 이로 미루어보아 『간옹우묵』은 적어도 저자 나이 75세 이후에 저술이 완료된 것으로 추정된다. 저자의 또 다른 필기잡록류 저술인 『송와잡설』이 있다. 이 두 서책은 모두 김려(金鑢)가 역대 필기 잡록류 작품들을 모아 편찬한 『한고관외사』에 수록되었다. 『송와잡설』의 경우 『대동야승』에 수록된 것을 저본으로 한 국역본이 1971년 한국고전번역원에서 간행된 바 있다. 몇 편의 기사들만 제외하면 현전하는 『간옹우묵』은 『송와잡설』과 전혀 다른 내용의 텍스트가 된다. 김려 이전에는 '간옹우

민관이 고스란히 담겨있으며 목은 이색을 비롯한 선대(본가·외가) 및 형제들의 행적과 사상·학문관 등이 들어 있다. 무엇보다 그의 친우와 정치적 입장을 같이하는 동료 및 관료들에 대한 세간의 평판을 담고 있다. 또한 이희는 자기 나름의 가치관과 야심을 지니고 살면서 성공과 좌절을 경험하는 인간의 모습을 종합적으로 묘사하려 했다. 학행과 관료로서의 업적이 뛰어난 인물뿐 아니라 연행사절로 갔을 때 대면한 이름 없는 실무자와 무인, 종들을 괴롭힌 상전·점술가·장인인 이웃주민 등의 삶의 모습을 찾아내고 있다. 그는 독특한 개성을 지닌 인간의 다채로운 삶을 통해 한 시대의 사회상을 그리고 있으며 후세에 교훈으로 남기려 했다.

이희는 부모의 삼년상과 한직에 배임되어 벼슬에 나아가지 않아 고향 땅 간현에 머물 때라도 그의 관심은 오직 서울의 정치현장에 집중해 있었던 것으로 보인다. 유자(儒者)로서의 국가 운영에 대한 정치적 관심을 한 순간도 놓지 않았던 것이다. 비록 단편적인 필기류이지만『송와잡설』에 기록된 글을 통해서 이희는 원칙과 기준이 있고 그것이 준수되며, 절조와 기개가 있는 인간들이 살아가는 사회 내지 국가를 기대했다는 점을 엿볼 수 있다.

묵'을 이름으로 한 텍스트가 대다수 문인들에게 알려지지 않았다. 그 때문에『한고관외사』가 편찬되기 이전의 자료들 가운데는『간옹우묵』이 확인되지 않는다. 그러나『송와잡설』은 송시열의『송자대전』, 정광필의『정문익공 유고』, 김주신의『수곡집』, 이긍익의『연려실기술』등『한고관외사』보다 앞서 서술되거나 간행된 자료들에서 인용되고 있음을 볼 수 있다.『송와잡설』의 경우『대동야승』에 수록된 것을 저본으로 한 국역본이 1971년 한국고전번역원에서 간행된 바 있다(이희 저, 신익철·조융희·이철희 옮김,『간옹우묵』, 한국학중앙연구원 출판부, 2010, 253쪽). 현전하는『한고관외사』에는『간옹우묵』상편만 실려있다. 후대로 전해지는 과정에서『간옹우묵』하편이 결락된 것으로 보인다. 철종 연간 이후 집대성된 것으로 보이는 편자 미상의『패림』에는『간옹우묵』상·하 전편이 실려 전한다.『간옹우묵』의 상편은 93화로 구성되었고 하편은 43화로 구성되어 있다.

1) 시국관·사회관

　명종과 선조 연간 조선의 사회상과 관련하여 저자 자신이 관직에 있으면서 경험한 사실을 서술하고 있다. 명종대의 사실을 기록하는 데 있어 동서분당 이후 동인의 입장에 서 있는 이희의 사고가 투영되어 있음을 알 수 있다. 가령 "명종조에 이르러서는 심의겸(沈義謙)과 이이가 함께 국론을 맡아 어진 이를 등용한다는 핑계로 문음(門蔭)으로 뽑는 규정을 만들어, 오직 자기가 좋아하는 사람만을 마음대로 등용하니, 조종의 옛 제도가 크게 바뀌고 벼슬길도 점차 혼잡하여졌다."[67]라거나 "명종 말년 무렵에 와서는 나라가 태평한 지 오래되어, 인심이 사치하여졌다. 더럽고 추한 것을 싫어하고 사치하기를 좋아하여 궁중에서도 모두 복색을 바꾸겠다고 청원한 일이 있었다. 그때에 심의겸·박순(朴淳)·박응남(朴應男) 등이 당시의 논의를 가지고, 드디어 그들의 소원에 따라 고치도록 하였다. 이로부터 궁중의 복색 제도가 시종(侍從)의 복색보다 몇 배나 더 화사하고 선명해졌다."[68]라는 비판을 제기하였다. 심의겸이나 이이, 박순 등 뒷날 서인으로 활동하는 인물들이 자의적인 국정운영, 사치 풍조의 유행을 조장했다는 평가를 내리고 있다.

　다음으로 전란기에 목격한 사회현실의 참혹상과 정치운영상의 문제점을 낱낱이 제기하였다. 이희는 전란 중 인육까지 먹을 정도로 인간의 본성을 잃어버린 세태에 대해 개탄을 금하지 못하고 있다. "형벌을 맡은 관리나 수령이 막아보려 했으나 또한 어찌할 도리가 없었다. 예로부터 듣기 힘들었던 일을 이제는 직접 듣는구나. 어떻게 옛날에는 책에서만 보고도 측은히 여겼으면서 오늘날에는 길 위에서 벌어지는 일을 보고도 편안하게 여긴단 말인가?"라며 이것은 이른바 본심을 잃은 데에서 기인한다고 지적하였다.[69]

---

67) 『송와잡설』.
68) 『송와잡설』.
69) 『간옹우묵』 역주본 53화.

전쟁 직후 약간의 평온을 되찾자 다시 안일해진 도성 백성들의 삶에 대한 경계를 하고 있다.

임진년(1592) 왜적이 난리를 일으켜 도성사람들이 끔찍한 칼날에 죽어가고 이리저리 떠돌아다니며 구걸하고 사방으로 전전하는 신세가 되었던바, 계사년 (1593) 겨울에 임금이 도성으로 돌아오자 유민들도 모여들었다. 갑오년(1594) 봄에 굶어죽은 이들이 절반이 넘었고 옷감 한필의 값이 겨우 쌀 여덟아홉 되밖에 나가지 않았다. 을미년(1595)·병신년(1596) 두 해에는 조금 풍년이 들자 무명 한 단의 값이 백미 육칠십 여 말에 달하였다. 이전이라면 굶주렸을 저잣거리 백성들이 겨우 도랑에서 죽을 신세만 벗어나자 다시 교만과 사치가 생겨났다.[70]

이에 대해 이희는 "겸허한 자에게는 복을 주고 교만한 이는 미워하는 하늘이 높은 곳에서 훤히 내려다보고 있거늘, 재앙과 징벌의 화가 이전처럼 닥쳐올지도 모르는데 어찌 두려워하지 않겠는가?"라고 경계를 하고 있다. 기본적으로 이희의 서술에는 천인감응설에 기초한 성리학적 천인관이 반영되어 있다. 그에게 천은 인간에게 있어 도덕적 원리 내지 규범 법칙, 당위적 기준과 이상으로 자리하고 있다. 따라서 도덕적 본성 이외에 물질에 대한 욕구를 지닌 인간은 천리를 보존하고 인욕을 제거해야 한다는 요청을 드러내고 있는 것이다.

다음으로 이희는 청렴, 선비의 덕목, 군자의 선행을 더불어 강조하고 있다. 무엇보다 탐오를 비판하고 청렴을 고취하였다. 진덕수(眞德秀)의 말을 인용하여, "사군자가 세상을 살아감에 있어 매우 청렴하고 깨끗함은 하나의 작은 선에 불과하다"고 하여, 청렴이 사대부의 당연한 덕목임을 강조하고, 그렇기 때문에 다른 어떤 결함보다도 청렴에 결함이 있으면 더러운 것을 뒤집어쓰는 것과 같다고 경계하기도 하였다.[71]

---

70) 『송와잡설』.
71) 『간옹우묵』 역주본 2화, 6화.

청렴을 고취할 만한 사례로서 동고 이준경과 안현(安玹)을 들었고, 대사헌 김덕룡(金德龍)이 밝은 덕을 지녀서 처변(妻邊)쪽 재산 상속시 물질에 욕심내지 않고 전혀 개의치 않았던 일화, 판서 조사수(趙士秀)가 처음 내자시 직장으로 제수되었을 때 국고의 물건을 마음대로 쓰는 관원들의 풍조에도 흔들리지 않고 원칙을 고수했던 사례를 들어 청렴을 고취하였다. 반면 김안로(金安老)의 탐오함을 경멸하였으며, 명왕(明王)의 사례처럼 뇌물 받은 사람에 대한 엄격한 처벌을 주장하였다.[72] 이와 같이 이희는 청렴을 기본적이면서도 매우 중요한 덕목으로 여기고 이를 자신이 몸소 지키고자 했던 것이다. 이는 사후 청백리로 선출될 만큼 처신을 분명히 했던 자신에 대한 금언이었던 셈이다.

이희가 이상적 인간상으로 생각한 인물들의 공통된 덕목은 절조와 기개였다. 그가 '사대부론'에서 "사대부가 귀하게 여기는 것은 명예와 절개이다. 부와 귀는 얻기가 쉬워도 명예와 절개는 보존하기 어렵다. 높은 벼슬과 녹은 비록 잃어도 때로 다시 오지만 명예와 절개는 한번 잃으면 몸을 마치도록 다시 얻을 수가 없고 늘그막에 보존하기는 더욱 어렵다."라고 강조하였던 것도 같은 맥락으로 이해할 수 있다. 절개의 사례로서 교리 정붕(鄭鵬)이 유자광이 꾸어준 곡식을 궁핍한 가운데 이자와 함께 돌려준 일, 사육신 하위지(河緯地)의 두 아들이 죽음 과정에서 당당하게 절개를 지킨 사실, 신숙주(申叔舟)의 부인 윤씨가 사육신의 죽음에 이르러 남편을 훈계하는 사실, 노산군의 시신을 거둔 무명의 중의 일들을 언급하고 있다.[73]

이어 사대부가 명예와 절개를 지키기 위해서는 내면의 덕을 쌓아야 한다거나, 용모와 행동을 삼가서 절도에 맞게 해야 군자의 위엄을 잃지 않는다고 한 것도[74] 이상적 인간상의 기준이 명예와 절개에 있었음을 보여준다.

한편 이희는 경세론으로서 당시 뿌리깊은 신분차별에 대해 비판을 가하고

---

72) 『송와잡설』.
73) 『송와잡설』.
74) 『간옹우묵』 역주본 15화, 16화.

있다.

하늘에는 열 가지 날이 있고 사람에게는 열 가지 등급이 있으니, 위로 공경에서
아래로 하인에 이르기까지 높고 낮은 차례와 귀하고 천한 분수는 천지의 떳떳한
의로써 진실로 문란하게 할 수 없다. 우리 나라 공천·사천의 법은 실로 성왕의
정사가 아니다. 다 같은 동포(同胞) 백성이건만 억지로 종으로 만들어서, 대대로
내려가며 천한 무리에 쓸어 넣어 사족에 참여하지 못하게 하니, 심히 말도 안
되는 일이다.[75]

비록 노비제 해체에 따른 고공제(雇工制)와 방양책(放良策)과 같은 구체적인
대안제시의 기록은 보이지 않으며 이 글의 말미에 제도상의 혼란을 염려해서
당장의 시행은 어렵다는 점을 서술하여 본인의 단정적인 주장은 정리되지
못한 듯하다. 그러나 엄격한 신분제하의 천인신분에 대한 지극히 상식적이지
만 심각한 인륜의 도의가 개재된 파격적인 문제 제시는 주장한 셈이다.
이희가 무엇보다 관심을 가지고 있었던 사안은 전란 후 국가재조의 방안과
도 관련된 인재의 등용이었다. 여기에는 두 가지 문제점을 제기하였다. 첫째는
제도 자체에 대한 것이다. 과거를 시행하는 날짜가 일정하지 않고 별시가
많아 실력있는 시골의 학자보다 정보가 빠른 벼슬아치의 나이 어린 자제들만
방에 든다고 하였다. 그 결과 과거는 빈번하게 시행되어 인재를 뽑지만,
진정한 궁구에 힘쓰는 시골의 선비들이 탈락하게 되어 선비의 풍습은 경박해지
고 인재는 날이 갈수록 수준이 떨어지게 된다는 것이었다. 둘째는 임란 이후
확인되지 않는 전공과 군공을 내세워 원칙없이 관리에 등용되는 사례가 빈번하
여 '상하가 서로 능멸하여 일에 체계가 서지 않는다'라고 지적하였다.[76]
이처럼 이희는 국가의 원칙과 기준이 있어 모든 구성원들에게 희망과

---

75) 『송와잡설』.
76) 『송와잡설』.

기회를 부여하며, 지배자의 청렴이 철저히 감시·준수되고 정치적 사안마다 절조와 기개가 있는 인간들이 열심히 살아가는 사회 내지 국가를 대망했음을 살펴볼 수 있다.

2) 가문의 전통의식의 계승

이희는『송와잡설』과『간옹우묵』에 직계 가족과 관련된 일화를 많은 지면을 할애하여 소개하였다. 한산 이씨 동족으로서 알아야 할 선대의 행적으로 선조의 문행과 국가의 대소사를 가계사 정리와 함께 꼼꼼하게 기록하였다. 특히 가정 이곡의 시적 재능을 밝힌 시화와 목은 이색의 절의에 관련된 일화 등을 비롯하여 여러 곳에서 현조들을 선양하는 기사를 싣고 있다. 특히 가정과 목은이 원나라에 들어가서 그곳의 과거에 2갑으로 합격한 일과, 이로 인해 '동국의 한산 고을의 명성을 천하에 떨치게 되었다'는 목은의 말을 인용하는 등 직, 간접적으로 가문에 대한 자부심을 드러내고 있다. 당시는 고려가 원의 간섭 하에 있었고 대국으로 인정하였기 때문에 원의 과거제에 합격하고 벼슬을 역임한 것은 문중으로서는 대단히 자랑할 만한 사안이었던 것이다.

『송와잡설』은 필기문학으로서의 특징으로 상당분량의 야사가 수록되어 있는데 한편으로 이를 통해 그의 역사관을 엿볼 수 있다. 가문의 전통과도 관련된 것으로 고려와 조선의 교체기에 절의를 지킨 인물들의 이야기와, 단종 복위 운동에 실패하고 절사한 사육신의 이야기가 많다. 조선왕조에서 고려의 우왕과 창왕은 조선 개국의 정통성 문제와 맞물려서 매우 민감한 사안이었다. 이성계 일파는 자신들의 역성혁명의 정당성을 확보하기 위해 우왕이 공민왕의 핏줄이 아니라 신돈의 핏줄이라는 것을 강조하여 공식 사료에서는 신우(辛禑), 신창(辛昌)이라고 하였다. 그런데 이 이야기에서는 그러한 국가적 입장에 배치되는 내용을 소개하고 있다. 송와 외조의 고조부인 운곡(耘谷) 원천석(元天錫)은 이숭인(李崇仁)·정도전(鄭道傳) 등과 함께 사마시에 합격하였다. 목은 이색이 일찍이 여흥에서 귀양살이하고 있었는데, 운곡은 일부러 찾아가서 만나보고, 시를 지어 서로 화답한 시편이 많았다고 한다. 운곡은 우왕이 폐위되어 강화로 귀양갔다는 말을 듣고, "나라에서 선왕의 아들을 신돈의 아들이라 하여 폐위하고 서인으로 만들어, 강화에 내쳐버렸다."라고 대서특서(大書特書)하고 이를 비난하는 시를 지었음을 소개하고 있다. 특히 저자의 선조이기도 한 목은의 이야기는 야사의 소재로『송와잡설』에 매우 빈번하게 등장한다. 태조 이성계가 목은을 예우하려고 하였으나 끝내 절의를 지켜 물러난 일과, 여흥의 청심루(淸心樓) 하류 연자탄(燕子灘)에 이르러 배 안에서 죽은 일, 목은의 죽음을 정도전과 조준(趙浚) 등의 술책으로 의심한 일 등은 절의와 연관지어 평가해야 할 부분이다.[77]

그 밖에도『송와잡설』에는 연산군, 중종, 명종, 선조 연간의 역사와 함께 수많은 인물들의 개인사가 절의와 지조를 규범으로 하여 다양하게 소개되어 있다. 노산군 단종의 시신수습과 관련된 야사를 다음과 같이 소개하고 있다.

노산군이 영월에서 죽으니, 관과 염습(斂襲)도 갖추지 않고 짚으로 빈소를 마련하였다. 하루는 젊은 중이 와서 매우 슬프게 곡하며 말하기를, "평소에 이름을 알고 지냈고, 보살핌을 받은 분의(分義)가 있노라." 하고, 며칠을 머물러 있다가, 어느 날 밤에 시체를 지고 도망쳐버렸다. 어떤 사람은 '산골짜기에서 태워버렸다.' 하고, 어떤 사람은 '강물에 던져 버렸다' 한다. 지금 무덤은 거짓으로 장사한 것이라 하니, 두 가지 말 중에 어느 편이 옳은지는 알 수 없으나, 점필재(佔畢齋 : 김 종직의 호)의 글로써 본다면 강에 던졌다는 말이 그럴 듯하다. 그렇다면 중은 호승 양련(楊璉)의 무리로서, 간신이 지휘한 것이었다. 세월이 오래되었으나 그 한스러움이야 어찌 다하랴? 혼은 지금도 의탁할 곳이 없어 떠돌아다닐 터이니, 진실로 애달프다.

---

77)『송와잡설』.

이는 실제 역사적 사실과 다소 다른 내용을 포함하고 있다. 단종의 복원은 숙종대에 들어와 이루어진 사안이었다. 사육신의 관작이 복권된 다음 1681년(숙종 7)에 노산군이 노산대군으로 추봉되고, 1698년 9월 전 결성현감 신규(申奎)의 상소에 의해 위호와 능호는 물론 종묘에 봉사하는 논의가 본격화되었다.[78] 이를 통해 노산대군은 마침내 단종으로 복위되었다.[79] 숙종은 '군신의리'의 표상인 이들의 제자리 찾기를 주도하면서 붕당정치에서 탕평정치로 국정운영 체제를 전환하는 계기를 마련했다. 역사적 사실로서 단종의 시신은 영월 동쪽 금강정 근처 낙화암 옆 동강 물에 던져졌으며 단종의 시신에 손을 대는 자는 삼족을 멸한다는 말에 아무도 시신을 거두지 않았다. 이를 애석히 여긴 영월호장 엄흥도(嚴興道)가 시신을 거두어 영월 엄씨들의 선산인 동을지산(冬乙支山) 기슭에 매장하였다. 1669년(현종 10)에는 송시열이 노산군의 장례를 치러준 엄흥도의 자손을 녹용하도록 요청하여 현종이 허락하였다.

따라서 이희의 기사는 일반적으로는 알려진 것과는 차이가 있다. 그러나 이희가 살았던 당시에는 아직 단종이 복위되기 전이라 엄흥도의 충의도 공개적으로 거론되기 어려운 상황이었다. 그래서 원래의 주인공인 엄흥도 대신 무명의 젊은 중이 등장하여 설화의 형태로 전파되었던 것으로 보인다. 이는 단종의 죽음을 애석하게 여기고 그 복위를 염원하는 대중의 정서를 설화적 형태로 표현한 것으로 보인다.[80]

본인의 직계로서 8세 양경공 종선에 관한 일화는 다음과 같이 기록하였다. 종선의 묘는 한산 목은의 묘소 아래 썼는데 손자 파(坡)가 성종조 윤비(尹妃) 폐사(廢祀)시 예조판서를 역임한 연유로 연산군이 죄를 묻자 종선도 연좌되었다. 이로 인해 강제로 그 무덤을 메우고 평탄하게 만들게 되었다. 이후 중종

---

78) 『숙종실록』 권32, 숙종 24년 9월 신축.
79) 이현진, 「조선후기 단종 복위와 충신 현창」, 『사학연구』 98, 2010, 57~58쪽 ; 윤정, 「숙종대 단종 추복의 정치사적 의미」, 『한국사상사학』 22, 2004, 241~242쪽.
80) 오영교·정두영·김영봉·이상순, 『전게서』, 91쪽.

연간에 종선의 형 종학의 증손인 좌의정 이유청(李惟淸)에게 이희의 증조 봉화공 장윤이 저간의 사정을 설명하고 다시 그의 봉분을 정비하였다는 것이다.

조부 한성군 질에 대해서는 "기력이 강장하고 생각이 밝고 민첩하며 벼슬이 삼품의 당상관에 이르렀다."고 소개하고 특히 조상을 생각하여 제사 받드는 일에 독실하였으며 나이가 90세에 이르러서도 선조의 기일에 미리 가인들을 경계하며 엄숙히 재계하였음을 강조하였다.

맏형 충의위(忠義衛)공 기는 61세에 어머니의 상사를 당하자 3년 동안의 시묘살이를 지극한 정성으로 수행하였음을 소개하고 차형 참봉공 루는 선군의 상사시 여막에서 3년을 머물렀고 나이 60세 선비(先妣)의 상사시에도 한결같았음을 소개하였다. 특히 동생인 별좌공 용의 경우 고향에 머무르며 홀로 남은 어머니와 과부가 된 누이를 10년 동안 아침저녁으로 문안하며 극진히 모셨다는 사실을 소개하고 그가 죽자 몹시 애도하는 글을 남기고 있다.

이희는 한산 이씨 선조들의 정치·일상사에서 펼쳐진 충·효·가정교육에 대한 일화를 자세히 열거하여 후손과 일문의 규범으로 삼게 하였다. 그는 원주 원씨 외척들의 가르침도 본가 못지 않았음을 설명하고 있다. 이희의 외조부는 진사 선인데 특히 엄한 기개로 자녀를 양육하기에 힘썼다. 외조의 아버지인 보륜(甫崙)은 지평 벼슬에 역시 청렴결백한 인물이었음을 강조하였다. 특히 외조의 고조부인 운곡 원천석의 행적에 대해서는 상세히 기록하고 있다. 이희는 운곡의 학문이 넓고 깊은 것과 행실이 바른 것을 찬양하였다. 운곡이 37세에 부인을 잃고 아이들이 장성하여 혼인하고 시집갈 때까지 홀로 21년 동안 생활한 사실에 대해 "도를 지키는 굳은 군자가 아니면 능히 하지 못할 일이다."라고 평가하였다. 운곡의 시 가운데 "어머니를 잃은 아이들이 눈앞에 있는데 곤궁하게 분수를 안 것이 20여 년일세, 다만 시렁 위에 오직 천권 책이 쌓인 것에 의지했네, 스스로 주머니 속에 한푼도 없는 것에 맡기고 늙기에 이르도록 새로 살 계획을 이루지 않았네, 남은 생애에 부질없이 옛

인연을 생각하고 이미 장가들고 시집가는 일이 끝났으니 남은 한이 없고 바야흐로 편안함을 얻어 저승으로 향하네."라는 내용을 소개하였다.

또한 빙옹(聘翁)의 외조인 목천현감 정온과 당상관의 벼슬에 오른 정윤겸 등 초계 정씨와의 인연을 수록하고 있다. 한편 이는 한산 이씨가 원주에 정착하는 과정에서 맺은 지역의 유력 성씨들과의 통혼권을 보여준다.

오랜 동안의 관력에서 보고들은 사실을 바탕으로, 관인과 학인 가운데 충효와 관련되거나 학행에서 뛰어난 인물을 다수 소개하고 있다. 충순위(忠順衛) 원순조(元順祖)는 판서로서 부인을 먼저 보낸 후 엄격한 가정교육을 시킨 인물로 소개하였다. 감사 송흠(宋欽)은 모친의 상사시 80세의 고령임에도 불구하고 집상(執喪)한 효자로 소개하고 있다. 교수 고두명(高斗明)은 원주 사람으로 60리 떨어진 횡성의 선친 묘소를 봄·가을에 걸쳐 성묘하고 찾아다녔음을 소개하였다. 황형(黃衡)은 원주에 거주하는 딸의 집을 방문하여 엄한 예법으로 훈계한 사실을 수록하였다. 소재(蘇齋) 노수신(盧守愼)에 대해서는 진도 귀양시 아우 극신(克愼)에 대한 지극한 우애와 부모에 대한 효도를 보여 천성에 뿌리를 두고 있다고 설명하고 있다. 이와 같이 이희는 주변의 인물 가운데 효와 충, 절개·자녀교육·예법을 강조하는 사례를 개발하여 후세의 귀감으로 삼고자 하였다.

5. 맺음말

송와 이희는 『송와잡설』 이외에 별도의 문집을 남기지 않았으므로 그 정치활동의 사상적 배경을 깊이 있게 검토하는 데는 많은 어려움이 뒤따른다. 그러나 정치사의 중요한 시기 정치일선에서 활동했던 그의 행적은 『선조실록』 ·『선조수정실록』의 연대기와 각종 당론서 및 필기류 잡록 등에 남아 있는 자료를 통해 간접적이나마 살펴볼 수 있었다.

이희의 관계 진출과 정치활동은 훈구파에서 사림파 정권으로 교체된 이후인 16세기 중·후반에 전개되었다. 이 시기는 언관언론과 유생층의 상소를 통한 공론형성이 상호 보완관계를 이루면서 권신의 전권으로 빚어진 폐정의 시정과 여러 정치현안의 논쟁이 이루어졌다. 특히 선조 연간에 들어와 조정의 공론제기는 물론 중외 유생층의 공론제기가 보다 강화되기에 이르렀다. 이 시기 이희는 특히 동인과 서인의 첨예한 대립의 장이며, 동인이 남인과 북인으로 분열되는 계기가 되었던 기축옥사의 처리 과정에 깊이 개입하여 주목할 만한 활동을 보여주고 있다. 서인과 붕당화된 유생들의 초야 언론에 대응하며 언관으로 또는 낭색[동인·북인]의 입장에서 여러 논의를 전개하고 있다. 서인으로 자정한 이이에 대한 탄핵과 기축옥사를 둘러싼 서인 정철의 엄혹성을 동인의 입장에서 탄핵하는 데 깊이 관여하였다.

곧이어 발발한 왜란의 과정에서 관동호소사로서 활동하며 근왕병을 모으고 원주·여주 일대에서 왜군과 대치하던 원주목사 김제갑, 조방장 원호와 연계하며 그 전투에도 간여하였다. 또한 명군의 군량확보를 위한 방안을 논의하고 정유재란 과정에서 한성 수호를 위한 기율 확립 과정에도 참여하였다. 특히 선조 31년 이조판서로서 왜군과의 전쟁에 대비할 전략방안으로 전함 수리와 수병의 증강, 성루의 보강, 무기의 정비, 노련한 장수의 선발, 병사의 훈련 방안을 제시하고 대마도와 일기도 등의 정탐 방략을 제시하였다.

이희는 고려 말의 명유 이색의 후손으로서, 한 집안인 아계 이산해와 정치적 입장을 같이 하였다. 그러나 이산해가 정치적 부침을 겪는 동안에도 이희는 외임을 맡아 전출되었을 뿐, 유배를 간 일이 없었다. 동서분당, 기축옥사, 임진왜란, 남북분당 등 정치적 격변기와 국가 존망이 달린 전란의 한가운데서 자신의 소신과 원칙을 굽히지 않았던 인물로 평가할 수 있다. 그의 정치활동이 표면적으로는 동인, 북인이라는 당색으로 분류될 수도 있으나, 당파간 정치적 주도권이 오가는 것과 상관없이 각 시기마다 주어진 자신의 직임에 최선을 다한 모습이 확인된다. 이는 당파의 정치적 이해에 입각한 정치활동으로만 볼 수 없는 측면이 있다.

이희는 필기류의 단편적인 기록(『송와잡설』·『간옹우묵』)을 통해 전란기 사회상과 정국운영의 난맥상을 지적하고 주자학의 인성론에 기초한 사회의 회복을 기대하였다. 엄격한 신분하에서 같은 동포나 대를 이어 노비로 분속되는 공사천제도의 모순을 파격적으로 지적하였고, 양란 후 국가재조기에 중요한 관료 충원구조의 혼란과 문제점을 제기하여 그 해결책을 강구하고자 했다.

그가 이상적 인간상으로 생각한 인물들의 공통된 덕목은 절조와 기개였다. 사대부론을 설파하고 명예와 절개를 강조하였다. 이를 위해 역대 인물과 주변의 인사 가운데 실증적인 사례를 예시하였다. 또한 선대 가문의 전통과도 관련하여 '불사이군'의 절개를 지킨 이색의 행적과 그의 죽음, 외조의 고조부인 원천석의 사례를 서술하였다. 세조의 왕위찬탈과 관련되어 어려움을 겪었던 선친들의 삶을 저술하고 해당 사안과도 관련되어 지조와 절개를 지킨 인물들의 행적을 소상히 밝히고 평가하였다. 때로는 야사의 형태로서 고려왕조의 정통성을 언급하였다. 이성계 일파는 자신들의 역성혁명의 정당성을 확보하기 위해 우왕이 공민왕의 핏줄이 아니라 신돈의 핏줄이라는 것을 강조하여 공식 사료에서는 신우, 신창이라고 하였다. 이렇게 본다면 이희의 이야기에서는 그런 국가적 입장에 배치되는 내용을 소개하고 있는 것이다. 또한 설화의 형태로서 노산군의 죽음과 사육신을 탄압한 세력들의 위선을 비판하였다. 필기류 잡록의 형태를 빌어 세간의 일반백성들의 생각에 부합하고자 한 시도로 평가된다. 따라서 전체 내용을 관류하는 이희의 사상이 배어 있음을 알 수 있다. 이희는 국가의 원칙과 기준이 있어 모든 구성원들에게 희망과 기회를 부여하며, 지배자의 청렴이 철저히 감시·준수되고 정치적 사안마다 절조와 기개가 있는 인간들이 열심히 살아가는 사회 내지 국가를 대망했음을 살펴볼 수 있다.

특히 이희는 청렴을 기본적이면서도 매우 중요한 덕목으로 여기고 이를

자신이 몸소 지키고자 했다. 이는 사후 청백리로 선출될 만큼 처신을 분명히
했던 자신에 대한 금언이었던 셈이다. 이희에 대한 실록의 사평은 『선조실록』
과 『선조수정실록』이 상반되지만, 공통적으로 지적하고 있는 것은 그의 '청백
(淸白)'이었다. 『선조수정실록』에서는 혹평을 하는 가운데서도 '한고', '청백'을
지적하여 정치적으로 대립하고 있는 상대편마저도 그의 청렴함은 인정하고
있었던 것이다.

　본 연구는 자료상의 한계로 인해 송와 이희의 정치사상이나 행적에 대한
초보적인 연구에 머물고 있다. 차후 송와 이희이래 오늘날까지 동족마을을
이루며 지역의 명문가문으로 손꼽히는 한산 이씨 문중의 소장자료를 거듭
꼼꼼하게 추적하고, 동서분당이나 기축옥사에 대해 보다 면밀한 연구가 수행
되며 더불어 동일 당색으로 분류된 주요 인물들의 자료를 체계적으로 분석한다
면 이 시기 정치사에 있어 이희의 역할이나 정치사상 및 그 의미가 보다
명확하게 비정될 수 있을 것이다.

제4장 귀암(歸庵) 박권(朴權)의 생애와 관력, 정치활동

1. 머리말

귀암 박권(1658년, 효종 9~1715년 숙종 41)은 조선후기 손꼽히는 정치가로 1712년 백두산의 정계를 논의할 때 접반사로 중국측 대표인 목극등(穆克登)을 만나 백두산 정계비를 세웠다. 백두산 정계는 조선과 청나라가 압록강, 두만강을 경계로 하는 사실을 확인함과 동시에 백두산 남쪽 경계를 확정하는 것이었다. 무엇보다 백두산 정계를 계기로 조선의 국경의식이 한층 강화되었다.

박권은 정치적으로 커다란 변동기에 처해 있던 숙종 연간에 관료로서 활약한 인물이다. 그는 간관을 거쳐 경상감사·동래부사·황해감사·평안감사·강화유수 등의 외직과 병조참의·형조판서·이조판서·병조판서·예조판서 등 조선시대 최고의 관직을 두루 역임한 실무형 행정관료였다. 이 시기는 숙종 6년(1680)에 경신환국, 15년(1689)에 기사환국, 20년(1694)에 갑술환국이 잇달아 일어났다. 그는 정쟁의 소용돌이 속에서 현안에 대한 과단성 있는 의론을 제기하여 유배형에 처해지거나 수차례 체직을 당하기도 하였다. 그러나 자리에 연연하지 않고 언제라도 초야에 묻혀 살겠다는 의지가 내포된 '귀암'이라는 호처럼 한결같은 모습으로 자신이 맡은 직임에 충실하였다.

본고에서는 그의 생애와 가계, 문중 및 후손들의 삶을 배경으로 살펴보고, 그의 관력 제요를 정리한 후 각 직임 수행시 추진했던 정책을 정치, 외교,

군사, 재용 및 경제, 인사·행정 부분으로 분류하여 서술하고자 한다. 아쉽게도 문집이 부재하고 후손들의 가장자료가 소략하여 그의 진면목을 보여주는 학문과 사상을 자세히 고찰할 수 없지만, 남아있는『숙종실록(肅宗實錄)』·『비변사등록(備邊司謄錄)』·『승정원일기(承政院日記)』등의 연대기와 중앙자료, 인접 문인의 문집자료, 기존의 관련 연구성과를 분석하여 본고를 작성하였다.

2. 박권의 가계와 생애

박권은 중조(中祖) 원(元)으로 시작하여 교연(皎然)－기보(奇輔)－홍승(洪昇)－성(誠)－화(華)－인익(仁翊)－구(球)－의림(義林)－유(維)－사동(思東)으로 이어지는 가문의 후손이다. 그의 직계는 박유가 목천현감을 역임하여 목천현감파로 구별되기도 한다. 11세 때 다시 소종파로서 눌(訥, 사직공파), 첨(군수공파), 지(誌, 운봉현감공파), 열(說, 이정공파)로 구분한다. 박권은 밀양 박씨 이정공파(吏靖公派)로 그의 6대조 되는 박열(朴說)을 파시조로 한다.

열(說, 12세)－세정(世貞, 13세)－옹(顒, 14세)－제남(悌男, 15세)－정(筳, 16세)－시경(時暻, 17세)－권(權. 18세)

시호는 이정(夷靖)인 열(1464년 세조 10~1517년 중종 12)의 자는 열지(說之)이다. 의림의 증손으로, 할아버지는 목천현감 유이고, 아버지는 사용원첨정(司饔院僉正) 사동이며, 어머니는 박천도사(博川都事) 박전(朴旃)의 딸이다. 1483년(성종 14)에 생원이 되고, 1489년 식년문과에 을과로 급제하여 승문원부정자(承文院副正字)가 되었다. 이어 정자(正字)·저작(著作)·박사(博士)를 역임하고, 1495년(연산군 1) 사헌부 감찰이 되고, 홍문관 수찬·이조좌랑을 거쳐 승문원교검(承文院校檢)을 겸하였다. 이때부터 당상관에 이를 때까지 항상 승문원의 직책을 겸임하였다. 1497년(연산군 3)에 중시(重試)에 합격하여 홍문관 부교리가 되었다가 얼마 안 되어 이조 정랑으로 옮기었다. 이어 1499년 승문원교감(承文院校勘), 장령(掌令) 등을 거쳐 부응교(副應敎)가 되었다. 1500년 직제학 겸 예문관응교(直提學兼藝文館應敎)가 되었고, 1503년(연산군 9)에 승정원 우부승지(承政院右副承旨)가 되었다가 도승지(都承旨)로 승진되어 특별히 가선 대부(嘉善大夫)에 임명되었다. 그 뒤 얼마 안 되어 형조참판으로 전직되었다가 호조참판, 공조참판, 동지중추부사(同知中樞府事) 겸 동지춘추관성균관사(同知春秋館成均館事)를 역임하였다. 1508년(중종 3)에 이조참판이 되었고 다음해 공조판서로 특별히 승진하였다가 얼마 안 되어 사헌부 대사헌(司憲府大司憲)이 되었고 또 승진되어 의정부 우참찬(議政府右參贊)으로 도총부 도총관(都摠府都摠管)을 겸임하였다. 1510년(중종 5)에 예조판서로 전직되어 지의금부사(知義禁府事), 홍문관 제학(弘文館提學)을 겸임하였다. 그 뒤 얼마 안 되어 이조판서로 전직되었다가 공조판서, 형조판서, 좌참찬, 우참찬, 대사헌, 이조판서, 예조판서를 역임하고 1516년(중종 11)에 의정부 우찬성(議政府右贊成)으로 승진하였다. 이처럼 박열은 예부터 전통이 있는 가문의 문호(門戶)를 더욱 크게 하였다. 대각(臺閣)과 경연(經筵)에 드나들었는가 하면 공조판서와 예조판서를 두 번, 이조판서를 세 번, 대사헌을 네 번, 참찬과 찬성을 다섯 번이나 역임하였으므로 명망이 갈수록 중대해졌다. 청백리에 선정되어 임금이 '청백전가(淸白傳家)'라는 4자를 써주었다고 한다.[1]

13세 세정은 평시서 직장(平市署 直長)을 역임하였고, 14세 옹은 1568년(선조 1) 문과에 급제하여 한성서윤과 장단부사·순천부사를 역임하였다. 그에게는 충남·효남·제남의 세 아들이 있었던바 둘째 효남은 자가 자순(子順), 호는

---

1) 묘지명에는 "젊어서 아버지를 여의어 평생 동안 추모의 마음이 변치 않았고 어머니를 더욱더 지극한 효성으로 모시었으며, 형제간에 우애하고 벗을 신의로 대하였는가 하면 자신을 근신으로 가다듬어 사람과 거슬리지 않는 등 이처럼 안팎으로 닦았으니, 정말로 단정한 군자(君子)이다"라고 평가되었다(박열의 묘지명, 『국조인물고(國朝人物考)』권12, 경재(卿宰) ; 『국역 국조인물고』, 1999. 12. 30, 세종대왕기념사업회).

일암(一菴)으로 1579년(선조 12) 사마시에 장원으로 급제하였다. 1591년 성균관 유생들을 이끌고 당시 무고를 당한 재상을 구해줄 것을 상소하였다. 1601년 식년문과에 병과로 급제하였으며, 승문원 권지부정자(承文院權知副正字)에 임용되었다. 성환찰방(成歡察訪)으로 나아갔다가 성균관전적(成均館典籍)을 거쳐 결성현감(結城縣監)으로 전보되었다. 이때 그는 크게 선정을 베풀어 고을민들이 비를 세워 그의 공덕을 기렸다. 1608년(광해군 즉위년) 9월 병조좌랑에 임용되었으며, 이후 호조·형조·공조의 정랑직을 역임하였다. 1610년 태천현감(泰川縣監)으로 나아갔으나 수로공사 부진에 대한 책임으로 파직당하였다. 그러나 태천현감 재직시에도 선정을 베풀어 지역민들이 그의 공덕을 기리는 비를 세웠다. 1611년(광해군 3) 10월 경기 파주에 장사를 치렀다가 1640년(인조 18) 11월 강원도 원주 손곡의 자리로 이장하였다.2) 이후 직계후손들이 원주 손곡리에 정주하고 동족마을을 이루며 살게 되었다.

옹의 3남인 제남은 통덕랑의 관품을 지녔으며 16세이자 그의 아들인 정은 자는 명지이고 1624년(인조 2) 별시문과 4위에 급제하였으며 강계부사를 지냈다. 박정에게 아들이 없어 사촌 우의 차자 시경(時璟)을 세워 입후하였다.

시경은 현종 1년(1660) 식년시 생원 3등에 급제하였으며 자는 경옥(景玉)이다. 현종 4년 장성부사로 재임하던 그는 이조에서 선치(善治)한 수령 19명을 초록하여 보고할 때 이에 포함되었다. 현종 10년 호조좌랑, 현종 14년 함양군수와 영평현령, 숙종 6년 김포군수, 숙종 7년 부평부사, 숙종 13년 순흥부사, 숙종 15년 옥천군수와 합천군수를 지냈으며 남원부사로 제수되었으나 담현증(痰眩症)이 발생하여 부임하지 못하였다. 숙종 20년 장성부사를 지내고 숙종 22년 (1696) 원주목사[行通訓大夫原州牧使兼 原州鎭兵馬僉節制使]에 부임하였다.3)

박권의 가계도는 다음과 같다.

---

2) 『국조인물고』 권51, 우계·율곡 종유 친자인[牛栗從游親炙시] 박효남의 묘지명.
3) 『승정원일기』 367책 숙종 22년 10월 병신조.

<표 1> 박권의 가계도

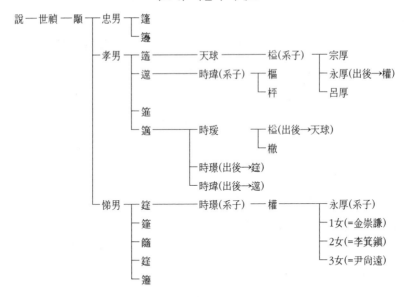

　박권의 자는 형성(衡聖)이고 대대로 고관이 많았던 문중에서 태어났다. 좌찬성(左贊成) 박열(朴說)의 증손 박효남(朴孝男)은 병조좌랑(兵曹佐郎)을 지내고 박효남의 후손 박매(朴邁)는 해주목사(海州牧使)를 지냈다. 박매가 박시경(朴時璟)을 낳았는데 원주목사(原州牧使)를 지내고 이조판서에 증직되었고 종숙(從叔)인 강계부사(江界府使) 박정(朴筳)에게 양자로 나갔는데 바로 박권의 아버지이다. 어머니 안동 김씨(安東金氏)는 부사 김인량(金寅亮)의 따님이다. 1658년(효종 9) 12월 초이렛날에 태어났는데 태중에 있을 때 부친의 꿈에 사람이 저울을 주며 '이것으로 물건을 달아야 한다'고 말하였으므로, 그 이름을 지었다고 전한다.

　박권은 어려서부터 재주가 빼어나고 총명하여 글을 배운 지 얼마 되지 않아 문리(文理)가 크게 나아갔고, 과장(科場)에 임하여서 늘 높은 성적을 차지하였다. 1682년(숙종 8)에 어머니의 상을 당하였는데, 상기를 마친 후 1684년(숙종 10) 사마시(司馬試)의 양장(兩場)에서 입격하였다. 진사 1등 4위,

생원 3등 29위를 차지하였다. 이어 1686년(숙종 12)에 과거에 급제하여 승문원
(承文院)에 소속되었고 관례에 따라 전적(典籍)에 올랐다. 1715년(숙종 41)
3월 지의금·이조판서를 역임하고 그해 5월 4일 세상을 떠날 때까지 30년
동안 언관과 내외직을 두루 역임하며 당색을 드러내는 정치활동을 충실히
수행하였다.

박권은 1638년 남양 홍씨 홍석보(洪碩普)의 딸과 혼인하였다. 홍석보는
1663년(현종 4) 식년시 진사 1등 장원에 급제되었다. 그의 부친은 효종대에
영의정을 지낸 홍명하(洪命夏)이다. 박권은 아들이 없어 종질 영후를 후사로
삼았다. 딸이 셋 있었는데 장녀는 농암 김창협의 장남인 김숭겸(1682~1700)과
혼인하였다. 둘째딸은 이기진(1687~1755)과 결혼하였다. 이기진은 본관이
덕수(德水)이며 자는 군범(君範). 호는 목곡(牧谷)이다. 아버지는 양구현감
당(簹)이며, 어머니는 박원만(朴元萬)의 딸이다. 큰아버지인 삼척부사 번(蕃)에
게 입양되었다. 권상하(權尙夏)의 문인이다. 1717년(숙종 43)에 진사가 되었다.
같은 해 정시문과에 병과로 급제하여 예문관·홍문관에서 재직하였다. 언관으
로서 최고직인 대사간을 지냈으며, 경상도관찰사·형조판서·경기도관찰사
등을 역임하였다. 1741년에 판의금부사·이조판서를 지냈다. 1751년 광주부유
수로 「한봉도(汗峰圖)」를 지어 올렸고, 판돈녕부사에 이르렀다. 시호는 문헌(文
憲)이다. 저서로는『목곡집』이 있다. 박권의 묘표를 지은 이여(李畬)는 생부인
이당의 형이 된다.4)

박권의 후손에 대한 내역은 정조시기까지 찾을 수 있다. 우선 노론의 홍계희
는 박권의 증손인 박돈행이 무예의 자질이 있으니 등용을 권하고 있고,5)

---

4) 영의정을 지낸 이여가 도성 수축 및 과거제 문란 등을 둘러싸고 최석문(崔錫文)과
   대립하다가 패해 1707년 판중추부사에 임명되자 낙향하여 여주에 은둔하였다. 박권
   의 종제인 추(樞)가 이여에게 행당을 가지고 가서 글을 써주기를 청하였다고 한다(박권
   묘표『국역 국조인물고』, 세종대왕기념사업회, 2001).

5) "啓禧曰, 故判書朴權曾孫敦行, 在原州而長身有力, 可合勸武云, 其坐地甚好, 可爲國家"(『승정
   원일기』1122책, 영조 27년 8월 무오조).

영조 역시 그를 선전관으로 임명하였다.[6] 또한 박권의 종손인 박질이 한성부 북부봉사(北部奉事)였음이 확인된다.[7] 또한 박권의 후손 박돈호가 시파인 정존겸의 생질임이 언급되고 있다.[8]

밀양 박씨의 숭모와 관련한 주요사적인 숭덕전(崇德殿)은 서기 6년 신라 제2대 남해왕이 건립한 시조 박혁거세의 묘(廟)이다. 조선이 건국된 이후 1492년(세종 11) 세종이 재차 시조의 묘전을 창건하고 중월(2월, 8월)에 향축과 폐백을 내려 제향을 올리도록 했다. 춘추대제 때에는 예조에서 택일하여 경주부윤에게 하명하여 행사를 거행하되 6집사는 관에서 지명하였다. 1592년 (선조 25) 임진왜란으로 묘전이 소실하였으나 위패만이 선도산 성모사에 옮겨 보전되었는데 100여년이 지난 1704년(숙종 30) 경상감사 박권이 조정의 지원으로 묘를 중수하였다(경북 경주시 탑동 소재).

당시 부윤 여필용이 박권에게 사당이 무너지고 퇴폐함을 안타깝게 여기며 의논하자, 박권이 조정에 장계를 올려 미곡과 향축을 부여받고 이안제(移安祭)를 올리고 묘를 중수하였다. 박권은 목수를 모아 공사를 시작하여 썩은 들보와 서까래를 교체하고 무너진 계단과 섬돌을 바로 잡아 단청을 새로 하였으며 별도로 전사청 3칸을 건립하였다. 감독으로 읍내의 최국규(崔國珪)와 임요세 (任堯世)을 임용하여 공사를 마무리한 후 이듬해 위패를 환안(還安)하였다.[9] 1723년(경종 3) 조정에서 '숭덕전'의 편액을 내리고 처음으로 후손 가운데 참봉을 임명하여 향제를 지내고 묘를 수호하도록 했다.

박권의 후손들의 삶은 다음과 같다. 먼저 직계 후손들의 가계도이다.

---

6) 『승정원일기』 1122책, 영조 38년 8월 을축조.

7) "北部奉事朴質進伏.上曰, 誰之族也. 李命植曰, 故判書朴權之從孫也"(『승정원일기』 1326책, 영조 48년 2월 경오조).

8) "上曰, 時·原任大臣入侍. 賤臣承命出, 與領敦寧鄭存謙, 判府事徐命善·李徽之, 左議政洪樂性, 判府事李福源·金熤偕入進伏. 存謙等進前曰, (…) 敦浩進奏職姓名七事, 上曰, 誰也. 命善曰, 此乃故判書朴權之孫, 領敦寧之甥姪矣."(『승정원일기』 1583책, 정조 9년 5월 경오조).

9) 『숭덕전사(崇德殿史)』 완산(完山) 최석정기(崔錫鼎記), 210~211쪽.

권(權, 17세)-영후(永厚, 18세)-빈(贇, 20세)-돈의(敦義, 21세)-우연(友淵, 22세)-수문(秀文, 23세)-규희(珪熙, 24세)-기붕(基鵬, 25세)-형선(瀅善, 26세)-영구(泳九, 27세)-윤식(允植, 28세)

선대인 12세 열의 묘가 고양군 원당면 목희리에 소재하고 세정의 묘는 고산현, 옹과 제남의 묘는 양주군 서면에 위치하고 있다. 그러나 17세 시경의 묘는 문막 동화리 호적곡, 권의 묘는 그 아래 위치, 영후는 여주 점래면 사곡에 위치, 빈의 묘는 법천리 양호, 돈의의 묘는 문막 건등리, 우연의 묘는 귀래년 판교사현, 수문의 묘는 양호, 규희의 묘는 흥호리에, 기붕과 형선 영구의 묘는 원주 부론면 법천리 양호에 소재하고 있다. 이로 인해 후손들이 계속 원주 인근에 머물며 세거지를 분명히 한 것으로 보인다.

박권의 아들인 19세 영후는 통덕랑의 품계를 지녔으며 20세 빈은 종친부 전적과 청산현감을 역임하였다. 21세 돈의는 사마시에 입격한 생원이며 22세 우연은 무과로 급제하여 전라좌수사를 지냈다. 23세 수문도 무과 출신으로 보성군수를 역임하였다. 24세 규희는 병조참판·충청북도관찰사를 지냈다.[10] 그의 아들 기붕은 동학농민운동 당시 결성(結城, 현 청양)현감인데 농민군을 막지 못해 면직을 당하였다.[11] 기붕의 경우 운현궁 근처 대원군의 옆집에 거주하였고 고종과 나이가 동년배로서 친밀하게 지냈다고 한다. 이로 인해 농민군을 진압하지 못하고 도망하여 처벌을 받을 위기에 처했으나 부인의 호소로 인해 면직에 그쳤다고 한다. 기붕의 처남이 한규설로서 의정부 참정대신을 지냈으며 을미조약의 체결에 반대하였다.[12] 26세 형선 때 진외가댁이

---

10) 『밀양박씨 파보』 권2, 2002, 85쪽.

11) 『밀양박씨 파보』 권3, 2002, 44쪽.

12) 1901년 궁내부 특진관(宮內府特進官)에 이어 이듬해 다시 법부대신에 임명되었다가, 의정부 찬정을 거쳐 1905년 의정부참정대신이 되어 내각을 조각하였다. 그런데 당시 일제가 전권대사 이토(伊藤博文)를 앞세워 을사조약을 체결하려 하자 끝까지 앞장서서 반대하였다. 이에 일제는 갖은 협박을 가했으나 뜻을 굽히지 않자 결국

있는 충북 중원군 앙성면으로 이거하였고 답30마지기를 소유하며 농업에 종사하였다. 27세 박영구는 장교동 소재 한규설의 집에서 기숙하며 양정중학을 다니다가 몸이 아파서 부친 형선이 거주하는 앙성으로 내려왔다. 영구는 복성수리조합을 만들어 서기로 복무하였고 양성중학교 설립에도 참여하였다. 당시 도위원이던 외삼촌 홍종한이 조합장을 역임하였다. 영구는 일제하 단양의 부면장을 역임하였는데 해방 이후 친일혐의를 받아 도피하다가 당시 국회부의장과 단양군수의 도움으로 처벌을 면하였다고 한다. 이후 7대조 돈의 산송의 재판비용과 수리조합 자재 도난 사건으로 많은 빚을 지게 되고 경제적인 어려움에 처한 것으로 보인다.13) 현재 박권의 직계 가족은 서울에서 생활하며 원주 일대의 묘소를 돌보고 있다.

3. 박권의 정치활동

1) 박권의 관력제요(官歷提要)

박권의 관력과 그 시기 정치활동의 개요에 대해 살펴보고자 한다.

① 승문원 박사 재임기 : 1689년(숙종 15)~1690년(숙종 16)

박권은 당시 남인 재집권기에 승문원 박사로 임명되었으나, 당시 남인 정권에 대한 공격의 선봉장으로서 명성을 얻었다. 특히 이 시기의 노이익(盧以

대궐 수옥헌(漱玉軒) 골방에 감금하고 본관(本官)을 면직시켰다. 을사조약이 강제 체결된 뒤 곧 징계에서 풀려나 중추원 고문·궁내부 특진관을 역임하였다. 그리고 일제가 강제로 국권 피탈 후에 남작(男爵)의 작위가 주었으나 받지 않았다. 이후 칩거생활을 하다가 1920년 이상재(李商在) 등과 함께 조선교육회(朝鮮敎育會)를 창립하였으며, 그 뒤 민립대학기성회(民立大學期成會)로 발전시켰다.

13) 종손 박윤식(1942년생, 75세)의 구술자료 참조. 『밀양박씨 파보』 권1.

益)의 상소에 대한 그의 공격으로 인해 유배되었으나, 『숙종실록』상 그의 졸기(卒記)에서도 그가 명성을 얻은 계기로 언급되었다. 당시 서인(노론) 세력 가운데에서 그가 주목되는 계기가 마련된 중요한 시기로 파악될 수 있다.[14]

② 간관 역임기 : 1694년(숙종 20)~1697년(숙종 23)

전근대의 가장 중요한 정치세력은 국왕과 고위관료였다. 개인인 국왕과 다양한 집단으로 구성된 고위관료 사이에는 복잡하고 가변적인 우호와 반목이 상존했다. 국정운영의 핵심적 관서였던 육조 이상의 고위관료와 삼사를 중심으로 한 하위관직 사이에는 관직의 층위와 부여된 역할이 상호 달랐다. 상위 직임자들은 정책의 포괄적 심의와 실제적 집행을 담당하여 본질적으로 현실적·보수적 입장에 설 수밖에 없었다. 반면 하위 관원에 대한 광범한 감찰과 국왕에 대한 적극적 간쟁을 맡은 직임자들은 이상적·급진적 견지에서 거의 모든 문제를 바라보았으며, 이러한 원칙론적 자세는 그들의 도덕적 견결성을 상대적으로 부각시켰다.

갑술환국 이후 서인이 재집권하면서 박권 역시 정언으로 복직하게 되고 이후 부수찬, 부교리, 교리, 수찬 등을 다양하게 역임하기도 하고 복직하는 등의 시기를 거치게 된다. 이 시기에 남인은 이미 몰락하였으므로 주요한 정치투쟁의 대상은 소론이 되었는데, 장희빈의 오빠인 장희재를 완전히 추토할 수 없다는 소론측의 입장에 반하여 박권은 장희재에 대한 추토를 계속해서 강경하고 장기적으로 주장하고 있었으며, 심지어는 세자를 저주한 사건의 엄격한 조사를 강조하였다.[15]

또한 남인집권기 시기에 사망한 노론계 인물 이사명의 복권문제에 대해서 노론의 입장을 지지하면서도 때로 이를 자제하기도 하는 등 변화무쌍한 모습을

---

14) 『숙종실록』 권56, 숙종 41년 5월 기해조.
15) 『승정원일기』 365책, 숙종 22년 6월 을미조.

보이고 있었다. 이러한 행동으로 그는 주변 인물들에게 총민하다는 평을 얻기도 하였다.[16]

이처럼 박권의 모습에서 보이는 강직성과 격렬성은 해당 직임의 행동과 논리를 크게 규정했다고 볼 수 있다. 인사이동과 체직 추고가 매우 잦아진 것은 그 기능이 그만큼 활발해 국왕·대신과 마찰을 일으켰다는 증거로도 볼 수 있다. 즉 직임자로서 본연의 임무인 비판적 직무를 잘 수행했기 때문이라고도 할 수 있다.[17] 자신의 기능을 충실히 수행할수록 국왕·대신과 충돌하기 쉬웠으며 당연히 체직될 가능성도 커졌다는 것이다. 그리고 이렇게 짧은 기간밖에 근무하지 못하고 체직되는 일이 일반화될수록 그 관원들은 자리에 연연하지 않고 좀더 과감하게 발언할 수도 있었을 것이다.

한편 박권은 숙종 21년 3월에 청에 파견되는 동지사의 서장관으로 차출되어 복귀하였다. 이때 박권은 그의 작품으로 추정되는 『서정별곡(西征別曲)』을 지은 것으로 생각되나,[18] 서장관으로서의 외교·정치적 행적은 자세히 알려진 바가 없다.

③ 경상도 암행어사 파견기 : 1696년(숙종 22)

박권은 숙종 22년 1월에 경상도 암행어사로 파견되었으나, 그가 구체적으로 어떤 활동을 하였는지 상고할 수 있는 내역은 제한되어 있다. 일단 서계별단 자체가 남아있지 않고 단지 수령들을 개별 포폄한 내역이 이조의 회계로 남아있으며,[19] 추후에 박권이 산림문제를 논하면서 자신이 경상도 암행어사

---

16) 『숙종실록』 권27, 숙종 20년 8월 신축조.
17) 이러한 간관의 비판적 언론기능이 하나의 제도로 자리잡은 것은 조선의 정치가 이룩한 주요한 발전임에 틀림없으나 그런 탄핵이 일상화될수록 그 효과는 감소되고 도리어 정치세력 사이의 갈등만 고조시킬 가능성도 있다는 측면도 있음이 언급되고 있다(김범, 「조선성종~중종대 의정부·육조·삼사 주요관직의 인사이동 상황과 그 의미」 『동방학지』 126, 2004, 99~100쪽).
18) 임기중, 『조선외교문학집성(연행록편)』, 제1장. 연행가사의 원전과 그 현황.
19) 『승정원일기』 364책, 숙종 22년 4월 기해조.

시설의 경험에 근거해 건의한 사안이 남아있을 뿐이다.[20] 다만 해당 경상도 암행어사 파견 시기가 경상도 지역의 실태 파악에 상당한 도움이 되었던 것으로 보이며, 이는 이후 동래부사 및 경상감사 재직의 운영과 평가문제에 연결되는 것으로 추정된다.

④ 승지 재임기 : 1697년(숙종 23)

박권은 승지로 임명되어 종래와 같이 당쟁에 간여하면서도 점차적으로 실무에 있어서 적극적인 의견을 개진하는 양상을 보인다. 이 시기에 그는 구휼, 교통, 산림 정책 등에 대해서 적극적인 의견을 개진하면서, 이미 임금으로 부터 총애를 받고 있다고 평가받던 것 외에[21] 일처리가 분명하다는 평가와 함께 관료로서 신뢰가 더욱 심화된 시기로 파악된다.[22]

⑤ 동래부사 재임기 : 1697년(숙종 23)~1698년(숙종 24)

박권은 대 일본외교의 1차 접점지역인 동래부사로 임명되었다. 그런데 임명 직전 강계부사로부터 인삼을 뇌물로 받은 것에 저촉되어 부임이 늦어지기 도 하였으나,[23] 비변사 역시 박권이 적임자이니 부임을 서두르자고 제안하여 동래부사로 부임하였다.[24]

박권이 동래부사로 부임하였을 때는 대 일본외교에서 두 가지의 큰 문제가 존재하였다. 하나는 1696년부터 계속되고 있던 서계문제에 관한 것이었고, 다른 하나는 왜관의 무역결제대금으로 쓰이는 은냥의 교체문제에 관한 것이었 다. 서계의 문제는 끝내 박권의 재임기에는 처리되지 못하였으나, 은냥의 교체문제에서는 상당한 성과를 거두었다. 해당 사안을 처리하면서 박권은

---

20) 『승정원일기』 372책, 숙종 23년 7월 임인조.
21) 『숙종실록』 권31, 숙종 23년 윤3월 임진조.
22) 『숙종실록』 권31, 숙종 23년 5월 계미조.
23) 『숙종실록』 권31, 숙종 23년 12월 신유조.
24) 『승정원일기』 375책, 숙종 23년 12월 신유조.

동래부의 위판을 손실하기도 하고,[25] 서계의 개급 및 밀무역을 노리는 왜인들의 불법적인 출입문제에 시달리기도 하는 등 여러 문제가 있었다.[26] 결국 본인의 신병 및 해당 왜인의 변복출입 문제 등으로 나수되기도 하는 곤경을 겪기도 하였다.[27]

한편 박권은 대체로 일본인들에게 온정적인 접근을 한 것으로 보인다. 이는 왜인들에 대해서 가료지규(加料之規)를 만들었고,[28] 전술한 서계문제에서 일본측에게 유화적인 입장을 보였다며 문제가 되는 등의 양상에서 이를 추정할 수 있다.

⑥ 참의, 인천부사, 승지, 대사간 재임기 : 1699년(숙종 24)~1702년(숙종 28)

동래부사로서 곤경을 겪기도 했던 박권은 1699년 2월에 예조참의로 임명된 이래 인천부사, 형조참의, 승지, 대사간, 병조참지, 이조참의, 대사간 복직 등을 반복하였다. 해당 시기에는 박권의 관력에서 정치적 사건에 휘말려 파직되기도 하고, 본인이 패초에 응하지 않아 파직되었다가 다시 복직되기도 하는 등의 복잡한 양상이 존재하였다.

예조참의로 임명되었을 때 박권은 은밀하게 진행되는 고관·시관들의 과거시험 과정에서 저지른 부정을 지적하면서 상피제도의 개혁을 주장하였으나 일부만 관철되었다. 이어 부친상을 당하여 3년간 정치활동을 중단하였으며,[29] 복직 후 장희빈의 매장지 물색에 차정되기도 하였다.[30]

한편 주목할 만한 정치적 사건으로는 소론의 맹장이었던 오도일이 과거시험

---

25) 『승정원일기』 377책, 숙종 24년 2월 을축조.
26) 『승정원일기』 379책, 숙종 24년 6월 병인조. 한편 왜인들이 약조를 어기고 왜관에 나와 출입한다는 것과 그 목적이 서계의 개정 및 사무역에 있다는 지적은 이전부터 있어온 문제였다(『숙종실록』 권31, 숙종 23년 9월 경진조.).
27) 『승정원일기』 381책, 숙종 24년 9월 경자조.
28) 『승정원일기』 378책, 숙종 24년 6월 임자조.
29) 『승정원일기』 386책, 숙종 25년 윤7월 기미조.
30) 『승정원일기』 401책, 숙종 27년 12월 계유조.

의 부정문제로 물의를 빚었을 때, 그를 변호하는 윤성준의 상소에 대해서 박권은 자신이 윤성준과 인친(姻親)이므로 입장을 피력할 수 없다며 피혐하고 체직을 청하는 양상을 보인다. 이는 박권이 소론측과 대립하면서도 나름 소론측과 관계를 맺고 있는 맥락을 짐작할 수 있게 해준다. 또한 해당 처신이 노·소론 양쪽에 큰 문제가 되진 않은 것으로 보이는데, 이는 바로 사건 발생 후 15일 만에 박권이 병조참지로 임명되고, 약 3개월 후에는 대사간에 복직되는 것에서도 드러난다.

⑦ 황해도관찰사 재임기 : 1702년(숙종 28)~1703년(숙종 29)

박권은 황해도관찰사로 임명되었으나 본인이 임무를 감당하기 버거웠던 것으로 파악된다.[31] 이에 박권은 공조참의로 재임명되어 실제 재임기간은 한 달도 채 안되는 기간에 지나지 않았으나, 감영 재정운영은 17세기 감영재정 운영의 성격이기도 했던 지방자율적 성격을 바탕으로 이루어져야 함을 강조하였다.

⑧ 공조참의 재임기 : 1703년(숙종 29)

박권은 공조참의로서 실제 공사의 영건 등을 담당하고 감독하는 직임을 시행하였다. 주요한 사업으로는 영릉 정자각의 중건,[32] 황해도 신천의 청당의 중건[33]을 담당하였다.

⑨ 승지 복직기 : 1703년(숙종 29)

박권은 승지로 복직하면서 국왕의 측근세력이면서도 동료들과의 정치적인 대립에 부딪친 것으로 보인다. 우선 그가 부딪친 문제는 북한산성과 그 주변의

---

31) 『승정원일기』 409책, 숙종 29년 1월 정미조.
32) 『승정원일기』 410책, 숙종 29년 2월 임진조.
33) 『승정원일기』 410책, 숙종 29년 2월 신축조.

보조 방어시설로서 탕춘대성과 홍복산성의 축조문제였다. 이들 공역은 숙종 집권 후반기 내내 문제로 지적된 사항 중 하나였는데 박권은 해당 문제에서 숙종의 의견과 같이 축성을 우선시하는 모습을 보인다. 그는 해당 시기에 소론에 온정적인 태도를 보여 동료들과 분쟁을 겪기도 하였다. 이 시기에 박세당의 문인 이탄이 박세당의 글을 이단으로 비판하는 논의에 대해 반대상소를 올렸는데, 노론 동료들의 반대에도 불구하고 해당 상소를 가납하여 동료들의 비난을 받기도 하였다.

⑩ 경상감사 재임기 : 1703년(숙종 29)~1704년(숙종 30)

박권은 암행어사와 동래부사로 재직한 경험이 있던 경상도관찰사로 임명되었다. 박권은 경상감사로 재직하면서 여러 문제에 간여하였는데, 우선 도내의 흉작에 따른 세금감면의 논의, 병사조련의 연기를 건의하였고, 조선후기에 점차적으로 중시되어가던 사송(詞訟)의 문제를 해결하기 위해 수령들이 이를 미루지 않고 처리하도록 독려하면서 수령의 구임을 주장하였다. 또한 자신이 동래부사 시절 가료지규(加料之規)를 만드는 등 일본과의 외교비용에 신경을 썼던 문제를 의식한 탓인지 각지에 배정한 왜관의 공작미(公作米)·공작목(公作木) 지급을 위해 미수액 징수에도 엄중한 면을 보였다.[34] 또한 화재 및 수재피해의 보고와 휼전에도 힘썼으며, 심지어는 교체되어 올라가는 와중에서도 상주 민인들이 진휼청의 비일관적인 처사로 겪는 문제를 호소받아 진달하기도 하였다.[35] 이러한 박권의 치적은 조정 내에서도 상당한 호평을 받았던 것으로 보인다. 이는 박권이 중앙직을 제수받았음에도 대신들이 박권의 치적이 상당하니 경상감사직에 잉임하기를 제안하여 관철된 것에서 이를 살필 수 있다.[36]

---

34) 『비변사등록』 54책, 숙종 30년 3월 11일.
35) 『비변사등록』 54책, 숙종 30년 6월 5일.
36) 『숙종실록』 권38, 숙종 29년 12월 신묘조.

⑪ 이조참의, 형조참의, 호조참의 재임기 : 1704년(숙종 30)~1705년(숙종 31)

박권은 이조참의 겸 비변사 부제조로 임명되어 인사권은 물론 비변사의 일에 참여할 수 있는 중임을 역임할 수 있게 되었다. 이 시기에 또한 박권은 「선기옥형명(璇璣玉衡銘)」을 찬술하여 숙종으로부터 표피를 상으로 받는 등 영예를 누릴 수 있었다.37) 그러나 역설적으로 인사의 중임을 맡게 됨에 따라 관련된 당쟁의 문제에 본격적으로 휘말리게 되었다.

우선 소론의 이조판서 서종태가 상관임에도 불구하고 인사문제에서 박권과 이견이 있어 충돌이 있었고,38) 이에 박권은 패초에 응하지 않아 파직되었다가 복직되기노 하는 등의 곡절이 있었다. 소론의 황흠에 대해 공박하는 상소를 올리기도 하였다.39) 하지만 무엇보다도 이 시기에 박권이 휘말린 가장 큰 당쟁의 문제는 조태억의 상소로 촉발된 김덕기−한상휘−이동언에 대한 처벌과 삭직의 문제였다. 해당 논쟁은 노−소론이 크게 부딪치는 논의였으며, 노론측은 이후로도 이들의 신원을 위해 주력하였고 조태억이 소론의 맹장으로 자리잡는 계기가 되기도 하였다. 해당 논쟁에서 박권은 여러 차례 상소를 내어 간여하고 있다. 이후 박권은 형조참의, 호조참의를 역임하였으나 큰 행적은 보이지 않는다.

⑫ 평안감사 재임기 : 1705년(숙종 31)~1706년(숙종 32)

박권은 평안감사로 임명되어 환곡의 이전문제를 논의하고 지역의 인재를 추천하는 등의 활동을 한다. 해당시기에 박권은 감영의 재정문제 해결을 위해 실용적인 관점에서 잠채꾼들이 성행하는 자산 땅의 금광을 감영의 채권자들이 개발하도록 허용하고자 하였다. 그런데 채권자들이 개발하는 형태가 조정에서 구차스러운 것으로 간주되고 오히려 그간의 잠채꾼이 있다면 단속을

---

37) 『승정원일기』 419책, 숙종 30년 7월 갑인조.
38) 『승정원일기』 419책, 숙종 30년 7월 을묘조.
39) 『숙종실록』 권40, 숙종 30년 10월 정해조.

못한 것이 문제로 제기되어 곤혹을 치르기도 하였다.[40]

또한 박권은 평안감사 시절에도 수령들에 대한 전최를 심하게 하지 않아 여러 차례 지적이 되었으나,[41] 이것은 본인이 부정과 결탁하거나 사정으로 봐준 것은 아닌 것으로 추정된다. 경상감사 시절에도 박권은 수령들을 엄히 평가하여 교체가 잦은 것을 지양하는 편이었으며, 오히려 평안도 암행어사가 박권의 사람됨에 대해서 "일을 결단함이 밝고, 스스로를 기율하는 것이 엄하며, 봉록과 수행원도 적게 사용한다."라는 평가를 한 것에서도 짐작할 수 있다.[42]

⑬ 짧은 경직(京職) 복직기와 경기감사 재임기 : 1706년(숙종 32)~1707년(숙종 33)

박권은 숙종 32년 7월에 승문원 제조, 예조참판, 사옹원 제조, 대사간 등을 역임하였으나 특이할만한 행적을 보이지 않고, 동년 10월에 경기감사로 부임하게 된다. 이는 박권이 황해감사, 경상감사, 평안감사 등을 역임하면서 호평을 받은 것에서 기인하는 것으로 추정된다.

경기도는 수도에서 가깝고 능역(陵域)이 상당하여 이를 봉심(奉審)하는 일, 능역을 준비하는 비용의 문제 등이 타도에 비해서 번거롭고 까다로운 지역 중 하나였다. 이에 박권은 부세와 부역의 감면 등을 건의하고 문제의 해결에 힘썼으나, 결국은 능행과 그에 따른 부역이 과다함을 지적하면서 자신의 신체도 봉심을 감당하기에는 무리가 있음을 상소하였다. 그러나 해당 상소는 숙종의 진노를 불러왔으며 박권은 이로 인해 체차되기에 이른다. 특히 병조참판 이동욱이 박권의 자리를 대신하기를 희망하여 영리를 불러다가 일을 재촉하고 독촉함이 심하였는데, 이러한 상황에서 박권은 불평이 상당하였고 임금의 진노하는 비답까지 받자, 이동욱의 행위를 이조에 보고하고 사직을 결심하게

---

40) 『비변사등록』 57책, 숙종 32년 5월 3일.
41) 『승정원일기』 427책, 숙종 31년 12월 병오조 ; 『승정원일기』 430책, 숙종 32년 6월 임인조.
42) 『승정원일기』 431책, 숙종 32년 7월 기사조.

된 것으로 보인다.43) 그러나 주변에서 박권의 상소는 부역의 감면이 중요한 문제이지 능행을 논단한 것이 아니라며 변호해주어 관직에 임하게 된다.44)

⑭ 강화유수 재임기 : 1708년(숙종 34)~1709년(숙종 36)

숙종 33년에 한성우윤, 대사간에 임명되었으나 이 시기에 주목할 만한 활동은 발견되지 않는다. 이후 숙종 36년 5월에 강화유수로 임명되었는데, 박권이 병을 이유로 4차례나 사직을 상소하였음에도, 숙종은 강화유수의 직은 중하니 허락할 수 없다며 해당 직임에서의 박권의 역량에 대한 신뢰를 보이고 있었다.45)

박권이 강화유수로 임명되면서 주력한 문제는 보장처로서의 강화도의 방어를 강화하는 문제였다. 즉 강화도의 군수물자의 충원, 실제 등록된 군병의 충실, 강화도의 재정운영을 위한 환곡의 충당, 유민의 모집 등의 조치를 취하는 것은 물론,46) 강화도 자체의 요처 강화를 위한 진보 설치47) 및 강화도 주변지역의 연계거점으로서 교동도와 영종도의 방어강화에 심혈을 기울였다.48)

그러나 그의 강화유수 시절에서 가장 주목할 만한 행적은 크게 두 개의 건으로 나뉘는데, 하나는 역시 강화도 방어강화의 일환이었던 강화 성곽 축조사업이었으며, 다른 하나는 군사의 충실과 민인의 안집을 동시에 감안한 진강목장의 폐지에 관한 건이었는데, 여기서 박권의 합리적이고 종합적인 국방, 토지 인식을 살필 수 있다.

해당 건의 처리에서 박권의 제안이 모두 온전하게 받아들여진 것만은

---

43) 『숙종실록』 권45, 숙종 33년 9월 무오조.
44) 『승정원일기』 437책, 숙종 33년 10월 경인조.
45) 『승정원일기』 449책, 숙종 35년 7월 갑술조.
46) 『비변사등록』 59책, 숙종 34년 10월 8일, 10월 10일.
47) 『비변사등록』 59책, 숙종 34년 12월 2일.
48) 『비변사등록』 59책, 숙종 34년 12월 6일.

아니었다. 강화 성곽의 축조는 박권의 당초 제안이 이후에 변경되었으며, 진강목장의 폐지는 거기에 소속된 북일목장만이 폐지되는 안으로 일부 수용만이 가납되었다. 그러나 이와 같은 행적을 통해 강화도의 방어 강화체제 구축에는 박권의 역할이 지대하였으며, 이에 대한 공로를 인정받아 강화유수를 그만둔 후에도 말을 상으로 받게 된다.49)

⑮ 경직 재임과 사은사 왕래기 : 1709년(숙종 36)~1711년(숙종 37)

숙종 36년 5월에 박권은 형조참판으로 임명되고 6월에 비변사 제조가 됨으로써 중앙으로 복직하나, 복직한 후에도 주로 기울였던 문제는 역시 강화유수 재직시기에 벌였던 진강목장의 문제와 강화도 축성의 건이었다. 사은부사로 임명되기 전 박권의 행적은 이들 문제의 해결에 주력하는 모습을 보이고 있다.

박권은 숙종 36년 10월에 사은부사로 임명되어 청으로 들어가게 되어 37년 4월에 귀환하게 된다. 해당 사은부사 부임기에는 정치·외교적으로 크게 문제가 된 것은 없었으나, 사소한 문제가 다소 발생하였다. 우선 소용으로 배정된 목면 일부를 유실하여 중국인들로부터 사들여 채워 넣음으로써 추고를 함께 받기도 하였다.50) 또한 사행단의 통역들이 중국어에 익숙하지 못한 것이 공식적인 문제로 제기되어,51) 이에 대한 대책으로 조선에 거주하는 한인들을 뽑아 원어민 교습을 시키던 예를 복구하고, 특출한 역관은 이에 상응하는 대접을 하도록 하는 대안을 제시하기도 하였다.52)

⑯ 한성우윤 재직시기 : 1711년(숙종 37) 5월~1712년(숙종 38) 3월

---

49)『숙종실록』권50, 숙종 37년 5월 계묘조.
50)『승정원일기』459책, 숙종 37년 3월 갑인조.
51)『숙종실록』권50, 숙종 37년 4월 임술조.
52)『승정원일기』460책, 숙종 37년 4월 임술조.

박권은 사행에서 귀환한 후 그해 5월에 한성우윤 겸 비국당상으로 임명되었다. 이 시기에 박권은 상당히 중요한 제안을 적극적으로 개진하였는데, 곧 북한산성의 축조에 관한 문제, 인사운영의 문제, 재판의 판결 문제 등에 적극적인 의견을 개진하고 있었다.

그러나 가장 주목할 만한 것은 부세·재정과 외교에 대한 문제였다. 우선 숙종시기에 양역변통(良役變通)의 논의가 제기되면서, 박권은 호포론(戶布論), 구전론(口錢論)의 주장을 통해 부세균등과 세입증가에 적극적인 입장을 보였고 조정 역시 이를 주목하고 있었다.[53] 또한 외교의 문제에서 아라이 하쿠세키가 일본의 집권자로 떠오르면서 조선통신사 접대축소 및 전례개정을 시행하려 하면서 조선측과 갈등을 벌임에 따라, 이에 대해 국가의 체신을 중시한 현실적 대응을 주장하였다. 또한 청측의 조사단이 무례한 서식을 보내오자 현실적이면서도 서격(書格)에 차등을 두어 자존심을 살리는 것을 주장하였다.[54] 이와 같이 실리를 고려하면서도 나름 강경하게 국가의 체모를 중시했던 박권의 처신은 이후 그가 백두산 정계문제에서 접반사로 차출되는 인식공유와 여론형성에 있어서도 상당히 작용했을 것으로 추정된다.[55]

한편해당 시기에 소론과의 대립은 격화되었는데, 급재적간(給災摘奸)의 문제에서 경기감사이자 소론 인사인 박필명과 충돌하고 상호 사직상소를 내는 등의 양상을 보이고 있었다.[56]

⑰ 백두산 정계비 접반사 : 1712년(숙종 38) 3월~8월

박권이 귀환하고 있는 도중, 소론은 박권과 이선부 및 박권의 추천을 받은

---

53) 『숙종실록』 권50, 숙종 37년 7월 임진조.
54) 『숙종실록』 권50, 숙종 37년 6월 갑술조.
55) 『숙종실록』 권50, 숙종 37년 12월 갑신조. 사관은 대신들의 처신을 개탄하면서 사실상 박권 홀로 강경한 입장을 고수한 것으로 서술해놓았다. 다만 동일의 『비변사등록』의 내용을 검토하면 영의정 서종태가 약하게나마 박권의 입장을 지지하였다.
56) 『승정원일기』 464책, 숙종 37년 12월 을해조, 병자조.

장한상이 정계문제에서 태만한 모습을 보였다며 공격을 가한 바가 있고, 소론은 지속적으로 박권이 정계문제에서 미흡함이 있었다는 사실을 지적하고 있었다. 이것이 조선후기 대외인식과 영토역사에 대한 인식변화와 결합하여, 현재 백두산 정계문제에서의 박권에 대한 인식을 형성하는 면이 있다.

⑱ 병조참판, 형조판서 역임과 임진과옥(壬辰科獄) : 1712년(숙종 38) 9월 ~1713년(숙종 39) 1월

박권은 1712년 8월에 병조참판으로 임명되고, 9월에는 형조판서로 임명되었다. 형조판서 역임기에도 박권은 밭이 즐비한 고향 원주와 영서의 형편을 고려하여 밭에도 급재(給災)받을 수 있는 방안이 강구되도록 진력을 다했고,[57] 북한산성과 통진부의 읍치문제 등 군사문제에서도 역시 의견을 개진하였으며,[58] 또한 일본과의 외교에서도 지속적으로 국가의 체모를 중시하도록 요구하였다.[59] 하지만 형조판서로서의 직무에 주력하여, 해당 시기에는 상당수의 사송과 범죄의 처결에 관여하고, 행정효율을 위해 법전의 적용을 일관화하려는 노력을 보이고 있다.[60] 또한 그가 형조판서에 임명되었을 때, 노·소론의 대립은 격화되었고, 숙종은 그 조절·균형을 맞춰오다가 소론의 집권이 우세하다는 판단을 내리고 이를 뒤집을 정국판단을 내린다. 소론인 이돈이 예조판서로 재임 중인 상황에서 과거시험에서 부정이 발생하였고, 이런 부정의 발생을 빌미로 노론이 소론측에 대한 공격을 강화한 임진과옥이 발생하였다. 해당 과옥은 숙종의 의지가 주가 되었지만, 박권 역시 자기 당파의 입장을 형조판서로서 드러낸 것으로 보인다.

---

57) 『승정원일기』 472책, 숙종 38년 10월 계축조.
58) 『비변사등록』 60책, 숙종 36년 6월 27일.
59) 『숙종실록』 권50, 숙종 37년 12월 갑신조.
60) 『승정원일기』 472책, 숙종 38년 9월 을사조.

⑲ 병조판서 역임기 : 1713년(숙종 39) 9월~1714년(숙종 40) 10월

박권은 임진과옥의 문제에서 소론측 대간에게 공박을 받았으나, 1713년 3월에는 지중추부사로, 1713년 윤5월에는 목극등을 원접사로 접대하는 등의 임무를 수행한다. 원접사로서의 행적은 예식 및 접대실무를 조율하는 것 외에 큰 문제가 없었으며, 박권이 예전에 제안한 북도 개시의 폐단을 목극등이 없애주어 이에 대한 치사의 문제도 있었고,61) 또한 정계 자체를 기념하는 그림을 청측이 보내오기도 하면서62) 전반적으로 성공적인 원접사 수행을 한 것으로 보인다. 박권은 임진과옥 처리시에 형벌을 바르게 사용하지 않았다는 탄핵을 받기도 하였으나,63) 전반적으로는 계속해서 관력을 역임하여 1713년 7월에는 대사헌을, 1713년 9월에는 도총부 부총관이 되더니, 동월에 병조판서로 임명되었다.

병조판서로 임명된 박권은 군기시 제조와 금위대장을 겸하면서 궁노(弓弩)의 확보에 힘쓰는 한편,64) 함경도 친기위의 충정과 승급·신역면제를 정비하였으며,65) 도적체포의 논공행상 기준을 개정하기도 하였다.66) 또한 군영비용의 절감을 모색하고,67) 군영의 장교운영의 문제에 대해서도 적극적으로 의견을 개진하였다.

또한 경제 및 재정의 문제에도 계속해서 의견을 개진하여 예전에 제기한 밭에의 급재문제를 계속 제기하기도 하였고, 일부 잡역(雜役)의 작미화(作米化)를 주장하기도 하는 등 계속해서 정책분야에서 적극적인 활동을 보이고 있었다.

---

61) 『승정원일기』 478책, 숙종 39년 윤5일 기사조.
62) 『승정원일기』 479책, 숙종 39년 7월 병인조.
63) 『숙종보궐정오실록』 권54, 숙종 39년 8월 갑오조.
64) 『숙종실록』 권56, 숙종 41년 3월 기해조.
65) 『숙종실록』 권54, 숙종 39년 10월 갑자조.
66) 『비변사등록』 72책, 숙종 45년 8월 12일.
67) 『승정원일기』 485책, 숙종 40년 8월 무술조.

⑳ 이조판서, 예조판서, 병조판서 복직과 사망

박권은 1714년 10월에 이조판서로 변경되고, 1714년 4월에 예조판서로
임명되었다가 곧 바로 병조판서로 복직되나 이 시기에는 실제적인 활동을
하지 못했던 것으로 보인다. 우선 비변사가 박권이 세 차례나 휴가를 허락받았
으나 올라오지 못하는 상태임을 언급하고 있고,[68] 또한 의금당상으로 임명되
었으나 올라오지 못하고 있는 상태도 언급되고 있다.[69] 박권의 사인이 풍병(風
病)으로 언급되는 것을 감안하면[70] 거동이 이때부터 어려운 상태였던 것으로
추정된다. 이에 박권은 1715년 5월에 사망함으로써 그 생을 마감하였다.
숙종은 이에 비답으로 슬퍼하는 뜻을 남겼다.[71]

2) 관력과 정치활동

(1) 환국시기의 정치활동

1680년 처음 환국이 발생하였는데, 이는 남인 일파가 서인에 의해 대거
축출된 사건이었다(경신환국). 숙종이 예송에 승리하여 정권을 쥐고 있던
남인을 경계하는 모습을 보이자, 서인들이 남인이 역모를 꾀한다고 보고하였
다. 이 일에 남인의 다수가 연루되어, 윤휴를 비롯한 수많은 남인이 처형되고
관직에서 쫓겨났다. 이후 서인은 쫓겨난 남인에 대한 처벌 문제를 둘러싸고
강경파인 노론과 온건파인 소론으로 나뉘었다. 경신환국으로 축출된 남인은
1689년에 원자(아직 왕세자에 책봉되지 않은 왕의 맏아들)를 정하는 문제를
계기로 서인을 몰아내고 집권하였다(기사환국). 당시 서인의 우두머리였던

---

68) 『비변사등록』 68책, 숙종 41년 2월 7일.
69) 『비변사등록』 68책, 숙종 41년 3월 11일.
70) 『승정원일기』 488책, 숙종 41년 5월 기해조.
71) 『숙종실록』 권56, 숙종 41년 5월 기해조.

송시열은 남인 출신 소의 장씨(훗날의 장희빈)의 아들을 왕비의 소생이 아니라 하여 원자로 정하는 것에 반대하였다. 숙종은 송시열을 유배하였다가 처형하였다. 이로써 서인 정권은 무너지고 남인이 다시 정권을 잡았다. 1694년에는 서인이 남인을 몰아내고 다시 정권을 잡았다(갑술환국). 인현왕후가 물러나고 장희빈이 왕비의 자리에 올랐으나, 점차 숙종의 신임을 잃어가면서 결국 남인세력이 서인의 반격으로 물러났다. 이 사건으로 세력을 잃은 남인들은 이후 대거 몰락하였다. 이처럼 환국을 통해 남인·서인 사이에 갈등이 고조되고 많은 인물이 희생되었다.

숙종은 낭시 강건했던 당파들 사이에서 허약해진 왕권을 살리기 위해 당파들 간의 경쟁을 유발시키는 환국 정치를 펼쳤다. 여러 당파를 고루 등용하는 탕평책과는 달리 한 당파에 권력을 몰아주었다가 다른 당파로 권력을 급격하게 교체하는 방식을 쓰면서 당파들이 서로 견제하는 사이 왕권을 강화시키려 했다. 숙종의 의도대로 왕권은 다소 강화되었지만, 당쟁은 오히려 더 격화되는 결과를 낳았다.

박권이 관직에 나아간 시기는 경신환국 이후 서인이 정권을 장악하던 시기였다. 이즈음 1689년(숙종 15) 기사환국이 일어났다. 이 사건의 발단은 1677년(숙종 3) 검열 윤의제(尹義濟)가 적상산사고에 포쇄(曝曬)하러 가서 『인조실록』에 효종이 뇌물을 써서 세자 자리에 오르게 되었다는 기사를 보고 부친 윤휴(尹鑴)에게 전하였다. 윤휴가 이에 대해 상소하려 했으나 1680년 경신옥사로 처형됨에 따라 실패하였고, 윤의제는 귀양가서 죽었다. 그런데 1689년 영남 안동의 유생 노이익(盧以益)이 윤의제 동생 윤하제(尹夏濟)로부터 전언받은 것을 근거로 효종에 관한 기사의 실체를 밝혀야 된다고 재차 상소해 옥사가 일어났다. 이를 통해 당시 실록청을 주도한 서인세력을 공박하고자 하였으나,[72] 춘추관의 조사에는 해당 내용이 없는 것으로 밝혀졌다.

---

72) 『숙종실록』 권21, 숙종 15년 10월 계유조.

영의정 권대운(權大運)이 실록은 비사(秘史)이므로 열람하는 것을 반대하여 사실 규명이 중단되었다. 그런데 노이익이 또다시 상소를 올리자 좌의정 목내선(睦來善)의 건의로 중신회의를 소집하여 실록의 해당 기사를 살펴보게 되었다. 그런데 효종을 헐뜯은 기사가 없다고 하여 노이익은 정배되고 윤하제는 삭탈관직을 당하였다.[73]

당시 노이익의 상소 처리를 둘러싸고 전적(典籍) 박권은 거듭된 상소를 통해 이들의 처벌을 도모하였다.

> 대저 선조를 무욕한 자와 불궤(不軌)를 꾀한 자는 그 악역이 마찬가지이거니와, 고인(告人)이 불궤를 꾀하였다고 하였으므로 구핵(究覈)하였으나 그런 사실이 없으면 고자(告者)에게 그 율(律)에 반좌(反坐)시키는 것이 국가의 상법(常法)인데, 이제 노이익 등이 한 짓은 당시의 사관을 악역의 죄에 빠뜨리려는 데에 있었을 뿐이 아니라, 그 성조를 더럽히고 국가를 욕되게 하기 위한 것이 이처럼 무엄한데도, 하나는 겨우 견벌(譴罰)받고 하나는 오히려 사적(仕籍)에 끼어 있는 것은 또한 특별히 무슨 까닭입니까?
>
> 윤하제·노이익 등의 처지를 위하여는 후하나, 조정의 사체(事體)만은 생각하지 않는 것입니까? 천벌이 거행되지 않고 겨우 견벌만을 가하였으므로, 간사한 무리가 꺼리는 것이 없어서 국가를 모욕하여도 보통으로 여기는 것이 노이익 등에 이르러 극진하였으니, 반드시 조사기가 시작한 것이 아닌 것도 아닐 것입니다.[74]

박권은 고발한 내용이 조사 결과 사실 무근으로 드러났을 경우 마땅히 그 법률을 고발한 사람에게 적용해야 하는데 노이익과 윤하제가 가벼운 처벌만을 받은 것은 형법을 잘못 적용한 것이라 강변하였다. 노이익과 윤이제,

---

73) 『숙종실록』 권22, 숙종 16년 4월 을해조.
74) 『숙종실록』 권22, 숙종 16년 4월 무인조.

290 제2편 조선후기 원주의 인물

윤하제에 대한 처벌이 가볍다는 것을 들어 이들을 모두 사형에 처할 것을 주장하면서, 당시 집권세력이었던 남인을 역으로 공박하였다.

박권의 상소에 대해 당시의 집권자였던 남인의 권대운, 목내선, 민암 등이 인혐하고 남인계 유생들이 강력하게 공박하였다.[75] 정원(政院)에서는 노이익·윤하제를 죽이지 않은 것을 실형이라 하고 박권이 장황하게 터무니없는 말을 꾸미는 것이라 지적하고 있다. 승지 이현기(李玄紀)도 박권을 극변에 귀양보내야 함을 주장하였다. 이에 국왕 숙종은 "처분이 이미 정하여진 사건에 소(疏)를 넣어 조정에 있는 신하들에게 터무니없는 말을 꾸미는 것이 끝이 없다"라고 하여 극변으로 귀양보낼 것을 윤허하였다.[76]

박권은 1692년(숙종 18) 이산(理山)유배에서 풀려나 고향으로 돌아가 부친을 봉양하며 지내다가 1694년 다시 서용되어 정언(正言)에 제수되었다.

기사환국 후 1694년 서인 노론계의 김춘택(金春澤)과 소론계의 한중혁(韓重爀) 등이 폐비 민씨의 복위운동을 전개하다가 고발되었다. 이때 남인이 서인세력을 제거하기 위해 민씨복위운동 주동자들을 심문하는 옥사가 발생하였다. 그러나 숙종은 기사환국 당시 국문을 주관하던 민암과 유명현(柳命賢) 등을 귀양보냈다. 그리고 훈련청과 어영청의 양 대장에 신여철(申汝哲)·윤지완(尹趾完) 등 소론계를 등용하여 정국을 일변시켰다. 이 사건을 계기로 숙종은 남인을 물리치고 남구만(南九萬)을 영의정, 박세채(朴世采)를 좌의정, 윤지완을 우의정에 각각 기용하여 소론정권을 구성하였다. 노론측의 경우 폐비 민씨의 복위는 물론 송시열·민정중·김익훈·김수흥·김수항 등이 복관되었다. 반면 남인측은 민암·이의징이 사사되고, 권내운·목내선·김덕원·민종도·이현일·장희재 등 다수가 유배되었으며 왕비 장씨도 희빈으로 강등되는 갑술옥사가 전개되었다.

당시 소론이 들어서고 남인이 물러날 때 장희빈의 오빠 장희재가 희빈에게

---

75)『승정원일기』341책, 숙종 16년 4월 무인조, 기묘조, 경진조, 계미조.
76)『숙종실록』권22, 숙종 16년 4월 무인조.

보낸 서장(書狀) 속에 폐비 민씨에 관한 문구가 있어 논쟁이 벌어졌다. 인현왕후 민비가 복위한 것을 시기하여 희빈과 함께 인현왕후를 해하려는 음모를 꾸미다가 발각되어 사형을 받게 되었다. 이러한 상황에서 후환이 세자에게 미칠 것을 염려한 남구만 등 소론의 주장으로 사형은 면하고 제주도에 유배되었다. 갑술환국 이후 소론계 대신들은 세자를 보호하기 위해 장희재의 처벌에 대해 미온적인 입장을 보이자, 노론계 유생과 관료들이 이를 공박하기 시작하였다.

1694년 윤5월에서 7월에 걸쳐 남인의 잔당과 장희빈의 오빠 장희재에 대한 강경처벌이 거듭 주장되었다. 정언 박권은 장희재가 장희빈의 인현왕후 저주사건에 관련된 것을 강경하게 처벌하기를 주장하며, 승지 박세준이 민암에게 동정적이고 장희재와 결탁하였음을 조사하고 공박에 앞장섰다.[77] 박권은 연후 장희재와 그 관련자의 처분을 총 8회에 걸쳐 상소한다.[78]

장희재는 언문편지를 유입시켜 무함이 곤전(坤殿)에 미쳤고 임금을 기만하여 크게 무옥(誣獄)을 일으켰으니 귀신과 사람이 함께 분노하는 바이며 하늘과 땅 사이에 용납할 수 없는 자입니다. 어찌 자백을 받아내기를 기다리지 않고 바로 먼저 처리할 수가 있겠습니까? 대신이 의견을 드리고 성상께서 은혜를 펴신 데에 깊은 뜻이 내재해 있다는 것을 모르는 바 아니나, 처분이 명백하지 못하여 옥체(獄體)가 크게 어그러졌습니다. 더구나 그것을 경영(經營)·설계(設計)한 것은 장희재 혼자서 한 것이 아니며, 공모하고 일을 생각해 낸 자들이 그 진상이 모두 드러났는데도 끝내 질문하지 않고 곧바로 감단(勘斷)을 하였으니, 또한 어찌 법에 따라 죄를 다스리는 처사이겠습니까? 청컨대 엄하게 국문하여 처단하소서.

---

77) 『승정원일기』 358책, 숙종 20년 윤5월 경오조.
78) 『승정원일기』 358책, 숙종 20년 윤5월 신미조, 계유조, 갑술조, 을해조, 병자조, 무인조.

집의(執議) 유득일(兪得一)이 또한 엄하게 국문하여야 된다는 의논을 내었으나, 국왕은 윤허하지 않았다.[79]

당시 숙종은 소론계 대신들의 입장을 지지하였다. 박권은 장희재를 정법대로 처리할 것과 영의정 남구만을 공격한 박상경(朴尙絅) 등 유생들의 정거(停擧)에 관련된 명을 환수할 것을 요구하는 계를 거듭 올린다.[80] 소론계 대신들의 입장을 지지한 숙종은 박권에 대해서 체직의 처분을 내린다.

이에 승정원에서는 하명을 환수하기를 아뢰었고, 영의정 남구만이 차차를 올려 박권의 특채 명령을 거둘 것을 건의하였다. 장열 김연과 헌납 윤성교 역시 박권의 경솔함은 지적하면서도 그를 체직한 것은 조정을 더욱 어그러지게 하고 인심을 분울하게 하다면서 체직 명령을 거둘 것을 요청하였다.[81] 이와 같은 빗발치는 상소가 올라오자 7월 박권은 정언에 제수되었다.

숙종 20년(1694) 소론의 주요한 인물이었던 오도일은, 남인 집권기에 추탈된 노론 이이명의 형 이사명(李師命)의 복권에 대해서 신중하기를 요구하였다. 노론측은 이를 자신들의 인사조치에 대한 오도일의 보복이자 헌납 심극(沈極)이 이에 가세한 것으로 파악하여 당쟁문제로 비화되었다.[82] 이에 당시 소론의 영수였던 남구만이 논란에 가세하고,[83] 노론의 주요 인물이었던 이이명도 형의 복권을 위해 가세하면서[84] 논란이 심화되었다.

이런 상황에서 박권은 이사명의 복권을 찬성하면서도 적극적인 입장표명을

---

79) "正言朴權論. 張希載流入諺札, 誣及坤殿, 欺罔君父, 大起誣獄, 神人之所共憤, 覆載之所難容, 豈可不待取服, 徑先酌處乎. 大臣之獻議, 聖上之伸恩, 非不知意有所在, 而處分不明, 獄體大乖, 況其經營設計, 非希載之所獨爲也. 通謀造意者, 手脚盡露, 而終不質問, 直爲勘斷, 亦豈按法討罪之典哉 請嚴鞫處斷. 上批曰 旣已酌處, 決難允從"(『숙종실록』 권26, 숙종 20년 윤5월 경오조).

80) 『승정원일기』 358책, 숙종 20년 윤5월 무인조.

81) 『숙종실록』 권26, 숙종 20년 윤5월 계유조.

82) 『숙종실록』 권27, 숙종 20년 7월 무인조.

83) 『숙종실록』 권28, 숙종 21년 6월 계축조.

84) 『숙종실록』 권32, 숙종 24년 11월 을해조.

회피하면서, 이사명의 복관을 환수(還收)해야 된다는 의제로 동료가 인피(引避)하고 장료(長僚)의 배척을 받았다는 연유를 들어 체직을 청하였고,[85] 이사명 등의 복관에 대해 동조한 일로 심극에게 모욕을 당한 일 등을 이유로 파직을 청하는 상소를 거듭 제시하였다[86] 그런데 남구만의 상소에 대해서는 정상을 참작할 것을 주장하여 당시 노론측의 비판을 받기도 하였다. 남구만의 진달에 대한 여러 사람들의 공격과 변석(辨釋)에 대해 자신의 견해를 다음과 같이 답하였다.

남구만이 진달한 말은, 말은 비록 망발이었지만 마음은 실로 다른 뜻이 없었습니다. (…) 척리(戚里)라는 두 글자는 세상에서 꺼리고 싫어한 것이 오래 되었으니, 사론(士論)을 지키고 있는 자면 누군들 견제하고 누르려 하지 않겠습니까? 하지만 시대에는 고금의 차이가 없지 않고, 일에도 또한 정도(正道)와 권도(權道)의 적절함이 있으니, 일률적으로 논할 수는 없을 것입니다. 오늘날 척리로 불리우는 사람이나 이른바 궁금에 반련(攀連)하였다는 사람들은 모두가 누세(累世)의 명가(名家)이며 교목 세신(喬木世臣)입니다. 그 자제와 족당으로서 조정에 포열(布列)한 사람은 재화(才華)와 성망(聲望)이 또 남보다 뛰어난 경우가 많습니다. 척리가 청관 요직(淸官要職)에 있는 것도 또한 오늘날 창시(創始)된 것이 아니니, 이렇게 인재가 모자라는 때를 당하여 척리란 이유로 모조리 물리칠 수 있겠습니까?[87]

이같은 박권의 태도에 대해 당시 사관은 다음과 같이 평가하였다.

박권은 평소에 번번이 남구만이 집요하게 나라를 그르치는 형상을 말하여

---

85) 『승정원일기』 360책, 숙종 20년 7월 경인조 ; 『승정원일기』 360책, 숙종 20년 8월 경자조.
86) 『승정원일기』 361책, 숙종 20년 9월 경진조.
87) 『숙종실록』 권27, 숙종 20년 7월 기축조.

언제나 강개하여 분완(憤惋)하였는데, 이제 이에 '그 마음은 다른 뜻이 없다.'고 극력 말하고, 또 그 상소 끝부분에 가서는 무단(無端)히 이사명의 일을 제기해서 시배(時輩)들의 비방을 피하려고 하여 수미(首尾)의 어의(語意)가 아주 정직이 결여되어 있으니, 군자(君子)가 처세(處世)하는데 있어서 어찌 심기(心機)를 허비하여 공명(公名)을 구하는 것으로 마음 먹을 수 있겠는가? 상소 가운데 비록 좋은 말이 많지만 견식이 있는 사람은 취하지 않는다고 하였다.[88]

사관은 박권이 평소에 지니고 있던 태도와는 달리 남구만에 대해 관대한 입장을 보인 것에 대해 공명을 구하는 것이라고 날카롭게 지적한다. 이는 박상경의 상소로 박권에게 처벌문제가 발생하였을 때 소론측의 영수 남구만이 처벌경감을 요청한 것과 연관이 있는 것으로 추정된다.[89] 이를 통해 박권이 초기에는 당쟁의 선봉에 있었으나, 점차적으로 당쟁에 직접 연루되기보다는 실무관료로 전환하는 것에 기인하는 것으로 보인다.[90]

숙종 22년(1696) 지평(持平) 신임(申銋)은 소론의 영수인 유상운과 서문중에 대해서 비판하는 상소를 올렸으나, 숙종은 소론 대신들을 위로하고 신임을 외직으로 보냈다가 유배보내는 조치를 취했다.[91] 이에 교리(校理) 박권은 다음과 같은 상소를 올려 신임의 유배에 반대하였으나 가납되지 않았다.[92]

지평(持平) 신임(申銋)이 대신(大臣)을 논열(論列)하였다 하여 내쳐서 외직에

---

88) 상동.
89) 『약천집(藥泉集)』 8권, 「청수소유원배간신특체차(請收疏儒遠配諫臣特遞箚)」.
90) 박권은 이후 소론측의 유상운으로부터 영남 독운관으로 추천을 받아, 소론측에게도 능력을 인정받는 것으로 보인다(『숙종실록』 권29, 숙종 21년 11월 정축조). 그러나 해당 내역은 역시 박권의 묘갈명 찬자이자 같은 당파인 이여가 반대하는 양상을 보아 소론측이 중앙정계에서 박권을 떼어놓기 위한 방편일 가능성도 추측할 수 있다.
91) 『숙종실록』 권30, 숙종 22년 8월 임인조.
92) 『숙종실록』 권30, 숙종 22년 9월 을묘조.

보임하라는 명을 받기에 이르렀으니, 아! 대각(臺閣)이 직분을 다하지 못한 지 오래되었습니다. 일이 조정에 관계되고 말이 대신에 관계되는 것이면, 감히 말하지 못할 뿐만 아니라, 또 따라서 변명하여 오히려 그 뜻을 거스를까 염려합니다. 전하께서 수십 년 사이에 대각에서 탄핵한 글로서 능히 정승에게 미친 것이 몇 사람이나 있는지 살펴보소서. 신은 이제부터 앞으로 전하의 언책(言責)을 맡은 자가 죄다 정권을 잡은 사인(私人)이 되어 다시는 전하를 위하여 말하는 자가 없을까 염려되니, 어찌 한심하지 않겠습니까? 대각의 신하가 한 마디 말하자, 바다 밖으로 멀리 보냈으니, 신은 도로에서 죽어 성조(聖朝)에서 간신(諫臣)을 죽였다는 이름을 끼칠까 두렵습니다.

연후에 박권은 전라도에 내려가 사직소를 올리기도 하고 패초(牌招)에 응하지 않는 등으로 임금에 대한 불만을 우회적으로 드러낸 것으로 보인다.[93] 이에 박권은 체차되었으나 곧 다른 직위로 복직하였다. 한편 해당 사건에서는 전라감사의 사직서 전달이나,[94] 여필용의 상소내용에서 박권이 호남지방에 머물고 있다는 것과 향장(鄕庄)이 언급되는 것으로 보아,[95] 박권의 사유지 및 농업경영지가 전라도 여산에 있었을 것으로 추정된다.

숙종 22년(1696) 1월에서 숙종 23년(1697) 윤3월에 걸쳐 부수찬(副修撰) 박권은 재차 장희재의 처벌을 청하며 소론 대신들을 탄핵하였다.[96] 남구만의 문인이었던 이언경(李彦經) 등에 대한 강력한 비판을 상소에 언급하였다. 이에 이언경 등이 인혐하여 사직을 청하고 역으로 상소를 올리면서 문제가 크게 비화되었다.[97] 이에 소론측에 동조하는 사헌부 관원들이 인피하기도

---

93) 『승정원일기』 367책, 숙종 22년 9월 정축조.
94) 全羅監司書目, 礪山縣, 以校理朴權辭職上疏上送事. 啓. 答曰, 省疏具悉. 疏辭, 予未知其穩當也. 爾其勿辭, 上來察職(『승정원일기』 367책, 숙종 22년 9월 을묘조).
95) 而校理朴權, 省覲湖邑, 回到京畿, 不遠之地, 不爲還朝, 迤向鄕庄, 以到久滯, 其在事體, 不可無 規警之道, 請校理朴權遞差(『승정원일기』 367책, 숙종 22년 9월 경진조).
96) 『숙종실록』 권30, 숙종 22년 1월 병자조.

하고,98) 박권은 집의 이정겸(李廷謙), 사간 여필용(呂必容), 응교 김시걸(金時傑), 장령 유명웅(兪命雄), 지평(持平) 김치룡(金致龍)·김두남(金斗南), 헌납 정제태(鄭齊泰), 정언(正言) 최중태(崔重泰), 부교리 이익수(李益壽)·이인병(李寅炳), 수찬 남정중(南正重)·조대수(趙大壽) 등과 인솔하여 장희재에 대한 토죄를 다시 청원하였다.

해당 논란에 대해서 박권은 다음 해에도 문제를 계속 제기하였고, 이러한 토죄논의에 숙종은 이미 정리된 사안으로 규정하고 크게 분노를 표출하였다. 사관들은 박권이 임금의 사사로운 총애를 믿고 이러한 처신을 하는 것이라고 비판하기도 하였다.99)

숙종 28년(1702) 윤6월 윤성준이 장희재 토죄에 가담하였으나 소론의 인물로서, 소론의 맹장인 오도일이 과거시험관으로서 부정을 저질렀다는 의혹이 그의 다른 행적과 맞물려 오도일의 유배로까지 진행되자, 이에 대해 극력 변호를 하는 입장이었고 이것이 노·소론간의 당쟁으로 비화되었다.100) 박권 역시 대사간으로서 입장을 피력해야했으나 자신이 윤성준과 인친으로 피혐을 해야 한다며 체직을 청하며 한발 물러섰다.101) 이는 박권의 아내가 남양 홍씨 홍명하의 손녀인데, 윤성준의 처가 홍명하의 딸로서 윤성준은 처고모부가 되는 상황이었기 때문으로 추정된다.

해당 문제에 대해서 홍문관은 박권의 이러한 피혐에 대해 체직을 청하여 관철되어 박권은 해당 사건에 더 이상 연루되지 않는다.102) 이와 같은 모습은 박권이 예전에 남구만을 마지막에 비호한다는 비난을 받은 것103)과 연관

97) 『승정원일기』 363책, 숙종 22년 1월 정축조, 경진조.
98) 『승정원일기』 363책, 숙종 22년 1월 신사조.
99) 『숙종실록』 권31, 숙종 23년 윤 3월 임인조.
100) 『숙종실록』 권31, 숙종 23년 5월 신묘조 ; 『숙종실록』 권37, 숙종 28년 윤6월 병술조 ; 『연려실기술』 숙종조 고사본말 임오년알성과(壬午年謁聖科).
101) 『승정원일기』 405책, 숙종 28년 윤 6월 기축조.
102) 『승정원일기』 405책, 숙종 28년 윤 6월 계사조.
103) 『숙종실록』 권28, 숙종 21년 6월 계축조.

지었을 때, 소론과 대립하면서도 동시에 소론과 관계를 맺고 있는 측면을 보여준다고 할 수 있다.

숙종 31년(1705) 1월 노론계 인물 3명의 처벌논쟁에 간여한 사례가 있다. 지평 조태억은 소론의 주요한 인물로서 노론에 속하는 김덕기, 한영휘, 이동언이 지방관 시절에 저지른 부정을 상세하게 공박하여 이들을 처벌하고 삭직하기를 요청하였다.104) 이에 정언 김만근이 반대상소를 올리자 조태억 역시 상소를 올려 김만근을 공격하였다.105)

박권은 1차로 사직서를 내어 해당 논란에 대해서 이동언을 변호하고 조태억이 간관의 부주의를 무함하였다고 공격하였다. 또한 조태억의 상소를 지원하는 상소를 올린 이언경에 대해서도 민진원 등과 별도로 상소를 올려 공박하였다.106) 이에 박권은 소론측으로부터 간관을 배척하고 언로를 막은 죄가 있다는 비판을 받았던 것으로 추정되며,107) 이언경은 박권의 해당 처신은 물론 박권이 상소에서 자신에 대해 말을 억지로 끌어대어 무함하였다고 공박하였고,108) 박권 역시 2차로 사직서를 내어 이언경이 전관을 부당하게 공격한다며 사직소를 내었고,109) 소론의 박필명 역시 박권이 벼슬을 잃을까 두려워하면서도 상소를 올리고 부정한 행위를 하였다는 등의 논전으로 격화되었다.110) 또한 해당 논란을 제기한 조태억 역시 박권이 이동언을 비호한 것을 비판하기도 하였다.111)

그러나 해당 논란은 숙종이 박권과 이언경, 박필명을 위로하면서도 다음

---

104) 『숙종실록』 권39, 숙종 30년 6월 무술조.
105) 『숙종실록』 권39, 숙종 30년 6월 무자조.
106) 『숙종실록』 권41, 숙종 31년 1월 병오조.
107) 『승정원일기』 423책, 숙종 31년 1월 정미조.
108) 『숙종실록』 권41, 숙종 31년 1월 무신조.
109) 『숙종실록』 권41, 숙종 31년 1월 경술조.
110) 『숙종실록』 권41, 숙종 31년 1월 임자조.
111) 『숙종실록보궐정오』 권41, 숙종 31년 3월 갑진조(조태억이 비판한 박권의 해당 상소는 남아있지 않다.).

해에 3명의 신하를 개별적으로 처벌하는 것으로 이를 마무리지었다.[112] 간관들의 거침없는 논쟁이 활발하게 전개되는 상황이며 체직에 연연하지 않는 격렬성이 보인다.

끝으로 숙종 38년(1712) 12월부터 숙종 39년(1713) 8월에 걸쳐 임진과옥(壬辰科獄)의 처리와 당쟁에 깊이 간여한 사실이 보인다.

1712년 2월 25일에 시행된 별시(別試)는 장소의 변경 및 우천으로 인해 많은 혼선을 겪고 이루어졌다. 당시 시관(試官)의 운영 역시 혼선이 있어 낙점을 받은 후 궐 밖으로 나가거나 귀가한 이들도 있다는 비판이 제기되었다. 노론의 김창집은 이러한 시관운영의 난맥을 보고하였고, 이건명은 출입개폐가 제대로 이뤄지지 않고 어두움을 틈타 시권(試券)을 몰래 바치는 사례도 있었다고 보고하였다.[113] 해당 논란은 시관이 단순한 규례를 어긴 수준을 넘어서 시관이 궐 밖으로 나가서 응시생을 찾아다니고, 출제가 해당 시관에서 나온 것으로 의심한 이의현의 상소로 인해 심각한 국면으로 접어들었다.[114] 이미 해당 시험에서 예조판서였던 소론의 이돈은 단순 출궐로 파직되었으나, 해당 문제 제기로 인해 응시생의 집을 찾아다녔다는 의혹으로 직접적인 수사대상이 되었고, 역시 시관이었던 소론의 최석항 역시 이돈을 도왔다는 의혹이 제기되었다.

이에 이돈 등도 해명에 나서 몇 가지 의혹은 해결되었지만[115] 결정적인 응시생 저택 방문의 문제 등은 노론의 맹장인 형조판서 김진규 등에 의해 계속 제기되고 있었다. 동시에 이건명은 직접적인 부정을 저지른 인물로서 조명, 권치대, 유민정 등을 지목하였다.[116] 반대로 소론 역시 이세덕이 임진과옥은 노론에 의해 조작된 것이라는 상소를 올림으로써 당쟁으로 본격적으로 비화되었다.[117] 박권은 이때 형조판서로 임명되어 판의금부사 민진원과 수사

112) 『숙종실록』권43, 숙종 32년 6월 기해조 ; 『숙종실록』권44, 숙종 32년 8월 기축조.
113) 차미희, 「조선후기 숙종대 임진과옥 연구」『민족문화연구』42, 272~273쪽.
114) 『숙종실록』숙종 38년 6월 20일.
115) 『숙종보궐정오실록』권51, 숙종 38년 6월 임신조.
116) 『숙종실록』권52, 숙종 38년 8월 임자조.

를 공동으로 진행하였다.

박권이 해당 논란에서 보인 행보는 기존의 연구에서는 크게 주목받지 않았다. 또한 1713년 1월에 형조판서에서 물러남으로써 1716년의 재조사에서는 전혀 관련되지는 않았다. 하지만 그럼에도 그는 해당사건을 주도함으로써 소론측의 원한을 받을 수 있는 몇몇 조사를 이끌어냈다. 첫째, 이돈의 응시생 저택 방문이 사실임을 확정하였다. 박권은 이돈의 겸종들에게 형신(刑訊)을 가하여 그 우두머리인 정몽선에게서 이돈이 응시생 오수원의 저택을 찾아갔다는 실토를 받아냈다.118) 특히 이 과정에서 과도한 형신을 가했다고 이후에 이돈의 손자에게 격쟁상소를 받기도 하였다.119) 둘째, 노론 이건명의 부정응시생 지적과 범주설정에 대체로 동의하고 이를 뒷받침하면서 전직 형조판서 김진규의 보고와 비슷한 견지로 결과보고를 제출했다.120)

이러한 임진과옥의 진행은 대체로 소론의 성장에 위협을 느낀 숙종이 노론의 편을 들어준 정치적 사건이었고 이를 통해 노론 집권의 전조가 마련되었다고 평가되곤 한다.121) 해당 과옥의 처리에서 박권은 사건 처리를 지체한다는 비판을 받기도 하였지만,122) 소론에게 부정적인 인식을 확실하게 얻게 된 것으로 보인다. 이는 박권의 사후에도 소론측이 박권을 과옥의 조작자로 적극적으로 지목하는 모습에서 드러난다.123) 서종태 등 노·소의 균형을 중시하던 이들은 사건의 처리에서 비교적 중립적인 처신을 보였는데,124) 반면에

---

117) 『숙종보궐정오실록』 권52, 숙종 38년 9월 을유조.
118) 『숙종실록』 권52, 숙종 38년 11월 신사조.
119) 『숙종보궐정오실록』 권54, 숙종 39년 8월 갑오조.
120) 『승정원일기』 숙종 38년 12월 25일 ; 『숙종보궐정오실록』 권52, 숙종 38년 12월 갑술조. 특히 실록의 사평은 소론측을 비호한 조태구에 긍정적인 사평을 남기고, 박권은 이건명에게 죄가 미칠까 두려워 김진규의 공초에 "더할 것도 없고 덜할 것도 없다."라고 말하며 비호하였다고 언급하고 있다.
121) 차미희, 위의 논문, 292쪽.
122) 『승정원일기』 475책, 숙종 39년 1월 기축조.
123) 『숙종실록』 권58, 숙종 42년 7월 기미조.
124) 『숙종보궐정오실록』 권51, 숙종 38년 6월 임신조. 서종태의 경우 소론을 대표하나

박권은 서종태가 집권시 상당한 직위를 역임하고 정책 공조를 함께 했었음에도, 해당사건으로 노론의 당색을 명백히 한 것으로 판단된다.

(2) 일본 및 청과의 외교관련 업무

기유약조 이후 일본에는 피휘가 없어 한때 제기된 쇼군의 호칭문제를 제외하고 조선측에서 보내는 서계의 양식에는 큰 문제가 없었다. 그러나 점차적으로 일본측 역시 피휘 등을 따지게 되면서 외교분쟁으로 비화되었다. 숙종 23년(1697) 11월 동래부사 박권이 직면했던 서계의 문제는 1696년부터 해결이 되지 않던 '특송(特送) 제1선사(船使) 답서(答書)'의 문제로 '봉진(封進)', '평행(平行)' 등의 문구가 문제가 되었다.125) 따라서 박권 부임시부터 해당 서계문제는 중요한 문제로 주목받고 이를 부임 직전부터 신경을 쓰고 있었다.126) 그러나 서계의 문제는 쉽게 진행되지는 못했다. 박권의 활동에도 불구하고 일본측은 서계개정의 건을 포기하지 않았으며 그것을 요구하기 위해 여러 절차와 행위에서도 결코 양보를 보이지 않았기 때문이다. 오히려 서계의 개급과정에서 조금이라도 일본측에게 체통을 잃지 않으려는 조정은 박권이 일본측에게 조금이라도 유화적인 입장을 보이는 것을 문제로 파악했음은 물론,127) 무례한 서계개정 요구 자체를 받지도 말기를 요구하는 상황이었다.128) 결국 서계문제는 박권이 동래부사 재직 중에는 해결을 보지 못했다.

또한 동래부사 시절 대 일본외교 운영과 관련되어 무역대금으로서의 왜은 교체문제가 제기되었다. 기유약조 이래로 조선과 일본사이의 무역에서는 순도가 높은 경장은(慶長銀)이 사용되어 왔으나, 일본에서 화폐의 개주를

노론과의 조정을 중시한 인물로, 혹은 당색 자체가 옅은 인물로 거론되곤 한다.
125) 이훈,『외교문서로 본 조선과 일본의 의사소통』, 경인문화사, 2001, 67쪽.
126)『승정원일기』375책, 숙종 23년 12월 기미조.
127)『승정원일기』376책, 숙종 24년 2월 을묘조.
128)『승정원일기』377책, 숙종 24년 3월 경진조.

단행해 순도와 가치를 평가절하한 원록은(元祿銀)으로 화폐를 교체하면서 문제가 발생하였다.[129] 이러한 개주에 부연하여 일본측은 원록은을 통한 결제를 요청해왔다.[130] 조정에서는 종래의 구은(舊銀)을 순도가 높은 팔성은 (八星銀), 신은(新銀)을 육성은(六星銀)으로 파악하여 일본측의 요구를 일일이 들어주지 않고, 순도 가치를 참작하여 그에 상응하는 교환비·환전율을 적용하도록 요구하였고,[131] 박권은 해당 문제에 대해서 단순한 대마도의 대관(代官) 수준이 아닌 막부의 감정봉행(勘定奉行)으로부터 가치환산에 대한 수표를 받아 일본측에게 조정의 요구를 관철시키고자 했다.[132]

새 은(銀)에 관한 서계(書契)의 일로 들어간 대관왜(代官倭)가 도주(島主)의 서계를 가지고 나왔습니다. 그 글을 열어 보니, 비록 새 은을 일본국(日本國)이 통용할 뜻이 있더라도, 그 열등품의 수량을 계산하여 그 값을 준절(準折)하는 문제는 거론하지 않았기 때문에, '비록 서계가 있더라도 이 한 조목이 없으면, 결코 상문(上聞)하기 어렵다.'고 말했더니, 감정소(勘定所)의 수표(手標)를 내보였습니다. 그 수표에 이르기를, '지금부터 이후로는 백사 단물(白絲段物)의 값은 1관목(貫目)마다 2백 70목(目)의 값을 더하도록 굳게 약속하기를 매매 대관(買賣代官)에게 방금 신부(申付)하였다.'고 했습니다. 이른바 감정소라고 말한 것은 화폐와 곡식을 맡아 대관을 총찰(總察)하는 곳이고, 그 '1관목'이라고 말한 것은 구은(舊銀) 1백 냥(兩)을 말함이요, 그 2백 7십 목의 값을 올린다고 말한 것은 27냥을 더해 줌을 말함이요, 그로 하여금 굳게 약속하도록 매매 대관에게 신부하였다 함은 곧 매매 대관에게 분부하여 그들로 하여금 굳게 약속케 했다는 뜻입니다. 지난날 대관왜의 수표와 비교하면 경중이 스스로 구별되어 서계에 직접 쓴 것과 다름이

---

129) 정성일, 「조선시대 한-일 경제교류-미면과 삼은의 교환을 중심으로」 『조선시대의 한국과 일본』, 경인문화사, 2013, 275쪽.
130) 『숙종실록』 권32, 숙종 24년 6월 무신조.
131) 『승정원일기』 378책, 숙종 24년 6월 경술조.
132) 『승정원일기』 380책, 숙종 24년 8월 갑인조.

없으나, 은화가 오래 막혀 피차에 이득을 잃었는데, 지금 만약 또 역행(曆行)을 잃는다면 불행이 더욱 심합니다.

이에 대해 비변사의 허락을 받고 있다. 이와 아울러 해당 은냥을 재가공하여 다시 순도가 높은 사행용 은냥으로 제조하는 것을 동래부에서 시행하는 것에 차후 인천부사로 재임하고 있는 박권의 조언이 작용하였다.[133] 이는 조선왕조의 사행비용은 물론 호조의 비용 상당수가 왜관무역에서의 은냥에서 나오고 있었던 만큼[134] 중대한 외교적 성과라고 할 수 있었다.[135]

숙종 37년(1711) 4월 일본 측의 집권자 및 외교적 변화에 대한 대응문제가 있었다. 1709년 일본의 쇼군이 사망하여 새 쇼군이 즉위하면서, 그 측근인 아라이 하쿠세키(新井白石)는 비용절감 및 일본 내부의 쇼군 위상의 격상을 위해 조선통신사의 전례와 비용을 축소할 뿐더러 서계의 형식 및 쇼군의 왕호 문제 등을 개정하고자 하였다. 우선 일본측은 왜관을 통해 쇼군의 후계자 [若君]과 막부의 요인인 로쥬[老中]에 대한 조선측의 선물과 그 답례를 없애자고 구두로 선통보를 해왔고, 이후 조태억 등이 중심이 된 1711년의 통신사가 도착하자 본격적으로 문제를 제기하기 시작하였다. 특히 문제의 중심이 된 것은 바로 피휘의 문제였다.[136] 하쿠세키는 예전과 달리 피휘법을 적극적으로 도입하여 그간 일본측의 피휘는 없거나 자유롭다고 인지하던 조선 측을 당황하게 만들었고 양국 간 충돌의 소지로 작용하였다.

우선 왜관을 통한 선물 및 답례 폐지의 건에 대해서 박권은 일본측의

133) 『비변사등록』 50책, 숙종 25년 5월 22일.
134) 박소은, 『조선후기 호조 재정정책사』, 혜안, 2008, 72~74쪽.
135) 해당 문제는 일본측이 이후로도 순도가 낮은 은을 들고 오거나 혹은 다시 구은을 사용하자고 하는 등의 조치가 반복-변화됨에 따라 대응도 달라지는 문제로서, 조정의 요구를 거의 관철시킨 것은 상당한 성과라고 할 수 있었다.
136) 정응수, 「아라이 하쿠세키(新井白石)의 조선통신사 의례 개정에 관하여」 『일본문화학보』 24집, 2005 참조.

비용절감 의도가 있는 이상 이를 수용해주되, 다만 특별히 허락해준다는 취지를 밝히면 문제가 될 것이 없다는 유연한 입장을 보이기도 하였다.[137]

하지만 아라이가 조선측이 일본의 피휘를 어겼다며 고의적으로 조선측에게 역시 피휘를 어긴 국서를 통신사에게 주는 단계가 되자, 박권은 원래 일본이 동등교류인 관계이므로 피휘 요청을 들어주지 못할 것은 없으나, 저들이 구례를 일방적으로 무시하고 있으니 여기서 양보하면 허약함을 보이게 된다며 국서개정을 반대하는 모습을 보인다.[138] 이에 영의정 서종태가 홀로 박권의 논의를 지지하였으나, 이이명 등 대부분의 대신이 일본측의 요구를 들어주자는 것에 동의하여, 결국 양국은 국서를 새로 써서 대마도에서 교환하는 것으로 마무리되었다.

한편 양국의 문제는 1711년의 통신사 이후에도 재기되었다. 상호 문후의 예가 유명무실화되어 조선측만 문후를 하는 문제가 있어 결국 1713년에 조선측은 문후를 하지 않는 서계를 지급하니, 일본측이 도리어 문제를 삼아 서계와 예단을 받지 않자 박권은 여기서도 강경한 대응을 처하기를 요청하고 있었다.[139] 이는 아라이 하쿠세키가 실권한 1713년 이후에 진정된다.

숙종 37년(1711) 6월 청측의 무례한 외교문서에 대한 대응문제가 있었다. 청측의 조사관이 정계문제에 앞서 월경인 문제, 백두산 요로 조사 등의 내역으로 변경에 나타남으로써 조선측도 이에 대한 귀추를 주목하고 있었다. 이들은 백두산 연변의 통로를 탐색하고 조선인의 월경문제 등에 관심이 있었는데, 사실상 백두산 남쪽에 실효지배를 시행하는 것에 난항을 겪던 조선조정은 이것이 영토문제에서 불리해질 수 있는 단서는 물론 군사상의 위협이 되는 것으로 우려하고 있었다. 특히 의주사람 김자형이 청측의 관리에게 백두산 연변으로 가는 길을 평안도 영변에서 이를 수 있다고 누설했다는 혐의가

---

137) 『숙종실록』 권50, 숙종 37년 4월 경오조.
138) 『비변사등록』 63책, 숙종 37년 12월 30일.
139) 『승정원일기』 474책, 숙종 38년 12월 갑술조.

있어 처분을 두고 논의가 이루어졌는데, 박권은 해당자들을 엄히 체포구금해야 함을 주장하였다.140)

또한 청국의 해당 조사관이 자신을 '대인(大人)'이라 칭하는 결례를 저지른 자문을 보내온 것이 문제가 되어, 이것에 대한 대응의 문제에서, 박권은 실무적으로 회답해야 하는 내용이 있으니 회답을 아주 안 보낼 수는 없지만, 보내는 형식을 자문(咨文)이 아닌 한 단계 낮은 게첩(揭帖)의 형식으로 하자고 제안하여 관철되었다.141)

한편 숙종 38년(1712) 3월부터 영조 17년(1741) 7월에 걸쳐 백두산 정계와 관련된 국내정치적 문제가 발생한다. 조선 조정은 백두산 정계문제에서 가장 큰 문제를 백두산 남쪽 실효지배가 어려운 지역을 청이 여진족 시절을 내세워 국경문제를 논할지도 모른다는 두려움이 있었고,142) 이에 대한 경계를 해결한 것을 가장 큰 성과로 여기고 있었다.143)

그러나 소론인 사헌부 장령 구만리를 중심으로 하여 박권과 이선부가 정계지까지 답사에 동행하지 않은 것을 문제로 지적하며 파직을 요구하는 논의가 있었다.144) 심지어는 북병사인 장한상 역시 현지답사의 미흡함을 이유로 파직을 요청받았는데, 장한상은 박권이 추천한 인물이었다.145) 이러한 요청은 가납되지 않았지만, 당시부터 박권의 행적이 미흡함이 있었으나 당쟁의 문제가 개입되어 커진 측면이 있음을 짐작할 수 있다.

이러한 인식은 보다 발전하여 조선후기의 자국의식의 고취와 그에 따른 영토인식문제와 결합되어 발전하게 된다. 즉 윤관이 개척한 최종한계선인 선춘령이 두만강 바깥에 있었다는 의식이 18세기에 고조되면서,146) 영조시기

---

140) 『비변사등록』 숙종 37년 6월 17일.
141) 『숙종실록』 권50, 숙종 37년 6월 갑술조.
142) 『승정원일기』 467책, 숙종 38년 3월 병오조.
143) 『승정원일기』 469책, 숙종 38년 6월 임신조.
144) 『숙종실록』 권51, 숙종 38년 6월 신유조.
145) 『비변사등록』 62책, 숙종 37년 6월 22일.

소론의 송인명은 박권 등이 잘못하여 오히려 더 얻을 수 있던 영토를 축소했다는 문제를 제기하기도 하였다.[147] 이는 송인명이 이사명의 복권에서 소론에 가세한 심극의 반대파가 바로 박권이었음을 강조하고 있었음을 감안할 때,[148] 노론으로서의 박권의 행적을 공격했을 가능성을 추정할 수도 있다.

(3) 군사와 국방 업무 수행

박권은 동래부사와 강화유수를 역임할 때 해당 지역이 변방과 한양의 방비에 핵심지역임을 깨닫고 즉시 전략요충지로서의 모습을 회복하기 위한 산성 수축에 심혈을 가한다. 다만 해당 지역과 군문의 재력을 감안하여 전임자의 작업을 계승하거나 나름대로 현지의 철저한 답사를 통해 합리적인 방안을 강구하기에 이른다. 무엇보다 해당 지역의 임기가 끝난 후에도 해당 역사를 마무리하기 위해 많은 노력을 기울이는 책임감과 전문성을 보여준다.

보장처로서 강화도의 성곽 축조와 북한산성의 부분 수축 및 북한산성과 도성 간의 요처를 보호할 탕춘대성, 홍복산성의 축조문제가 숙종 후반기 주요한 군사정책적 이슈로 부각되었다.

숙종 29년(1703) 4월 북한산성 축성역의 폐단을 크게 우려하여 공사지역이 태조가 지정한 '내용지세(來龍之勢)'라는 풍수론을 내세워 공사를 저지하려는 시도가 있었다.[149] 이에 대해서 박권은 축성의 일은 국가의 중대한 일이므로 술사 몇몇의 논의에 흔들릴 것이 아니라며 축성역을 유지하기를 요청하고 있었다. 이어 숙종 30년(1704) 9월 산성 축조에 있어서 방어구획이 넓은 곳의 축조는 실효가 없다고 주장하였다. 박권은 경상감사로 재임하면서 대

---

146) 이화자. 『한중국경사 연구』, 혜안, 2011, 112~113쪽.
147) 『승정원일기』 933책, 영조 17년 7월 계해조.
148) 『승정원일기』 794책, 영조 11년 2월 병오조.
149) 『숙종실록』 권38, 숙종 29년 4월 경진조.

일본 방어선이 되는 부산의 보장처로서 금정산성의 축조에 대해 부정적인 의견을 피력한 적이 있었다. 그것이 전 감사인 조태동의 의견과 상충되었다. 당시 박권은 고모봉(姑母峯)은 굽어보고 공격해야 하는 형세가 있고, 금정산성의 방어구역이 너무 넓고 물을 긷기 어려워 실제로는 동래나 양산 등의 군사 수만으로는 방어하기가 어렵다고 보았지만, 조태동은 이를 동래부의 읍치를 들여오면 가능하다고 보았다.[150]

차후 그동안 축조에 들인 물력이 많아 동래부의 읍치를 들여오지 않으면서 금정산성의 축조를 그대로 계속하는 방향으로 진행되었지만, 여기서 박권이 무조건적인 축성중시론자가 아니라 성역 방어의 수월성과 인적 물적 자원의 역량 제고를 중시하는 경향이 있었음을 살필 수 있다. 이러한 박권의 주장은 강화도 축성에서의 의견 개진에서도 방어구역을 줄일 수 있는 축성을 지지하는 후일의 주장에서도 드러난다.

숙종 34년(1708) 12월부터 숙종 36년(1710) 8월에 걸쳐 박권은 강화유수로서 강화도 성곽 축조를 주도하였다. 숙종 34년은 청이 관동의 표하군 2만을 영고탑으로 이동시킨다는 소문이 민간에서 돌고 압록강 주변에서 청인들의 활동이 증가하여 조정이 경계태세에 있는 시점이었다. 주요 보장처가 되어야 할 강화도는 계속되는 간척으로 인해 섬의 면적이 넓어지는 것은 물론 방어해야 할 지역도 확장된 상태였다. 이에 박권은 강화도의 넓은 면적을 방어할 수 있도록 적절한 축성이 추가되어야 함을 건의하였다.[151]

소신이 경내를 순력하여 대충 형세를 살펴보니 섬의 둘레 2백 40리에 지킬 수 있는 성첩이 하나도 없어 한 곳만 무너지면 승패가 당일에 결판이 나겠으니 가히 위험이 심하다 하겠습니다. 그러나 밖에는 천참(天塹)이 있고 안에 튼튼한 성이 있으며 원병(援兵)이 사방에서 모여든다면 적도 필시 깊이 들어와서 오래

150) 『숙종실록』 권40, 숙종 30년 9월 정묘조 ; 『숙종실록』 권41, 숙종 31년 2월 을유조.
151) 『숙종실록』 권46, 숙종 34년 12월 을사조.

머물지는 못할 것입니다. (…) 전일 연중(筵中)에서 기어코 쌓으라고 하교하셨지마는 이럴 때에 그러한 일을 일으키기는 극히 중난하고 물력도 조판할 길이 없으니 어떻게 해야 할지 모르겠습니다.[152]

이에 조정에서는 강화도의 내성 축조를 우선하기로 결의하고 "지금 이 영축(營築)은 예조판서에게 위임하니, 마땅히 박권과 더불어 시종(始終) 협모(協謀)할 것이며, 성기(城基)에 이르러서도 그 남산(南山)을 둘러싼 것으로써 한정하라."라고 하여 박권의 의론에 대한 신뢰는 물론 실질적인 시행을 일임하였다.[153] 이에 박권은 축성 적합지를 조사, 선정하고 성기도(城基圖)를 작성하여 국왕과 대신들 앞에서 이를 보고하였다. 국왕은 박권의 견해를 받아들여 반드시 남산을 넣어서 쌓되 강도의 군정으로 독당하게 하기는 어려우니 승군을 조발하여 쓰되 삼군문에서 협력하여 일을 시작하도록 명하였다.[154] 그러나 공사 자체는 상당한 시일이 걸리는 것이었기 때문에 강화유수를 그만둔 숙종 36년 병조참판 시절 및 그 후에도 계속 간여를 하고 있었다.

남산에 작은 성을 쌓고 정자산에 돈대를 설치하면 부성(府城)과 아울러서 품자가 됩니다. 그러므로 보수(步數)를 헤아리니 내성(內城)은 8리요, 남산은 4리이며 정자산은 2리로서 합하여 계산하면 불과 14리이니 둘러쌓는 일에 비하여 공력(功力)은 약간 감소됩니다. (…) 부성은 곧 유수 허질(許秩)이 쌓은 것입니다. 토성(土城)은 지금 이미 그 제도를 넓혀서 개축하였고, 남은 석성(石城)은 2리 뿐인데 아직 무너지진 않았습니다. 먼저 남산의 작은 성과 정자산의 돈대를 쌓은 뒤에 옛날 석성 및 문루(門樓)의 역사를 비로소 시작할 수 있습니다.[155]

---

152) 『비변사등록』 59책, 숙종 34년 12월 7일.
153) 『숙종실록』 권46, 숙종 34년 12월 을사조.
154) 『비변사등록』 59책, 숙종 34년 12월 7일.
155) 『비변사등록』 60책, 숙종 36년 7월 2일.

여기서 박권은 금정산성 축성에서도 보여준 인식대로, 단순히 성곽을 쌓는 게 아니라 실제 방어할 인원과 구획의 활협을 중시하고 있었다. 이는 강화 내성에 있어서 정자산 등 중요한 고지들의 축성을 단순히 이어서 쌓는 것이 아니라 별개의 성채를 독립적으로 축조하도록 건의한 것에서도 드러난다.

해당 제안은 처음에 수용되는 듯하다가 결국 별개의 성채가 아닌 고지의 성곽은 읍성의 성곽에 연결해 쌓는 방안으로 변경되었지만,156) 이러한 박권의 노고가 인정되어 포상을 받기도 하였다.

숙종 36년(1710) 6월 병조참판 박권은 통진부의 읍치를 문수산성으로 옮기는 문제를 해결하려고 노력하였다. 병자호란 시기 조선군은 민폐를 우려하여 군량과 물자를 평시에 산성에 보관하지 않고 성아래의 창고에 보관하였다가 후금 병사들의 빠른 진격으로 미처 수습하지 못한 전훈이 있었다.157) 이에 대응책으로 제시된 것은 민폐를 무릅쓰더라도 산성에 군향(軍餉)을 비축하거나, 혹은 읍치 자체를 산성으로 옮겨 평소의 물자 비축을 산성에 미리 마련하는 것이었다.

산성 군량보관 문제에 대해서, 박권은 이후 북한산성의 군량고 설치지역 논쟁이 벌어졌을 때, 북한산성이 너무 험하여 군량운영에 지장이 있다는 점을 인지하면서도, 성 외부에 창고를 지으면 위기시에 대응하기 어렵다는 인식을 가지고 있었던 것으로 보아, 병자호란의 전훈을 충분히 인식하고 있던 것으로 보인다.158)

문수산성에 많은 물력(物力)을 소비하여 성을 쌓은 뒤에 포기할 수 없습니다. 신의 생각에 통진은 반드시 성 안으로 옮겨야만 성첩을 수선하고 수비를 조치할 수 있습니다. 성 안이 비록 좁으나 한 고을을 수용할 수 있는데, 인정은 살던

---

156) 『숙종실록』 권49, 숙종 36년 8월 경술조.
157) 『연려실기술』 「인조조고사본말」 병자로란남한출성(丙子虜亂南漢出城).
158) 『승정원일기』 463책, 숙종 37년 10월 무인조.

곳을 편히 여기고 옮기는 것을 중난하게 여기어, 또 관해(官廨)와 창고를 철거하고 옮길 때에 물력도 반드시 많이 들어가므로 사람들은 어렵다고도 합니다. 통진부에 6~7년을 한정하여 각처의 지원 등 문제를 일체 감면하고 고을을 옮기는 데에 전적으로 뜻을 두게 하면, 실마리가 잡힐 듯한데, 현재 외부의 논의들은 각기 달라 아직도 일치(一致)가 되지 못하였습니다. 강도(江都)가 앞으로 의귀(依歸)할 곳으로 되는 경우 갑곶은 물이 좁아 쉽게 건널 수 있다 하니, 문수(文殊)를 굳게 지키는 것이 역시 갑곶을 막는 대책이 될 것입니다. (…) 대변선(待變船)은 마땅히 통진에 두어야 하나 지금은 강화에 매어 두었으니, 대체로 지킬 자가 없기 때문입니다. 수세(水勢)가 순탄할 때에는 한 줄기 강물은 건너오기 어렵지 않으나 혹 성엣장[流氷]이 강을 메워 조수(潮水)를 기다려서 왕래할 때에는 몹시 낭패스럽습니다. 지금 만약 통진을 옮긴다면 대변선도 옮겨 두는 것이 좋을 듯 싶습니다.

국왕은 "지금 만약 강도를 굳게 지키려 한다면 반드시 고을을 성 안으로 옮겨야 한다. 비록 좁다고는 하나 전 유수의 말을 들으면 그래도 한 고을은 수용할 수 있다 하니, 통진부를 성 안으로 옮기는 것이 의당하다. 각종 역(役)의 감면문제는 아뢴 바가 역시 옳다."159)라고 박권의 주장에 손을 들어 주었다.

읍치를 산성 내에 설치하는 문제에서 박권의 인식은 금정산성의 문제로 동래부사 조태동과 논의를 벌일 때 동래부 읍치 이전을 핵심사안의 하나로 거론한 바 있었다. 해당 문수산성의 문제에서 박권은 강화도를 보호할 연계기지로서 문수산성의 조사와 축성을 찬성함은 물론160) 통진부의 읍치를 문수산성으로 옮겨 해당 전훈의 문제를 철저하게 대비하려 하였던 것으로 보인다.

숙종 37년(1711) 10월부터 숙종 38년(1712)에 걸쳐 좌윤 박권은 북한산성의 운영기구에 대해 의견을 개진하였다. 북한산성의 축조와 산성 운영을 담당할 별개의 군영[廳] 개설은 일찍부터 노론 대신 이유의 제의로 시작되었으나,

---

159) 상동.
160) 『숙종실록』 권48, 숙종 36년 6월 기미조.

그 운영에 있어서는 어떤 기구로 운영할지의 여부가 분명하지 않았다. 이를 삼군문 특히 총융청이 담당하게 하자는 주장이 있었고, 또한 경기감영의 이설을 통해서 담당하게 하려는 논의도 있었다. 이는 북한산성의 운영을 별개의 청을 개설하지 않아 비용을 절감하려는 의도가 있었다.

박권은 축성 자체가 논란이 많았던 북한산성의 운영에 다소 우호적인 입장을 보이고 있었고, 운영 주체는 삼군문이 각자 분리해서 주관하고[分管] 장교 및 인원을 각자 차정하자고 제안하였다.161) 이에 경기감영의 이설을 적극적으로 반대하면서 삼군문의 일에 경기감영이 간섭할 수 없다고 파악하였다. 그런데 경기감영의 이설에 반대하면서 그는 삼군문의 단순분장이 아닌 한 명의 대신이 주관하는 형태를 제안하는데, 이는 사실상 별개의 청 신설지로 전환한 것으로 추정된다.162) 이후 박권은 북한산성을 주관할 청의 이름을 숙종에게 받아 경리청(經理廳)이라 이름하였다.163) 이로 미루어 그의 주장은 삼군문 단순분장에서, 새로운 청의 신설에 동조한 것으로 추정된다. 다만 북한산성 축조 자체가 민력의 소모가 많다고 주장하던 소론은 이런 경리청의 신설이 모리배들이 간활과 부정을 저지르는 기구가 되었다고 비판하였다.164)

(4) 경사 각 기구와 지방관청의 재정운영 합리화방안

박권은 숙종 29년 황해감사 시절 감영재정 운영에 있어서 지방자율성을 우선시하는 주장을 하였다. 조정은 원래 비축곡 및 재정에 대한 면밀한 파악을

---

161) 『승정원일기』 463책, 숙종 37년 10월 무인조.
162) 『승정원일기』 471책, 숙종 38년 8월 갑술조.
163) 『숙종실록』 권52, 숙종 38년 10월 계축조.
164) 당시 조정에서의 논의는 축성역의 과중함은 물론 해당 지역을 방어할 경리청의 신설운영의 문제로 재정적 부족이 호소되는 양상이었다. 따라서 축조에 대한 반대의 견이 거센 가운데 숙종과 노론 집권층은 공사를 강행하였지만 결국 숙종 45년에 공사를 중단하기에 이른다(이세영, 「조선 숙종대 양전의 정치학」 『조선후기 경자양전 연구』, 혜안, 2008, 96~98쪽).

목표로 하였으나, 실제로는 지방관아들이 기근, 흉년 등을 대비해 자비곡을 비축하고 상당량의 재원을 확보하는 것을 사실상 용인하고 있었다. 해당 문제는 영조시기에 들어서야 관아의 비축곡을 비변사와 호조가 구관하게 되면서 해결된다.[165] 박권은 이러한 지방관아의 재정운영에 있어서 중앙의 구관과 파악보다는 감영의 재정운영을 우선시하는 조치를 취함으로써 영조 이전의 재정운영의 특색과 양상을 대표하는 전례를 남기고 있다. 간접적인 언급이기는 하나 박권이 황해감사 재직시 검영(檢營)·검찰이 혁파된 후 그 구관 비용을 감사와 순영이 주관하여 경사에서 각 영의 재정운영에 간여하기가 어렵다는 내용을 통해서 이를 짐작할 수 있다.[166]

숙종 34년(1708) 10월 강화유수 박권은 군사비 운영을 위해 비축물자를 시가차익을 이용해 매각하고 있다. 당시 부족한 군사비 마련을 위해 전라도에서 환곡의 모곡을 이설해오는 등의 외부지원을 요청하는 한편,[167] 내부적으로도 비용마련을 위해 비축하고 있는 무명을 시가가 높을 때에 팔아 그 시세차익으로 재정을 보용하고자 하였다.[168]

본부(本府)의 그 많은 군기 중 해가 오래되어 파손된 것과 각 고을의 퇴색된 기치(旗幟)는 불가불 수개(修改)하여야 하겠고 화약에 쓰이는 염초(焰硝)와 석유황(石硫黃)을 비치해야 하는 수량도 방대한데 물력은 조잔하고 달리 조달할 길도 없습니다. 그러나 신이 구관당상(句管堂上) 이인엽(李寅燁)의 말을 들으니 경상도 병보목(竝保木) 3백 동이 미구에 올라오는데 강도(江都)에 옮겨다 두고자 한다고 하였습니다. 지금 무명의 값이 꽤 높으니 어영청의 유저목(留儲木) 1백 동과 금위영의 유저목 2백 동을 우선 빌어 지금 곧 되팔아 이득을 취하여 군기를

165) 문용식, 『조선후기 진정과 환곡운영』, 경인문화사, 2000, 60~69쪽.
166) 『비변사등록』 53책, 숙종 29년 3월 8일.
167) 『승정원일기』 449책, 숙종 35년 7월 갑술조.
168) 『비변사등록』 59책, 숙종 34년 10월 8일.

조비하도록 하고 본색(本色)은 그대로 본부의 회록(會錄)에 남겨 놓으며 양 군문에서 빌려온 무명은 병보목으로 갚아 주는 것이 편리하고 좋을 듯합니다.(…) 이 일은 윤허를 받자왔으나 다만 무명 값의 등락(騰落)이 별로 없고 지금의 시세는 꽤 높으니 만일 이런 때를 놓치고 무명 값이 다시 내리면 자못 빌려쓰는 효과가 없게 될 것이므로 며칠 이내에 내주라고 분부하는 것이 어떻겠습니까,

국왕은 "매우 순편(順便)할 것 같으니 그대로 하라."는 분부를 내리고 있다. 그러나 원래 조선왕조의 재정운영에서 이런 행위는 원칙상 불법이었으나, 강화도의 보장을 중시했던 숙종은 이를 특별히 허용해주는 양상을 보이는데, 이는 조선후기 지방관아들의 재정보용 양태의 연장선상에 있었다.

한편 박권은 양역변통의 문제에 대해서 대안을 개진한다. 전세의 문제는 영정법으로, 공납의 문제는 대동법으로 어느 정도 부세개혁을 실시한 조선의 부세운영에서 남은 과제는 양역(良役)의 문제였다. 숙종시기에는 호포(戶布), 정포(丁布), 구전(口錢), 결포·전(結布·錢) 등의 논의가 다양하게 제기되었던 바,169) 박권 역시 논의에 참여하면서 자신의 주장을 점차적으로 변형하고 있었다. 박권은 송시열, 유계 등이 주장한 '안민(安民)'을 중심으로 한 민역균등을 주장하며 9등호제를 부활해 그에 따른 호포를 징수할 것을 주장하였다.170) 하지만 소론계열은 대체로 양정을 중심으로 한 정포론과 철저징수를, 노론인 이여는 절용론을 주장하여 관철을 보지 못했다.

이러한 논의를 통해서 박권은 소론측의 주장을 어느 정도 의식했던 것으로 보인다. 우선 여러 특수역 및 면제대상에 대한 철저 단속을 통해 군역자 확보를 제안하는 한편,171) 기존의 호포론을 철회하고 양역 정포론에 반대하면

---

169) 정만조, 「조선후기 양역변통론에 대한 검토 : 균역법 성립의 배경」 『동대논총』 1, 1977.

170) 『숙종실록』 권50, 숙종 37년 7월 임진조.

171) 『승정원일기』 463책, 숙종 37년 10월 무인조 ; 『승정원일기』 474책, 숙종 38년 11월 기해조.

서도, 구전론을 제기하였다.[172] 즉 호포론은 호별 단속문제에서 한계가 있고, 정포론은 고품관자, 공사천민은 모면하게 되어 실효가 떨어진다고 보면서, 구전을 통해 남녀-양천의 여부에 관계없이 일정한 액수를 걷어야 한다고 주장하였다. 이는 철저한 징수를 통해 국가재정의 충실을 우선적으로 하면서도, 본인이 밝힌 바와 같이 소민의 역을 덜어 노비와 가솔을 많이 거느린 대가(大家)와 거실(巨室)에게 부담시키는 것을 지향하였다.

이와 같은 박권의 제안은 양역변통의 실제적인 대안 중 하나로 거론되기도 하였으나,[173] 한편 호구수를 일일이 파악하는 것도 세밀하여 농간을 부릴 수 있는 폐단이 있다는 지적이 있기도 하였다.[174] 그럼에도 불구하고 추상적인 호포법의 논의를 벗어나 좀 더 적극적인 부세징수와 부역균등을 지향하고 있었다는 점에서 주목할 수 있다.

(5) 경제

박권은 숙종 23년(1697) 11월 수레 사용의 확대와 청으로부터 수레제도 도입을 건의하였다. 관서지역에 흉년이 발생하자 호조판서 이유(李濡)는 흉년으로 인해 말의 사육이 부실한 것을 해결하기를 청하면서 수레 사용을 활성화할 것을 건의하여 국왕의 허락을 받았다.

이에 박권 역시 이유의 주장을 지지하면서 단순한 수레의 활성화가 아닌 청나라의 수레 사용을 도입할 것을 주장하면서 구체적으로 봉성(鳳城)에서 무역으로 들여와 그대로 쓰는 것이 적합하다고 주장했다.[175]

숙종 40년(1714) 8월 병조판서 박권은 장빙역(藏氷役)과 관련된 장빙미

---

172) 『숙종실록』 권50, 숙종 37년 12월 신사조.
173) 『비변사등록』 65책, 숙종 39년 4월 8일. 같은 구전법이라도 남녀 부과 및 천구부과의 측면은 이이명의 것과 다르다고 평가되었다.
174) 『승정원일기』 489책, 숙종 41년 7월 병진조.
175) 『숙종실록』 권31, 숙종 23년 11월 기축조.

마련의 효율화를 관철하였다. 한강 얼음의 장빙역은 1663년 이후 점차적으로 부역 대신 고립제로 대체되었지만 연강민(沿江民)들에게 호미(戶米)의 형태로 남아있었다. 이를 감당하기 위해서 1707년에는 물자운수역을 마계(馬契)가, 1711년에는 부지군역(負持軍役)을 절초전(切草廛)이 부담하는 등 상인들이 공역비용을 분담하는 형태로 이루어져 있었다. 하지만 그 부담이 상당하여 장빙역을 피하기 위해 군문에 투탁하기도 하였다.[176] 광흥창의 공인들은 이런 장빙역을 감당하기 위해 장빙미를 마련하였던 것으로 보이는데, 이들의 부담이 상당하여 형세가 잔약하였고, 얼음을 채취하는 매 시기마다 비용 마련도 일정치 않았다.

이에 박권은 광흥창의 공인들이 1년에 바쳐야 할 공물의 총액을 계산하여, 보통의 공물을 바치는 때마다 매 1석 당 일정 금액을 덜어낸 후, 이렇게 덜어낸 액수의 총액이 장빙미의 수량과 비등하게 될 터이니, 이것을 얼음 채취시기에 호조와 선혜청으로 보내면 된다고 파악하여 이를 관철시켰다.

이는 장빙미를 매 얼음 채취시기에 특별히 마련하는 것보다는, 1년 내내 공물을 거둘 때마다 일정부분 마련하는 것으로 표준화하는, 수세자 편의의 원칙을 관철시킨 것으로 파악된다. 이는 박권 스스로도 종전의 관행에서는 장빙미 수량의 다소가 일정하지 않다는 것을 강조하는 것에서 드러난다. 다만 이는 국가가 장빙미 등 빙역(氷役)의 비용을 표준화하는 문제에서 이득이 있었던 것이고, 부역의 부담은 18세기까지 연강민들에게 부담으로 작용하였다.

(6) 과거제도와 인사제도의 개선

숙종 25년(1699) 3월 예조참의 박권은 과장(科場)의 여러 폐단 중 대단히 심각한 문제였던 상피제의 문제를 언급하여 조정을 긴장시켰다. 그는 숙종

---

176) 고동환, 『조선시대 서울도시사』, 태학사, 2007, 253~256쪽.

20년(1694)에 알성문과의 독권관으로 임명된 이래[177] 꾸준히 과거시험의 시험관을 맡아온 경력이 있었다. 특히 당시 과거의 부정에 대해 단순적발에 그치지 않고, 시관(試官)의 사정(私情)에 의해 저질러지는 부정, 상피제도의 허술함 등에 대해 조목조목 지적하였다.[178]

그 내용은 "기사년 이후는 모두 출제를 미리 알려주어 합격되었고 갑술년 이후는 모두 사정에 의하여 합격되었다."라고 단언하며 종래 사촌 간에만 적용되는 상피법을 종손에게도 적용할 것, 원래 상피가 없던 알성문과, 승학시 등에도 상피법을 적용할 것 등이었다.

이에 조정의 의론은 조종의 성헌에 종손의 상피가 없으니 우려된다는 의론이 제기되어 판부사 윤지선, 우의정 이세백 등은 과거시험의 모든 것을 문제삼는 것은 지나친 것이며 일부 문제점을 보완하면 된다고 하였다. 숙종도 박권의 상소 내용이 편파스럽고 의혹스러운 것으로 간주하였다. 박권의 상소로 인해 판결사 윤이도(尹以道)가 인혐(引嫌)하여 사직소를 올렸다. 윤이도는 바로 초시(初試)의 감독관이었는데, 그의 종손 두 사람이 합격되었다. 박권이 상소에서 예를 든 것은 바로 윤이도를 지목한 것이어서 사직서를 올린 것이다. 실제 현장 경험이 아니면 적발이 불가능한 은밀하고 민감한 사안이었다.

예조는 박권의 제안을 정식으로 삼을 것을 제안하고,[179] 박권의 주장에 지지를 보내었다.[180]

　　박권의 상소는 실로 폐단을 구제하기 위한 한 가지 방책인 것입니다. 향시(鄕試),
　　한성시(漢城試)에는 상피법(相避法)이 있는데 유독 승보(陞補)와 합제(合製)에만
　　대사성(大司成) 혼자서 취사(取捨)를 결정하는 데다가 상피를 허락하지 않고 있으

177) 『승정원일기』 360책, 숙종 20년 8월 기해조.
178) 『숙종실록』 권33, 숙종 25년 3월 경진조.
179) 『승정원일기』 390책, 숙종 25년 3월 무신조.
180) 『승정원일기』 390책, 숙종 25년 3월 병진조.

니, 국제(國制)의 허술함이 이와 같습니다. 사촌(四寸)에 해당되는 친속은 처형제와 매서(妹婿)라도 상피가 있는데, 조부(祖父) 형제와 친형제의 손자는 상피가 없으니, 이는 정례(情禮)로 헤아려 보아도 근거할 데가 없습니다. 이 때문에 출방(出榜)만 하면 번번이 의심스럽다는 비방을 받게 되는 것인데, 지난번 민암(閔黯)의 경우와 지난 가을 윤이도(尹以道)의 경우가 그러했습니다.

하지만 해당 제안이 일부는 시행되고 일부는 시행되지 않은 것으로 파악된다. 우선 숙종 스스로가 박권의 상소에 대해서 승학시 상피를 받아들일 수 없는 것으로 파악하고 있었고,[181] 또한 이후에 알성시의 부정을 논하는 상소에 대해서도 '알성시는 상피하는 법이 없는데 오히려 부정문제로 돌리는 것이 일을 만들기 좋아하는 세태'라고 임금이 언급하고 있는 것을 보면, 알성시에서의 상피 역시 관철되지 않은 것으로 파악된다.[182]

공정한 승부를 방해하는 대신 자제들의 은밀한 특혜, 권력의 대물림 현상에 대해 신랄하게 비판하고 있는 박권의 강직한 모습이 투영된다.

경상감사 박권은 숙종 29년(1703) 6월 수령구임론을 주장하였다. 그는 수령들의 감독을 엄히 할 것을 주장하면서도, 지나친 인사평가로 수령의 잦은 교체는 오히려 민폐가 된다는 관점을 가지고 있었으며,[183] 이후로도 인사포폄을 후하게 하는 인물로서 종종 비판되던 것을 보면 해당 문제에 대해서 일관적인 시각을 가졌던 것으로 파악된다.[184]

하지만 이것은 박권 혼자의 독단적인 논의가 아닌 조선조 내내 제기되던 수령구임의 논의를 상기한다면, 박권이 감사 혹은 지방관의 상급자로서 고과를 눈감아주는 성격만은 아니었을 것으로 추정된다. 한편 박권은 지방관의

181) 『숙종실록』 권33, 숙종 25년 3월 경진조.
182) 『숙종실록』 권41, 숙종 31년 4월 계사조.
183) 『승정원일기』 412책, 숙종 29년 6월 기해조.
184) 『승정원일기』 417책, 숙종 31년 12월 병오조 ; 『승정원일기』 430책, 숙종 32년 6월 임인조.

구임을 중시하였던 만큼 수령의 추천자에 대해서도 현실적으로는 수령이 잘못해도 연좌를 시키기가 어렵다고 보고 있었다. 다만 신칙이 어렵다면 경책이라도 해야 한다고 파악하였다.[185]

숙종 40년(1714) 박권은 병조 참판·판서를 역임하면서 중앙군문의 장을 겸임하여 해당 군문의 장교충원 문제에 나름의 입장을 가지고 있었던 것으로 보인다. 우선 그는 군문의 장교들이 인재가 아닌 이들로 급하게 차정되었다가 개정할 때에 이르러서야 급하게 예에 따라 승급이 결정되는 폐단이 있다고 보았다.[186]

군영의 장교에 이서나 시정잡배를 임명하지 못하도록 한 것에 대해서는 이를 개정하는 것은 옳으나, 해당 출신자로서 변장의 실무경험을 한 이들까지 포함하는지를 문의하면서 이들은 제외할 것을 간접적으로 의도하기도 하였다. 또한 본래는 오래 근무한 자라도 병조에서 직접 살펴 취사를 선택하였으나 근래에는 오래 근무한 연한만 따져 승진을 시키는 세태를 지적하고, 이는 임용의 순서를 어기고 재능여부를 불문에 부치는 것이라고 강하게 비판하였다. 또한 본래는 양반 출신자를 뽑아야 하는 금위영과 병조의 당상군관도 과거를 제대로 치르지 않은 중인이나 서얼이 차정되는 경우가 많음을 지적하였다. 따라서 근래의 과거시험에서 선출된 출신자들을 등용하기를 강조하였다.[187]

(7) 목민관, 애민사상

박권은 숙종 34년(1708) 10월에서 숙종 36년(1710) 8월에 걸쳐 강화도의 진강목장 폐지를 건의하였다. 강화유수로 있으면서 강화도의 방어 강화에

---

185) 『승정원일기』 463책, 숙종 37년 9월 신해조.
186) 『숙종실록』 권55, 숙종 40년 8월 무술조.
187) 『비변사등록』 67책, 숙종 40년 9월 2일.

주력했는데, 그의 방어관은 단순한 군사시설의 확충 수준이 아니라 실제로 군사 거점에는 다수의 인민이 거주하여 유사시에 인력 및 물자를 충원할 수 있어야 한다는 견지를 가지고 있었다.[188]

따라서 그는 당시에 대기근으로 인해 떠돌던 유민들을 강화도의 군호에 편입시키는 것은 물론 그들에게 지급할 생활기반으로서의 토지문제를 중시하였다. 그런데 문제는 강화도의 토지 상당수는 이미 임자가 있어 도조 혹은 병작 등의 소작살이를 하는 것이었다. 이에 대한 해결방안으로 박권은 토지개혁보다는 개간을 중시하는데, 이미 간척 등을 통해서 인민을 모집하면서 세력 있는 양반이나 토호의 입거를 막고 근실한 농민을 모집하고자 하였다.[189] 하지만 간척만으로는 한계가 있었고 따라서 박권이 주목한 것은 강화도에 설치된 진강산(鎭江山) 인근의 목장들을 경작지로 전환하는 것이었다. 따라서 그는 '진강목장'으로 통칭되는 이들 목장들을 경작지로 전환하면서 양반이 아닌 근실한 소민들을 중심으로 정착을 장려하고자 하였다.[190]

신이 전일에는 보장(保障)이 되는 곳에는 민호(民戶)를 모집해 들이는 것이 급선무임을 아뢰고 목장이 전 도민(島民)의 질고(疾苦)의 대상이라는 점에 이르러서는 미처 앙달하지 못하였습니다. 소신이 가을 동안에 여러 진보를 순심(巡審)할 때에 장곶보[長串堡]에서 유숙하였는데 한밤중에 시끄럽게 떠드는 소리를 듣고 놀라 일어나 물어보니 하인들 대답이 '목장의 말떼가 전답을 유린하고 벼를 상하기 때문에 마을 백성들이 전답 가에서 자면서 밤새도록 지키고 있는데 이것은 말을 쫓는 소리입니다.'라고 하였습니다. 대체로 강도의 마방(馬防)은 매우 낮아 곡식이 익을 무렵이면 말떼가 많이 뛰어 나오는데 10월 이후에는 아예 목장을 개방하고 놓아 먹이기 때문에 말떼가 온 지경을 뒤덮고 가지 않은

---

188) 『비변사등록』 59책, 숙종 34년 10월 10일.
189) 『비변사등록』 59책, 숙종 34년 12월 6일.
190) 『비변사등록』 59책, 숙종 34년 12월 6일, 7일, 17일.

곳이 없으며 또 그곳은 재목이 극히 귀하여 백성들의 집이 거의 오막살이이고 울타리도 없으며 수확한 곡물을 가리고 저장할 곳도 없어 너나없이 마당 가에다 쌓아두고 있는데 말떼가 한번 지나면 여지없이 결단 내버리기 때문에 백성들이 견디지 못하니 참으로 민망하고 안쓰럽습니다. 지난번 북일장을 파한 뒤에 사람을 시켜 살펴보게 하였더니 논 명색이 겨우 몇 십 석지기[石落只]에 불과하였는데 그나마 모두 박토(薄土)이기 때문에 백성들이 들어오려 하지 않고 외방의 유민(流民)이 처음에는 이곳에 들어와 살려고 하다가 거의 도로 되돌아갔다고 하니 조정에서 혁파한 본의가 아니라 하겠습니다. 옛날 효종조께서 복수(復讎)와 설치(雪恥)에 마음을 두시고 마정(馬政)에 주력하여 진강장을 파하지 않은 것은 좋은 말이 번성하기 때문이었는데, 지금은 묘당에서 바야흐로 자보책(自保策)을 강구하고 있으니 고금의 정세가 달라진 것입니다. 마정이 아무리 소중하더라도 보장의 방책과 비교하면 실로 차이가 있는 것이며, 조정에서 만일 강도(江都)로써 후일 의지할 곳으로 삼는다고 여길 것 같으면 성지(城池)를 튼튼히 하고 백성을 취합하여 보전케 하는 도리를 꾀하되 최선을 다해야 할 것입니다. 지금 목장을 파하고 백성을 들어오게 하면 수년 후면 몇 백의 민호(民戶)를 얻을 수 있겠고 그들로 하여금 경작하게 하면 세를 거둘 수 있을 것이니 병정(兵丁)도 족하고 식량도 족하게 하는 방책으로는 이보다 나은 것이 없겠습니다. 그리고 남쪽 일대에는 두 목장이 있기 때문에 수십리 사이에 민간이 없을 뿐더러 진보도 없는데 이 목장을 혁파한 뒤에는 허다한 민호를 입주시킬 수 있고 진보도 설치할 수 있으니 국방을 튼튼히 하는 도리에는 아주 합당하다 하겠습니다.(…) 지금 나라에서는 강도에 유의하고 계시며 신이 또 유수를 맡고 있으니 인민을 취합하고 보전하는 대책을 감히 앙달하지 않을 수 없습니다.

초기에는 진강목장의 폐지가 순조롭게 진행될 것으로 보였으나, 문제는 진강목장이 태조가 사용한 준마의 혈통을 보존하는 곳이며, 효종이 북벌을 위해 복구한 목장임이 거론되면서 진행에 차질이 생기기 시작했다. 특히 실무단계에서 종래의 군마를 이전하는 문제로 실행이 지체되며 박권이 강화유수를 그만둔 후에도 논의가 이어지다가, 결국은 사복시가 진강목장의 폐지는 어려우며 단지 그 부설목장으로서의 북일목장 폐지만을 제안하여 이것이 최종안으로서 자리잡게 된다.[191]

한편 박권은 강화유수를 그만둔 후에도 이를 재차 진언하여 문제의 해결에 상당한 심혈을 기울였다. 그러나 제안은 일부만 통과되었고, 그렇게 실현된 제안도 그가 바라던 소민의 입거가 아닌, 서울에 본적을 둔 부민과 토호가 사실상 토지를 차지했다는 지적이 나오기도 하였다.[192]

숙종 38년(1712) 9월 좌윤 박권은 소송에서의 청리(聽理)를 제한할 것을 제안하고 이를 관철시키고 있다. 원래 조선의 소송체계에서 해당 사안에 대해서 세 차례의 소송에서 이기면 다시 재론하지 않는 것으로 하고, 그럼에도 계속 소송을 제기하는 것은 소송하기를 좋아하는 자로 파악하고 전가사변의 중형을 가하기도 했다.[193] 그러나 조선후기에는 사회발전으로 소송이 증가하고 불복도 많아져 청리요청도 증가하였을 뿐더러, 법전 역시 실제 적용에서는 일정하지 않은 측면도 있어서 특정 사례에서는 2차례 득결(得決)을, 특정 사례에서는 3차례 득결을 인정하고 있었다.[194]

이에 박권은 사송이 많아지는 것에 대응해 행정효율을 위해 단송(短訟)에 대해서는 연 3도(度) 득결을 내리면 청리를 완전히 허락하지 않는 안을 제시하였고, 이는 영의정 서종태(徐宗泰)의 지지로 관철된다.

박권은 일찍부터 산림정책에 상당한 관심을 가지고 있었던 것으로 파악된다. 승지로 재임하던 시절부터 단순히 백성들을 대상으로 송금(松禁)을 반복하는 수준을 넘어서 한성부의 하급관리와 산지기와 같은 실무담당자들의 결탁

---

191) 『비변사등록』 60책, 숙종 36년 8월 2일.
192) 『숙종실록』 권51, 숙종 38년 5월 갑오조.
193) 『수교집록』 「청리(聽理)」 919번(명종 8년), 310쪽.
194) 위의 책, 940번(현종 9년), 942번(숙종 11년), 318쪽.

하에 범금(犯禁)이 이루어지는 것을 강력하게 주장하기도 하였다.[195]

또한 경상감사 시절에는 국방사업과 그로 인한 탄환생산을 위한 납이 필요했던 시점임에도 불구하고 양산의 납 광산 개설을 반대하고 선재로 쓸 수 있는 송림을 그대로 보호하기를 주장하는 등의 양상을 보이고 있었다.[196]

영남어사 시절의 경험으로 박권은 오히려 지나친 금벌정책이 도리어 개별 나무들의 성장을 저해하여 목재로 쓰기에는 키만 크고 실하지 않은 문제를 주목하여 주기적인 간벌을 시행도록 건의하기도 하였다. 이러한 양상은 강화 유수 재직시기에도 창고의 수리를 위한 봉산의 목재사용을 요청하면서 벌레먹은 나무 중의 유용재를 취하도록 건의하는 모습에서도 드러난다.[197]

숙종대 내내 우금(牛禁)의 문제는 농업생산력의 문제와 연결되어, 지나친 소의 도살이 농우를 상실하거나 구하기 어려운 농민이 도적으로 변한다고 인식할 정도로 상당한 중요성을 가지고 있었다.[198] 이에 이유와 민진원은 소의 신장, 색상 등의 세부정보를 등록하고 지패(紙牌)로 발행하여 이를 관리하면서, 장시를 단속하여 소의 거래 때마다 이를 제시하자는 제안을 하기도 하였다.[199]

숙종 38년(1712) 12월 형조판서 박권은 단속의 문제에서 우금의 중요성은 실제로는 권세가의 하리배가 간여하여 문제가 생긴다고 파악하고 있었다. 즉 세가의 노비들이 제멋대로 도축을 하고는 속전의 금액이 저렴한 것을 이용하여 세가의 돈을 내고 석방되는 문제를 지적하였다. 따라서 이를 막기 위해 속전을 제한하고 『대전후속록(大典後續錄)』에 따라 도배의 죄를 시행할 것을 주장하여 숙종의 동의를 얻었다.

숙종 초기 국가는 유민의 본적지 쇄환과 송환을 장려하였다. 우선 국초의

---

195) 『승정원일기』 372책, 숙종 23년 7월 경자조.
196) 『비변사등록』 55책, 숙종 30년 6월 2일.
197) 『비변사등록』 59책, 숙종 34년 10월 10일.
198) 김대길, 『조선후기 우금, 주금, 송금 연구』, 경인문화사, 2006, 29쪽.
199) 『승정원일기』 413책, 숙종 29년 8월 경진조.

국법으로 특정 지역의 주민들이 유랑하는 것을 쇄환하도록 규정하였으며, 숙종 초기에는 오가작통제, 호패법, 이정법(里正法) 등을 통해서 주민들의 유망을 막고자 하였다. 흉년 유민의 경우에도 본적지 송환을 명시하고 있었다. 그러나 이것이 현실적인 유민대책이 되지는 못하였고 결국은 강제 쇄환책을 축소해가면서, 지원 환송책도 점차 줄어가는 추세로 이행하였다.[200]

박권은 강화유수로 재직하던 시절부터 목장 혁파와 개간지 확대를 통해 유민을 모집하고 이사를 장려하여 강화부의 역에 소속시키고 출신지 고을에서 침책하지 않기를 권장하였다.[201] 이는 유민들의 본적지 쇄환이나 송환보다는 현지 정착을 권장하지 않고는 시행될 수 없는 것이었다. 나아가 평안도 유민의 도내 이주라고는 해도 본적지를 떠날 수 없도록 규정된 국초의 법에도 불구하고, 본적지로 돌려보내봐야 실효는 없고 소요만 일으키게 될 것이라고 파악하였고, 이에 대신들과 숙종이 동의하여 관철되었다.[202]

이를 통해 박권의 유민대책과 그 인식은 쇄환 및 송환정책을 지양하고, 그들에게 토지의 개간을 통해서 생업을 마련해주려는 것으로 파악된다.

3) 정치활동에 대한 평가

박권의 사망에 대한 실록의 졸기는 다음과 같다.

> 박권은 총명하고 민첩하며 재능과 국량이 있었으며, 언어와 논의 또한 과감하여 경오년에 올린 한 상소(노이익의 상소에 대한 반대상소)는 사람들이 대단히 인정해 주었다. 그러나 일을 꾀하는 데 예리한 점이 많았고, 몸을 단속함에 있어 단아하고 정제한 점이 부족해서 세상 사람들이 이것을 그의 단점으로

---

200) 변주승, 「조선후기 유민정책 연구」『민족문화연구』 34, 2001.
201) 『비변사등록』 59책, 숙종 34년 10월 10일.
202) 『비변사등록』 63책, 숙종 37년 7월 9일.

여겼다.203)

　정치가로서의 박권은 노이익의 상소에 대한 대항상소를 올림으로써 서인세력 전반으로부터 높은 평가와 명성을 얻을 수 있었던 것으로 보인다. 이러한 행적으로 그는 노·소론 갈등의 정국에 깊이 간여하고 있었음에도, 온건파 소론인 서종태를 중심으로 한 서인(노·소론)의 국정운영 전반에서 고평가를 받을 수 있던 것으로 추정된다.

　이사명 사건 정국에서도 "박권의 총민(聰敏)은 여러 동료들 중에서도 많이 얻어 볼 수 없다."라는 평가를 받고 있었으며,204) 이와 같은 평가를 바탕으로 젊은 시절부터 임금의 총애를 얻고 있었다고까지 보여진다.205) 국왕 스스로도 박권의 일처리에 대해서 견문과 지식이 분명하고 민첩하면서도, 주장이 올바르다는 고평가를 남긴 것에서 드러난다.206) 또한 숙종 31년 부교리 박필명(朴弼明)이 박권에 대한 공격상소를 올리자, 숙종은 "박권은 벼슬에 구애되어 걱정하는 사람이 아니나 두 번의 상소에 기를 돋우어 장황하게 말한 것이 적절함을 결여했다."라고 평가하고 있었다.207)

　다만 노론의 입장에서 볼 때는, 초기에 한정하여 그의 행적은 결정적인 순간에서 소론에 다소 온정적인 태도를 보인 것이 지속적으로 문제가 되었다고 보인다. 이는 소론의 영수 남구만에 대한 나름의 변명을 보인 것,208) 박세당의 억울함을 호소하는 소론측의 상소를 받아준 것,209) 윤성준이 자신의 처고모부 관계라는 점 때문에 노소대립에 본격적인 처신을 피하는 등의 양상도 보인

---

203) 『숙종실록』 권56, 숙종 41년 5월 기해조.
204) 대표적으로 응교 이징명(李徵明)의 평가이다(『숙종실록』 숙종 20년 8월 6일).
205) 『숙종실록』 권31, 숙종 23년 윤 3월 임진조. 즉 임금의 총애를 믿고 오히려 너무 임금의 뜻과 달리 강경하게 나간 것이라는 평가를 듣고 있었다.
206) 『숙종실록』 권31, 숙종 23년 5월 계미조.
207) 『숙종실록』 권41, 숙종 31년 1월 임자조.
208) 『숙종실록』 권28, 숙종 21년 6월 계축조.
209) 『승정원일기』 411책, 숙종 29년 4월 기해조.

다.210) 이러한 문제는 노론측이 박권을 인식함에 있어서 일말의 아쉬움 혹은 의심을 가지는 계기가 되었을 것으로 추정된다.

이러한 그의 행적에 대해 사관은 "박권은 평소에 번번이 남구만이 집요하게 나라를 그르치는 형상을 말하여 언제나 강개하여 분완하였는데, 이제 '그 마음은 다른 뜻이 없다'고 극력 말하며, 또 상소의 끝부분에 가서는 무단히 이사명의 일을 제기해서 시배(時輩)들의 비방을 피하려고 하여 수미의 어의가 아주 정직이 결여되어 있으니, 군자가 처세하는 데 있어서 어찌 심기를 허비하여 공명을 구하는 것으로 마음 먹을 수 있겠는가."라고 하여 평소 그가 보여준 강개성이 결여되고 비록 상소에 좋은 말이 있으나 공명을 구하는 것이라고 지적하고 있다. 그렇지만 그가 평소 정국 운영에 언제나 강개와 정직으로 문제를 제기하고 있었음을 확인할 수 있다.

박권은 이런 의심이 제기될 때마다 상대적으로 강경한 당파행위를 함으로써 자신의 선명성을 드러내 보인 것으로 추정된다. 남구만을 비호하였다는 비판을 받았을 때에는 장희재의 토죄를 재차 청하기도 하였으며, 소론인 윤성준과 인친의 사이로 인혐하고, 박세당을 비호하는 상소를 받아준 후에는, 선명성을 드러내기 위해서라도 보다 적극적으로 노론측의 행보에 맞추어가는 것으로 파악된다. 이는 소론의 조태억의 상소에 대한 대항, 박필명과의 대립 등을 통해서 본격화되고 임진과옥의 시기에 이르면 결정적이 되었다. 임진과옥의 건에서 박권은 결정적으로 소론과 원한을 가지게 되고 이로 인해 종래부터 대립하던 박필명 등 소론 인사들에게 노론의 대표인물로 인식되었다.

이런 가운데, 박권은 정책개진의 측면에서는 대체로 온건 소론인 서종태의 비호 하에, 북한산성 축성·운영의 건에서는 당시 노론인 이유와, 강화유수 시절에는 노론 민진원과의 정책공조를 하였고, 말년에는 노론인 김창집·이이명·조태채가 재상·판서로 있는 동안 판서를 역임하였다. 노론 이여의 경우는

---

210) 『승정원일기』 405책, 숙종 28년 윤6월 기축조.

두드러진 공조가 보이지 않으나 사안이 제기될 때마다 비교적 우호적인 견해를 표방해주었고, 묘갈명의 찬자였다. 박권과 정책적으로나 정치적으로나 밀접한 연계를 보인 인물들은 대부분 노론의 인사들이었다.

한편 실무관료로서 그의 행적은 스스로를 절제하지 못하는 점도 있음이 지적되었으나,211) 실무능력은 젊은 시절부터 인정받아 반대당인 소론의 영수 유상운으로부터 독운관의 특임을 추천받기도 하고,212) 또한 평안감사 시절에는 암행어사로부터 일의 결단이 밝으면서도 자신의 봉록을 적게 챙기고 일행을 적게 거느리는 등의 검소한 행색을 보였다고 평가받고 있다.213) 이러한 박권의 풍모는 경기감사 재임시 '능역의 수행에 몸이 감당할 수 없다'라고 하여 국왕의 노여움을 사기도 하였음에도,214) 강화유수로 임명되어 사직을 거부당하면서까지 업무를 보도록 격려받는 신뢰의 기반이 된 것으로 보인다.215)

이는 박권이 백두산 정계의 문제에서 명민하고 응변을 잘한다는 이유로 추천되는 원인이 되기도 하였다. 숙종 38년 목극등 일행이 조선에 올 때 당초에는 권상유가 접반사로 임명되었으나 수토병(水土病)으로 인해 직임 수행이 어려워지자 우의정 조상우(趙相愚)는 박권을 적극 추천하였다. 그 이유는 박권이 "명민하고 응변을 잘하기" 때문이라는 것이었다.216) 접반사로 임명되었을 때 박권은 선조의 묘소를 이장하기 위해 원주에 머무르고 있었다. 그는 천장(遷葬)을 제대로 마무리 하지 못한 채 서울로 즉시 올라가 숙종을

---

211) 『승정원일기』 432책, 숙종 32년 9월 정사조.

212) 『숙종실록』 권29, 숙종 21년 11월 정축조. 다만 이 조치는 정치적으로 유망한 반대파를 외직으로 격리하려는 시도로 보일 수도 있다.

213) 『승정원일기』 431책, 숙종 32년 7월 기사조. "監司朴權段, 斷事甚明, 律己且嚴, 自俸不豐, 騶從亦簡, 而意外見遞, 一道咸惜是如爲白臥乎所, 按道之臣, 事體自別, 別無可論之事是白乎旀."(『승정원일기』 444책, 숙종 32년 9월 을해조). 다만 해당 기록은 박권 스스로가 가솔을 많이 거느린 것을 사죄하는 상소를 올려 비판적으로 검토할 소지도 있다.

214) 『숙종실록』 권45, 숙종 33년 9월 무오조.

215) 『승정원일기』 449책, 숙종 35년 7월 갑술조.

216) 『숙종실록』 권51, 숙종 38년 3월 무술조.

청대하고 직임을 수행하였다.[217]

청나라와의 복잡한 외교문제로 일의 성과가 쉽게 예측되지 않는 어려운 일이고 험지를 답사해야 하는 고단한 일임에도 불구하고 국가의 명이 전달되자 일체의 사사로움을 뒤로 하고 최선을 다하는 그의 성품이 잘 드러난다.

이러한 실무에서의 신뢰를 바탕으로 박권은 그가 사망한 후에도 여러 신하들이 대표 전례를 언급할 때마다 종종 거론되기도 하였다. 또한 그가 남긴 작품은 「서정별곡」만이 잔존하나 문학 능력이 기절(氣節)하니 시호에 반영되기를 바라는 논의도 있는 등,[218] 상당히 높은 평가를 받았던 것으로 보인다.

4. 맺음말

박권의 이름이 권(權)이고 형성(衡聖)이라는 자를 사용한 것은 태중에 있을 때 부친의 꿈에 어떤 이가 나타나 권형(權衡)을 주면서 그 물건으로 작명하라고 했다는 것에서 유래한다. 그는 이름과 자호처럼 평생 좌고우면하지 않고 맡은 직임에 충실하였다. 숙종 41년 5월 58세의 일기로 생을 마칠 때까지 30여 년간 내외직을 두루 역임하고 두 차례의 사행에 임하였던 전형적인 행정관료였다.

그의 「졸기」에는 "민첩하고 재능과 국량이 있었으며 언어와 논의 또한 과감하였던 인물이다."라고 평가되었다. 그러나 일을 처리하는데 있어 예리함 때문에 상대방에게 견제와 질투를 유발시켰던 것으로 평가된다. 이여가 작성한 묘표에는 "그가 벼슬한 것이 거의 30년인데, 고립하여 붕당이 없었으므로 공을 아는 자는 적고 공을 꺼리는 자가 많았으나, 그 순수한 행적과 총명하고

---

217) 『숙종실록』 권51, 숙종 38년 3월 병오조.
218) 『승정원일기』 795책, 영조 11년 2월 신유조.

통달한 재능은 또한 가려 덮을 수 없었다. 이 때문에 번번이 나라에 큰일이 있으면 반드시 공을 시켜 응대하게 하였고, 공이 별세하니 중외(中外)에서 모두 탄식하고 아까워하는 것이 기약하지 않았어도 같았다 한다."[219]라고 평가하였다. 그의 모습은 30여 년간 통투(通透)하고 굳세고 한결같이 진지하였던 바 그를 지지해주거나 따르는 자는 적었고 꺼리기조차 하였다. 그러나 내심으로 국왕 숙종이나 동료 관료들 중에는 그의 본심을 인정하는 사례가 많았고 한결같이 정확한 실무적 지식과 경험을 지닌 그를 크게 신뢰하였다.

박권의 간관으로서의 직임 기간은 거듭된 환국과 당쟁의 논리가 강했던 시기이다. 특히 정언으로서의 직임을 수행할 때 항상 체직과 추고, 유배를 번갈아 맞이했다. 어떤 관서의 잦은 체직이 적어도 바람직한 일은 아니며, 그것이 자주 일어나는 시기도 안정된 국면은 아니었을 것이다. 체직을 걸고 자기가 하고 싶은 상소를 올려 관철시키고자 했다면 그 관직에 있는 사람들은 자리에 연연하지 않고 좀더 과감하고 자유롭게 발언하고 행동할 수 있지 않았을까 여겨진다.[220] 또한 개인적인 차이가 있을 것이나 나이와 경험이 정책을 집행하고 사고를 결정하는 일 요인도 될 것으로 보인다. 박권의 관력을 볼 때 초기에 비교적 젊고 패기있는 관료로서의 그의 언변과 활동은 국정의 포괄적인 심의와 실무를 담당하는 고위직의 노성한 관료로서의 역할과 기능과는 분명한 차이가 보인다. 30여년의 그의 관력에서 패기와 이상에서 책임과 노련함으로 변해가는 모습이 자연스럽게 살펴진다.

특히 과장의 구조적인 부정을 파헤칠 때 공정한 승부를 방해하는 대신 자제들의 은밀한 특혜, 권력의 대물림 현상에 대해 신랄하게 비판하고 있는 박권의 강직한 모습이 투영된다.

---

219) 박권묘표(朴權墓表)『국역 국조 인물고』, 세종대왕기념사업회, 2001.
220) 정두희,『조선시대의 대간연구』, 일조각, 1994, 92~93쪽 ; 김범,「조선성종~중종대 의정부·육조·삼사 주요관직의 인사이동 상황과 그 의미」『동방학지』126, 2004, 68쪽.

그가 동래부사 재임시 일본과의 외교문제, 이조판서시 보여준 백두산정계비 설정 문제에서의 노련함을 확인할 수 있고, 경상·평안·황해감사 시절 지역민의 호평을 받았던 사실, 한결같은 애민사상을 바탕으로 한 유민 정착문제, 진강목장 이설문제, 송림의 보호와 우금(牛禁)에 대한 정책, 호포론의 강구, 그리고 지방재정의 자율성 증대 방안 제시, 전쟁에 대비한 군제개수로서 동래의 금정산성과 강화의 성곽 수축시 철저히 현장답사와 사전조사를 통해 물적·인적 역량을 감안한 효율적이고 합리적인 방안을 제시한 점 등 총명하고 민첩한 재능과 국량을 직임 수행에 마음껏 발휘한 정치가였으며, 무엇보다 민을 사랑한 따뜻한 마음을 지닌 목민관이었다. 박권은 영암의 죽정서원(竹亭書院)에 제향되었다.

제5장 영호(永湖) 조엄(趙曮)의 생애와 목민사상

1. 머리말

영호 조엄(1719~1777)의 묘와 기념관은 사패지였던 원주시 지정면 간현
2리(작동)에 소재하며 애민사상(愛民思想)을 간직한 충직한 관료적 학자로서
그를 추숭(追崇)하는 지인과 후손들의 발걸음이 계속되고 있다. 조엄의 자는
명서(明瑞)이고, 시호는 문익(文翼)이다. 본관은 풍양(豊壤)이며, 조상경(趙尙
絅, 1681~1746)의 아들로 서울 쌍리동(雙里洞 : 지금의 옥수동)에서 태어났다.
1752년 문과에 급제한 후 이조판서, 평안도관찰사를 역임하였다. 그는 동래부
사와 경상도관찰사를 역임하면서 쌓은 일본에 대한 여러 경력을 바탕으로
1763년 통신사 정사로서 대일 외교관계의 중책을 담당하였다. 사행 중 대마도
사쓰나(佐須奈) 포에 들렀을 때 고구마 종자를 얻어 처음으로 조선 땅에 전래,
재배하게 하여 향후 서민들의 구황작물로서 크게 활용되도록 하였다. 1776년
(정조 원년) 홍국영(洪國榮)의 무고를 입어 평안도 위원에 유배되고 이후
김해로 재차 유배되었다가 1777년 그곳에서 병사했다. 영조 연간 산업의
발전과 지방재정의 건전한 운영을 위해 많은 업적을 남겼으며, 문장에도
뛰어난 학자적 관료였다.

최근 18세기 영·정조 연간의 주요 인물에 대한 정치·사상사적 연구가 활성화
되어 있어 기존의 수준에 비해 그 폭과 외연을 크게 확장시키고 있다. 조엄이

주목된 것은 그의 직계 후손들이 이조판서를 연이어 역임하며 19세기 세도정권의 핵심세력이었음에 연유가 있기도 하다. 조엄의 문집이 없어 그의 경세론과 현실인식을 정확히 파악하기가 어렵다. 이에 본고에서는 연대기의 자료와 계미통신사 정사로서의 기행록인『해사일기(海槎日記)』를 통해 그의 애민사상, 목민사상을 중심으로 살펴보고자 한다.[1]

2. 조엄의 생애와 정치활동

1) 선대 가문과 조엄의 ·생애

풍양 조씨의 시조는 고려 개국공신 조맹(趙孟)이고 파조는 14대손인 회양공(淮陽公) 조신(趙愼)이다. 조엄은 중시조인 익대공신(翊戴功臣) 한평군(漢平君)

---

1) 『해사일기(海槎日記)』는 1763년(영조 39) 8월부터 이듬해 7월까지 1년여의 기록으로 5권으로 구성되었다. 책머리에 서기 성대중이 쓴『해사일기』序가 있고 본문에는 1권부터 3권까지 사행일기가 순차적으로 기록되어 있으며「수창록(酬唱錄)」에는 시문이 수록되어 있다. 시문의 내용은 조엄과 수행원들이 일본 각 지역을 통과하면서 지은 시 3백여 수가 실려 있다. 그 밖에 서계(書契)와 장계(狀啓) 등 각종 외교 문서가 수록되어 있다. 서계와 예단은 조선국왕이 일본대군(日本大君)에게 보낸 서계와 일본 관백(關白)이 조선국왕에게 회답한 글 등 14통, 양국 간에 주고받았던 공사예단(公私禮單)의 품목과 수량, 그리고 사행 및 수행원에게 나누어준 명세서로 되어 있다. 왜인과 주고받은 글은 조선 사행이 일본에 체재하는 동안 주로 대마도주 등과 주고받은 필담이다. 특히 사행 명단 및 노정기의 군령(軍令)이나 열선도(列船圖), 배의 방위를 표시한 행로방위(行路方位)는 다른 사행록에서는 보기 드문 자료이다. 이처럼『해사일기』는 일본과의 사행 내력을 기술한 서책인데, 고구마의 구입경위와 그 저장법이 자세히 소개되고, 대마도와 일본지도가 모사되어 수록되었다.『해사일기』에 관해서는 다음의 연구가 참조된다.
김의환,「조엄이 본 18세기 후반기 일본사회와 조일관계—그의『해사일기』를 중심으로」,『현암신국주박사화갑기념 한국사논총』, 동국대출판부, 1985 ; 이혜순,『조선통신사의 문학』, 이화여대출판부, 1996 ; 김성진,「조선후기 통신사의 기행시문에 나타난 일본관 연구」『도남학보』15, 1996 ; 이동찬,「18세기 대일 사행체험의 문화적 충격양상」『한국문학논총』15, 부산 한국문학회, 1994.

조익정(趙益貞)의 후손이다. 선대 가계는 고려 말부터 가격(家格)을 높이기 시작한 것으로 보인다. 즉 고려 개국공신인 조맹을 제외하고는 이하 12대 손까지 중급의 관직을 지낸 것으로 되어 있다.[2]

조맹(시조, 고려 개국공신)−(이하 6세 전하지 않음)−지인(之藺, 7세, 天和寺殿直)−온순(溫珣, 太子詹事)−진규(振圭, 예빈 경)−정(晶, 감찰원장령)−계령(季領, 刑部 郎中)−염휘(炎暉, 密直司 右副代言兼左常侍)−신(愼, 회양부사)−안평(安平, 공조좌랑, 춘천 거주)−온지(溫之, 용진현령)−익정(益貞, 이조참판, 漢平君)

조지인의 7세손들인 호군공파조(護軍公派祖)인 조사충(趙思忠)의 자손이 경북 상주·선산·경산에, 회양공파(淮陽公派) 파조(派祖) 조신의 자손이 춘천 일원과 충남 부여의 임천에, 금주공파(錦州公派)의 중시조 조임(趙袵)의 자손이 황해도 해주에 터를 잡고 세거하여 왔다.

풍양 조씨 14세손이자 회양부사를 지낸 조신과 행촌(杏村) 이암(李嵒, 1297~1364) 가문과의 통혼관계가 주목된다. 이는 풍양 조씨 가문이 춘천에 연고를 지니게 된 중요 이유가 된다. 이암은 고려말 원나라 간섭기에 활동한 정치가이자 문인, 예술가이다. 본관은 고성(固城)이고 시호는 문정이며, 사후에는 충정왕(忠定王)의 묘정(廟廷)에 배향된 인물이다. 고성 이씨는 고성의 이족(吏族)으로서 과거에 급제한 이진(李瑱)대부터 가문이 신장되기 시작하여 그 후손인 이암 대에 명성을 크게 떨쳤다. 이암은 17세 되던 해인 충선왕 5년(1313)에 과거 급제 후 충숙왕대에 비성도감(秘省都監)과 도관정랑(都官正郎) 등 왕의 측근 직책에 제수되었다. 충정왕 때 왕의 두터운 신임을 받아 추성수의동덕찬화공신(推誠守義同德贊化功臣)에 훈록되었다. 공민왕 2년 관계를 떠난 이후 춘천 청평산에 은거하였다. 그의 장원(莊園)은 청평산을 중심으로 현재의

2) 『풍양조씨세보(豊壤趙氏世譜)』 1, 풍양조씨세보소(豊壤趙氏世譜所), 1978.

애막골 일대에 형성되어 있다.[3]

이암과 조신은 문생으로서 유학적 교유 관계 속에서 맺어진 통혼이라 할 수 있다. 조신은 공민왕대 회양부사를 지냈으며 태종 이방원의 잠저(潛邸)시 스승이기도 했다. 그러나 둘째형인 조상공(趙想恭)이 신돈(辛旽)과의 정쟁에서 밀려남으로써 일종의 가화(家禍)를 입어 부여[임천] 덕림동(德林洞)에서 은둔하다가 생을 마쳤다. 반면 부인은 장남인 안평(安平)과 함께 친정 아버지의 연고지인 춘천으로 피신하였다고 한다.[4] 이후 조선왕조에 들어와 태조 4년 이미 환몰(還歿)한 고성 이씨에게 절부(節婦)로서 복호(復戶)와 정려(旌閭)가 내려졌다.[5] 현재 조신의 묘는 부여군 임천면에 있고, 부인의 묘소는 춘천 애막동에 있다. 결국 이를 연고로 풍양 조씨 문중의 춘천 거주가 이루어졌고 이후 자손들은 고성 이씨에 대한 시묘(侍墓)와 추숭사업을 펼쳤다.

풍양 조씨 회양공파 문중이 조선조에 들어와 문중을 유지하는 데에는 조익정 (1436~1498)이 현달하고 공신에 봉하여졌기 때문이다. 조익정은 단종 원년 (1453) 진사시에 합격하고 세조 10년(1465) 식년문과에 정과로 급제한 후 예종이 즉위하던 10월 남이(南怡)를 치죄하는 데에 참여하여 그 공으로 익대공신 3등에 책록되었다. 이후 성종 12년(1481)에는 한성부 좌윤으로서 한평군에 봉하여졌다. 그는 훈신이었지만 문장 및 학문이 깊었고 성종대에 진출한 신진의 사류들과 친목이 두터웠던 것으로 알려져 있다. 그러한 까닭에 연산군 4년 (1498) 무오사화가 일어나자 김일손·정여창·김굉필 등과 함께 피해를 입어 공조참판으로 좌천되었다가 같은 해 세상을 떠났다.[6]

---

3) 오강원·김학수, 「춘천애막골 소재 고성이씨묘에 관한 연구―행촌 이암과 회양공 조씨가계의 관계 및 묘지 선정문제를 중심으로―」『강원인문논총』 4, 강원대학교 인문과학연구소, 1997.

4) 김문택, 「조선조 춘천지방 사족의 성격과 풍양조씨」『춘천의 세거씨족 풍양조씨 회양공파연구』, 풍양조씨자효회, 1997, 173쪽.

5) 『태조실록』 권8, 태조 4년 9월 정미조.

6) 『연려실기술』 권6, 「연산조 고사본말」 무오사화.

익정-팽(彭)-종경(宗敬, 홍문관 전한)-정기(廷機, 문과, 贈 副提學)-수익(守翼
문과, 豊寧君)-흡(潝, 인조반정 참여, 豊安君)-중운(仲耘, 信川郡守)-도보(道輔,
敦寧府 都正)-상경(尙絅, 判敦寧府事)-엄(曮)

  그러나 조익정의 아들인 조팽이 29세라는 젊은 나이에 세상을 떠나고,
이어 조종경-조정기-조척이 비교적 젊은 나이에 돌아가거나 정쟁에서 밀려
나는 등의 이유로 가세가 위축되었다. 그러나 조익정으로부터 맺어진 사림과
의 관계가 누대에 이어져 조종경 이하 조수륜(趙守倫)에 이르기까지 모두
유자들로부터 추중을 받았다. 특히 조수륜의 경우 우계 성혼과 그 문도들로부
터 인정을 받는 위치에까지 이르렀다.

  조익정이 김종직의 학통을 계승하고, 조종경이 박소, 이언적 등의 사림들과
교유하는 과정에서 강화된 조익정 계열의 사림파로서의 입지는 조종경의
손자 조수륜 대에 이르러 이이, 성혼이라는 기호학파의 대종(大宗)과 사우
문인관계를 형성하면서 현격한 신장을 보게 된다. 조수륜에 의해 마련된 이러한
학문적 기반은 조익정-조종경으로 이어지는 풍양 조씨 한 계열의 가학적
토대가 된다. 후손이자 조수륜의 조카인 조흡(1591~1661)은 온화한 용모와
겸손의 자세를 견지하여 '덕인장자(德人長者)'라는 칭송을 받았다. 조흡은 조수
륜이 종유(從遊)한 이인기의 딸을 아내로 맞았으며, 아들 조백운(趙伯耘)은
정홍명(사계 문인)의 문하를, 둘째아들 중운의 손자 상경은 김창협의 문하를
출입함으로써 우율(牛栗)의 학문적 전통을 지속적으로 전수해갔다.[7]

  회양공파는 김종직과 그의 학문적 계승자들을 사사하고 교유하는 과정에서
학문적 연원을 확보한 이래 16세기 중후반에 들어 우율(우계와 율곡)의 학통을
보다 직접적이고 전면적으로 접하는 과정에서 기호학파의 일원으로서 학문적
신장을 기하였다고 할 수 있다. 조엄의 부친인 상경의 학통도 철저히 이러한

---

  7) 김학수, 「풍양조씨 회양공파의 학통에 관한 고찰」『춘천의 세거씨족 풍양조씨 회양공
     파 연구』, 1997, 201~202쪽.

가학의 전통에 기초하였다. 그러나 17세기 이후 당쟁이 격화되는 정치적
상황과도 맞물려 회양공파 내에서도 정치적인 입장을 달리하는 계열이 성립된
것도 사실이다. 조선후기 학파와 정파 그리고 혈연에 기초한 문중의 상호
관계는 별도로 면밀히 살펴보아야 할 것이다

　　조정기 이하 조엄의 가계도를 보면 다음과 같다.

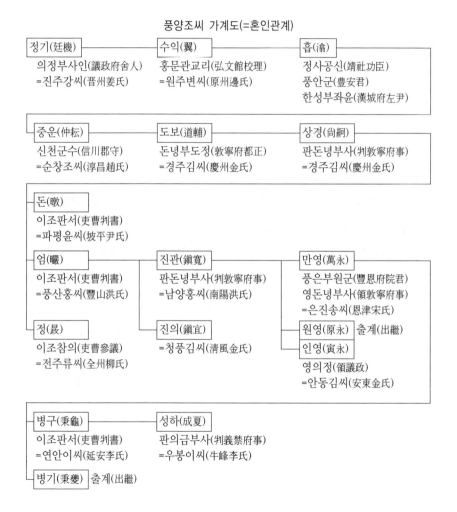

풍양조씨 가계도(=혼인관계)

2) 조엄의 생애와 관료생활

조엄은 음보(蔭補)로 내시교관(內侍敎官)이 되었다가 1738년 무오생원시에 입격하고, 1752년 정시문과 을과에 급제하였다. 1749년 익위사 시직을 역임하였고, 서연(書筵)에서 경의(經義)에 근거하여 진면(陳勉)하여 대부분 채택되었다. 1753년 사간원 정언이 되었고, 수찬, 지평, 홍문관 교리를 역임하였다.

1757년(영조 33) 7월 동래부사를 거쳐 1758년 경상도관찰사에 임용되었다. 1760년 2월 경상도 내 사노비 1만여 명의 노비공(奴婢貢)을 견감시켜 그 불만을 가라앉히고, 한전(旱田)에 대한 감세 비율을 적용하여 전세부담을 줄였다.[8] 1762년 비변사 당상으로 영남곡 5천석과 호남곡 3천석을 분배하고 구획하여 경기도로부터 편의에 따라 도내 각 고을에 비치하여 조적(糶糴)을 보충하려 했다.[9]

1763년 통신정사로 부사 이인배와 종사관 김상익과 함께 일본에 갔는데,[10] 그때 대마도에서 고구마의 종자를 들여오고 그 저장방법과 재배법을 널리 보급함으로써 구황작물로 이용하게 하였다.

1765년에 창원의 마산창(馬山倉), 밀양의 삼랑창, 진주의 가산창 등 조창을 설치하여 전라도에까지만 미치던 조운을 경상도 연해지역까지 통하게 함으로써 세곡 납부에 따른 종래의 민폐를 크게 줄이고 동시에 국고수입을 크게 증가하게 하였다. 종전부터 경상도 지역의 세곡 운수는 진주·창원 등 20여 읍의 적폐가 되었었다. 읍에는 사선이 있고 사선의 선주는 서울에 있어 모든 세력가들의 관장 하에 있어 너무 많이 싣거나 때를 어기기도 하고 파선사고가 잦아 백성들은 재징에 시달리고 관에서는 죄를 얻는 자가 속출하는 실정이었다. 이에 마산창을 좌조창, 가산창을 우조창으로 삼고 밀양의 삼랑창을 후(後)

---

8) 『영조실록』 영조 36년 2월 을유조.
9) 『영조실록』 영조 38년 5월 기해조.
10) 『영조실록』 영조 39년 8월 정해조.

조창으로 만들어 좌우 조창의 예에 따라 인근지역의 변장으로 차원을 삼아 조선을 거느려 세곡을 수납하게 하였다.[11] 이에 모든 열읍의 공세를 백리 이외의 지역은 세금으로 납부하고 백리 이내의 지역은 공물로 납부하게 하였으며 놀고먹는 백성들을 모집하여 조졸(漕卒)로 충원시켜 평시에는 운수 임무를 이행하고 전란시에는 전쟁 물자의 용도에 대비하게 했다. 이는 상세한 「조전사목(漕轉事目)」으로 정리되어 시행되었다. 이러한 법제는 당나라 유안(劉晏)의 선장의(船場議)와 반계(磻溪) 유형원(柳馨遠)의 논설을 채택한 것으로 평가된다. 결국 시행한 지 7, 8년 만에 상당 부분의 폐단이 해소되고 관·민의 혜택이 컸음이 지적되었다.

1770년 이조판서로 있을 때 평안도관찰사로 파견되어 누적된 평안감영의 공채(公債) 30여 만냥을 일시에 징수하는 등 적폐를 해소하는 수완을 보이기도 하였다. 그러나 1771년 진정(賑政)을 베풀지 않고 감영의 공채를 강제로 징수하였으며 이자곡을 발매하였다는 비판을 받기 시작하였다.[12] 이후 무고(誣告)를 입고 파직되었으나 곧 혐의가 풀려 다시 대사헌, 이조판서를 지냈다.

그 뒤 이것이 문제가 되어 1776년에 정조가 즉위하자 벽파(僻派)인 윤양후·정후겸 등과 결탁하였다는 홍국영의 무고를 받아 파직되면서 다시 평안도관찰사로 있을 때의 부정혐의가 문제가 되어 재물을 탐하고 백성을 학대한 탐관(貪官)으로 지목되어 평안도 위원으로 유배되었다. 유배지에서 사약을 기다리던 중 그의 아들 조진관의 직소(直訴)로 죽음을 면하여 김해로 다시 유배되었다가 다음 해인 1777년 병사했다.[13]

가장(家狀)에 따르면[14] "조엄은 기품이 원래 단단하였으나 남방으로 벼슬살이 다니는 동안에 담벽(痰癖：水飮으로 인하여 생성된 담이 가슴과 옆구리에

---

11) 『영조실록』 영조 41년 11월 기유조.
12) 『영조실록』 영조 47년 5월 갑인조, 무인조.
13) 『정조실록』 정조즉위년 3월 정유조.
14) 『풍양조씨세록(豊陽趙氏世祿)』 권76, 회양공파(淮陽公派), 「이조판서 증좌찬성영호부군가장(吏曹判書 贈左贊成永湖府君家狀)」.

고임으로써 발생하는 벽병)이 이미 고질이 되었고 만년에 이르러 풍상을 겪고 오랫동안 비습한 곳에서 거처하였으므로 점차 악화되었다."고 하였다. 조엄의 하직 소식을 들은 조정에서 귀양살이를 풀어주는 특명을 내렸고, 양근(楊根)의 용진(龍津)에 매장했다가 1782년 겨울 나라의 경사(慶事)로 인해 직첩을 환급해주는 은전을 받았고 1783년 9월에 원주 경장리(敬庄里)의 작대동(爵臺洞)에 묻히었다. 차후 아들 진관의 벼슬로 인해 숭정대부 의정부 좌찬성이 추증되었고 1814년 문익이라는 시호가 내려졌다.[15]

「신도비명(神道碑銘)」에 의하면 "공은 성품이 강직하고 결단력이 있어 임금을 섬김에는 일찍이 내 몸을 잊고 목숨을 버리어 국가를 위하려는 강개한 뜻을 두었고 남의 과실을 용납하지 아니하여 비록 여러 사람이 있는 곳에서라도 반드시 면전에서 꺾었으며 그랬다가도 그가 개선한 것을 보기만 하면 다시 기뻐하여 대우하기를 처음과 같이 하였다. 평소의 생활에서는 검소한 것을 숭상하고 외식이 없었으며 재물에 임해서는 종족이나 붕우에게 베풀기를 좋아하여 활달하였다. 공은 문사(文詞)를 다룸에 있어 전아(典雅)하게만 하고 기교부리기를 좋아하지 않아 오직 말이 잘 통하고 이론이 맞게만 하는 것을 주로 하였다."라고 하여 그의 성품의 강직함과 고집스러움을 설명하고 있다.

부인은 예조판서 현보의 따님인 풍산 홍씨이다. 김해의 귀양살이에도 따라갔으며 92세에 세상을 떠나 조엄의 옆에 묻히었다. 슬하에는 장남 진관과 진의(鎭義) 둘을 두었는데, 조진관은 6조판서를 모두 역임하였다. 진관은 만영(萬永), 원영(元永), 인영(寅永)을 두었고, 만영의 딸이 헌종의 모후인 신정왕후(神貞王后) 조대비(趙大妃)이다. 조엄의 후손들은 풍양 조씨 세도가의 중심인물로, 19세기 중앙정계의 중심 세력이었다.

---

15) 『순조실록』 순조 14년 9월 무술조.

3) 계미통신사 파견과 활동

　조선통신사는 조선시대 조선 국왕의 명의로 일본의 막부장군(幕府將軍)에게 보낸 공식적인 외교사절이다. 통신사의 파견은 정례화되어 조·일 양국간에 우호교린의 상징으로 조선시대 전기간에 걸쳐 총 20회(조선전기 8회, 조선후기 12회)가 이루어졌다. 통신사의 파견 목적은 조선전기의 경우 왜구 금압의 요청과 우호관계 유지를 위한 장군습직 축하 등 주로 정치·외교적인 것이었다. 조선후기의 경우는 임진왜란 직후, 전쟁상태 종결을 위한 강화교섭, 포로의 쇄환(刷還), 국정탐색의 목적이 있었으나, 이후 의례적인 막부장군의 습직 축하와 같은 목적에서 통신사가 거듭 파견되었다. 특히 명·청의 세력 교체와 그에 따른 중화질서의 붕괴는 조·일 양국에 새로운 연대감과 탈중화의 교린관계를 구축하게 했다. 따라서 조선후기의 통신사는 청을 중심으로 한 책봉체제를 배제하고, 조·일 양국의 독자적인 대등외교의 수립이라는 외교사적인 의미가 있다.

　통신사가 일본을 왕래하던 시기에는 전쟁이 없었다. 일본은 통신사를 받아들이면서 자신들의 문화를 다채롭게 발전시켰으며, 조선 또한 통신사의 일본 체험과 문물 교류를 바탕으로 자국의 문화를 자각하고 일본에 대한 인식을 바꾸는 계기를 마련하였다.

　1763년 통신사행은 도쿠가와 이에하루[德川家治]의 습직(襲職)을 축하하기 위해 파견되었다. 이때 조선은 청과의 관계가 정립되었던 시기였고 일본 역시 막부 재정의 쇠퇴에 접어들었으나 큰 위협은 없었다. 이때의 사행은 국제 정세의 안정을 배경으로 파견부터 빙례까지 별다른 마찰 없이 관행에 기초한 정례화된 모습을 보여준다.[16] 조선정부가 도쿠가와 이에시게[德川家重]의 퇴임을 연락받은 것은 1760년 12월이었고 사행단이 구성된 것은 1762년

---

16) 三宅英利 저, 손승철 역, 『근세한일관계사연구』, 이론과 실천, 1991, 403~404쪽.

8월이었다. 원래 정사로 임용된 것은 서명응, 그리고 정상순이었지만 각각 사정으로 임명되지 못하고 최종적으로 조엄이 발탁되었다. 통신사 출발에 임박하여 조엄이 임용된 것은 1757년 7월부터 1759년 1월까지 동래부사를, 이어 1760년 12월까지 경상도관찰사를 역임한 전력 때문이었다. 동래부사와 경상도관찰사를 역임하면서 왜관을 중심으로 대마번과 일본의 정세를 파악하고 대일 문제에서 상당한 실무경험을 쌓았다는 평가를 받은 것으로 보인다.

조엄 당시 통신사행의 왕복 경로는 다음과 같았다. 통신사 일행은 8월 3일 서울을 출발하여 8월 22일에 부산에 도착하였다. 순풍을 기다려 10월 6일을 기해 부산포를 출발하여 사행 길에 올랐다. 사행 최종 목적지인 에도(江戶)에 도착한 것은 이듬해 1764년 2월 16일로 부산출발부터 133일이 소요되었으며 일본 내 정박지는 53처이다. 에도에 도착한 후 12일째가 되는 2월 27일에야 관백에게 국서(國書)와 별폭(別幅)을 전달한 후 3월 11일 에도를 출발하여 귀국 길에 올랐다. 그러나 귀국 도중 오사카(大坂)에서 조선인[박천종]이 살해된 사건으로 한달 정도 머물다가 7월 8일 서울에 도착하여 경희궁에서 영조에게 복명(復命)하였다. 당시 왕복 이정(里程)은 수로 3,332리, 육로 1,332리, 소요기간은 대략 11개월이 걸렸다. 국내 행정(行程)을 제외하고 총 257일, 약 8달 반이 소요된 사행길이다.

1763년 사행단은 기선(騎船) 3척과 복선(卜船) 3척으로 구성되어 있으며, 총원은 조엄의 기록에 의하면 486명이었다. 기선은 정사선, 부사선, 종사선으로 구분되며 복선에는 짐을 싣고 있어 복선장과 격군만이 승선하였다. 사행인원 가운데 공식적으로 양국의 직접 교류를 위해 파견된 인원은, 조선의 조정에서 일본문사와의 창수·필담을 위해 문한(文翰)이 출중한 인물을 가려 뽑아 보낸 제술관과 3명의 서기, 서법(書法)을 위해 파견한 모사관(模寫官)이 있고, 일본의 요청에 따라 화원, 양의(良醫)와 무예 기량을 선보이기 위해 파견한 군관과 마상재(馬上才)가 있다. 통역을 위해 당상역관(수역관) 3인, 상통사(上通使) 3인, 차상통사 2인, 압물(押物)통사 4인, 소통사 10인이 파견되었다.

통신사는 그들이 방문한 곳마다 서화·시문·글씨 등을 많이 남겼으며, 그것은 병풍·회권·판화 등의 형태로 만들어져 널리 유행되었고, 그 중 일부가 현재까지 전해오고 있다. 22개주 53처를 지나면서 28개 지역에서 일본문인들과 수창이 있었다. 사람들 틈에 끼여 바쁘게 필담을 나누고 수창하는 문사들과 만나려면 그에 맞는 실력이 있어야 했다. 문사들과 수창했다는 것 자체가 어느 정도의 학식과 문사능력을 갖추고 있었음을 보여준다.[17] 일본의 식자층에게 조선의 풍속이나 제도는 서적을 통해 이미 익숙해져 있는 것들이다. 그런데 그보다 높은 수준의 궁금증을 조선문사를 직접 만나 해소하려 했던 것이다. 오랜 쇄국정책으로 인해 일본인은 외국인을 만날 기회가 매우 드물었다. '당인(唐人)'이라는 말이 좁은 의미로 조선인을 지칭하게 된 것도 사행단(조선통신사)이 일본에 들어오는 유일한 대규모의 외국인 행렬이었던데 기인한다.[18] 양국 문사가 나눈 필담의 내용은 과거제도, 언문(諺文), 관혼상제, 의사(醫事)문답, 화조(花鳥), 필묵의 제도, 후지산과 금강산, 의관(衣冠), 관상(觀相), 석존(釋奠), 퇴계주자학, 중국사정, 생활습속 등이었다.[19] 이러한 점에서 통신사는 일본과의 관계 유지라는 외교적인 의미뿐만 아니라 학술·사상·기술·예술상의 문화교류라는 또 하나의 문화적인 의미를 가진다고 할 것이다. 한편 일본문사와 접촉한 조선측 인사들도 정사 조엄은 물론 네 문사와 역관, 군관, 선장 등 다른 사행에서 보기 힘든 다양한 기록들을 남겼다.[20]

조엄은 일본의 유학·학문의 수준에 대해서 비판적인 시각을 지니고 있다. 조엄 이전 우리 사신들이 일본에서 받은 충격 중에 하나가 주자주의에 대한

---

17) 구지현, 『계미통신사 사행문학연구』, 보고사, 2006, 223쪽.
18) 구지현, 전게서, 243쪽.
19) 이원식, 전게서, 64쪽.
20) 당시 사행에 동참한 제술관 남옥(南玉)의 『일관기(日觀記)』, 서기 성대중(成大中)의 『일본록(日本錄)』, 서기 원중거(元重擧)의 『승사록(乘槎錄)』·『화국지(和國志)』, 서기 김인겸(金仁謙)의 『일동장유가(日東壯遊歌)』, 군관 민혜수(閔惠洙)의 『사록(槎錄)』, 한학 상통사 오대령(吳大齡)의 『동사일기(東槎日記)』 등이 있다.

도전과 중화주의의 해체[21]였다. 이것은 이미 17세기 말에서 시작되어 18세기 전반기에 일본 문사들이 보여준 사상적 도전에 나타나 있다. 이에 대해 조엄은 일본의 학문·불교가 백제에서 전래되었으며 왕인(王仁)·아직기(阿直妓)가 일본에 건너가 글을 가르쳐 일본 학문의 기원을 이루었다고 보았다.[22] 그러나 그러한 역사성에도 불구하고 일본의 학문은 조선과는 다른 경향을 보이고 있음을 지적하였다. 조엄은 그들의 학문수준을 단적으로 "대개가 이단에 가깝다"라고 평하였다.[23] 조엄은 일본의 대표적인 반주자적 경향을 지닌 이토 진자이(伊藤仁齋, 1627~1705)와 오규 소라이(荻生徂徠, 1666~1728)를 들어 비판했다. 즉 그들이 「동자문(童子問)」, 「논어징(論語徵)」에서 정주(程朱)를 헐뜯고 주자주(朱子註)를 위주(僞註)라고 비판한 것을 일본인들이 그대로 받아들였고, 아울러 일본의 학계가 반주자학적 양명학에 휩쓸려 있음을 지적하고 있다.[24] 이단적 학술로 인해 일본사회가 침몰되어 있다고 생각한 조엄은 일본의 주자학적 세계로의 회복이야말로 조선의 학자가 담당해야 할 중요한 사명이라고 강조하고 있다. 결국 주자학의 관점에서 양명학이 범람하는 일본의 학계에 대해 "학술은 긴긴 밤이며, 문장은 소경이라"고 하였다.[25]

그런데 계미사행이 시행된 시기 일본의 사상계에는 주자학파뿐 아니라 고학파(古學派), 이에 반발하는 반소라이파(反徂徠派)까지 가장 다양한 사상의 조류가 흐르고 있었다. 일본의 유학은 주자학에서 고학으로 다시 조래학, 다시 절충학으로 끊임없이 변화하고 있었다. 따라서 국정교학의 획일적인 조선 유학에서는 일본 유학이 부유하고 과장되는 것으로 보였고, 그 융통성을 인식하지 못한 채 주자를 비판하거나 성리설을 부정한다는 점에서 '어둡다'라

21) 三宅觀瀾이 이(夷)로서의 일본을 부정하고 오히려 화(華)의 위치로 일본을 인식하려는 것은 하나의 예이다(『支機閑談』(七家唱和集), 이혜순, 전게서, 제5장 Ⅱ참조).
22) 『해사일기』 갑신년 6월 18일 무술조.
23) 상동.
24) 김의환, 「전게논문」, 194쪽.
25) 『해사일기』 갑신년 6월 18일 무술조.

든가 이단으로 규정하기에 골몰했던 것이다.

3. 조엄의 목민사상

1) 실천하는 목민관

조엄이 중앙 관직 속에서 빈과민을 위한 경제정책을 입안하는 일에 앞장섬과 동시에 외직인 목민관을 수행할 때 민에게 베풀었던 정책과 선정이 적지 않았다. 1760년 2월 경상도관찰사로서 경상도 내 시노비(공노비) 1만여 명의 노비신공을 줄여 노비들의 불만을 가라앉히고, 한전에 대한 감세 비율을 적용하여 농민의 전세부담을 줄여 주었다. 1765년에는 창원의 마산창, 밀양의 삼랑창, 진주의 가산창 등 조창을 설치하여 전라도에까지만 미치던 조운을 경상도 연해지역까지 통하게 함으로써 세곡 납부에 따른 종래의 민폐를 크게 줄이고 동시에 국고수입이 증가하게 하였다. 해당지역의 공세(貢稅) 납부에 있어 100리 이외의 지역은 세금으로 납부하고 100리 이내의 지역은 공물로 납부하게 하였으며 놀고먹는 백성들을 모집하여 조졸(漕卒)로 충원시켜 평시에는 운수 임무를 이행하고 전쟁 시에는 전수(戰守)에 대비하게 했다. 이는 상세한 「조전사목(漕轉事目)」으로 정리되어 시행되었다. 이로 인해 시행 후 7, 8년 만에 상당 부분의 폐단이 해소되고 관과 민의 혜택이 컸음이 지적되었다.

조엄이 통신사로 파견된 18세기는 임진왜란의 상처가 아물고 조·일관계가 안정된 시기여서 일본에 대한 객관적 인식이 가능해진 시기였다. 기존의 통신사들이 화이론적·문화우월적 사고에 바탕을 두고 일본을 평가했던 것과 달리 일본에 대해 있는 그대로의 현실을 직시하고 인정하는 태도를 지녔다.

우선 그는 『해사일기』 곳곳에서 역사적 사실과 일본 사회에 대해 사실적(寫實的)으로 제시하는 실증적 서술 태도를 보여준다.

대개 그 마을은 집을 잇대고 지붕 대마루를 연달아서 끊어진 데가 없고, 정(井)자를 그어 리(里)를 나누어서 경계를 문란시키지 않았으니, 자연 성곽의 형상과 같았다. (…) 집들이 웅장하고 석회를 바른 담이 둘러졌으며, 길을 끼고 있는 긴 복도는 벽돌을 쌓고 회를 발랐는데 모두 붉은 칠을 한 문에 잘 지은 집들이었다.[26]

이와 같은 서술 태도는 화이론적·문화 우월적 사고에 바탕을 두고 일본을 평가했던 이전의 통신사들과는 달리 시각의 차이가 나타나게 된 것이다.

한편 조엄은 사행 노정에 따라 일본 각지를 둘러보면서 점차 그들의 수준 높은 실용기술에 일단 관심을 갖게 되고 한 걸음 더 나아가 이를 적극 수용하려는 욕구를 보이게 된다. 그가 일본영역인 사스포항에 도착해 가장 먼저 한 일은 대마도와 일본 지도를 구하여 동래부사시절 휘하에 있던 기선장 변박에게 모사시켰다.[27] 이후 오사카에 도착해서도 화원 김유성으로 하여금 일본지도 개정본을 구하여 모사하게 하였고, 변박은 일부러 도훈도의 직책을 지니게 하여 에도까지 데려갔다.[28] 조엄은 사행로를 따라 다니며 일본의 조선술과 건축기술, 도로 정비에 대해 칭찬하고, 수차(水車), 물레방아, 제언 등 일본의 실용적 기술을 적극적으로 도입하고자 하여 그 제도의 모양을 모사하고 제작방법을 배우게 하였다. 수차의 모사에 대해 "그 제작을 우리나라에 옮겨 이용하면 논에 물대는 방법에 이롭다 할 만하다."라고 설명했다.[29] 아울러 주교와 제언에 대해 묘사를 명하면서 "그 제작을 우리나라 서남지방의 둑에 실행한다면 도움이 될 만하다."라고 하였다.[30]

당시 조선의 경제적 궁핍상을 잘 알고 있는 그로서는 농업의 생산력 증대와

---

26) 『해사일기』 갑신년 2월 27일.
27) 『해사일기』 갑신년 10월 10일.
28) 『해사일기』 갑신년 1월 2일.
29) 『해사일기』 갑신년 1월 26일.
30) 『해사일기』 갑신년 2월 3일.

자연재해를 막을 수 있는 수리시설에 커다란 관심을 지녔다. 기존의 통신사들과는 달리 일본의 실용기술에 대해서 긍정적 관심을 가지고 수용·도입하려고 하였다. 이러한 점은 앞서 설명한 조선의 경제적 상황과 실학의 발흥, 평소 그가 지닌 민생문제에 대한 관심이 영향을 주었다고 볼 수 있다.

중세 화이론의 입장에서 볼 때, 일본은 멸시할 수 있는 나라이지만 그들이 상업이나 기술이 뛰어나다는 사실을 깨닫고 이를 외면하지 않고 객관적으로 모사한 점에 대해, 조엄의 사유가 당대 실학사상에 조응한 것으로 보기도 한다.

조엄이 소중화의식, 정통론을 바탕으로 한 문화적 우월감에 빠지지 않았던 가장 큰 요인은 당시 일본의 기술 문명에 대한 지극한 관심에서 비롯되었을 것으로 보인다. 당시 일본은 농업·방직·광업 등에 상당한 기술을 축적하고 있었지만 그 이전의 사신들은 이를 간과했던 것이다. 차후 정약용이 신유한(申維翰)의 『해유록(海遊錄)』 발문에서 "조선통신사들이 일본에서 의당 관찰해야 할 것은 오직 기물의 정교함과 여러 가지 조련하는 법인데 이 책에서는 그 점이 생략되었으니 한스러운 일이다."라고 비판한 데서도 이러한 점은 드러난다.[31] 사행록에서 드러나는 큰 특징은 우리 사신들의 일본에 대한 관점과 기술방식의 점진적 변화이고, 그리고 이러한 변화의 기저에는 실학적 사고가 놓여 있다는 점이다. 그들이 보여준 실학적 사고가 일본 체험에 의한 것인지 아니면 실학적 사고를 가진 인물들이 일본에 사행하여 그들의 체험을 기록하는 데서 그 편린을 보여준 것뿐인지도 논의의 여지가 있지만, 적어도 일본 체험이 그들의 실학적 사고를 강화시켰다는 점에는 의문의 여지가 없다는 지적이 있다.[32] 물론 조엄은 대표적인 노론 집권세력 출신이자 실무에 능한 관리였으며 냉철하게 외교업무를 진행하였던 점에서 정보수집에 중심이 있었던 것으로 보인다.

---

31) 정약용, 『여유당전서』 권14, 「발해사견문록(跋海槎見聞錄)」.
32) 이혜순, 『전게서』 260쪽.

조엄이 통신정사로 발탁된 해인 1763년을 전후로 해서 조선 전국에는 기아가 극심했다. 영조 33년(1757) 2월에는 거듭된 흉년으로 서울의 기민수가 8,700명에 달했고[33] 영조 37년(1761) 5월에는 왕이 기민자를 직접 인견(引見)하여 경기, 삼남 일대에 환곡 1만석으로 기민을 구제하라고 하였다.[34] 통신사가 파견된 해인 영조 39년(1763) 3월에는 호남지역 기민의 수가 48만여 명, 아사자가 450여 명이나 되었다.[35] 통신사의 막대한 경비의 지출과 각도의 흉년으로 인해 "금번 행차에 있어서는 지공하는 범절을 전에 비하여 줄었을 뿐만 아니라, 역원의 사인으로 따라가는 사람도 금하였으며, 각 고을에서 배정하여 잡히는 역졸이나 역마 등의 일까지도 일체 간략하게 할 것을 지휘하였다."고 한다.[36] 백성들의 식량 고통을 잘 알고 있던 그는 구황작물로서 이용후생의 높은 가치성을 인식하고 고구마의 생태, 맛, 저장법, 재배법을 상세히 기록하여 조선 땅에 보급시켰다. 이전에도 많은 통신사들이 고구마에 관심이 있었겠지만 행동으로 옮겨 조선에 들여온 것이다. 이로 인해 그를 애민사상이 바탕이 된 실천하는 목민관으로 손꼽게 된다.

한편 조엄을 죽음으로 몰고 갔던 평안도관찰사 재임시절 장안(贓案) 사건에 대한 전말은 다음과 같다.

조엄은 영조 46년(1770) 민백흥을 대신하여 평안감사에 임용되고,[37] 다음 해 2월 평안감사에 유임하게 된다.[38] 당시 영의정 김치인은 "조엄이 국사(國事)를 경영한 것이 많고, 공채(公債)를 바친 것이 30여 만 냥에 이른다."고 하였고, 영조는 많은 양의 공채를 바친 것을 부지런함의 표현으로 칭찬하였다.

조선시기 지방관청의 재정은 재정의 중앙집중이라는 일원화된 체계 속에서

---

33) 『영조실록』 89, 영조 33년 2월 계유조.
34) 『영조실록』 97, 영조 37년 5월 경신조.
35) 『영조실록』 101, 영조 39년 3월 을유조.
36) 『해사일기』 계미년 8월 10일 갑오조.
37) 『영조실록』 영조 46년 5월 무술조.
38) 『영조실록』 영조 47년 2월 경인조.

도 독립된 경제단위로서 존속되었고, 정연한 회계원리 하에 운영되고 있었다. 지방관청의 재정내역은 크게 경사각아문 및 감·병영에 대한 상납분과 자체 경비분으로 구분된다. 이 가운데 조선후기 지방자체 수입분은 토지수입, 호역수입, 신역수입, 환모(還耗)수입(18세기 중엽 이후 본격화) 및 잡세수입으로 이루어져 있다. 군현제하에 편재된 각급 지방관청에는 육방관속이 소속된 정청(政廳) 기관 외에도 각종 수세와 통치업무를 행하는 여러 고(庫)와 청(廳)이 설치되어 있었다. 제기관은 각각 독립된 재정체계를 보유했는데 일정한 회계 원칙에 의해 그 수지가 이루어지고 있었다.[39] 감영의 재정운영과 관리도 그 연장이었다. 특히 광대한 관서지역을 다스리는 평안감영의 경우 토지·신역·환곡이자 외에 수많은 기관(고·청)의 재정 운영비, 대규모의 칙수(勅需)에 대응하기 위해 대대적인 관청식리(공채)를 통해 해결하고 있었다.

당시 평안감영에서 벌어진 사안은 "감영의 공용재원을 그전부터 민간에 빚을 놓아 매번 그 이자를 거두어 경상비용으로 삼았었는데, 세월이 이미 오래되어 유망(流亡)하는 자가 많아져 이자를 바치는 주민은 애당초 빚을 진 사람이 아니었으므로 이것이 민간의 고질화된 폐단이었다. 그러다가 조엄이 감사로 부임해서는 그 본전과 아울러서 징수하도록 독촉하였으므로 마을마다 떠들썩하여 원망과 한탄이 떼지어 일어났다."고 지적되었다.[40]

영조 47년 4월 영조는 조정·조엄 형제를 사판(仕版)에서 영원히 삭제하도록 명하였는데 당시 조정이 승지에 나아가지 않은 것이 그가 당(黨)을 비호함에서 비롯되었다고 보았다.[41] 시·벽파의 갈등양상이 표출되는 전조로 보인다.

이후 정언 송취행이 "40만 냥의 감영 빚을 민간에다 징수하도록 독촉을 하며, 이자곡을 강제로 부과하는 때에 이르러 그 채전(債錢)을 바치기 어렵다고 하여 소민(小民)에게는 지급을 허락하지 아니하고, 모두 거상(巨商)에게 지급하

---

39) 오영교, 『조선후기 향촌지배정책연구』, 혜안, 2002, 403쪽.
40) 『영조실록』 영조 47년 2월 경인조.
41) 『영조실록』 영조 47년 4월 을미조.

므로 수백만의 생령(生靈)이 수화(水火) 가운데 있는 듯하다고 합니다. (⋯) 전하의 팔다리 구실을 하는 중신(重臣)이 된 자가 이미 성심(聖心)을 잘 인도하여 통달하지 못하였으며, 전하의 방백이 된 자 또한 덕의(德意)를 선포하지 못하여 한갓 종이 위의 쓸데없는 말이 되도록 하였으니, 훌륭한 지방관과 함께 다스린다는 의미가 과연 어디에 있겠습니까? 신은 생각하기를 전 평안감사 조엄을 엄격한 법으로 중하게 다스려 관서의 백성들에게 사죄하는 일을 결단코 그만둘 수 없다고 여깁니다."라고 상소하였다.42) 또한 흉년인데 진휼을 제대로 하지 않아 사람들이 서로 잡아먹었다는 말[人相食]의 소문이 돌았다는 사실도 지적하였다. 이에 대해 좌의정 한익모는 정언 송취행의 보고를 부정적으로 보고 조엄의 공채 징수상의 무리함이 와전된 것으로 여기고 있다.

영조 47년 6월 평안도 암행어사 이명빈의 서계에서는 '거상의 발매(發賣)를 물리쳤다는 것은 사실이 아니며, 그 연유는 빚을 징수하도록 독촉하여 본색(本色)으로 바치게 한 것'으로 조엄이 공무(公務)를 받든 행위로 판단하고 있다. 이에 영조는 조엄의 직첩을 돌려주고 거듭 서용하도록 명하였다.43)

정조 즉위년 3월 헌납 이평이 차자를 올려 정후겸의 죄를 논하는 과정에서 "전 판서 조엄은 윤양후와 결탁하고 정후겸에게 붙어서, 지난해 겨울에 전형(銓衡)을 담당하게 되어서는 예조에 첫 번째로 후보자로 낙점하여 기필코 왕세자와 버티어 보려고 하였습니다. 재물을 탐하여 백성들을 침학한 죄가 있고, 연전에 송취행이 상소한 말은 곧 사실이었습니다."라고 간하였다. 정조 즉위 후 본격적으로 전개된 사안으로 벽파세력과 결탁된 사실로 인해 이전의 혐의가 재거론된 것으로 판단된다. 이에 조엄은 위원군으로 귀양을 가게 된다. 두 달이 지난 뒤에 전 돈녕부 도정 조진관이 신문고를 두드려 부친과 연관된 세 건의 죄안에 대해 다음과 같이 진달하였다.

---

42) 『영조실록』 영조 47년 5월 계축조.
43) 『영조실록』 영조 47년 6월 임신조.

'진정(賑政)을 차리지 않았다'라는 것에 대해서는, 전 감사 구윤옥의 장계에 '열여섯 고을에서 백성들을 진휼하여 병들거나 여위어 죽는 것을 면하게 하였다'라고 한 것이 있으니 스스로 준비하여 굶주린 백성들을 구제한 실상을 증험할 수 있습니다. '내다 팔아 잉여를 차지한 것이 12만 석이다'라는 것에 대해서, 값을 상정해서 무역하여 공용에 충당하고 당초부터 한 푼의 남긴 돈도 없었음은 문서에 분명하게 나와 있습니다. '빚을 받아내려고 터무니없는 기록을 하여 40만 냥의 적체된 빚을 받아내어 아전과 백성들이 원망하게 되었다'라는 것에 대해서는 근거없는 말이 전파된 것이니, 본도에서 사핵(查覈)해 보기를 바랍니다. 정후겸을 예조에 의망했던 것은, 대개 윤양후가 '정후겸이 상소하여 이적보를 구출하려고 한다'고 말해 왔었기 때문에 속임을 당하여 잘못 의망했던 것인데, 정후겸에게 붙었던 것으로 지목했으니, 어찌 원통하지 않겠습니까?[44]

이때 조엄은 귀양 1년 만에 유배지 김해에서 사망하였다. 정조 18년 6월 고 감사 조엄이 논핵을 받은 관서의 사안 중, 아직 판정하지 못한 소미(小米)를 내다 판 건은 과연 상정법(詳定法) 이외의 조문에 속하는 것인지의 여부와 그 밖에 조사해야 할 단서가 있는 것은 모두 어사로 하여금 조사하도록 하였다. 이를 위해 이상황을 평안감영 안사어사(按查御史)로 삼았다.[45]

이상황은 조사결과 경인·신묘년 감사 조엄의 장안에 관련된 세 가지 조항, 즉 징체전(徵債錢) 10만 냥을 사사로운 용도에 썼다는 것, 비변사에 청하여 얻은 별향고전(別餉庫錢) 7만 8천 냥을 허위 문서로 거래하였다는 것, 잉여전 46만 2천여 냥을 발매하여 사사로이 썼다는 것에 대해 대체로 아들 조진관의 주장과 일치한다는 보고를 하였다. 이 문제는 매우 큰 파문을 일으켜 당시 조정이 들썩할 정도였다. 비변사에서는 이 문제를 시임·원임 대신과 일찍이 관찰사를 지낸 인물들에게 논의하게 하였다. 이 가운데 판중추부사 박종악은

44) 『정조실록』 정조 즉위년 3월 정유조.
45) 『정조실록』 정조 18년 6월 병진조.

조엄의 범장(犯贓)을 좀처럼 변경할 수 없는 단안으로 삼는다면 진실로 원통한 일이라 하였고 판중추부사 김희는 암행어사의 보고에 의하면 조엄이 허물이 없지만 그래도 일찍이 감사를 지낸 사람이 회계를 보내오면 대조한 뒤에 처분할 것을 주장하였다. 대제학 홍양호와 행사직 정민시는 암행어사의 보고 내용이 조리가 있으므로 특별히 의견이 없다고 하였으며 심지어 별향전(別餉錢)과 징재선은 문제가 없는 것 같으나 발매전(發賣錢)을 사사로이 취용한 것에 있어 그 숫자가 46만 20냥이 된다는 것은 해가 오래된 데다가 인부(印簿)가 없으므로 억견(臆見)으로 지적하여 말할 수 없다는 견해를 피력하였다. 이병모는 위의 세 가지 사항에 대해 조엄의 입장에서 변호하였다. 당시 국왕 정조와 대신들은 숙의를 거듭한 끝에 첫째와 둘째 사안은 해명이 되나 셋째 사안은 다소 미심쩍다는 견해를 밝혔다. 잉여분을 가져다 쓰는 것이 비록 잘못된 관례를 답습한 것이라고는 하나 항식(恒式)을 어긴 것은 자연 불법에 해당되므로, 이미 발각이 된 이상 전혀 죄가 없는 것으로 처리할 수는 없다는 의견이었다.[46] 이에 정조가 기본적으로 조엄이 범장죄(犯贓罪)에 해당되지 않는다고 하여 관서장안(關西贓案)을 없애주었다.[47] 정조 18년 6월 "고 감사 조엄의 관서 사건 셋째 건을 첫째·둘째 건과 아울러 모두 판정을 내린 사안에 넣어 둘 것을 분부한다."라는 하교로 종결되었다.[48]

여기에서 제기된 "비록 잘못된 관례의 답습이고 또한 자신이 차지했다고 단정지을 수는 없다고 하더라도 항식(恒式)을 어긴 이상 기어코 전혀 죄가 없다고 할 수는 없다."라는 혐의는 감사의 재정운영상의 재량권에 관련된 문제로 여겨진다.

관찰사는 감사, 도백, 도신, 방백, 도수신(道帥臣), 방면지임(方面之任), 번임(藩任), 얼사(臬司) 등으로 호칭되는 한 도의 통치행정의 책임자이다. 관찰사의

---

46) 『정조실록』 정조 18년 6월 경오조.
47) 『정조실록』 정조 18년 6월 신미조.
48) 상동.

기능에는 관찰출척이라는 본래의 기능 외에도 감창(監倉)·안집(安集)·전수(轉輸)·권농(勸農)·관학(管學)·형옥(刑獄)·병마(兵馬) 등의 업무가 포함되어 있다. 특히 관찰사에게 한 방면의 절대 권한이 위임되고 있는데, 그 중에서도 관내 외관에 대한 출척권(黜陟權)과 직단권(直斷權)은 가장 중요한 권한이라 할 수 있다. 관찰사는 '감사총치군민(監司總治軍民)'⁴⁹⁾이라 한데서 알 수 있듯이 병마절도사를 겸하거나 그들을 지휘·감독하기도 하였다.

한편 감사는 도민의 청원사항을 청취하여 처리하거나 중앙에 상신하기도 했다. 정장(呈狀)에 기록된 도민의 청원사항은 삼강(三綱)에 모범이 되는 자, 설의(節義)·탁행자(卓行者)에 대한 증직(贈職)·증시(贈諡), 정려(旌閭) 및 원사(院祠)의 건립 허가 등을 들 수 있고, 이 밖에 호적의 정비, 산송, 수리시설, 조세감면 등에 대한 청원이 많았다. 이와 같은 청원서가 접수되면 감사는 이를 심사하여 필요할 때는 감영의 도사나 관하 수령 가운데서 지명한 차사원을 보내어 복심(覆審)한 후에 결정하였는데, 이때 내용면에서 특별한 안건의 경우 조정에 장계하고 일반적인 사항이면 '영제(營題)'라 하여 그 결정사항을 적어 당사자에게 송부했던 것이다.⁵⁰⁾

조선후기에 이르러 감사의 통치 형태가 유영(留營)체제로 바뀌고 영리가 감영에 배치됨에 따라 감사는 행정체계의 중심이 된다. 수령은 첩보류를 통해 감사에게 업무를 보고하고 감사는 이들 자료를 근거로 장계를 올려 지방행정의 실상을 국왕에 보고한다. 행정관료로서 감사의 역할 강화는 조선 왕조의 지방 행정체계가 한층 정비되었다는 점에서 주목할 만하다.

『거관대요(居官大要)』⁵¹⁾에는 목민관이야말로 "만약 바른 마음을 가지고 있으며 백성을 아끼는 군자가 백성에게 정사를 베풀어 아래로는 나라의 근본을 굳게 하고 위로는 임금의 근심을 풀어주고자 한다면, 마땅히 우선 내 성품의

---

49) 『성종실록』 성종 10년 7월 기축.

50) 장인진, 「조선후기 경상감사고」 『도협월보』 Vol.21 No.1, 2, 3, 1980, 34~36쪽.

51) 『목민고 2』, 「거관대요(居官大要)」, 여강출판사, 1987, 293~294쪽.

편벽한 곳을 잘 살펴 그것을 바로 잡은 뒤에라야 마음먹고 일을 그릇되게 하는[作心害事] 단서가 없게 될 것이다."라고 지적하고 있다. 무엇보다 '때에 알맞은 조치'[時措]가 중요함이 강조된다.

이처럼 조선시대 지방관은 단순히 중앙법규와 행정지시의 준수에 그치지 않고 지역사회의 생산력과 인구 증진을 촉진할 뿐 아니라, 지역민의 희망을 반영하여 오히려 중앙에 전달하거나 지방민의 이해를 위해 조정할 수도 있는 존재였다. 지방관 개인의 도덕적 자질과 재량권을 통해 중앙과 지방간의 괴리를 해결하여 인과 덕을 펼친다는 인치주의적 양상의 모습이 등장하였다. 조선후기로 가면서 법제적인 지방지배가 점차 어려워지고 일정지역 봉건 국왕의 대변자로서의 지방관의 역할에 많은 기대를 할 수밖에 없었다.

이는 전근대 농업사회가 지닌 재정분야의 불안정성에서 기인했다. 농업수익은 풍흉의 여하에 민감하고 그에 따라서 일정한 액수를 상시적으로 거두기 힘든 상황이었다. 중앙관서인 호조의 수취조차도 18세기 이래 종전 수익의 60% 가량밖에 되지 않은 경우가 지적되기도 한다. 자치적인 지방재정의 상황은 더욱 문제가 되었다. 환곡의 이자수익[모곡]을 통해 지방재정을 의존하게 된 이후로는 백성들의 적시 상환능력에 재정운영 여하가 결정될 수밖에 없었다. 재정적 기반 자체가 불안한 상황에서 법치에 입각한 행정을 무조건 일관적으로 강행할 수만은 없었다. 이를 조정·파악하기 위해 실무자의 재량권을 어느 정도 인정하는 것은 불가결한 일이었다. 당시 조선왕조는 사회변화에 대해 『속대전』·『대전통편』의 편찬을 통해 대응하려 하였지만 법전의 정비만으로 변화하는 사회의 현실에 부응할 수 없었다. 상업을 통해 새롭게 치부하는 부민층의 등장과, 이들 부민이 요역과 군역에서 일탈하는 문제, 토지소유관계가 달라져 이를 양전하는 문제 등이 지방사회에 누적되어 있었다. 폐쇄적이고 이동이 불가능한 신분제의 고답성, 폐쇄성은 조용조의 조세운영방안을 더욱 어렵게 만들었다. 전황과 퇴장, 고리대의 수단으로 활용되는 화폐제의 문제도 컸다.

조선왕조의 지방행정단위를 관장하는 목민관은 이러한 문제를 일차적으로 대면하여 중앙의 지시를 이행하는 하급자이자 동시에 이들 업무의 실제를 파악·관장하는 실무자로서의 위치도 함께 지니고 있었다. 관찰사는 이러한 문제에 커다란 재량권을 행사하게 되었다.

　이 중 '요예(要譽)'의 행위는 지방관이 관할하는 지역민들로부터 명예를 구하여, 중앙의 지시를 이행하지 않고 오로지 지역민들이 바라는 대로 행정하는 행위를 지칭하는 것이었다. 18세기 이래 이러한 요예의 양상이 증가해갔다. 정부에서는 이러한 요예의 양상이 중앙정부의 지시(특히 조세수취 부분)에 있어서 주요한 명령 불이행의 문제로 받아들였을 뿐 아니라 오히려 가혹한 관리보다도 폐단과 뒷감당이 많다고 하여 이를 엄금하고자 하였다. 그러나 이러한 요예의 행위는 조선왕조가 덕치·편민의 이상을 표방하고 있던 가운데에서 중앙정부 스스로도 완전히 부정할 수 없는 문제였으며, 실제 요예라 불리는 행위의 세부는 중앙우위−군주를 중시하는 당대의 인식관에서 그렇게 비쳐졌을 뿐이지, 실제 시행양상은 지방행정의 문제, 지역 여론의 수렴의 문제와 밀접한 관련이 있었다.

　이는 양전과정, 재해시 세금 감면, 수취과정, 특히 지방재정의 확보과정에서 두드러졌다. 관찰사는 도의 책임자로서 국왕에게 직보를 할 수 있는 위치에 있었다. 따라서 상급관서 및 국왕에게 지역사정을 보고하고 이를 통해서 감면받거나 다른 형태로의 제도 대행을 마련하여야만 했다. 그에 따라 양리로서 평가받을 수 있었다. 지방관의 변통과 이에 따른 재량권 행사가 지역현실에서 불가피한 것이었다는 점을 보여준다.

　중앙정부에서 요예로 파악하는 일은 상당수가 부세제도 자체의 혹은 운영의 모순과 문제에 대응하거나 지역 나름의 형편에 근거한 자율권 행사의 양상을 그처럼 바라보았던 측면이 있다. 이에 중앙에서는 세제 자체를 비총으로 실시하여 상납액을 규정하는 등의 행위로 이와 같은 요예의 문제에 대응하고자 했다. 그러나 이런 문제가 사실상 현실적 문제에 기인하고 있었던 만큼 수령이 감사와도 부세운영의 과정에서 쟁송하거나, 감사조차도 수령의 형편을 함께 변호하는 양상이 나타난다. 바뀐 비총제 하에서도 이와 같은 재량권 행사가 불가피한 상황이 존재하였다. 오히려 시대의 변화에 따라서 종래의 부세제도를 운영하기 위해서라도 이러한 재량권 행사가 불가피하기도 하였다.

이와 같은 조선후기 지방관의 재량권 확대는, 중앙정부에서 문제로 파악하고 이를 억제하려 하였던 것임에도 현실적으로 불가피한 성질의 것이었다. 이는 변화하는 사회에 제도의 운영이 따라가지 못했다는 구조적인 모순과 이에 따른 민인들의 여망과 발언권의 증대라는 측면과 밀접한 관련이 있는 현실적 문제였으므로, 중앙정부에서도 이를 규정으로만 억제할 수 없었다.

이에 중앙정부에서 비총제를 시행하면서도 실총류의 정리를 진행하여 세액과 운영을 정례화하고 또한 감영기구를 확장하고 그의 재량권을 확대하는 것이었다. 그러나 결국 조선왕조의 지방통치의 기본 운영이 군현제에 입각했던 만큼, 지방관의 도덕적 자질과 능력에 근거한 인치주의를 완전히 부정할 수 없었다. 이는 또한 생산력 및 교통·통신의 제한이 있었던 전근대 농업사회에서는 불가피한 문제이기도 했다.

그러나 이처럼 재량권이 증대한 지방관의 역할을 임의 운영에만 맡겨놓을 수 없었고 그들에게 지역의 현실과 중앙의 요구 사이에서 나름의 접점을 찾는 기준과 전거는 물론 그 자체의 재량권의 기준을 설정하는 것도 필요하였다. 따라서 영조·정조시기에 지방관들의 요예에 해당되는 행위를 일부 수용하면서도 또한 목민서와 같은 지방관을 대상으로 하는 매뉴얼이 나오기 시작한 것은, 사회적 변화와 그에 따른 지방관의 중대성 증가라는 상황에 대응하기 위한 지식인층 내부 혹은 당시 사회의 대응이기도 했다.

조엄의 관서장안의 문제는 짧은 임기 동안 전개된 대대적인 재정정리의 문제이며. 재정의 합리화를 위한 감사의 고뇌에 찬 결단으로 보인다. 다만 문제가 제기되지 않을 때 요예·예투로 여겨졌던 감사의 재량권 문제가 여타 정치세력의 갈등과 이해관계가 부가되면서 크게 문제시되었던 것으로 보인다.

조엄의 환로에서 그가 보여준 합리성과 진지함, 애민사상에서 볼 때 정조연간 그에 관한 혐의가 완전히 벗겨진 것은 당연한 귀결로 보인다.

2) 구황작물 고구마의 도입

고구마는 구황작물로는 좋은 농작물이고, 재배하기가 쉽고, 수확량도 많아, 특히 식량사정이 어려운 춘궁기에는 서민층에게 좋은 대용식품이 되었다. 오늘날 일본에서는 '사츠마 이모'(薩摩芋 : 사츠마 토란)라 부르고 있으나, 막부시대 사츠마 지방에서는 춘궁기 '효도작물'이라 하여 '효행우(孝行芋 : 고우고우 이모)'라 불렀다. 이것이 조선에 전래되면서 '고우고우마'가 고구마로 변음' 된 것이라는 설이 있다.[52]

구황작물로서 이용후생의 높은 가치성을 인식한 조엄은 고구마의 생태, 맛, 저장법, 재배법을 상세히 기록했다.[53] 동시에 몇말의 고구마를 구하여 재배설명서와 함께 부산진으로 보내어 재배, 채종하게 했다. 이후 귀국 길에는 재배저장법까지 습득해서 고구마를 대마도와 토양이 비슷한 제주도에 이식시켰다. 당시 조엄은 고구마 재배가 제주도에서 성공한다면 제주도민이 본토에 양식을 청하는 일과 나창(羅倉)에서 배를 띄워 곡식을 운반하는 폐단이 제거될 것이라는 입장에서 시작한 것이었다.[54]

조선초기 진휼과정에서 보이는 구황작물은 야생식물 가운데 식용이 가능한 잎·열매·뿌리·껍질을 골라 사용하는 것이었다. 이는 종래의 지역적·개별적인 기근 극복의 방법이 국가적·정책적 차원으로 확대된 것을 의미하는 것이었다.[55] 국왕 세종은 이러한 착상의 실현을 위해 야생 초목에서 식용 가능한

---

52) 김재승, 「조엄의 고구마 전파와 재배법 연구자」 『조엄연구논총』, 원주시 학술총서1권, 2004, 64~65쪽.

53) 『해사일기』 계미년 10월 6일 기축조.

54) 『해사일기』 갑신년 6월 18일 무술조. 제주도에서는 고구마를 '조저(趙藷)'라고 하여 조엄과의 연관성을 보여준다.

식물을 찾은 결과 상당한 성과를 얻을 수 있었다. 대용식물로 활용된 종류는 콩잎·팥잎·죽실(竹實)·해초(海草)·송피(松皮)를 위시하여 초실(草實)·도토리·황각(黃角)·청근(菁根)·갈근(葛根) 등이 있었다. 심지어 백토(白土)·백적토(白赤土)까지 인간이 취식할 수 있는 모든 것을 식용화하였다. 도토리와 솔잎[松葉], 느릅나무껍질[楡皮] 등을 이용하는 방법이 가장 널리 이용되었다.

이와 같이 구황식물을 이용하던 단계에서 구황작물인 고구마가 등장하였다. 18세기 중반 조엄이 일본에서 조선에 가져온 고구마는 처음부터 구황작물로서 크게 기대를 받았고, 실질적인 구황 효용을 한 단계 진전시킬 수 있었다. 고구마의 보급은 기존의 구황작물의 종류와 실질적인 구황정책의 효용성을 크게 진작시켰다.

『해사일기』 갑신(甲申 : 1764년) 6월 18일자에는 대마도에서 고구마 종자를 구해 보내게 된 사연과 함께 그 재배법을 다음과 같이 기록하고 있다.

> 봄에 양지 바른 곳에 심었다가 넝쿨이 땅위에 올라와 조금 자라거든 넝쿨의 한두 마디를 잘라 땅에 붙여 흙을 덮어주면 그 묻힌 곳에서 알을 안게 되는데, 알의 크기는 그 토질의 맞고 안 맞음에 달렸다. 잎이 떨어지고 가을이 깊어지면 그 뿌리를 캐서 구덩이를 조금 깊이 파고 감저(甘藷)를 한층 펴고 흙을 두어 치 덮고 다시 감저를 한층 펴고, 또 흙을 덮어 다지고, 이렇게 하기를 5,6층 한 뒤에 짚을 두텁게 쌓아 그 위에 덮어 비바람을 막아 주면 썩지 않는다. 또 봄이 되면 다시 위와 같이 심는다고 한다.

고구마라는 신종작물을 처음 보고도 이 정도의 재배법을 파악할 수가 있다면 그는 사행 중에 일본에 있는 육종서도 보았을 것이고, 왜인들로부터 재배법도 알아보았을 것이다. 그리하여 이것이 성공하면 제주도와 다른 도서

---

55) 조선후기 중앙과 감영, 군현 차원에서 이루어진 재해행정에 대해서는 원재영,『조선후기 荒政 연구』(연세대학교 대학원 사학과 박사학위논문, 2013)가 참조된다.

지방에도 재배를 장려하여 백성들의 식량에 크게 보탬이 될 것이라 판단했던 것이다. 조엄은 "문익점이 목면 퍼뜨리듯 한다면 어찌 우리 백성에게 큰 도움이 아니겠는가."라고 그 성공을 기대하였다. 그는 귀로에 다시 고구마 종자를 추가로 구해서 동래부 관리들에게 본격적으로 재배를 시킬 생각을 가지고 있었다. 이러한 과정을 거쳐 고구마는 절영도와 동래부에서 채종된 종자가 타지방으로 확산된 계기가 된 것이다.

조엄이 대마도에서 종자용으로 고구마 몇 말을 부산진 첨사 이응혁에게 보낸 때가 10월(음력) 중순이고, 다음해 봄 파종기에 절영도(오늘날의 영도) 봉래산 동쪽 해안지대 야산에다가 이 종자를 심었다.

조엄이 사행을 마치고 1764년 6월 22일 부산포로 귀환하여 동래부사 송문재에게 2차분 종자를 전달했으나 그가 신병으로 8월 20일 사임하자 이 종자는 다시 신임부사 강필리에게 인계되었다. 그리하여 강필리는 이의 재배법도 인계 받아, 이를 다시 보완하여 타지방까지 보급했던 것이다. 그는 조엄으로부터 전해 받은 보관법, 재배법, 증식법에 2차에 걸쳐 자신이 재배, 증식하면서 터득한 기술을 추가하여 『강씨감저보(姜氏甘藷譜)』를 저술한 것으로 추정된다.

유중림이 지은 『증보산림경제(增補山林經濟)』의 「감저종식법(甘藷種植法)」에는 고구마가 지닌 구황 효과에 대해 "이 작물은 재해가 들어도 그 피해를 받지 않고, 전쟁이나 기근이 일어나도 식량용으로 많이 충당할 수 있다. 농가에서는 한해라도 파종하지 않을 수 없으니 구황에 제일인즉 진실로 민이 살아가는 데 의존할 만한 자산이요 천하의 신기한 물종이다."라고 하였다

1794년 호남위유사(湖南慰諭使)로 다녀온 서영보는 별단에서 남쪽 지방의 토성에 고구마가 적당하므로 삼남 연해와 도서에 권장하고, 나아가 서북 이외의 6도에 모두 경작시켜야 좋을 것이라고 주장하였다.

19세기 초반 서유구는 『종저보(種藷譜)』에서 구황작물로서 고구마가 지닌 의의에 대해 "진실로 식구가 여덟 사람인 집에서 무릇 묵혀두고 내버려둔 빈 땅에 고구마를 수십 구 심으면 굶주리지 않을 것이다."라고 언급하였다.

이와 같이 고구마는 구황이라는 당대의 현실에서 절실한 목표를 달성하기에 적당한 작물로서 도입되고 그러한 역사적 의의를 갖고 농업현장에서 재배되었다.

19세기 서유구의 『종저보』 단계에 이르게 되면 고구마를 보관하는 방법[藏法]과 함께 심화된 고구마 재배법이 정리되고 있다. 일본에서 고구마가 도입되면서 같이 곁들여온 일본의 종식(種植) 방안은 점차 조선의 토질과 기후 특성에 맞는 재배법으로 개발되어 갔고, 여기에 서광계의 『농정전서(農政全書)』 등 중국의 고구마재배법을 참고하면서 조선의 토착적인 고구마 재배법이 고안되었다.

『종저보』에서 서유구는 고구마를 파종하는 적당한 시기로 영호남 연해 지방의 경우 청명 이후, 한남(漢南)과 한북(漢北)의 경우 곡우 이후로 나누어 정리하였다. 이러한 시기는 대략 서리 내리기가 그치고, 토맥(土脈)이 융화되는 시기를 맞추어 설정한 것이었다. 서유구는 호남 연해 지방의 고도는 중국 강남의 고도와 단지 1, 2도 정도 다를 뿐이라고 하면서 마땅히 중국 강절(江浙)지역의 파종 적기를 채택해야 한다고 했다. 파종 적기를 둘러싸고 『농정전서』, 『강씨감저보』, 『종저보』의 주장이 서로 상충하는 듯하면서 제 모습을 찾아가는 양상을 잘 보여준다.

이와 같이 고구마 재배법에서 조선 각지의 지역적인 농업환경의 특색이 고려되고 있으며 전래된 재배법의 적용, 보충, 보완, 수정의 단계를 거쳐 나아간 것으로 보인다.

4. 풍양 조씨 문중의 정치·사회 활동

1) 풍양 조씨 문중과 후손들의 정치활동

본 항에서는 조엄을 중심으로 직계 문중인들의 정치활동 상을 살펴보겠다.

엄－진관(효문공)－만영(이조판서)－병구(이조판서)－성하(이조판서)－동면

특기할 만한 사실은 풍양 조씨 회양공파 가운데 19세기 안동 김씨와 함께 세도정국을 주도했던 풍양 조씨 한평군파(漢平君派)는 조만영·조인영 등인데 이들이 바로 조엄의 직계 후손이다. 먼저 조엄의 부친인 조상경(1681~1746, 호는 학당)은 풍안군 흡의 증손으로 돈녕부 도정 조도보의 아들로 김창협의 문인이다.[56] 1710년 증광문과 병과에 급제하여 1721년 이조참의를 지내고 1722년 신임사화시 노론의 당색으로 안주와 아산에 유배되었다. 이후 좌참찬 과 판의금부사, 이조판서를 역임하였다. 조상경은 영조 7년(1731) 사은 부사로 청나라에 사신으로 파견되었다. 그의 아들 조엄 역시 이조판서를 역임하고 일본에 통신사로 파견되었다. 한편 조엄의 아들 조진관(1739~1808, 호는 가정)은 1775년 특별 구현시(求賢試)에 장원으로 합격, 홍문관 제학에 오른 후 돈녕부 도정, 이조판서를 역임하였다. 아버지 조엄의 무고를 벗기기 위해 여러 차례(정조 12년과 14년, 17년) 조정에 상소를 올렸다. 그 결과 조엄의 관서장안이 탕척되었다. 조진관의 신원노력으로 재차 풍양 조씨 조상경 가문 의 관료진출의 길이 다시 크게 열렸다고 볼 수 있다.[57]

조만영(1776~1846, 호는 석애)은 이조판서 조진관의 아들이며 영의정 조인 영의 형이다. 1813년 겨울 증광문과에 을과로 급제하여 검열을 거쳐 지평·정언

---

56) 『풍양조씨세록』 1, 772~778쪽.
57) 권오영, 「조선후기 풍양조씨의 관력과 정치활동」『전게서』, 1997, 120쪽.

등을 역임하였다. 1827년 7월 김조근을 대신하여 이조판서에 임명되었다. 이에 순조가 안동김씨의 세도를 견제할 목적으로 그 자신의 건강상 이유를 들어 세자에게 대리청정을 명하자 조만영은 이조판서로서 어영대장을 겸하였고 이를 바탕으로 부상하여 풍양 조씨 세도의 기초를 마련하였다. 1829년에는 호조판서에 임명되고 훈련대장과 선혜청 당상의 직임도 겸임하였다. 1830년 효명세자가 죽자 풍양조씨는 안동김씨에게 밀려났지만, 1832년 10월에 예조판서에 임명되어 세손(헌종)의 보호에 힘썼다. 헌종이 즉위하자 훈련대장·어영대장을 역임하면서 불안한 왕실을 보호하는 한편, 조인영과 조병현 등을 이조판서와 형조판서에 임명하는 등 풍양조씨 가문의 세력만회를 꾀하였다. 조만영은 풍양 조씨 가문의 세도정치의 핵심인물로서, 군영의 대장직을 맡아 군사권을 장악하고, 또 경제권과 인사권을 두루 장악하여 풍양 조씨 세도정치를 이끄는데 기틀을 마련하였다. 세도정권에서 풍양 조씨의 기반을 닦은 이는 조진관의 아들 조인영(1782~1850, 호는 운석, 시호는 문충)이다. 조인영은 1841년에 영의정이 되어 안동 김씨 세도를 누르고 풍양 조씨 세도를 구축하였다. 앞서 1839년 2월 이조판서에 올라 인사권을 장악하고 같은 날 조카 조병현이 형조판서가 되어 형사·재판권을 장악하였다. 정치적 실권을 장악한 두 사람은 척사정책을 펴나갔다. 조인영은 기해사옥(己亥邪獄)을 주도하여 우의정에 임명되어 「척사윤음(斥邪綸音)」을 지어 헌종에게 바쳐서 10월에 경외에 반포하게 하였다. 그는 강력한 척사정책을 주도하면서 10월 우의정에 임명되어 정권을 실질적으로 장악하였다.58)

풍양 조씨 회양공파는 조선후기 18세기에는 조문명·조현명이 활동하여 소론 명가로, 19세기에는 조만영·조인영이 노론 명가로 정치적으로 많은

---

58) 조만영의 아들로 조인영에게 입양되었던 조병기(1821~1858, 호는 소석)는 1844년에 황감제시에 합격하고, 1845년에 정시문과에 갑과로 급제하였다. 1850년에 이조참의, 1854년에 10월 개성유수, 1855년에 황해관찰사, 1856년에 도총관을 거쳐 형조판서, 6월 사헌부대사헌, 1857년에 병조판서, 우참찬에 임명되고 1858년에 병조판서를 다시 역임한 뒤 총융사가 되었다.

활동을 하였다. 18세기 이후 조선후기 정치가 노·소론에 의해 좌우되었다면 풍양 조씨 가문은 중앙권력의 핵심부에서 정치활동을 하였다고 할 수 있다. 이 가문은 17세기말·18세기초 소론과 노론으로 분파되었지만 정치적 갈등은 보이지 않는다. 오히려 조현명과 조상경에서 보는 바와 같이 상선(相善)의 관계였고, 두 사람 모두 고위관료로서 정치적 제휴를 했던 것 같다. 이러한 현상은 혈연이 무엇보다 중시되던 전근대사회에서는 당연한 일이었을 것이다.

풍양 조씨는 19세기에 세도정치에 핵심가문으로 참여하였다. 특히 풍양 조씨 한평군파는 18세기 중반부터 19세기 말까지 인사권을 장기간 쥐고 있었다. 즉 세도(世道)에 깊이 관계된다고 생각했던 이조판서에 다수 임용되었던 것이다. 물론 조문명·조현명 등 소론 집안에서도 탕평정책을 추진하면서 이조판서에 임명되어 많은 인사를 담당하였지만 특히 한평군파는 7세를 내리 이조판서를 배출하였다. 즉, 조상경─조엄─조진관─조만영─조병구─조성하─조동면의 직계 7세가 모두 이조판서를 역임하였다. 조상경 이하 조동면까지 7세동안 이조판서를 배출하였다는 사실은 이 가문이 조선후기 인사정책에 막강한 영향력을 행사했다고 할 수 있다.

이후 풍양 조씨는 안동 김씨와 함께 19세기 세도정치에 깊숙이 관여하는 세력으로 부상하였다.

2) 춘천 애막골, 원주 작동(鵲洞)과 조엄

춘천지역 풍양 조씨 동족마을의 형성계기와 요인을 다음과 같이 정리할 수 있다. 동족마을이란 '구성의 다수를 차지하는 한두 동성동본의 성씨집단이 특정 마을에 대대로 거주하면서 마을을 주도적으로 이끌고 있는 경우'에 해당된다. 서울 인근의 지역 특징이 감안된 경기도와 한강 수로로 연결된 수도권 지역 동족마을(집성촌)의 형성 계기는 다음과 같이 설명된다. 우선 조선전기 이래 이 지역에 새로이 정착한 가문의 입향 유래나 집성촌의 발달

계기를 보면 지방출신으로 과거에 급제하거나 성균관에 유학하는 가운데 고관 내지 왕실과의 혼인을 통해, 이에 부수되는 재산상속 후 처가의 별서(別墅)나 선산에 묘소를 쓰게 되는 경우가 있었다. 또한 조선전기에 마련된 경기지역 선산 중 한 곳을 택하여 묘를 쓰는 경우, 이후 그 후손이 서울에서 관직에 종사하면서 점차 묘산(墓山)으로 확산시켜가게 되고 벼슬이 여의치 못한 집안은 묘산 부근으로 낙향하거나, 혹은 정치적으로 불우할 때 별서에 우거(寓居)하기도 하는 등의 과정을 겪으면서 집성촌이 형성되어 간 것으로 되어 있다. 별서의 지역적 확산은 번성한 가문의 후손들이 경기 각 지역에 세거(世居)하는 계기를 마련해주었다고 한다.

특히 현달한 특정가문이 여러 지역으로 확산되는 지리적 배경에는 한강수로의 이용을 들 수 있다. 서울에서 관직생활을 하며 그들 선조의 묘산(墓山)에 봉사하기 위해서는 비교적 도성과 가까운 지역이거나 설혹 원거리라 하더라도 왕래가 편리해야 했기 때문이다. 한강은 집성촌의 확산을 가져왔을 뿐 아니라 수도권 인근지역 학자들의 학문적 교유를 원활히 하는 문화적 창구 역할도 하였다.[59]

무엇보다 혼인을 통해 입향의 계기를 마련한 점이 두드러졌다. 사족들이 처가의 토지를 분급받아 세거의 기틀을 마련하였던 것이다. 다음으로 조선전기 일찍이 현달하여 북한강 인접 지역에 기반을 마련하였고 후대에 이르러 그들이 문중 기반이 있는 지역으로 이주한 사례를 들 수 있다. 소위 지역에서 명문으로 꼽히며 조선전기부터 마련한 기틀을 유지하여 운영해 간 경우 그들 조상의 은거지를 추승하는 과정에서 동족마을(집성촌)을 형성한 사례를 볼 수 있다.

서울과 가까운 북한강 인근지역이 지니는 지역적 특수성으로 정치세력 교체와 중앙정국의 변화가 곧바로 이 지역에 파급된다고 하겠다. 당시에

---

59) 이근호·조준호·이계형, 「경기북부지역 집성촌의 분포와 입지조건」, 『북악사론』 8, 2001.

전개되는 정치·사회적 변화에 능동적으로 대처하지 못하고 이후 가세가 현격하게 위축되는 경우 낙향의 근거지로 삼았던 것으로 보인다. 한강지역 동족마을의 형성 계기는 이상의 사안들을 통해 설명될 수 있을 것이다.[60]

춘천은 행정적으로 강원도에 속한 대읍이었으나 지리적으로 서울과 가깝고, 사회적·군사적인 측면에서도 서울의 영향력을 많이 받았던 지역이었다. 따라서 토성들이 본관의 토착적 기반을 유지하면서 상경종사(上京從仕)하기에 편리하였고, 비토성 사대부들의 서울로부터의 입거·낙향이 잦은 지역이었다. 이로 인해 일찍부터 서울의 중앙문화가 빠르게 유입되는 곳이었다. 서울 거주 사족들이 춘천에 머물면서 춘천의 사족들과 일정한 친분관계를 맺었던 것으로 보인다.

조선후기에 이르러 회양공파 안평(安平)의 넷째 아들인 후지(厚之)의 일부 후손들이 춘천에 재정착하였다. 후지의 아들은 넷이 있었는데 이들 중 첫째인 별검공 익조(益祚)와 셋째인 익상(益祥)의 후손들을 중심으로 춘천에 정착하였다.[61] 익조의 장자인 세문(世文)의 후손들이 집단적으로 이곳에 정착한 것으로 전해진다. 그러나 첫째인 익조계의 후손들이 시묘를 이유로 춘천에 대대로 거주하였던 반면에 익상계는 서울에 나아가 정계에 진출하였고, 그중 한 갈래가 춘천에 세거하였다. 이로 인해 서울과 춘천에 거주하게 된 회양공파는 상호 매우 긴밀한 연계망을 유지하였으며, 서울에 거주한 회양공파 중 상당수의 인물들이 춘천에 묏자리를 쓰게 되는 요인이 되었다. 춘천에 정착한 풍양 조씨의 인물들은 지역 내 유력한 세력으로 존재했고 그러한 사실은 17세기 중반 이후 작성된 『향안(鄕案)』(『향중좌목(鄕中座目)』)의 기록에서도 확인된다.

확대된 혈연조직으로서 문중은 현존하는 구성원뿐만 아니라 이미 사망한 조상까지도 그 구성원에 포함한다. 사망한 조상들에 대한 기억의 축적이

---

60) 오영교, 『강원의 동족마을』, 집문당, 2005 참조.
61) 김문택, 전게논문, 174~175쪽 참조.

문중의 역사이고, 이는 곧 가풍과 가격(家格)을 형성한다. '일단 성립된 문중은 끝없이 존속하여야 한다'는 영속 지향성은 구성원 개개인을 구속하는 힘을 가지게 되는 것이며 가계 계승적 기능을 수행하게 되는 것이다. 문중은 개개의 가족 구성원들이 타인과 사회적 관계를 맺을 수 있는 확실한 신분을 보장해 줌과 동시에, 그 개인들이 맺게 되는 타 문중과의 교류, 그리고 국가로부터의 의무와 책임을 수행하는 기능을 가졌다. 예를 들어 개개의 문중구성원들은 자신의 개인적 존재 가치보다 '모씨 문중 사람' 또는 '어디 모씨 누구의 몇 대손'이라는 가문의 계보나 혈연적 관계 속에서 더 확실한 신분을 보장받을 수 있었고, 개인의 행동평가마저도 자신이 속한 집을 기준으로 이루어졌다. 지역 집단간의 협력도 개인을 단위로 하기보다는 집 더 나아가 문중이 책임지는 것이었다. 특히 개개인이 독립적 가치를 지니기보다는 문중의 과거, 현재, 미래를 연결하는 시간적, 혈연적 계보 상에서 하나의 연결 고리로서 더욱 큰 의미를 부여받았고, 이에 따라 한국의 전통가정에서 개인의 존재란 그 개인 속에 깃든 문중과 사회와 혈연의 역사성 측면에서 인식되었다.

이로 인해 수가사상(守家思想)이 강조되었다. 이는 문중의 흥성을 도모하고 유지하려는 사상이다. 수가사상은 문중 구성원 개인의 성취를 중요하게 여김과 동시에 문중의 흥성을 중시하는 것으로 구체화되었다.

1년 수차례 반복되는 각 문중의 의례는 사람들로 하여금 행동의 제도적 의미를 구현하고 나아가서 그 행동의 총화로 이루어지는 삶의 의미를 알도록 하기 위하여 고안된 제도적 장치를 가리킨다. 이러한 제사 역시 중요한 수가의 과업이었다. 조상의 생애와 인물됨을 기리며 마음속에 모시는 것이 제사라는 의식으로 지속된다고 보았다.

춘천에 정착한 풍양 조씨 가문은 조신의 부인인 고성 이씨의 묘제(墓祭)를 중심으로 문중들이 모이게 되었는데, 여기에는 춘천에 거주하는 사람들 뿐 아니라 서울을 비롯하여 강원도 인근, 그리고 충청도 임천과 호남지역 거주 풍양 조씨 회양공파가 망라되어 모임을 가졌다. 이 묘제는 처음 1771년 가을에 준비 모임을 가졌고, 3년이 지난 후인 1774년에 시작될 수 있었다. 거행 당시의 기록에 따르면 묘제는 풍양의 시중공 조맹의 묘와 임천의 회양공 묘는 이전부터 행하였는데, 애막동(艾幕洞)만 홀로 행해지지 않았다고 한다. 그리하여 신묘년(1771) 가을에 논의하여 묘전(墓田)을 증설해 둠으로써 거행이 가능하게 되었다고 한다.[62]

손자 조인영이 작성한 가장(家狀)에 따르면[63] 조엄은 부친 조상경의 고사(故事)를 계승하여 묘 관리 전답을 늘리고 제식(祭式)을 결정하는 등, 그 사업을 주관하는 20년 동안 게을리 하지 않았고 불천위(不遷位) 묘소에서 있어서도 모두 시조묘(始祖墓)의 규식에 의하여 지성으로 경기(經紀)하였다고 한다. 일찍이 보첩에 착오가 많음을 바로 잡기 위하여 여러 해 동안 힘을 기울여 종족을 수합하여 왔었는데 경상감사로 나가자 봉록을 헌납하여 공인(工人)을 모아 경진보(庚辰譜)를 중간하고 나서 아울러 소멸되어가는 선대 문집인『독암 유고(獨庵遺稿)』까지 중간하였다. 그 밖에 종족간의 돈목과 구호의 사례와 형제간의 우애, 외가 선대에 대한 지극한 관심 표명의 사례가 수없이 전한다.

1774년 4월 20일(계미) 처음 시행되었던 고성 이씨 묘제는 조엄과 그의 동생인 조정(趙晸)에 의해 주도되었다.『성소록(省掃錄)』「갑오사월 길일 양위 (兩位) 행제(行祭)」의 기록에 따르면 당시 조엄이 진작, 조정이 독축, 한진이 집사를 맡아 거행하였다. 당시 참여한 동족인을 보면 12대 손으로 조인진, 조방진, 조엄, 조정, 조관진, 조래진, 조규진, 조협진, 조한진, 조만진, 조중진, 조항진, 조희진, 조대진, 조경진, 조순진, 조형진, 조득진 등 18인, 13대 손으로 조운희, 조운용, 조운기, 조운한, 조운종, 조운승, 조운산, 조운오 등 8인, 14대손 조만화, 조유화 등 2인이 참여하였다. 다음으로 동종(同宗)으로 조인벽, 동몽(童蒙)으로 조운성, 조익득, 조운철, 조정윤, 조운석, 조대득, 조종손, 조왕 태, 조운승 등 도합 36명의 문중인의 이름이 남겨있다. 참여동족인의 거주지는

---

62)『성소록(省掃錄)』후기(後記).

63)『풍양조씨세록』권76, 회양공파, 「이조판서 증좌찬성영호부군가장」.

춘천과 서울, 그리고 옥구 등지였다.

당시 제문은 조엄과 조정이 각각 제술하였다. 「제(祭) 회양선조비묘문(淮陽先祖妣墓文)」과 「제(祭) 좌랑선조묘문(佐郞先祖墓文)」이다. 조엄은 제문을 통해 12대 조비 숙인 고성 이씨 묘에서 4백여 년 동안 음덕으로 인한 '문중의 번성'을 고하고 있다. 조엄과 조정의 이름으로 11대 조고(祖考) 공조좌랑공 안평에 대해 춘천에 거주한 내용과 그로 인한 '풍양 조씨의 뿌리의식[本根枝葉]'에 대해 고하고 있다. 안평은 춘천 소양강 근처에서 복거한 인물로 풍양 조씨의 춘천 연고를 확고히 한 실질적인 입향 시조인 셈이다.

당일 속개된 종회에는 43명의 인원이 참가하였다. 기록에는 출생년의 기록과 함께 직역·관직이 기록되었다. 조엄은 좌참찬, 조정은 전참의, 조택진은 전군수, 조래진은 현감, 조한진은 전현감이었다. 같은 해 9월 27일에 전개된 시제사에는 조인진 등 춘천 거주 후손들이 주도하고 있고 참석인원도 30명이었다. 이때에는 외손으로 최발해, 최제환, 신경태 등이 참석하고 있다.

이후 묘제는 거듭되었고 과거에 입격하거나 강원감사 또는 철원방어사 등 인근지역에서 벼슬을 수행할 때 참석하는 경우가 있으며 임천을 비롯한 타 지역 동족인들의 방문도 계속되었다. 이러한 행사는 풍양 조씨 문중의 자체 결속력이나 지역적 연망을 확인하는 데 기여하고 춘천지역 내 풍양 조씨의 위세를 드러내는 데에도 일정한 역할을 한 것으로 보인다.

이상에서 살펴본 것처럼 풍양 조씨는 본래 춘천에 세거하지 않았으나 조선초기 조신의 부인인 고성 이씨의 묘가 조성된 이후 긴밀한 관계를 맺다가 본격적으로는 임란 이후에 거주가 이루어진다.

조선후기 이래 본 문중의 춘천지역에서의 사회활동은 향안류를 통해 살펴볼 수 있다. 1665년부터 작성된 「사마계좌목(司馬契座目)」과 1764년에 1차로 작성된 「사마선생안(司馬先生案)」에 등장하는 각 성씨별 합격자를 보면 다음과 같다. 전주 이씨(53), 풍양 조씨(30), 경주 이씨(20), 수원 최씨(19), 청송 심씨(14), 당성 홍씨(14), 기계 유씨(13), 선산 김씨(12), 파평 윤씨(11), 평해 황씨(10)

가 나타난다. 전주 이씨와 풍양 조씨는 조선후기 춘천의 사족문화를 주도하고 춘천문화에 많은 영향을 끼친 성씨 가운데 하나라고 볼 수 있다. 특히 풍양 조씨는 춘천과 서울의 거주자가 각각 8명과 19명으로 이루어져 있다.[64]

사마안에 기록된 풍양 조씨는 춘천거주자보다는 서울거주자가 많았다. 이는 회양공파 동족인 사이에서 서울과 춘천이라는 지역간 연계망이 확실하게 형성되어 있었음을 보여준다.

조엄의 선친들인 온지 이후 한평군 익정, 팽(彭), 종경, 정기, 수익, 흡, 중운, 도보, 상경 등은 양주 동고주내(東古州內) 광암리(廣巖里)에 묘소를 설정하였고 장손은 대대로 선산에 묻혔다.

조엄은 사후 김해에서 운구하여 사패지가 위치한 원주시 작대동(작동)으로 이장되었다. 그의 아들 진관은 영평(永平, 포천) 일동면 광석리, 만영은 춘천부 북개양동, 병구는 춘천부 북동현에, 그리고 성하와 동면·명구·남섭 역시 포천군 일동면 기산리에 묻혀있다. 조엄의 묘는 지정면 간현리 산69-3번지에 있다.

원주 작동에의 이장 이후 관련 토지는 남섭(南燮) 대에 이르러 대거 매매되고 6·25이후 갖가지 조치법으로 인해 점차 축소되었다. 일제 하에는 18정보 규모였다고 하나 지금은 2천여 평에 불과하다. 풍양 조씨의 문중인 가운데 조엄의 직계후손인 남섭 대에 작동에 다수 거주하였고, 납섭 역시 사후 작동에 묻혀 새로운 세거지로서의 위상을 세웠으나 차후 선산인 포천으로 이장하였다.

오늘날 간현2리 작동에 거주하는 풍양 조씨는 홍천군 남면 화전리(花田里)에서 이주한 동족들로서 회양공파 13대손 하(夏)자 항렬과 14대손 동(東)자 항렬들이었다. 1950년대에는 무려 4, 50가구에 이르렀으나 지금은 소수가 거주하고 있다. 원주 전체 풍양 조씨 동족인들은 30가구에 이른다. 이들은 회양공 신(愼)를 파시조로 다시 별위공(副尉公) 익정(益精)을 중시조로 하는

---

64) 김문택, 「조선조 춘천지방 사족의 성격과 풍양조씨」『춘천의 세거씨족 풍양조씨 회양공파연구』, 풍양조씨자효회, 1997, 168쪽.

계보이다. 안평(8세)의 3자이며 홍천파의 파조인 참봉 순지(順之 : 묘택은 여주군 등신 재가동)에게는 익강, 익건, 익정(益精)의 3아들이 있었다. 그 후손들이 홍천 화전리에 근거지를 지니고 있다.[65]

지정면 번영회에서 벌초와 선양사업을 추진하며 춘천의 풍양 조씨 자효회(慈孝會)에서 더불어 간여하고 있다. 풍양 조씨 자효회의 원주 지역대표는 대의원 약간명이 설정되어 있다.

5. 맺음말

목민관의 애민사상은 순조의 행장에서 보이는 다음의 표현에서 엿볼 수 있다.[66]

백성의 목자(牧者)된 자는 염근(廉謹)을 본받을 것이고, 유사(有司)된 자는 법대로 지킬 줄을 알아서 재물을 손상시키고 백성을 해치는 데에 이르지 않을 것이니, 이것이 애민하는 실제가 되는 것입니다. 애민하는 방법은 절검보다 더 좋은 것이 없다. 비록 한 알의 밥과 한 자의 베[布]일지라도 이것이 모두 백성에게서 나온 것이니, 만약 절검하지 않는다면 그 폐해가 반드시 백성에게로 돌아가게 될 것이다. 백성이 잘 살아가지 못하면 나라가 나라 구실을 할 수 없는 것이다. 모쪼록 '백성을 사랑한다[愛民]'는 두 글자를 잊지 말기를 바란다.

영호 조엄은 당대 지방사회와 재지세력, 지방재정 운영에 대해 예리하게 문제점을 지적하고 민들의 고통과 어려움을 해결하려 노력한 목민관이었다.

---

65) 『풍양조씨세보』, 1978. 愼－安平－順之－益精－裕－敬胤－贊－履南－士賢－欣－正起 －行渭－舜鎭－雲慶－元和－秉輔－珣夏－東俊－明九－南麟.
66) 『순조실록』 부록, 순조대왕 행장 48권, 423쪽.

동래부사와 경상관찰사 시절 수세자 편의주의를 관철하고자 하는 조창체계를 개편하여 납세자 농민의 편리를 도모하였고, 평양감영의 재정체계를 개혁하여 민들의 고충을 일거에 해결하고자 노력하였다. 그 와중에 관행에 젖어있어 '해서 문제되느니 하지 않음만 못하다'라는 일신의 편의주의를 내세우는 지역 토호와 관리들에 의해 커다란 공격과 박해를 받았다. 그의 민에 대한 지극한 사랑은 누구도 실천하지 못한 구황작물 고구마의 도입과정에서 볼 수 있다.

그는 평생토록 백성들의 처지를 개선하기 위한 정책적 실현을 갈망하였다. 피할 수 없는 숙명이기에 거부하지 않았고, 결연한 의지로 목민관으로서의 시대적 소임을 묵묵히 수행해 나아갔다. 18세기 농민들이 겪는 고통을 자신의 문제로 인식하고 해결방안을 적극 모색한 목민관이자 학자적 관료였다.

부편 :

지역학 연구와 강원학

제1장 강원연구의 활성화와 지역학

1990년대 후반 들어 전국적으로 지방화 시대와 지방문화 발전의 상관관계에 대한 연구, 지역민의 삶의 질 향상을 위한 방안, 지방의 정체성 확립이라는 과제에 대해 이론적 체계화를 담당하는 기관으로서 지역학 연구소가 앞 다투어 건립되었다. 이는 분명 포스트 모더니즘의 학문적 경향으로 일상사·미시사·여성사의 활성화에서 볼 수 있듯이 기존 학술적 담론의 다양화와 의미부여라는 분위기에서 비롯된 것이기도 하다.

지역의 입장에서 이러한 현상은 첫째 진정한 의미의 지방자치가 실현되는 기반 만들기 즉, 지역을 살아있는 정치적·경제적·문화적 공동체로 기능하도록 되살리는 몸짓으로 평가할 수 있다. 둘째, 이와 같은 노력은 지금까지 중앙에서 독점하던 학술문화운동과 정책에 대한 일종의 반작용이며 지역민들의 인식전환과 역량 증진의 결과로도 볼 수 있다. 셋째, 지방자치 시대 하에서 고유의 지역성을 바탕으로 하지 않은 경쟁은 사상누각에 불과한 것이라는 지적, 다시 말해 지역만의 어떤 특징을 부각시키지 않으면 여타 경쟁지역 가운데 묻힐 수밖에 없다는 위기의식이 지적되고 있는 바, 바로 지역성·경쟁력 강화를 위한 움직임으로 볼 수 있다. 무엇보다 자기 지역을 제대로 알고 그에 대한 책임을 질 수 있을 때에 참된 참여자격이 주어진다고 본다면, 지역학연구소의 제반 활동은 적극적인 '주민참여'를 견인해 낸다는 점에서 확실히 바람직한 현상이었다. 본 장에서는 삶의 터전으로서 강원도의 현재적 상황과 미래의 비전, 학문적 연구 대상으로서 1970년 이후 다양한 분야에서 수행된 강원 연구성과를 점검하고 이를 바탕으로 한 강원학의 가능성과 잠재력을 고민할 것이다. 강원학과 관련된 주도적 담론을 형성하고 이와 관련된 학문적 실천의 가능성을 타진하려는 노력의 일환이라고 여기고 있다.

1. 지역학의 대두와 정립

1) 지역학 연구의 대두

(1) 지역학의 개념

지역학은 1990년대 후반 지방자치제도의 시행으로 자치단체 중심의 행정제도가 정착됨에 따라 지역의 특성에 기반한 행정과 경제·사회·문화 발전전략 등 이른바 지역차원의 고유정책을 위한 기초연구 및 현안해결의 기저로 연구가 본격화 되었다.

여기서 지역학이란 그 지역에 살고 있는 사람들과 관련된 역사적, 언어적, 민속적, 제도적, 정치적, 경제적 등 사회 각 분야에 대한 심층적 연구를 통한 지역의 정체성을 확립하는 것이라 할 수 있다. 지역학은 인문과학, 사회과학 혹은 자연과학이든 간에 어느 분야를 막론하고 모든 지역의 성립 또는 그곳 인간의 삶에 관하여 지역의 전체 혹은 개별적인 국면을 대상으로 현지조사를 축으로 하는 실증주의적 방법에 의한 해명을 시도하는 학술연구 방법이다. 강원학은 이러한 연구를 포괄적으로 시행하여 획득한 강원문화에 대한 연구라 할 수 있을 것이다. 따라서 강원학은 강원도와 강원인의 정체성과 주체성을 확립하기 위한 지역학이다. 즉 강원인들의 다양한 삶의 형태들에 대한 지역학의 총합인 셈이다.[1]

정부는 지역문화의 자생력 강화를 위한 '지역문화 진흥의 체계적 추진 기반 구축'에 따른 '지역학의 활성화'를 제시하고 있으며, 2014년에는 지역문화 진흥법을 제정하여 지역문화의 발전과 활성화를 위한 사업의 법·제도적 근거를 마련하였다. 지역문화유산, 문화예술, 생활문화, 문화산업 등 전반적인 지역문화 진흥을 위한 사업에 대해 체계화하고 종합할 수 있는 계기를 만들고 있다.[2] 「지역문화진흥법」에서의 지역학 연구 범위와 대상은 지역문화의 고유한 원형을 연구하고, 생활문화를 연구하며, 지역주민의 삶의 질 향상을 추구할 수 있도록 지역주민의 현재의 삶과 삶의 질이 향상된 이상적인 삶의 모습까지 포함하고 있다.

지역학은 일차적 대상은 지역이지만, 21세기 세계화 과정 속에서 주변을 둘러싼 사회문화적 과정, 환경과 관계까지를 포괄하는 개념으로 접근되고 있다. 지역학은 지역적 특성과 지역 사람들의 정체성에 대한 인식을 바탕으로 다른 지역 및 국가와 구별되는 독자적 정체성을 찾으려는 노력임과 동시에 지역 사람들의 삶의 향상과 이를 위한 전략을 고민하는 학문으로, 지역의 정체성에 대한 이해와 이를 기초로 한 지역의 발전 가능성을 모색하는 목적적, 실천적 학문이라 할 수 있다.[3]

지역학은 지역주민들의 자기정체성을 정립하고, 자긍심을 함양시켜 지역발전의 동인 및 구심적 형성의 중요한 역할을 수행한다. 이는 지역전통문화의 새로운 발견과 위상정립의 절대적 요인이 될 수 있으며, 궁극적으로 지역공동체의 새로운 이미지를 창출하는 단서가 될 수 있는 것이다. 세계화의 흐름

---

1) 오영교, 「지역학연구와 원주학」('강원학의 개념과 정립방향 학술세미나), 강원발전연구원, 1999 ; 오영교, 「지역학의 대두와 '강진학'」『다산과 현대』 제8호, 2015, 199~227쪽 ; 임호민, 「강원지역학 연구현황과 방향」(지역학 연구성과 학술발표회), 안동대, 2007 참조.

2) 「지역문화진흥법」 2014.1.

3) 김영일, 「지역학으로서 부산학과 시민의식」『The Journal of Social Paradigm Studies』 27(1), 2012, 185~222쪽.

속에서 스스로의 경쟁력을 확보하기 위해서는 중앙집중 방식에서 자유로워질 수 있도록 지역의 문제를 지역이 주체가 될 수 있는 토대를 제공할 수 있다. 그리고 지역자원의 개발 및 재인식을 통해 지역 현안문제를 해결하는 방안을 모색할 수 있고, 또한 지역 활성화를 도모할 수 있다.

이처럼 지역학은 지역의 특징과 정체성을 정립하고 지역발전과 지역민의 삶의 질 개선을 이루는 데 기여하는 분과 학문이다. 오늘날 지역학은 '과거'에 머무르지 않고 보다 현실적이고 미래지향적인 차원에서 다루어지는 실제적 학문으로 영역이 확대해가고 있다. 또한 역사, 인문의 범위를 넘어 사회과학, 자연과학 등 전 분야를 망라하는 종합학문이며, 글로컬 학문으로 인식되고 있다. 그동안 지역학 연구가 해당지역의 연구에만 집중되는 경향이 강해 타 지역과의 관계성이 간과되는 경향이 있었으나 현재 지역학 연구는 행정구역을 넘어 동일문화권으로 확장되는 등 지역학의 질적 수준 제고라는 차원에서 연구범위가 확장되고 있다.

(2) 지역학의 대두와 정립과정

우리나라의 지역학은 1990년대 후반 지방자치제의 본격적인 시행과 더불어 지역의 역사·문화적 정체성에 대한 인식이 확산됨에 따라 지역의 정체성을 확립해 나가기 위한 기초적인 연구로서 정립되었다. 국내에서의 지역학은 1993년 설립된 서울학연구소를 시작으로 현재까지 광주, 대전, 강원, 전남, 경남 지역을 제외한 대부분의 광역지자체에 지역학 전문연구기관이 설립되어 운영 중에 있다. 서울학, 부산학, 인천학, 대구경북학, 강원학, 경기학, 대전충청학, 충북학, 호남학, 경남학, 제주학 등의 지역연구가 국·시립대학이나 출연연구기관의 부속센터, 민간 등을 중심으로 진행되고 있다. 이 가운데 광역지자체 중심의 연구기관은 다음과 같다.[4]

지역	연구소
서울특별시	서울시립대학교 서울학연구소(1993)
부산광역시	신라대학교 부산학센터(2002)~ 부산발전연구원 부산학연구센터(2003)~ 부산대학교한국민족문화연구소 로컬리티의 인문학연구단(1994)
인천광역시	인천시립대학교 인천학연구원(2002)
울산광역시	울산발전연구원 울산학연구센터(2005)
경기도	경기문화재단 경기학연구센터(2005)
충청북도	충북대학교 중원문화연구소(1997) 충북발전연구원 충북학연구소(1999)
전라북도	전북대학교 전라문화연구소(1997)
경상북도	대구경북연구원 대구경북학연구센터(2005)
경상남도	창원대학교 경남학연구센터(2005)
제주도	제주발전연구원 제주학연구센터(2011) 제주대학교 탐라문화연구소(1981) 제주학연구소(2004) 제주학회(1978)

지역학 연구기관의 운영주체별 현황을 살펴보면, 대학연구소가 12개소, 지방자치단체 소속이 9개소, 민간 4개소에 이른다. 1990년 이전에는 대학을 중심으로 순수학문적 관점에서 연구되었으며, 1990년 이후는 광역지자체의 설립이 본격화되었고 주요관점은 지역 정체성 및 개발 분야였다. 2000년 이후에는 기초자치단체의 지역학 연구기구 설립 등으로 점차 확산되고 있다.

최근 주요 지역별 지역학 연구기관의 연구동향을 살펴보면(2011~2015), '새로운 학문으로서 지역학', '지역의 정신과 가치 발견', '지역학과 문화콘텐츠', '지역학 자료의 기록화와 보존·활용', '지역학연구와 지역정체성, 지역의 도시정체성', '지역의 민속·도시문화', '도시의 근대, 근대의 유산', '도시, 정체성을 찾다', '지역학과 시민참여', '지역학과 마을이야기' 등의 주제로 각종 학술대회를 개최하고 있다. 광역지자체와 연계된 지역학연구소의 경우 경제, 환경,

---

4) 정정숙, 『지역문화 진흥을 위한 지역학 활성화 방안 연구』, 한국문화관광연구원, 2014.

사회와 관련한 분야 즉 지역별로 당면한 현안(개발 및 자기정체성 확보)에 대한 기초연구가 집중되는 것을 알 수 있다. 반면 대학을 중심으로 한 학술연구 기관은 민속과 역사, 문화컨텐츠 등 인문자원에 대한 연구가 주종을 이루고 있다. 국내 지역학 연구소들은 상호 연계와 정보교류를 위해 한국지역학 학술대회, 한국지역학포럼을 지속적으로 개최하고 있다.

2) 지역학 연구의 필요성

많은 학자들이 탈중심의 다극화 사회가 되면 국가·정부권력 단위보다는 지역단위의 개체성이 보다 중시될 것임을 예견하고 있다. 지방화란 각 지방이 중앙정부의 획일적인 통제로부터 벗어나 지방의 자율성과 특성을 신장시켜 나가는 추세를 가리키는 것으로서 정치, 경제뿐 아니라 사회, 문화적인 차원에서도 나타난다. 지방화의 진전은 경제생활과 지역개발의 측면, 그리고 문화생활의 측면에서도 커다란 영향을 주어 지역경제의 활성화와 지역발전을 위한 독자적인 노력을 경주시키고 있고, 그 일환으로 지역문화를 개발하고 특성화하려는 노력과 의식도 형성시켰다.

잘 알려져 있듯이 지방화시대의 전개에 따라 지방에 대한 새로운 인식이 학문적으로 요구되었다. 우선 지역 연구에 대한 관심은 비단 역사와 전통뿐 아니라 정치와 경제, 그리고 한국사회와 문화를 재해석하려는 학문공동체의 근본적이고 전반적인 새로운 시도를 의미하는 것이다. 다음으로 지역학은 문화적 정체성을 찾아 변화하는 사회환경에 능동적으로 대처하기 위한 대응의 하나였다. 각 지역에서 지자체 마다 다른 집단과는 구별되는 독자의 개성을 찾으려는 노력이 거듭되면서 그 노력을 지원하여 결실을 맺게 할 수 있는 학문적 지원 역시 절실해지고 있는 것이다. 환경 친화, 삶의 질이라는 새로운 구호의 등장은 지자체의 행정전반에 커다란 영향을 미쳤다. 바로 이 시점에서 "늘 변화하는 것이 진보하는 것이다"라는 착각의 마성이 도시개발에서 강조된

'의사(擬似)적 근대주의'가 아닌 '지역발전이란 무엇이며 어떻게 하는 것인가'라는 물음과 함께 해당 지역에 대한 종합적 이해의 필요성이 절실히 제기되었던 것이다.

중앙집권적인 권력체계가 전개된 한국사회에서 인문학·사회과학을 불문하고 이때까지의 연구경향은 지방차원의 미시적 접근을 소홀히 하고 거대이론에 치중하여 국가수준에서의 논의가 주류를 이루었다. 종래에 지방은 중앙에 대한 대립 개념으로 사용되면서 중심부와 주변부, 본점과 지점, 전체와 부분, 우월함과 열등함 등의 이분법적 구분에서 후자에 연결되는 경우가 많았다. 특히 강원도는 중심이 아닌 주변, '문화'가 아닌 '자연', 생산이 아닌 소비의 위치에 놓여 있다고 평가되었다. 강원도와 관련된 학문적 담론 역시 한국 학계의 인문학적, 사회과학적, 자연과학적 지형에서 중심적인 위치를 차지하지 못하고 있음도 분명하다.

이러한 경향 속에서 결과적으로 국가와 사회(지역사회)의 상호 관계에 대한 인식이 부족하게 되었다. 비록 국가차원의 현상으로 보이더라도 그 내면에는 지역사회와 지역민의 사적인 담론과 전통 등이 구조적으로 결부되어 있다. 우리가 어떤 한 지방사회를 설정할 때 그것은 공동체로서 동질적인 듯하지만 내부적으로는 다양한 문화적 성향과 사회 경제적 세력들의 각축장이라는 점을 잊어서는 안 될 것이다. 오늘날 지방수준에서의 정치적 행위와 경제활동은 과거로부터 현재까지 그들 사이에 지속되어 오는 관계의 망과 문화체계의 이해 없이는 적절하게 해석되지 못한다. 현재라는 것이 과거의 연속선에 있는 것이며 역사적 축적은 현재의 성격을 결정짓는데 아주 중요하기 때문이다. 이처럼 지방을 구조적으로 이해하기 위해서 전통적인 학연과 새로운 학연의 존재형태, 마을과 생활조직, 경제적 관계, 역사를 되살리는 문화활동과 외부 세계와의 연계 조직체 등에 대한 구체적인 분석이 우선되어야 할 것이다. 이런 의미에서 역사학뿐만 아니라 정치학, 사회학, 인류학, 지리학 등의 학문 분과간의 실증적 연구, 대화와 협력을 통한 지방연구의 이론적 시각과 방법론의 개발이 필요하다.

최근 지방에서 역사발굴, 민속발굴, 지역 토산품과 특산품의 개발, 전통 문화와 축제 개최 등을 통해 "우리 고장 만들기"가 유행하기 시작하였다. 역사학자, 민속학자, 문화기획가, 소위 향토문화전문가 등이 동원되어 지방자치단체의 장이나 정치가들의 의욕적인 주문에 따라 지역의 문화상품을 생산하고 부가가치를 창출해 내려는 움직임을 보이고 있다.

'지방'의 설정작업은 다른 한편으로 중앙 혹은 국가와의 관계를 어떻게 설정하느냐는 것으로 이익을 확보하고 발전을 보장받는 정치적 시도라고 할 것이다. 지방을 재조명하고 발굴함으로써 그것에 새로운 지위를 부여하는 움직임은 지방자치단체의 발전전략과 맞물려 더욱 활발하게 되었다. 그것은 정치적 목적뿐 아니라 관광사업을 포함하는 지역경제 발전을 위한 자원의 개발이라는 명분과 결합한다.

영남지방은 지배의 이미지를 생산하는 문화적 자원으로서의 유교전통을 특권적으로 점유하며, 호남지방은 소외와 한을 형상화하는 담론 생산에 치중한다. 제주도의 지방만들기 역시 흥미롭다. '4·3사건' 등 역사적 사건과 최후의 항몽(抗蒙)투쟁의 땅으로서의 부상이다. 제주도는 소외된 사람들의 한과 고통과 억울함, 그리고 저항과 유배의 땅으로 규정된다. 그런가 하면 동시에 자본주의 세계체제의 확산에 적극 부응하여 환경의 관광 상품화를 추구하고 환상의 세계로 상품화한다.5)

이렇게 열병처럼 번지는 지역전통의 확립과정에서 가장 많이 언급되는 것은 풍수지리설에 근거한 역사읽기나 지역의 풍경 감상하기, 그리고 지방사

---

5) 호남인들의 정치적 차별의식, 제주도민들의 육지에 대한 피해의식, 강원도민들의 상대적 박탈감, '낙후의식', '소외감', '무대접론' 등은 소극적인 측면이 있는 것이 아니라 그 이면에 어떤 강한 주체적인 지역정체성의 확립과 개발욕구를 배경으로 하고 있다는 적극적인 측면을 지니고 있다고도 보여진다(김광억, 「지방의 생산과 그 정치적 이용」, 『한국문화인류학』 29(1), 1996, 7쪽 ; 「지역연구방법론 개발을 위한 시론」, 『지방사와 지방문화』 2, 2000, 12쪽 참조).

람의 성향 인식하기이다. 결론부터 말하면 이는 비과학적이며 이데올로기 편향적인 내용으로 가득 차있다. 가령 강원도민들이 '암하노불(岩下老佛)' '감자바위'의 해석에 대해 일희일비하며 예민한 반응을 보이는 것도 이에 해당된다.

풍수지리설이나 심리유형의 담론을 극복하기 위해서는 지역의 사회적 구조와 문화체계에 대한 과학적이고 실증적인 연구가 선행되어야 한다. 그것은 현실에 대한 구체적이고 종합적인 접근을 의미한다. 정치과정이든 경제활동이든 그것은 현지 주민들에 의하여 다양한 계산과 전략을 통해서 실천되는 것이다. 그 계산에는 과거로부터 축적된 전통과 관습과 함께 현실적인 이익을 따지는 합리성과 이성적 판단이 함께 얽혀 있다. 이것이 지역학 연구의 필요성이 제기되는 또 하나의 이유이다.6)

지방의 구성원인 지방연구자는 지역 사회의 구체적 문제를 직시하고 그것의 역사성과 전통성을 살필 수 있어야 한다. 지난 날 우리의 오랜 역사경험에서 오늘의 우리들에게 본보기가 될 만한 유산이 무엇인가를 차분히 숙고해보아야 할 것이다. 이렇게 될 때 지방연구는 오늘날 당면하고 있는 지역문제의 해결을 위한 단서와 교훈을 찾는 데 중요한 근거가 될 것이다.

그렇다면 지역학은 무엇이며 무엇을 담아야 할 것인가? 이러한 질문에 명쾌한 답변을 하는 것은 쉽지 않다. 앞서 건립된 많은 연구소가 고민하는 것이 바로 이 질문에 대한 대답이다. 당연한 질문으로 강원도에는 얼마나 다양한 삶의 양식이 존재하는가? 강원도를 구성하는 정치경제적, 사회문화적, 자연환경적 상황은 어떤 특성을 가지며 도민의 삶에 어떤 영향을 미치는가? '강원도적인 것'은 중앙이나 여타 다른 지역과 어떠한 공통점과 차이점을 지니는가? 이러한 질문에 대해 고민하고 그에 대한 해답을 모색하여 강원도에 대한 인식과 표상을 재정립하고 그 주변성을 극복할 토대를 공고히 다지려는

---

6) '강원도 세상' '강원도 줏대' '도민통합론' '동강지키기' '한국관광의 일번지' '통일한국의 1번지' 등은 강원도민의 주체적인 인식의 향상과 역량강화를 위한 슬로건으로 볼 수 있다.

학문적 실천과정이 요구되는 것이다.

현대의 지역을 다룬 여러 연구들은 비록 관찰영역은 다양하게 확대되었으나 대부분 과거와 단절된 채, 현상추수에만 급급해 하는 방식에 머물며 정책적인 대안에 그치는 경우들이 많았다. 이나마도 각 학문분야에서 분산적으로 이루어져 강원의 상을 입체적으로 그리고 있지 못하다. 강원에 관한 기초적인 연구조사도 대체로 관과 소수의 전문가 집단의 의견만이 반영되었을 뿐 실제로 연구 대상 지역에서 삶을 살아가고 있는 주민들의 관점과 의견, 요구를 바탕으로 한 것은 거의 없었다.

지역학은 무엇보다 기능적으로 나뉘어진 여러 분야의 학문적인 입장에서 하나의 공통적인 대상을 놓고 연구하여 얻은 성과들을 체계적으로 엮어내는 것을 목적으로 한다. 따라서 기존의 지역연구는 지역학의 기초자료로서 유용하게 활용될 것이다. 왜냐하면 지역학은 기존의 학문분야에서 대상 지역에 관한 연구들을 공통의 장으로 묶어 그 내용을 더욱 풍부하게 하고자 하는 데 일단의 목표가 있기 때문이다.

지역에서 이루어진 삶의 총체성이라는 문제를 인식한 지역학은 더 이상 어떤 단일학문 분야의 종속물이 아니다. 그래서 거론되는 대안이 이른바 학제적(interdisciplinary)인 것이다. 그러나 이는 문제점이 있다. 왜냐하면 학제적이라는 것은 분과학문의 존재를 인정한 위에서 분과학문 간의 협력을 다짐하는 것일 뿐이지 현상 자체를 총체적이고 통합적으로 이해하자는 인식론은 아니기 때문이다. 총체적인 삶에 대한 접근은 분과 학문적이어서도 안되고 학제적 방식에만 머물러서도 안되며 궁극적으로 통합 과학적이어야 한다. 의도적인 분절성을 배제해야 한다. '모든 것은 모든 다른 것들과 얽혀있다'는 현상에 대한 체계적 사고(systemic thinking)의 인식을 기초로 하는 통합과학(unity of science)의 이념이 삶의 총체성이라는 문제의식과 궤를 같이 한다고 지적할 수 있다.[7]

또한 지역학은 '경계선상의' 학문이기도 하다. 순수한 학문을 지향하면서도 실용적인 성과를 산출해 내야 하는 것이다. 따라서 지역학의 작업은 학문적 순수성을 전제로 한 기초작업과 실용성을 담보한 장·단기 과제로 계기적인 작업과정을 설정할 수 있다. 지역학의 우선적인 관건은 필요한 정보(역사, 인물, 문화 등)를 충분히 축적하고 적극적으로 해석하여 스스로 깨닫고 그 내용을 지역민들이 공유할 수 있도록 유도하는 것이다. 보다 중요한 것은 이러한 깨달음이 객관화될 수 있도록 하여 자료화하고 홍보하는 작업이다. 이러한 객관화작업이 이루어져야 주관적인 만족이 지속될 수 있다는 점은 아무리 강조해도 지나치지 않을 것이다. 역사, 문화, 인물 등과 관련된 필요한 정보를 충분히 축적하는 데 인문학은 일차적인 역할을 할 것이며 기왕에 내적인 축적이 없다면 이러한 작업만으로도 상당한 시일을 요할 것으로 보인다. 지역학이 해당지역에 기여할 수 있는 생산성이란 실용적으로 해석하면 지역의 거주민들에게 문화적, 역사적 자긍심을 고취시키고 지역에서의 삶의 질을 고양시키는 데에 있다고 본다. 이러한 실용적인 생산성을 고려한다면 정보의 축적과 배급, 홍보 및 관리의 전 측면에서의 전략적 고려가 중요하다고 본다. 이처럼 지역학의 초기 토대 구축단계에서 인문학적 연구의 중요성, 지방 연구의 중요성은 아무리 강조해도 지나치지 않다.

다만 인문학에서 축적되고 적극적으로 평가된 정보를 대내적(지역시민)으로 그리고 대외적으로(전국, 세계) 객관화시키는 일련의 과정은 상당한 사회과학적 분석을 요하는 작업이기도 하다.

다음으로 강조되는 것은 지역발전 전략으로서 지역학이 필요하다는 견해이다. 지역발전과 관련한 논의를 할 때 흔히 부딪히는 문제는 지역발전의 의미와 내용이다. 모든 사람이 동의하는 지역발전 개념을 도출한다는 것은 쉬운 과제가 아니다. 이를 위해서는 실제로 지역공동체의 지역발전에 대한 인식이 수렴되어 있고 방향성을 공유하여야 하며 일정한 합의가 전제되어야 한다.

---

7) 전경수, 「지역연구의 방법을 위한 인식기초」『인류학과 지역연구』, 나남, 1997, 35~40 쪽 참조.

지역발전과 관련된 지역학의 필요성은 다음의 사안들이 거론된다.

수많은 리더십이 지역의 지역발전을 논의하고 있지만 이야기가 겉돌 수밖에 없는 것은 지역공동체를 구성하는 사람들은 누구이며 어떠한 문화적, 역사적 배경을 갖고 있고 어떻게 공동체의 문제를 풀어 왔는가에 대해 준비된 답변이 없기 때문이다. 지역을 구성하고 있는 사람과 공간의 역사적, 문화적 배경에 대해 축적된 지식을 가지고 있지 못하다는 사실이야말로 지역학이 절실하게 필요한 첫 번째 이유이다.

다음으로 지역공동체가 역사적, 공간적 중요성 및 잠재적 성장가능성에 비해 상대적으로 그 위상이 저평가되고 있다는 자기진단에서 출발한다. 흔히 지적할 수 있는 것이 지역의 빠른 성장과 잠재력에 걸맞지 않는 낙후된 이미지의 문제이다. 비슷한 규모를 유지하고 있는 남쪽지방 도시들의 이미지, 정치적 영향력, 다양한 문화적 이벤트를 통해 형성된 국제적 감각 등에 비교해 볼 때 강원도가 가지고 있는 대외 이미지는 휴전선이 가로지르는 군사도시, 경부축의 산업발전을 위한 광산과 자원의 공급지로서의 이미지가 강하다. 이 같은 정체 요인들이 청정 관광지역의 이미지보다 압도하는 것도 사실이다. 이에 대해 강원도가 지녔던 찬란한 역사적 사실, 문화적 전통의 발견은 매우 중요한 현실적 필요성으로 대두된다. 우선 지역 정주민들의 자기 정체성을 확립하고 자긍심을 함양시켜 발전의 동인 및 구심점을 형성하는데 지역전통문화의 새로운 발견과 위상정립은 절대적으로 필요하다. 그리고 이러한 작업이 궁극적으로 지역공동체의 새로운 이미지 창출 작업에서 가장 필요한 단서를 제공하는 점도 간과할 수 없다. 지역공동체에 대한 자긍심을 함양하여 지역발전의 구심점을 제공하고 새롭고 진취적인 지역 이미지를 창출하는 단초작업으로서의 지역학, 그것이 지역발전과 관련된 두 번째 필요성이다.[8]

---

8) 유정식, 「원주사회와 원주학」, 원주학 정립을 위한 심포지움, 1998, 43쪽.

3) 지역학 정립의 방안

어떤 지역학이든 그 지역학이 사회적인 중요성을 가지고 등장하게 된 배경은 그 내용만큼이나 다를 수밖에 없다. 강원도 여러 지역은 서울이나 광역 대도시처럼 경제적으로 풍요로운 도시들이 아니며 경주처럼 분명한 문화적 유적을 가지고 있지 못하다. 전국적인 척도로 상대적으로 중소규모 이하의 도시들이 많은 강원도 각 지역의 입장에서 볼 때 지역학에 쏟을 수 있는 자원은 상대적으로 제한될 수밖에 없으며 연구의 목표와 관련된 연구의 생산성 문제는 보다 중요하게 다루어질 수밖에 없다. 따라서 지역학 연구의 생산성과 자원배분의 문제는 늘 고려의 대상이 될 것이다.

지역학이 각 지역에 기여할 수 있는 생산성이란 실용적으로 해석하면 거주민들에게 문화적, 역사적 자긍심을 고취시키고 원주에서의 삶의 질을 고양시키는 한편, 다른 지역민들에게는 살고 싶은 아름다운 고장이라는 바람직한 이미지를 창출시키는 데 있다고 본다. 이를 고려한다면 정보의 축적과 배급, 홍보 및 관리의 전 측면에서의 전략적 고려가 중요하다.

지역학을 함으로써 얻을 수 있는 성과는 실로 막대하다. 우선 지역 애향심을 고취시키고 여론 형성의 구심점 역할을 할 것이다. 상당히 많은 지역 내외의 갈등을 해결하는 데 있어 분명한 기준을 제시할 수 있는 지렛대 역할을 기대할 수 있다.

또 주민의 가장 큰 불만사항인 문화생활 결핍에 대한 가장 효과적인 해결방안이 될 것이다. 지역만의 고유한 색깔을 갖게 함으로써 정주민의 자긍심을 고취시키고 지역발전에 대한 열의를 자극하여 경제적 교류를 촉진시키며 지역민들에게 지역정치에 대한 참여열기를 높여 민주주의적 의사결정구조를 더욱 확고하게 다지는 초석을 놓게 될 것이다. 무엇보다 제4차 산업혁명시대의 정보화, 국제화, 지방화라는 세 가지 화두를 풀어가는 데 기폭제 역할을 하게 될 것이다. 이러한 성과들은 상대적으로 적은 투자를 통해 얻을 수 있다는 점에서 강원학 연구의 생산성은 특히 강조할 필요가 있다.

지역학이 순수한 학문을 지향하면서도 실용적인 성과를 산출해 내기 위해 우선적인 관건은 필요한 정보(역사, 인물, 문화 등)를 충분히 축적하고 적극적으로 해석하여 스스로 깨닫고 그 내용을 지역민들이 공유할 수 있도록 유도하는 것이다. 보다 중요한 것은 이러한 깨달음이 객관화될 수 있도록 하여 자료화하고 홍보하는 작업이다. 이러한 객관회작업이 이루어져야 주관적인 만족이 지속될 수 있다는 점은 아무리 강조해도 지나치지 않을 것이다. 역사, 문화, 인물 등과 관련된 필요한 정보를 충분히 축적하는 데 인문학은 일차적인 역할을 할 것이며 내적인 축적이 없다면 이러한 작업만으로도 상당한 시일을 요할 것으로 보인다. 다만 인문학에서 축적되고 적극적으로 평가된 정보를 대내적(지역시민)으로 그리고 대외적으로(전국, 세계) 객관화시키는 일련의 과정은 상당한 사회과학적 분석을 요하는 것이라는 점도 강조되어야 할 것이다.

강원학이 지역학으로서 지역에 기여할 수 있는 생산성이란 실용적으로 해석하면 지역의 거주민들에게 문화적, 역사적 자긍심을 고취시키고 지역에서의 삶의 질을 고양시키는 한편 다른 지역민들에게는 살고 싶고 아름다운 곳이라는 이미지를 창출시키는데 있다고 본다. 이러한 실용적인 생산성을 고려한다면 정보의 축적과 배급, 홍보 및 관리의 전 측면에서의 전략적 고려가 중요하다고 본다.

지역학의 초기단계에서 인문학적 연구의 중요성은 아무리 강조해도 지나치지 않으나 그 연구 자체로서의 중요성보다는 지역학의 전체적 목표와 필요성이 보다 강조되어야 할 것이다. 지역학의 주제선정 및 내용과 관련된 자원배분의 문제는 사회과학적 고려가 불가피할 것이다. 제한된 자원을 효율적으로 사용하기 위해서는 지역학을 왜 하는지에 대한 공동체적 공감대를 먼저 확립하는 것이 중요하다. 이러한 공동체적 필요성이 분명히 정립된다면 그러한 필요성과 목적에 가장 잘 부합하는 생산적인 연구주제가 어떤 것인지에 대한 토론이 비로소 가능해질 것이기 때문이다.

전국 주요대학에서 수행되는 한국학의 운영 실태에서 보듯 지역학과 관련된 개념적 혼란은 불가피한 측면이 있다.[9] 강원학 역시 명확하게 연구 분야가 정립되지 않는 시점에서 새롭게 시작하려는 분야이므로 다양한 논란이 이는 것은 당연한 것이다. 지역학의 실체는 점차 그리고 끊임없이 만들어가는 것이며 완성태는 어쩌면 장기적 과제가 될 것이다. 따라서 시작부터 어느 무엇도 범주화시킬 수는 없는 것이다. 적극적이고 지속적인 시도가 중요하다고 본다.

지역학은 궁극적으로 'OOStudies'에 머무르지 않고 'OOlogy', 즉 '~logy'를 지향하는 학문의 의지가 담겨있음을 보여주어야 한다. 하나의 학문이 학문으로서의 모습, 즉 'OO학'이기 위해서는 연구대상을 확정해야 될 뿐 아니라 그 'OO학'을 지탱해주는 사상적·방법적 기초를 근간으로 하는 독특한 방법론이 마련되어야 한다. 따라서 기존 분과학문의 방법론을 토대로 하여 새로운 연구방법론을 만들어 낼 수 있을 때에만 지역학은 비로소 하나의 학문으로 독립할 수 있다. 그렇지 않을 경우 지역학은 단순히 '지역에 관한 다양한 학문연구' 수준을 벗어나지 못할 것이다. 지역학을 담당할 당장의 연구인력은 지역소재 관련 문화단체들이 나설 수 있지만 궁극적으로는 지방학 연구를 소명으로 하는 전문연구자의 존재가 반드시 필요하다. 무엇보다 가시적인 성과에만 급급한다면 기성연구자들의 성과를 번안해 내는 일이 반복될 수밖에 없다. 아울러 관련학자들 간의 네트워크에 중점을 두면서도 일반시민과의 연계를 지속해야 한다.

이상 대내외적인 상황과 학계·지자체의 여러 요인을 오늘날 체계적인 지역학 연구의 도래를 염원하는 배경으로 열거할 수 있다. 지역학이 학문적인 존립의 의미가 있는지 그리고 구체적으로 어떠한 분야를 연구하게 될지는 각 지역에서 어떠한 활동을 하고 있고 그 결과가 어떻게 나타나는가에 따라

---

9) 본고 제3장 2절 1) 강원학 연구방법론의 정립 참조.

평가되어야 할 과제이지만 지향점은 대체로 일치하고 있다.

2. 강원연구의 과정

강원도에서는 1970년 강원일보사의『강원문화총서』발간을 시작으로 대학연구소 및 민간 연구학회를 중심으로 강원학연구가 이루어져 왔다. 2000년대에 접어들어 광역적 관점에서 지역학 연구에 대한 통합적 추진 필요성이 제기되면서, 지역학 전문연구기관이 전국 광역·도단위차원에서는 강원도가 선제적으로 설립되어 사업을 추진하였다. 현재는 강원도청이 도차원의 연구사업과 인프라 지원사업을 추진하고 있으며, 춘천, 원주, 강릉 소재 대학연구소와 문화재단, 연구회 등을 통해 기초 지역단위의 연구사업이 추진되고 있다. 최근 지역학의 중요성이 부각되고 있는 시점에서 본다면 지역연구는 오히려 정체기를 맞고 있는 것으로 보인다.

강원학 연구과정과 추이를 보면 다음과 같다. 1970년대 강원일보사는 태백의 역사, 산하, 인물, 설화 등 강원도의 향토학과 지방사 발굴을 위해 총20권의 『강원문화총서』를 발간하였다.

『강원문화총서』

제1권 강원의 역사   제2권 강원의 산하

제3권 강원의 인물   제4권 강원의 설화(상)

제5권 강원의 설화(하)   제6권 강원의 비사

제7권 강원의 읍 면 동(상)   제8권 강원의 읍 면 동(중)

제9권 강원의 읍 면 동(하)   제10권 강원의 시문(상)

제11권 강원의 시문(하)   제12권 강원의 예속(상)

제13권 강원의 예속(하)   제14권 강원항일사

제15권 강원의 뿌리   제16권 강원의 예맥

제17권 강원항일사   제18권 강원의 효열

제19권 강원도600년   제20권 태백의 여성

1979년 강원대학교 강원문화연구소는 강원도의 전통문화와 역사를 다룬
『강원문화연구』를 1981년부터 현재까지 매년 발간하고 있다. 1996년 강원지
역에 대한 포괄적인 이해를 통해 지역발전의 기여를 목적으로 강원사회연구
회가 결성되었으며, 『강원사회의 이해』를 비롯한 총 12권의 단행본을 발간하
였다.

1990년대 후반 지역역사를 주요 연구대상으로 한 강원향토사연구회가
결성되었으며, 1996년에 강원향토문화연구회로 재창립하였다. 강원향토문
화연구회는 『강원문화사연구』를 발간하여 2010년까지 15집을 발간하였다.

1999년 강원학 체계화와 관련한 기초연구로 강원발전연구원에서 「강원학
정립을 위한 기초조사연구」를 수행하였다. 지역학 활성화에 대한 공론화와
함께 1998년 자치단체장 선거에서 강원학의 체계적 정립에 대한 공약을 제시하
였고, 「강원학의 개념과 정립방향」(1999. 7. 9), 「새천년과 강원학」(2000.
1. 27)의 학술세미나를 개최하였다. 이어 2000년 도내 지역연구 전문가 중심으
로 '강원학연구회'를 결성하기로 하고 강원학연구회 설립을 위한 준비모임을
발족(2000. 5. 4)하였다. 이어 「강원학의 현재와 미래」 세미나 및 강원학
연구회 발기대회를 개최(2000. 7. 7)하였다. 그러나 강원학의 학문적 정체성에
대한 합의가 이루어지지 않은 상태에서 학계 관심 부족으로 인해 후속작업이
이루어지지 않았다. 반면 원주, 강릉, 춘천 등 지역단위에서는 지역학 연구가
지속적으로 추진되었다.

2002년 광역적 관점에서 통합적으로 지역학 연구의 추진 필요성이 제기되어
강원발전연구원 내에 강원학연구센터가 설립되었다. 강원학연구센터는 2003
년부터 도비에 의한 지원을 받게 되었으나 2010년 강원발전연구원 내부 조직개

편에 의해 폐지되기에 이르렀다.

현재는 강원도에서 강원도의 정체성 확립과 계승 발전을 위한 연구 및 인프라 지원사업을 추진하고 있다. 강원의 자연, 인문환경, 선사, 고대사 등을 대대적으로 정리한『강원도사』편찬,『강원도지』·『관동지』번역·발간, 『강원의 설화』Ⅰ~Ⅲ 발간,『강원의 민요』Ⅰ~Ⅲ 발간이 이루어졌다. 또한 강원의 얼 선양사업으로 강원의 인물을 중심으로 문학관, 기념관, 미술관, 문학촌 등 하드웨어 지원사업을 추진하고 축제·이벤트, 교육·연구프로그램을 지원하고 있다.

이와 별도로 시군단위 차원에서 대학연구소와 지역 문화원, 문화재단 등을 통해 기초지역단위 연구사업이 꾸준히 추진 중이다. 춘천학은 한림대학교 사회조사연구소를 중심으로 1991년부터『춘천리포트』등 사회과학적 접근의 지역연구가 이루어졌고, 원주학은 1998년 연세대 원주캠퍼스 매지학술연구소를 중심으로 각종 학술세미나와 연구가 이루어져『원주학연구』3집,『원주사료총서』4권이 발간되었다. 강릉학은 2001년 강릉학회가 창립되었으며, 2004년『강릉학보』창간을 시작으로 매년 강릉학 학술세미나를 개최하였다. 한편 관동대학교 영동문화연구소가 1977년부터 2009년까지『영동문화』10집을 발간하였고 이후 영동지역연구와 관련한 연구 및 학술세미나를 계속하여 개최하고 있다.

3. '강원학'의 연구방안과 연구대상

1) 강원학의 범위

강원학의 시간적 범위로 강원도 지역에서 선사시대부터 현재에 이르는 전 시대를 포괄한다. 특정시대에 국한할 필요는 없으며, 각 시대별로 변화한 공간 속에 존재한 모든 시대를 대상으로 한다. 또한 과거에 한정하지 않고, 현재와 미래를 유기적으로 포괄하고 있다. 다음으로 공간적 범위는 강원도의 현재의 모습으로 형성된 모든 지역을 범주화하며 독자적인 정치·경제·사회·문화공동체 단위로 강원지역을 대상으로 한다. 사안에 따라서는 타시·도 및 해외에 거주하는 강원도민의 사례연구도 가능하다고 본다.

주제별 범위를 보면 거시적 범위로 인문학, 사회과학, 자연과학 등으로 구분할 수 있으나 미시적 범위로 고고, 지질, 지리, 환경, 동·식물, 역사, 언어, 민속, 사회, 산업(경제), 문화, 예술, 교육, 건축, 군부대, 관광, DMZ 등이 해당된다. 인문학분야로서 강원고문헌, 강원도신화, 강원도민요, 강원아리랑(정선아리랑 포함), 강원고고학, 강원문학, 강원생활사, 강원도사투리 등이 연구대상에 포함되며, 사회과학분야로는 강원도민의 정체성, 강원산업사, 강원기업, 강원기업가, 강원도 농어업, 강원탄광, 강원지역 개발사, 강원사회복지, 강원 다문화 등이 해당된다. 자연과학분야로는 강원기후, 강원식물, 강원동물, 강원동굴, 강원음식, 강원복식, 강원건축, 강원산맥, 강원해양, 강원수자원, 강원지하자원 등이 해당된다. 기본연구 분야로 강원학아카이브 구축, 관련 기초연구 수행, 연구총서 및 자료집 발간, 강원도민 의식조사 및 강원도 출신 의식조사, 강원도 내에 거주하는 비 강원도민 의식조사 및 강원도 외에 거주하는 비 강원도민 의식조사 등이 해당될 수 있다.[10]

---

10) 유영심, 「강원학 활성화를 위한 체계정립방안」, 강원발전연구원, 2017.

2) 강원학의 역사지리적 범위

백두대간의 정맥인 태백산맥은 한반도의 척추를 이루고 있다. 금강산에서 발원한 북한강과 태백산에서 시작한 남한강은 제각기 한강(경강)으로 흘러들어 한반도의 중부를 가로지르고 있다. 또한 태백 동쪽으로는 동해와 잇대어 있으며, 남북 2천리의 동해안 길이 열려져 있다. 높고 험한 산맥으로 이어진 태백의 골짜기마다 북한강과 남한강의 지류인 섬강·소양강·동강으로 사방을 잇는 물길과 산길이 발달하였다. 대관령 너머 동쪽으로는 남북을 연결하는 해안길과 바닷길이 열려 있었다. 이러한 이유로 태백은 백두대간과 남한강·북한강, 그리고 동해안 일대를 아우르는 생활권의 정점을 이루며, 옛부터 우리 역사와 문화의 터전이 되어 왔다. 태백의 산길과 물길, 뱃길은 관북과 영남, 서해를 잇는 국토의 대동맥이었다. 태백문화권은 이 길을 통해 우리 역사 문화가 형성된 근원지의 하나였고, 남한강을 두고 삼국이 치열하게 다투었던 고대국가 발전의 터전이었으며, 궁예가 태봉국을 세워 고려 건국의 발판을 마련하였던 곳이었다. 조선시대 남인부터 노론까지 다양한 사림문화가 꽃을 피웠던 태백은 한말 위정척사사상으로 무장하여 전국적 의병을 이끈 강원의병의 항쟁지이자 항일독립운동의 진원지였다. 그러나 이곳은 일제 침략으로 크게 변질되어 갔다. 이 지역에서 일제의 경제수탈은 각종의 탄광·금광 설치 내지 삼림 벌채로 나타났다. 이로써 태백의 산하는 온갖 멍이 들고 폐허가 되었다. 또한 경의선과 중앙선의 개통으로 문화권의 중심지도 이동되었다. 이후 6·25전쟁으로 회복하기 어려울 정도로 심한 타격을 받았다. 휴전선 철책으로 두 동강이 난 남북 강원도는 대부분이 군사도시 내지 군사지역으로 변화되었으며, 전통적 질서가 급속히 파괴되고 말았다. 남북으로 열렸던 바닷길도 막히면서 더욱 쇠퇴해져 갔다. 그러나 분단의 상징이던 강원도에서 향후 분단의 장벽이 가셔지게 되면 동서와 남북을 이어왔던 태백문화권의 역사 문화적 원형이 점차 회복하게 될 것이다.

강원도의 지역학 연구는 강원도 전체를 대상으로 하는 강원 연구가 있을 수 있고, 한편으로는 강원도를 사회적·문화적 권역으로 나눈 지·권역을 대상으로 할 수 있다. 행정구역 상 7개 시와 11개 군으로 이루어진 강원도는 인문·자연환경 중심으로 춘천권·원주권·강릉권 등 3개 권역으로 나눌 수 있다. 춘천권은 철원·화천·양구·인제·홍천지역이 포함되고, 원주권은 횡성·영월·평창지역 일부, 그리고 강릉권은 속초·고성·양양·정선·삼척·동해·평창권의 일부 지역이 포함된다.

이러한 지역적 구분은 우선 앞서 설명한 자연적 조건에 의한 구분이기도 하지만, 더 나아가서는 3개 권역으로의 구분은 생활문화권역으로도 설명할 수 있다. 이에 강원 지역학 연구는 이들 지역에 대한 기초적 조사와 연구가 우선적으로 진행될 필요가 있으며, 그와 동시에 각 권역간의 상호 연계성에 대한 지역 연구자들의 연구가 있어야 한다. 각 권역의 중심권과 인접해 있는 지역에 관한 연구도 병행되어야 한다.

지역연구에서 지역이란 개념을 설정할 때 지도상의 도식적 의미인 경성개념 (硬性槪念) 보다는 유동적인 연성개념(軟性槪念)을 강조하고 있다.[11] 이는 앞서 설명한 지역 내의 문제들을 해결하는 과정에서 고정적이고 도식적인 개념에 집착한 나머지 발생될 수 있는 문제점들을 융통성 있게 해결할 수 있는 방안이라 할 수 있다.

내면에 지역사회와 지역민의 사적인 담론과 전통 등이 구조적으로 결부되어 있던 지방차원의 미시적 접근을 위해 전통적인 학연과 새로운 학연의 존재형태, 동족마을과 문중조직, 경제적 관계, 역사를 되살리는 문화 활동과 외부세계와의 연계 조직체 등에 대한 구체적인 분석이 우선되어야 할 것이다. 이런 의미에서 역사학뿐만 아니라 정치학, 사회학, 인류학, 지리학 등의 학문 분과간의 실증적 연구, 전통에서의 대화와 협력이 지방연구의 이론적 시각과

---

11) 전경수, 『지역연구, 어떻게 하나』, 서울대학교 출판부, 1999, 28쪽.

방법론의 개발을 위해서 필요하다. 지역학은 정책과학의 보조자가 되어서는 안 된다. 바람직한 지역학 연구를 확립하기 위해서는 무엇보다 우선 올바른 지역관을 확립하는 것이 필요하다. 간혹 지역학 연구범위가 행정적 편의주의에 의한 구분으로 설정되는 경우가 있는데, 이는 지역학이 추구하고 있는 문화지역(cultural area)의 의미를 상실한 인위적 오류일 수 있다.

현재 강원학, 원주학, 강릉학, 춘천학 등의 지역학명은 행정적 편의주의에 의한 명명이다. 그러나 이제 이 편의주의 명명을 넘어, 인접지역과의 역사적·문화적 관련성을 신중히 검토할 필요가 있다. 예를 들자면 강릉학에는 분명 영동지방이라는 더 넓은 지역적 범주가 포함되어 있다. 따라서 강릉학은 영동학 등으로 불려질 필요가 있다. 또 원주학이나 춘천학의 경우도 영서 남부 또는 영서 북부라고 하는 지리적 개념에 기초한 학명의 명명이 필요하다. 물론 여기에도 전제되어야 할 것이 있다. 즉 편의에 따라 지리적 개념에 의한 지역 구분을 한다고는 하지만 분명 문화·역사적 인식을 토대로 한 연성적 (軟性的) 지역구분과 절충되어야 한다.[12]

3) '강원학'의 연구대상과 강원문화

지방문화로서의 강원문화는 분명 독특한 지역성이 존재하지만, 그것은 소수의 관심사일 뿐 정작 일반 지역민들은 지역문화의 가치를 깨닫지 못하거나 무지한 경우가 대부분이다. 이러한 현상은 무엇보다 그간의 도시화, 근대화 과정이 곧 지역성 상실의 과정이었고, 교육제도 역시 중앙집권적인 내용으로 일관한 결과였다. 지역을 생명력 있는 삶의 공간으로 만들려면 어떻게 해야 할 것인가? 그 답을 찾기 위해서는 얽힌 실타래를 풀듯이 근대 지역의 역사·문화 속에서, 그것이 물려준 그야말로 영욕의 흔적들이 도시 속에 어떻게 엉켜

---

12) 임호민, 「전게 발표문」, 안동대, 2007.

있는가를 아는 데서부터 시작해야 할 것이다. 비록 영욕이 교차하는 역사일지라도 역사를 갖고 있는 지역과 그렇지 않은 곳의 발달 모습은 전혀 다르고, 따라서 해결책도 다르다.

특정지역으로 호칭된 이후 1천여 년의 역사를 정치적으로 바라볼 때에는 정통성이 이어질 수 없는 몇 단계의 단층이 존재하지만, 문화적으로 볼 때에는 그 단층들을 뛰어넘어 '강원문화', '태백문화'라는 통일체를 형성하고 있다고 본다.

지역적 특징의 재발견, 전통의 부활 등은 산업화, 도시화라고 하는 문화적 동질화를 향한 거대한 흐름 속에서 문화적 차이를 발견하는 작업이며, 그를 통하여 자신들의 정체를 재확인하는 과정이라고 볼 수 있다.

전통문화의 재해석을 통한 새로운 지역문화의 창조라는 문제 제기는 지역문화를 활성화하는 데 전제가 된다. 이는 토착 강원의 지역문화, 태백문화를 부정해야 됨을 말하는 것은 아니다. 토착 전통문화를 포함, 지역사회 내의 모든 문화적 자원을 활용하여 보다 보편적 호소력을 갖는 새로운 지역문화의 형태로 변형시키는 것을 의미한다. 특정지역에서 오랫동안 생명력을 가지고 유지되어온 지역문화는, 그 지역 역사의 진행과정에서 지역민이 선택하여 자기화한 가치관의 총합인 동시에 생명력이다. 지역민이 자연 또는 환경과의 부단한 접촉과정에서 형성한 생활능력의 총체이며 그것을 가능하게 한 사회적 토대 위에서 배태된 결과물인 것이다.

어느 지역에서 지역민들에 의해 만들어진 문화들은 수없이 많다. 그러나 그 중에는 오랜 역사를 통해, 또 가치가 검증·평가되면서 사라진 것들도 많고 남아 전해진 것도 많다. 만약 현재까지 '우리 곁에 남아있는 문화의 모습'이 있고, 그것이 '우리들의 정서와 분위기에 필적한다'면 그것이 지역의 전통문화·전승문화라고 보아도 될 것이다.

과거의 유산을 돌이켜보는 이유는 그것들이 갖는 의미와 정신성을 오늘에 되살리는 데 있다. 우리들의 삶에서 유리된 문화유산은 박물관의 유리장에 진열된 형식적 존재일 뿐 오늘의 삶과 관련하여 아무런 잠재력도 갖지 못한다. 이러한 점에서 전통문화(traditional culture)와 문화적 전통(culture tradition)은 구분되어야 한다. 전자는 과거 전통사회의 문화인데 반하여 후자는 과거로부터 현대까지 축적된 문화양식으로서 현재 사회환경에서도 유지되고 있는 문화라는 것이다. 따라서 사람들에게 문화적 정체성을 부여해주는 것은 전통문화만이 아닌 문화적 전통이 중요함을 보여준다. 우리가 진정 심각하게 고려해야 될 것은 전통문화의 형식적 보존만이 아니라 문화적 전통의 창조적 계승의 문제인 것이다.13)

당연히 이러한 전통적 가치(문화적 동질성, 정체성, 특수성)는 이미 과거의 역사경험 속에서 충분히 실험되고 평가된 결과물이다. 지역의 전통문화는 어떤 의미에서 수백 년 혹은 그보다 더 많은 시간동안 지역민들에 의해 점검되고 평가받으면서 살아남을 수 있었던, 정말 생명력 있는 우리의 가치관이자 실질적인 모습이다. 역사적으로 남겨진 이 지역문화 전통들은 지역문화의 확실한 '밑뿌리'이자 온축된 가능성의 예시인 셈이다.

지역민들에 의하여 만들어진 문화들은 시대별로, 그리고 배경에 따라 층위를 갖게 된다. 따라서 지역문화연구는 '그 시대 그 지역에서 그들만이 만들어낼 수 있었던 특수한 내용'이 과연 무엇이고, '다른 지역의 문화와 다른 점은 무엇이며 어떤 특성이 있는가' 또한 '왜 그런 특성이 생겨날 수 있었던가'를 철저히 규명해야 되는 것이다.

지역문화는 나름의 상징성을 지니고 있으며 동시에 이러한 상징력은 외계의 사물과 사건들에 자유롭게 생산되며 또는 인위적으로 만들어 내거나 결정하거나 의미를 부여하고 이해하는 능력이다. 따라서 지역은 인위적, 인문적, 문화적, 지리적 여건에 입각한 상징성을 만들어 나갈 필요성이 제기된다.

지역문화를 관광자원으로 활용하는 측면을 재점검할 경우 그 가능성이나

---

13) 최협 엮음, 『호남사회의 이해』, 풀빛, 1996, 93~94쪽.

기대치는 매우 선택적이고 현실적일 수밖에 없다. 절박한 현실은 이에 대한 투자가 이루어질 경우 그 기대효과가 같은 수준의 가치로 환원되어야 하고, 지출만큼 수입이 보장되어야 의미가 있다는 경제논리 위에 그것이 있다는 사실이다.

그런데 지역축제에서 지역문화의 정체성과 문화자원을 활용하는 축제가 아무리 현실적·정책적·경제적 요청이 강하다 하더라도, 그것은 당연히 지역적 공감대와 지역민의 동질성 확보라는 대전제, 즉 지역문화의 올바른 이해와 재인식의 차원에서 이루어져야 한다. 최근 지역축제를 비판하는 논의에서 단골로 등장하는 술어들, 예를 들어 '지역정서가 담긴', '지역민 전체가 참여하는 향토의 역사성을 계승하는', '지역의 고유하고 독특한 문화행사 개발' 등은 바로 지역문화자원의 재활용이 그런 점에서 한계가 있다는 말이고 그 필요를 인정한다는 표현에 틀림이 없다.

지역의 문화는 그것을 과연 어떠한 시각에서 보느냐에 따라 가치는 크게도 작게도 보이게 되어 있으며 이를 가꾸고 다듬는 정성에 의해 본연의 가치가 되살아날 수도, 그렇지 못할 수도 있다. 지역문화를 가치 있게 보고 현재의 삶과 연결시켜 유용하게 재창조하는 노력이 필요하다.

강원다운 면이 무엇인지 많은 평가가 있다. 지역별로 당연히 보존하고 있어야 할 역사적 문화적 유산이 너무나 많이 소실되고 파괴되어 그 진가를 인정받고 있지 못하며 우리 자신도 그것을 의식하지 못하고 지내왔다. 따라서 우선 당장은 남은 자료의 보존, 미발굴자료의 발굴, 수집, 정리만으로도 학문적인 과제로서 커다란 의미를 지닐 것이다. 하나의 장소 속에서 여러 가지 일들이 서로 간에 얽혀 장소, 사람, 활동이 어떻게 상호 작용하는가를 전체적으로 조망하는 것이다. 장소 속의 전체성, 학제간의 문제, 생활사 등이 연구대상이 될 수 있을 것이다.

전통문화를 과거에 대한 추체험(追體驗)의식을 지닌 특정집단이나 맥락에만 한정지을 것이 아니라 지역사회의 주민 모두가 공유할 수 있는 지역문화로 전환시키는 작업을 병행해야 한다. 이러한 대상에는 지역의 축제와 향토사 교육, 시민정신 함양을 위한 슬로건 작성 등이 포함될 수 있다. 이를 위해 지역에 연고를 가진 역사적 인물, 독특한 민속 등 지역전통에 대한 상세하고 풍부한 목록작성 작업이 수행되어야 한다. 다만 콘텐츠의 표현방안은 오늘날 지역의 청소년과 젊은 세대들이 공감하는 방안을 채택해야 한다.

제2장 강원연구의 전개와 연구현황

1. '강원학'의 연구현황

현재 강원도청에서는 강원도의 정체성 확립 및 계승발전을 위한 연구 및 인프라 지원사업을 적극적으로 추진하고 있으며, 18개 시·군에서도 대학연구소와 지역언론기관과 문화원, 문화재단 등을 통해 기초지역단위 연구사업을 추진 중에 있다.

강원도의 지원사업 현황을 보면 강원의 자연, 인문환경·선사·고대사 등을 정리한 『강원도사』를 대대적으로 편찬하고, 『강원도지』·『관동지』 등 역사자료를 번역·발간하였다. 또한 『강원의 설화』 Ⅰ~Ⅲ, 『강원의 민요』 Ⅰ~Ⅲ을 발간하였다. '강원의 얼 선양사업'으로서 강원의 인물을 중심으로 문학관, 기념관, 미술관, 문학촌 등 하드웨어 지원 사업을 추진하고 축제·이벤트, 교육·연구 프로그램을 꾸준히 지원하였다. 18개 시군도 강원도청과 유사한 지역연구와 문화진흥과 관련된 제반 사업을 시행하고 있다.

먼저 1970년부터 1998년까지 수행된 연구로, 강원도와 강원도민을 대상으로 한 저서 혹은 연구, 석·박사 학위논문, 국내 각 대학, 연구소, 학회, 연구회 및 기타 연구관련 기관과 출판사가 간행하는 학술지, 논문집, 단행본 등에 수록된 일반논문 및 단행본, 연구 및 조사보고서로 한정하여 분석한 것으로 키워드는 18개 시·군명, 강원, 관동 등이며, 지역별 연구현황을 수량적으로

파악한 결과는 다음 표와 같다.[1]

지역별 강원연구 현황

구 분	지역사	지리환경	지역경제	지역사회	지역정치	지역계획	지역문화	민 속	지역교육	총계
강원도	80 (13.2)	48 (7.6)	139 (21.9)	72 (11.3)	61 (9.6)	49 (7.7)	33 (5.2)	73 (11.5)	83 (13.1)	638 (100.0)
춘전권	1 (5.3)	-	5 (26.3)	-	2 (10.5)	7 (36.8)	2 (10.5)	1 (5.3)	1 (5.3)	19 (100.0)
원주권	2 (8.0)	1 (4.0)	5 (20.0)	4 (16.0)	3 (12.0)	4 (16.0)	3 (12.0)	2 (8.0)	1 (4.0)	25 (100.0)
강릉권	10 (9.2)	11 (10.1)	35 (32.1)	2 (1.8)	8 (7.3)	6 (5.5)	1 (0.9)	36 (33.0)	-	109 (100.0)
춘 천	37 (20.4)	17 (9.4)	21 (11.6)	31 (17.1)	16 (8.8)	30 (16.6)	16 (8.8)	5 (2.8)	8 (4.4)	181 (100.0)
원 주	12 (13.0)	13 (14.1)	17 (18.5)	17 (18.5)	13 (14.1)	7 (7.6)	5 (5.4)	3 (3.3)	5 (5.4)	92 (100.0)
강 릉	58 (26.5)	6 (2.7)	18 (8.2)	17 (7.8)	12 (5.5)	36 (16.4)	22 (10.0)	47 (21.5)	3 (1.4)	219 (13.8)
동 해	8 (30.8)	2 (7.7)	2 (7.7)		4 (15.4)	8 (30.8)	2 (7.7)	-	-	26 (100.0)
태 백	1 (2.9)	3 (8.8)	11 (32.4)	2 (5.9)	1 (2.9)	12 (35.3)	1 (2.9)	3 (8.8)		34 (100.0)
속 초	-	3 (18.8)	5 (31.3)	1 (6.3)	-	6 (37.5)	-		1 (6.3)	16 (100.0)
삼 척	17 (31.5)	1 (1.9)	3 (5.6)	3 (5.6)	4 (7.4)	6 (11.1)	6 (11.1)	11 (20.4)	3 (5.6)	54 (100.0)
홍 천	7 (28.0)	2 (8.0)	-	2 (8.0)	-	5 (20.0)	2 (8.0)	5 (20.0)	2 (8.0)	25 (100.0)
횡 성	7 (31.8)	-	4 (18.2)	-	2 (9.1)	6 (27.3)	2 (9.1)	1 (4.5)	-	22 (100.0)
영 월	6 (50.0)	1 (8.3)	-	1 (8.3)	-		2 (16.7)	1 (8.3)	1 (8.3)	12 (100.0)
평 창	6 (37.5)	2 (12.5)	3 (18.8)	1 (6.3)		1 (6.3)	3 (18.8)	-	-	16 (100.0)
정 선	7 (18.4)	3 (7.9)	5 (13.2)	2 (5.3)	1 (2.6)	2 (5.3)	1 (2.6)	17 (44.7)	-	38 (100.0)
철 원	1 (10.0)	-	2 (20.0)	1 (10.0)	1 (10.0)	2 (20.0)	2 (20.0)	1 (10.0)	-	10 (100.0)
화 천	2 (22.2)	-	2 (22.2)	1 (11.1)	-	1 (11.1)	3 (33.3)	-	-	9 (100.0)
양 구	4 (57.1)	-	-	-	1 (14.3)	-	1 (14.3)	1 (14.3)	-	7 (100.0)

---

1) 김병철, 「강원학 정립을 위한 기초조사연구」(강원발전연구원, 2000)에서 조사내용 재인용.

인 제	3 (33.3)	-	-	1 (11.1)	-	1 (11.1)	-	3 (33.3)	1 (11.1)	9 (100.0)
고 성	4 (50.0)	-	-	-	-	2 (25.0)	-	2 (25.0)	-	8 (100.0)
양 양	11 (57.9)	1 (5.3)	1 (5.3)	1 (5.3)		-	1 (5.3)	3 (15.8)	1 (5.3)	19 (100.0)
계	284 (17.9)	114 (7.2)	278 (17.5)	159 (10.0)	129 (8.1)	191 (12.0)	108 (6.8)	215 (13.5)	110 (6.9)	1,588 (100.0)

정기간행물 논문이 7,965건으로 가장 많이 발표, 석사학위논문이 498건, 일반논문 108건 등인데 이 가운데 지역사연구가 전체 17.9%로 가장 많이 연구되었으며, 지역경제 17.5%, 지역민속 13.5% 등의 순이다. 지역경제연구는 90년대 급격히 증가하였으며, 석·박사논문은 지역경제 분야, 정기간행물논문은 지역민속과 지역사, 일반논문은 지리·환경, 저서는 지역사와 지역민속 분야가 많다. 강원도 전체(638건)는 지역경제 분야(139건, 21.9%), 지역교육 (83건, 13.1%), 지역사(80건, 13.2%) 등의 순인데 권역별로 보면 춘천권은 지역개발과 지역경제 분야, 원주권은 지역경제와 지역사회, 지역개발, 강릉권 은 민속과 지역경제 분야가 상대적으로 많다.

위의 표에서처럼 지역별 연구현황에서 춘천권·원주권·강릉권 지역 연구는 다른 지역에 비해 상대적으로 많은 연구성과가 발표되었다. 특히 이들 3권역에 서는 지역사, 지역교육, 민속, 지역문화, 그리고 지역계획 분야에 대한 연구 성과가 많은데, 시·군별로 상위권에 속하는 연구주제를 보면 춘천시가 지역사 (20.4%), 지역사회(17.1%), 지역계획(16.6%)이며, 원주시는 지역사회 및 지역 경제(각 18.5%), 지리·환경 및 지역정치(각 14.1%), 강릉시는 지역사(26.5%), 민속(21.5%), 지역계획(16.4%)의 순서로서 권역별 연구에 비해 지역사와 지역 사회의 연구비중이 높게 나타나는 특징을 가지고 있다.

이처럼 1998년도까지 강원도 지역의 지역학은 지역사를 중심으로 한 인문학 과 사회과학 분야에 상당히 치중하였고, 나름 지역을 이해하는 데 있어서 많은 기여를 하였다고 할 수 있다. 반면에 기타 지역의 정치, 지역 사회, 지리 환경 분야 등에 대한 연구가 미흡한 점이 있어 이들 학문 분야의 연구가 보다 활발히 진행될 필요가 있었다.

그리고 권역이나 지역으로 보아 일부 지역에 관한 연구가 집중된 현상을 보이고 있다. 이러한 현상은 이들 3권역에는 나름대로 지역을 연구하는 대학 내 연구소와 적지 않은 전문 인력이 있었기 때문으로 보인다. 따라서 이들 3권역의 연구기관과 연구진들은 지역과 관련된 지역적 범위를 확대하여 연구를 진행할 필요가 있다. 물론 지역학 연구가 초보단계인 시점에서 각 지역의 중심권에 관한 연구가 집중될 수밖에 없는 개연성은 있지만 지역학 연구 방법론에 있어서 연계성이라고 하는 측면에 소홀하였던 결과로 보인다.

다음으로 1999년에서 2016년까지의 연구현황이다.[2] 앞선 1차조사의 키워드 20개를 토대로 학술연구논문 및 석·박사논문 조사의 결과이다.

연구주제별 연구현황(일반논문 및 석·박사학위논문)

구분	1999	2000~2009	2010~2016	계
지역사	2(5.7)	12(5.4)	35(13.2)	49(9.4)
지리·환경	14(40.0)	48(21.5)	78(29.3)	140(26.7)
지역경제	6(17.1)	54(24.2)	64(24.1)	124(23.7)
지역사회	4(11.4)	36(16.1)	24(9.0)	64(12.2)
지역정치	1(2.9)	8(3.6)	16(6.0)	25(4.8)
지역개발	3(8.6)	18(8.1)	14(5.3)	35(6.7)
지역문화	-	13(5.8)	6(2.3)	19(3.6)
지역민속	2(5.7)	18(8.1)	17(6,4)	37(7.1)
지역교육	3(8.6)	16(7.2	12(4.5)	31(5.9)
계	35(100.0)	223(100.0)	266(100.0)	524(100.0)

2000년에서 2009년 사이 강원도 18개시·군과 관련한 연구현황을 살펴보면

---

2) 유영심, 전게보고서(강원발전연구원, 2017)에서 인용. 국회도서관, 학술정보서비스 등 전자도서관을 통해 석·박사논문, 학술지에 발표된 논문을 중심으로 조사하였다. 2000년 이후 총 1,153개의 논문이 검색되었으며, 이중 18개 시·군명 키워드 외에 '강원'이 290편이 포함되었다. 시·군별로 살펴보면, '강릉'과 관련한 논문이 204편으로 가장 많은 연구가 진행되고 있으며, '춘천'이 96편, '원주'가 64편 등 순으로 지역적 편차가 크게 나타나고 있다.

지역경제와 지역사 연구가 주종을 이루었으나 2010년 이후 석사논문은 지리·환경, 정기간행물과 박사논문은 지역경제가 많이 연구되었다.

지역별 연구분야 현황(2000~2016년)

구분	지리환경	지역개발	지역경제	지역교육	지역문화	지역민속	지역사	지역사회	지역정치	합계
강원	69	11	69	9	24	19	41	34	14	290
춘천	45	6	16	3	2	1	10	11	2	96
원주	20	3	10	-	-	6	10	14	1	64
강릉	55	12	44	1	2	39	38	9	4	204
동해	6	-	4	1	1	1	-	4	3	20
태백	10	3	1	1	2	3	-	2	-	22
속초	3	-	8	-	1	1	1	2	1	17
삼척	7	4	3	-	-	2	1	3	-	20
홍천	20	-	4	-	-	8	9	8	-	49
횡성	4	-	2	1	-	5	4	7	3	26
영월	23	-	8	2	4	10	1	3	-	51
평창	24	-	5	1	2	4	1	4	-	41
정선	12	-	5	2	-	5	-	-	-	24
양구	35	-	4	-	-	1	13	4	-	57
철원	26	3	10	1	1	2	3	10	1	57
화천	4	5	5	-	2	4	2	2	-	24
인제	12	3	5	-	3	3	3	3	2	34
고성	13	3	1	-	2	-	-	-	-	19
양양	15	6	4	-	2	8	2	1	-	38
합계	403	59	208	22	48	122	139	121	31	1,153

시·군별로 살펴보면, '강릉'과 관련한 논문이 204편으로 가장 많은 연구가 진행되고 있으며, '춘천'이 96편, '원주'가 64편 등 순으로 지역적 편차가 크게 나타나고 있다. 연구 분야에서 '강원'은 지리·환경과 지역경제 분야가 각각 69편이 연구되었다. 전체 분야별로는 지리환경 분야가 전체연구의 약 35%로 가장 많은 연구논문이 나왔으며, 지역경제가 18%로 뒤를 잇고 있다. 지역별 검색키워드 결과, 지리환경분야와 지역경제, 지역개발, 지역민속, 지역사, 정치분야는 '강릉'이 가장 많이 연구되었으며, 교육은 '춘천', 지역문화는 '영월',

지역사회는 '원주'가 우위를 차지하고 있다.

2. 강원연구의 수행기관

1) 내학연구소의 강원연구

춘천학은 한림대학교 사회조사연구소를 중심으로 1991년부터 『춘천리포트』를 발간하는 등 사회과학적 접근의 지역연구를 통해 추진되었다. 2001년 6월 13일 개최된 제1회 춘천학 세미나에서 '춘천지역의 발전과 춘천사람'이라는 주제로 김병현 교수(한림대)가 춘천의 지역경제 현황, 나정원 교수(강원대)가 춘천정치의 역학구조, 최균 교수(한림대)가 춘천의 사회복지 실태, 전신재 교수(한림대)가 춘천지역에 전래된 전설, 김의숙 교수(강원대)가 춘천의 민속문화, 유팔무 교수(한림대)가 춘천시민들의 정체성에 대해 발표회를 전개하였다. 이를 통해 춘천의 과거·현재를 통합적으로 검토하고, 발전적인 미래상의 초석이 되기 위한 '춘천학'을 전망하였다.

원주학은 1998년 연세대학교 매지학술연구소를 중심으로, 학술지 『원주학연구』와 『원주학술총서』, 『원주사료총서』를 발간하였다. 강릉학은 2001년 강릉학회가 창립되었으며, 2004년 『강릉학보』 창간을 시작으로 매년 '강릉학' 학술세미나를 지속적으로 개최하였다.

먼저 춘천소재 강원대학교는 강원문화연구소(1979년)를 비롯한 7개의 연구기관(소)와 1개의 박물관에서 지속적인 강원관련 연구를 수행하고 있다. 사회과학연구원, 인문과학연구소, 지역개발연구소, 환경연구소, 농업생명과학연구원, 경영연구소, 강원문화연구소, 중앙박물관의 여러 실적들이 이를 보여준다.

강릉의 가톨릭관동대학교는 민속연구로 특화된 강릉무형문화연구소, 인문과학연구소, 대원환경연구소, 경영경제연구소, 관광연구소 외에 영동문화연구소(1977년)를 중심으로 영동지역 연구와 관련한 연구 및 학술세미나를 지속적으로 개최하여 소기의 성과를 거두었다. 강릉원주대학교는 동해안지역연구소, 영동산업문제연구소, 사회과학연구소를 중심으로 지역경제와 개발에 중점을 두었다. 연세대학교 원주캠퍼스는 지역사회발전연구소에서 지역관련 연구에 집중하였고 특히 매지학술연구소에서 1998년 이래 원주학연구에 집중하였다. 이후 2003년 대학특성화계획으로 근대한국학연구소로 연구영역을 확대하였다. 다음으로 한림대학교는 아시아문화연구소, 사회조사연구소, 인문학연구소를 중심으로 다양한 인문사회 기초 연구 외에 종합연구로서 『춘천리포트』(1991~2009년)를 발간하였다. 상지대학교는 지역개발연구소를 중심으로 『원주사회 이해』 등의 책자를 발간하는 등 지역사회 종합연구에 매진하였다.

강원도내 대학연구소에서는 지역사(72편)가 가장 많이 연구되었으며, 지리·환경(43편), 지역경제(40편), 지역민속(26편) 등 순으로 연구되고 있다. 대학연구소의 입지적 특성에 따라 연구대상범위가 달랐다. 강원대학교는 강원도 전체를 대상화하였으며, 가톨릭관동대학교와 강릉원주대학교는 강릉을 중심으로 인근 동해안지역을, 연세대학교와 상지대학교는 원주지역을, 한림대학교는 춘천지역을 주요 대상화하여 연구를 진행하였다.

강원사회연구회

강원사회연구회는 1996년 5월 발족한 순수학문 공동체로, 강원지역에 대한 포괄적인 이해를 통해 지역발전에 기여하는 것을 목표로 하였다. 강원도가 무엇이 부족하고 무엇이 시급한가, 무엇이 문제이고 그 문제는 어떻게 풀어야 할 것인가. 강원도 사회의 실상을 제대로 아는 일부터 시작해 그 가능성의 미래 지렛대를 찾고자 하는 것이 '이해'시리즈를 펼쳐낸 동기라고 강조하였다.

강원사회연구회는 그간 강원사회가 안고 있는 여러 문제를 다양한 학문적 시각에서 찾아내 분석함으로써 강원지역 주민들에게 비전을 제시하고자 노력해왔다.

강원사회연구회 발간 책자목록

제목	과제	참여자
강원사회의 이해 1997-06-13	강원도 사회의 실상을 제대로 아는 일부터 시작해 그 가능성의 미래 지렛대를 찾고자 하는 것	성경륭의 '한국사회 속의 강원사회' 외 5편
강원 환경의 이해 : 상황과 비전 1998-06-17	강원 지역 주민들의 환경의식을 점검함으로써 삶의 절대적 조건이며 질이기도 한 강원환경의 올바른 이해를 통한 각종 개발 보전 정책에 대응하고 협력할 줄 아는 주민의식의 고양에 역점을 둠	'강원지역 주민의 환경의식' 외 4편
분단강원의 이해 : 상황과 전망 1999-05-21	한반도의 분단상황과 강원사회를 전반적으로 점검한 뒤, 분단 이후의 남북 강원사회의 실태, 분단 이전과 그 이후의 강원인의 생활상과 문화 살펴보기, 남북 강원의 자원 파악과 차후 개발을 위한 강원사회의 위상 및 전망 알아보기	'한반도의 분단과 강원사회' 외 6부로 구성
강원관광의 이해 : 과제와 전략 2000-05-25	관광의 개념부터 인간과 관광, 강원문화 혹은 강원사회와 관광의 관계를 포괄적으로 살펴보고, 강원의 힘이라고 할 수 있는 관광자원의 실태와 그 잠재력을 확인. 자원 개발과 진흥에 필요한 제반 정책 및 과제들을 분석하고 강원관광의 비전을 모색하려는 시도.	'관광자원으로서의 지역축제' 외
강원 교육과 인재양성 : 현실과 방향 2001-06-15	지역 교육의 전통성과 특성 찾기로 시작해 강원 교육의 현실 진단과 전망을 살펴봄. 국가와 지역사회 발전의 역동적 에너지 자원으로서 인재의 개념과 강원 인재의 실태를 파악하고, 바람직한 지역 인재육성 방안 모색	'인간과 교육 그리고 지역발전' 외
강원경제의 이해 : 진단과 발전전략 2002-07-10	강원경제의 위상과 구조적 특성, 그리고 강원경제의 대내외적 발전전략에 대한 다면적 분석	조순, '한국경제 속의 강원경제' 외 20편
강원복지의 이해 : 현황과 비전 2003-12-02	사회복지제도는 사회의 균열을 막아주는 접착제와 같은 역할을 수행하며 사회복지문제에 대한 관심은 사회구성원이 손을 잡고 함께 나아가려는 동반자적 자세임. 강원복지의 현황과 과제가 무엇인지를 알아보기 위한 시도.	송정부, '강원 사회복지의 역사' 외 19편

강원문화의 이해 2005-03-15	강원문화의 정체성은 어디에 있고 그 특성은 어디에서 찾아야 하는가를 이해하는 과정에서 지방분권화한 문화 경쟁력 시대에 필요한 강원문화 발전의 밑그림을 그려내고자 함.	김문환, '문화자원 개발과 지역 활성화' 외 20편
문화의 세기와 강원문화 2006-05-22	문화의 세기에서 강원문화의 현주소는 어디이며, 어떤 좌표를 목표로 삼아 나아가야 하는가? 강원문화에 대한 성찰을 통해 강원사회의 성장 잠재력을 재발견할 수 있을 것이라는 희망 제시.	서준섭, '강원문화 혁신을 위한 정책 방향' 외 19편
강원지역의 인적자원관리와 개발 : 실태와 괴제 2007-02-28	강원지역은 개발연대를 거치면서 지금까지도 낙후 지역의 대명사로 인식. 이러한 강원도 지역사회의 발전 위해 인적자원과 자연자원의 관리방안에 대해 일목요연하고 체계적인 서술.	최숙희, 김승택, 김정원, 염돈민, 김진영, 김재명, 홍성구, 이선향, 사득환, 황선경, 박준식, 김영범, 김원동, 박상규, 백종면, 이칭찬 집필
전환기의 강원사회 : 10년의 변화와 전망 2007-12-30	1980년대 민주주의 공고화를 위해 다양한 방법을 모색했던 한국사회는 1997년 찾아온 외환위기를 기점으로 양적·질적으로 많은 변화를 겪음. 이렇게 혼돈스러운 전환기에 강원지역의 생존을 위한 전략은 무엇일까에 대한 절박한 해답을 담고 있음.	박준식·김영범, '전환기 강원사회의 구조적 변화와 특징 및 새로운 발전모델 탐색' 외 14편
강원도 로컬 거버넌스의 현실과 과제 2008-12-12	로컬 거버넌스가 지역사회의 사정에 따라 다양한 활동을 주도하고, 주요 행위자를 조정하며, 기업과 시민사회의 참여를 강조한다는 점에서 문제의식을 공유. 그것을 토대로 거시적, 중범위적, 미시적 접근을 동시에 담고, 학제 간 연구를 실시해 그 결과를 묶어냄. 각 학문영역에서 진단한 강원도 로컬 거버넌스에 대한 분석을 통해 한국의 지방자치의 발전 방향을 로컬 거버넌스가 밝혀줄 것으로 기대.	김원동, '경제적 지구화의 도전과 강원도의 대응 방향' 외 14편

강원사회연구회는 그간 강원사회가 안고 있는 여러 문제를 다양한 학문적 시각에서 찾아내 분석함으로써 강원지역 주민들에게 비전을 제시하고자 노력해왔다. 강원사회연구총서 8집인 『강원문화의 이해』에서 지방분권화한 문화 경쟁력 시대에 필요한 강원문화의 힘인 강원문화의 특성과 현황, 그리고 과제와 전망에 대해 정리하고 있다.

강원도는 해방과 더불어 남북이 분단되는 과정에 모든 가치의 혼란과 파괴를 가장 극심하게 겪어냈을 뿐만 아니라 오늘의 한국사회의 모든 문제를 안고 있는 분단상황과 가장 첨예하게 밀착된 최일선 지역으로서의 변방의식, 위기의식으로 인한 문화의 불모지라는 인식이 주를 이루어왔다. 그러나 근래 강원문화에 대한 인식은 크게 바뀌고 있다. 우선 강원의 자연환경이 이 지역의 비교우위를 그 어느 분야보다 분명히 보여주는 천혜의 자원이라는 데 이견이 있을 수 없기 때문이다. 강원의 자연환경이 그대로 강원문화의 요체이며 그 잠재적 자원이라는 인식이야말로 강원문화 발전의 핵이요 그 가능성이라 할 것이다. 빠른 변화의 시대에 뒷전으로 밀려난 가장 한국적인 것, 강원도적인 것이 무엇인가를 지켜내는 일이야말로 새 시대에 필요한 문화 이미지일는지도 모른다. 강원도가 미래의 땅으로 각광받는 이유도 바로 거기에서 찾을 수 있다고 본다.

또한 지역문화의 올바른 발전과 그 계승을 위해서는 문화역량의 결집을 통한 모두 함께 생각하고 함께 만들고 함께 누리는, 이른바 '모두를 위한 문화' 운동이 뒤따라야 한다는 생각이다. 이러한 인식을 바탕으로 본 총서는 제1부에서 강원문화의 발전 방향 모색을 위한 전제로서의 지역문화의 개념 및 그 발전의 당위를 논의한다. 제2부는 강원지역 문화의 특성 찾기로서 역사 속의 문화 양상, 지형적 문화권, 언어적 특성 및 민속 등 강원도가 가지고 있는 문화유산의 가치를 점검한다. 제3부는 현재 역동적으로 강원문화를 이끌고 있는 문화예술의 장르별 현장을 찾아 그 문제점과 개선책을 찾아본다. 제4부는 강원문화의 과제와 전망을 살펴보는 가운데 정부 및 지자체의 문화정책을 살펴보고 문화정책 수립시 필요한 문화콘텐츠 기획의 중요성을 대안으로 제시하고자 했다.

본 작업은 영동·영서(춘천·원주)권으로 분류된 지역학을 학제간의 분석을 통해 통합적으로 정리했던 점에서 강원학의 모범적인 사례로 볼 수 있다.

연세대학교 매지학술연구소

1998년 10월 22일 원주학 정립을 위한 심포지움이 원주KBS홀에서 개최되었다. 지역내 지역문화예술전문가, 대학교수, 지자체 공무원 및 시민들이 참석하였고, 발표내용은 '원주학정립의 의의'(이규식, 보건행정학과) '원주문화와 원주학'(오영교, 사학과) '원주사회와 원주학'(유정식, 경제학) '원주문화정보 센타의 운영'(이선로, 경영정보)이었고, 토론자로 김영근(좌장 연세대 철학과), 김대호(원주대학장), 박형진(원주문화원장), 이주일(상지대 국문학과), 장순일(원주시 부시장), 최상익(강원대 한문학과) 등 원주연구에 정통한 학자들이 대거 참여하여 열기 넘치게 전개되었다. 매지학술연구소에서 발간한 『원주학연구』의 내역은 다음과 같다.

『원주학연구』 수록내용

분류	제목	집필자
창간호 2000.2	원주지병의 사회적 고찰	신경철(상지영서대학 교수)
	임경업과 원주	임성래(연세대학교 교수)
	사이버 공간에서의 원주 정체성 평가	유평준(연세대학교 교수)
	원주학을 위한 지리 환경적 기초자료 구축에 관한 연구	이무춘(연세대학교 교수)·권연정(연세대학교 대학원)
	문화자원을 이용한 원주지역 관광개발에 관한 연구	전영철(상지영서대학 교수)
	원주시 주요산업 경쟁력 분석	이강빈(상지대학교 교수)·이한子·김희수·정두환(상지대학교 산업경영연구소 연구원)
	원주지역의 전통 장류에 관한 연구	권동진(원주대학 교수)
제2권	원주민요의 특색	송진규(원주 육민관고)
	원주지역 누정 연구	허경진(목원대 교수)
	원주지역 자생식물의 분포와 개화기	이성규·유세영(상지대)
	원주 지역 전통음식의 발굴 및 육성을 위한 기초조사 연구	한경선(상지영서대)
	원주지역 기독교 문화와 사상	노정선(연세대)
	원주지역 유교문화와 사상	리기용(연세대)
	나말여초 원주불교계의 동향과 특징	이인재(연세대)
	천주교의 원주지역 정착과 발전 연구	여진천(원주교구 신부)

제3권	원주의 옻산업의 현황과 활성화 방안	정문수(원주문화방송제작국 PD)
	일제 강점기 원주의 도시공간구조변화에 대한 연구	한재수(한라대)
	운곡 원천석의 삼교일리론의 연원	양은영(원광대)
	1950~60년대 원주의 정치	김승건(연세대)
	지학순연구(1)	지배선(연세대)
	원주지역의 서원과 향교	리기용(연세대)
	원주지역의 인터넷 산업정보화	노전표(연세대)

한편 매지학술연구소는 원주학의 기초가 되는 사료총서 및 사료집을 발간하였다. 전근대 이후 현대에 이르기까지 사료를 계통적으로 정리하여 현대 원주를 연구하려는 연구자들에게 자료 제공을 목적으로 한 것이다. 원주학 사료총서로 제1권『수록』(1796~1798),『한산이씨 동족마을과 송와잡기』,『강원감영연구』가 발간되었고, 사료집으로『일제하편』,『한말기편』,『해방이후편(1945~1955)』,『현대사편』이 발간되었다.

강릉학회

강릉학회는 2000년 5월부터 8차례에 걸친 회합을 통해 많은 논의를 진행한 후, 2001년 11월 23일 관동대에서 강릉학회 창립대회를 개최하였다. 회장에 심재우(고려대 명예교수) 부회장 김남두(강릉대 교수), 감사 김남현(관동대 교수)를 임원으로 선출하였다. 정관 2조에 "강릉을 중심으로 영동지역에 대한 전문분야별 심층 연구와 함께 학제적, 통합적 연구를 발전시키고 강릉지역연구는 물론 강릉학술연구를 통해서 강릉발전을 도모함을 그 목적으로 한다."라고 목적을 밝히고, 학술연구발표회 및 강연회 개최, 학술지인『강릉학보』와 연구조사 보고서 발간, 기타 본회의의 목적에 부합하는 사업을 추진함을 규정하였다.

제1회 강릉학세미나는 2000년 11월 30일 개최되었다. 강릉역사의 연구성과와 과제(박도식, 관동대), 강릉학과 강릉민속문화(김선풍, 중앙대), 강릉학과 강릉관광문화 발전의 방안(함석종, 강릉대), 강릉학의 지역경제 파급효과(권춘식, 관동대) 등이 발표되었다. 이후 해마다 강릉학 학술세미나가 개최되었고 2004년 11월 『강릉학보』 창간호가 발간되었다.

『강릉학보』의 수록내용-창간호

제목	집필자
지피와 지기 사이에서 지역연구의 재발견	전경수(서울대 인류학과 교수)
원주학 연구의 현황과 과제	오영교(연세대 교수)
강릉 학산리 굴산사지 유적지의 복구방향에 대한 고찰	고동순(강릉문화재연구 연구원)
강릉방언의 성립과 특징	이익섭(서울대학교 명예교수)
강원 영동지방 방언에 대한 지역별 사례분석	박성종(관동대학교 교수)
지형적 위치를 고려한 가옥 및 취락의 입지	유홍식(관동대학교 교수)
태풍 루사에 의한 영동지역 수해현황과 항구적인 복구방안	박창근(관동대학교 교수)

한편 관동대학교 부설 영동문화연구소에서도 영동지역을 중심으로 한 강원학의 주제를 망라하여 학술지 『영동학보』를 발간하였다.

『영동학보』의 수록내용

분류	제목	집필자
창간호 1980.12	한국불교사상사에서 본 범일의 위치와 굴산사의 역사성 검토	신천식
	고려의 동북방경역에 관한 연구	방동인
	신성남의 호성굿 노래	김선풍
2호 1986.	봉래 양사언의 찬·서한 이종손묘갈	이춘영
	경포대 대자액 관견	신종원
	횡성 회다지 연구	김선풍
	동해 유적의 역사성	신호웅
	오대산 신앙의 기원연구	박노준
	조선시대 강릉지방 묘지 소고	강대덕
	조선후기 향약계의 일고찰	이규대
	강원도지도-18세기 중엽	
3호 1988.2	양양군 강선리 출토 선사시대 유물에 대하여	장문철
	당대(唐代) 오대산 신앙과 불공삼장(不空三藏)	박노준
	강릉출토 황산도 찰방 김인묘지	강대덕
	17세기 강릉지방의 사족과 향약조직	이규대
	가해루 상량문을 공개하면서	방동인

2) 문화원 및 공공 연구기관의 강원연구

(1) 문화원의 강원연구

강원도 18개 시군의 문화원은 특성상 해당 거점지역을 중심으로 연구되고 있으며, 지역사와 지역민속, 지역문화와 관련한 연구가 활발히 추진되고 있다. 정기적인 연구간행물을 발간하고 있는 문화원이 있는 반면, 지역주민들의 문화향유 및 교육, 문화제 등 연구사업보다는 문화활동사업을 주로 추진하는 등 문화원의 예산규모, 인력 등 자체역량과 지자체의 추진정책에 따라 기능이 다르게 운영되고 있다. 2000년 이후 연구현황을 살펴보면, 총 597편의 연구논문이 있으며, 지역사 275편, 지역민속 160편, 지역문화 93편 등 순으로 연구되었다.

시·군의 지방자치단체에서도 지역문화를 소개하는 많은 책자와 자료 및 단행본을 간행하고 있는 바, 각 문화원에서 정기적으로 조사 수집된 지역문화 자원과 연구성과들을 수록한 잡지를 다음과 같이 발행하였다.

강원소재 문화원의 발간 책자와 간행물 현황

문화원	정기간행물	비고
춘천문화원	춘주문화(1986)	소양의 맥, 춘성의 맥(춘성군)
원주문화원	치악문화	치악의 향기, 원주의 얼, 북원의 자취(원성군)
강릉문화원	임영문화(1977)	강릉의 뿌리, 제일강산(문화원소식지), 여맥(1980~1985), 명주의 향기(명주군)
태백문화원	태백문화지(1987), 태백문화(1988)	태백의 얼
동해문화원	동해문화	향토사(1985), 해마다 향토사록 발간
속초문화원	속초문화	
양양문화원	현산문화(1989)	양양의 향기
고성문화원	고성문화	향로봉의 맥
삼척문화원	실직문화(1990)	실직의 향기
정선문화원	정선문화, 도원문화(1988)	정선의 향사
양구문화원	양구문화지	양록의 얼

평창문화원	평창문화	노성의 뿌리
화천문화원	화천문화(1990)	용화산의 맥
철원문화원	태봉문화	동주문화(1986)
인제문화원	인제문화	
횡성문화원	횡성문화, 어사매(1983)	
홍천문화원	벌력문화(1988)	홍천의 맥
영월문화원	내성의맥	영월의 향기

강릉문화원은 2000년 이후부터 총 272편의 연구성과물을 발표하였으며, 영월이 48편, 속초가 39편, 정선 38편 등 순으로 집계되었다. 강릉문화원은 강릉지역의 역사와 인물, 전통과 문화를 담은 인문학 학술지인『임영문화』가 매년 발간되고 있다.

『임영문화』 40집의 목차(2016년 12월)

제목	집필자
한국의 기우제와 용굿	김진순(코리아루트대표)
금융조합설립과 강릉조합의 연혁에 대한 고찰	리진호(지적박물관장)
굴산문 보현사와 낭원대사 개청	박도식(강릉문화원 평생교육원 주임교수)
'용굿' 재현을 위한 토룡연구	안광선(임영민속연구회장)
강릉 영진리 봉토석실분에 대한 소고찰	이상수(가톨릭관동대학교 박물관 학예실장)
강릉읍성 내 관아의 형성과정과 쓰임	임호민(가톨릭관동대학교 VERUM교양대학 교수)
강릉 연화사의 정화와 양어지전설 고찰	장정룡(강릉원주대학교 국어국문학과 교수)
한송사의 역사적 내력 연구	박도식
한송사 시문과 사찰연기설화 고찰	장정룡

동일시기에 발간된 별도의 지역문화 소식지「제일강산」59호에는 강릉의 길, 강릉문화돋보기, 하슬라의 꿈, 문화시론, 문화공간탐방, 문화올림픽을 위한 발걸음, 문화원 소식 항목으로 내용을 꾸미고 있다. 강릉문화원은 그 외 조사사업, 학술세미나 등 문화연구사업과 문화예술사업 등 교육사업을 전국적인 명성을 얻을 만큼 활발히 수행하고 있다.

춘천문화원은『춘추문화』를 정기적으로 발간하고 있으며, 춘천지역의 역사, 고고, 민속, 문학, 자연, 인물 등에 관한 논문, 자료, 소설, 시, 수필 등의 문학창작물, 논평 등을 담고 있다. 주요한 작업으로 지역사와 관련되어 주요한 논거들을 제시하고 이끌고 있는데 그 중의 하나가 '춘천 맥국설'이다. 2012년 춘천문화원 창립60주년학술회의에서 '맥국의 유래와 춘천－우두대촌과 청평사'(박성수, 국제평화대학원대학교)의 글을 통해 춘천이 맥국이었다는 것은 『삼국사기』『삼국유사』그리고『연려실기술』등 여러 문헌에 기록되어 있는바, 춘천에는 우두대촌이 있고 청평사가 있다는 사실을 가지고도 충분히 맥국의 실재를 입증할 수 있다고 주장하였다. 이어 맥국은 조선유민(朝鮮遺民)에 의해 건설되었는데 당시 사회 경제적으로나 문화적으로 가장 발전한 선진국이 었다는 것이다. 이어 맥국의 경제상황과 일본·중국과의 외교관계, 단군조선에 서 이어받은 제천(祭天)문화가 존재했음을 강조하고 있다.

원주문화원은 향토연구논문집인『원주얼』을 발간하고 있으며, 2016년 20호 가 발간되었다. 문화사업으로 전국을 대상으로 한 '문화유적탐방', 지역을 대상으로 한 '북원문화 관광 투어버스' 운영, 향토얼(한학), 서예, 문인화, 서양화, 전통무용, 전통민요 등 총 9강좌를 운영하는 문화학교, 관내 초등학교 4학년 학생을 대상으로 하는 "원주 향토사 바로알기" 교육사업, 원주얼 선양 제례(충렬사, 충효사, 경천묘)봉행사업이 전개되고 있다. 학술사업으로『원주 얼』발간사업 외에 일제강점기부터 현대에 이르기까지 원주지역과 관련된 근현대의 체험적 역사 자료를 정리하여 후대에 남겨 원주시민의 정체성을 회복하고자 원주의 원로들을 탐방하여 작성하는 원주구술사 작업과 지역인물 인 운곡 원천석, 임윤지당, 관란 원호에 대한 심포지엄과 연구사업, 황충효공(黃 忠孝公, 1568~1652) 실기(實記) 번역사업, 원주의병 학술발표회, 강원감영 사료발간, 원주지역 구전민요 자료집 발간의 사업을 진행하였다. 이 밖에 원주지역의 문화유산 중 국립중앙박물관에 소장되어 있는 문화재 9점(국보 2점, 보물 5점, 국보급 2점)의 환수운동도 실시하였다. 치악문화제의 행사로 강원감영의 역사성을 이벤트로 부각시키는 강원감사 순력행차를 시행하였다.

영월문화원은 1985년부터『내성의 맥』을 통해 향토사논문, 지역현안, 문학 등을 엮어 정기향토지를 매년 1회 발간하고 있다. 횡성문화원의 경우 매년 1회『횡성문화』라는 정기간행물을 발행하며, 1983년『어사매』1권을 시작으로 2005년 20권이 나온 후 간행물의 제호가『횡성문화』로 바뀌면서 2017년 통권 31호를 발행하는 것으로 예정되어 있다.『횡성문화』의 주요 내용은 지역사와 지역문화에 관한 지역민들의 기고문을 중심으로 구성되어 있으며, 지역의 수필, 시 등을 수록하고 있다. 또한 횡성문화원은 향토문화, 향토사에 관한 내용이 수록된『향토사료집』을 1년에 1권 정도로 발행하여 2017년 현재까지 29집에 이르고 있다.

삼척문화원의 경우 정기간행물『실직문화』가 27집까지 발행되었다. 주요내 용은 지역사와 지역문화에 관한 논문과 시, 수필, 문화원 및 지역 소식에 대해 다루고 있다. 평창문화원은 매년『평창문화』라는 정기간행물을 1권씩 발행하여 2016년 제31권이 제작될 예정이며, 주요내용은 문화원의 사업내용 과 문화수강강좌, 경연대회 등의 문화원 소식과 함께 향토사연구, 지역문화 연구의 주제로 구성되어 있다. 철원문화원의 정기간행물『태봉문화』는 2016 년 제30호를 발간할 예정이며, 주요내용은 향토사와 지역문화 연구, 문화원 소식과 시, 수필 등을 수록하고 있다. 또한 2004년 제1호를 시작으로 '한탄강사 랑 작품집'을 매년 1권씩 발행하고 있으며,『철원의 금석문대관』(2004),『철원 의 지명유래』(2004),『철원의 문화유적』(2005년부터 2년에 1권) 등의 단행본을 발간하였다.

(2) 강원도 공공기관의 강원연구

강원도내 공공연구기관은 강원발전연구원, 강원도 여성가족연구원, 강원 도 보건환경연구원, 국립공원연구원, 강원도교육연구원, 강원고곡문화연구 원, 동해수산연구소 등을 비롯하여 강원문화재단을 비롯하여 6개의 기초문화재단, 특정문화자원 중심의 추진위원회 등이 있다.

  강원발전연구원은 도 출연 정책연구기관으로서 강원도 전반에 걸친 연구를 수행하고 있으며, 그 외 연구기관은 기관의 특성과 기능에 따라 연구성과가 차별화되어 있다. 2000년 이후 연구성과물이 나온 연구기관을 대상으로 살펴본 결과, 분야별로는 지역경제분야가 96편으로 가장 많았으며, 지리·환경분야 89편, 지역사회가 78편, 지역사가 41편 등이 연구되고 있었다. 교육과 문화는 상대적으로 연구가 저조한 현상을 보였다.[3]

강원도 공공연구기관 현황

구분	지리·환경	지역개발	지역경제	지역문화	지역교육	지역민속	지역사	지역사회	지역정치
강릉단오제위원회	-	-	1	1	1	18	1	-	-
강릉시사회적경제네트워크	-	-	-	1	-	-	-	-	-
첨단해양공간개발네트워크	1	-	4	-	-	-	-	-	-
영월곤충박물관	1	-	-	-	-	-	-	-	-
동해수산연구소	1	-	1	-	-	-	-	-	-
춘천문화재단	-	-	-	1	-	-	-	-	-
강원문화재단	-	-	-	-	-	2	-	-	-
강원도보건환경연구원	61	-	4	-	-	-	-	40	-
강원도여성가족연구원	-	-	-	-	-	-	-	21	-
강원발전연구원	22	16	86	5	4	-	4	14	10
강원고고문화연구원	-	-	-	-	-	-	36	1	-
국립공원연구원	3	-	-	-	-	-	-	-	-
강원도교육연구원	-	-	-	-	-	-	-	2	-
합계	89	16	96	8	5	20	41	78	10

  강원도 민간연구기관 현황을 살펴보면 다음과 같다. 강원도내 사단법인으로 등록된 주요 연구기관은 도지사가 허가한 비영리법인체와 중앙정부가

---

  3) 유영심, 「전게보고서」, 42쪽에서 인용.

허가한 비영리법인이 있다. 문화재청에 등록된 강원도 비영리법인의 수는 2016년 현재 10곳이며 대부분 문화재지정, 문화유산이나 천연기념물 등으로 등록된 지역의 자원연구를 대상으로 한 연구기관이나 협회이다. 교육부는 재단형태의 지역장학회가 대부분이며, 학술연구의 경우 지역기반의 연구보다는 전체지역 혹은 특정주제를 대상으로 한 교육연구사업이 주를 이루고 있다. 그 외 강원도 도지사가 지정한 연구기관은 학술연구형태보다는 포럼사업이나 위탁 및 자체 교육프로그램이 주요 업무로 되어 있는 경향이 강하게 나타나고 있다. 각 기관의 강원연구와 관련된 사항은 다음과 같다. (사)한국고택문화재 소유자협의회는 문화재 지정 가옥의 자료수집, 저술·연구, 정보교환, 통계·조사 업무와 문화재 지정가옥의 보존 및 활용 방안에 관한 연구를 진행하고 있다. (사)한국전통구들협회는 전통 구들의 연구 및 학술조사, 전통 구들의 해체복원을 모색하고 있으며, (사)천연기념물곤충연구소는 천연기념물 곤충의 생물학적 기초연구조사와 곤충의 증식 및 복원에 관한 연구를 진행하고 있다. (사)한국동굴연구소는 강원도 산악지대에 분포된 자연동굴의 발굴, 조사, 정리, 학술조사 및 연구를 진행하고 있다. (사)예맥문화재연구원은 문화유산에 대한 조사연구 및 학술 연구서 발간을, (사)강원고고문화연구원 역시 문화유산에 대한 지표·시굴·발굴조사 및 보존관리와 문화유산 조사연구 학술보고서 발간을, (사)국강고고학연구소 역시 문화유산에 대한 지표조사, 시·발굴조사 및 학술 연구서 발간을 수행하고 있다. (사)중요무형문화재 제13호 강릉단오제보존회는 강릉단오제의 지정문화재(제례, 무격, 관로가면극) 원형 발표사업을 수행하였다.

강원도 소재 교육연구기관 가운데 (사)강원도농어촌연구소는 강원농산어촌미래포럼 세미나와 학술연구를 개최하고 있고, (사)율곡학회/율곡연구원은 국내외적으로 잘 알려진 율곡사상의 연구 및 국제교류, 율곡사상 연구서를 간행하며, (사)허균·허난설헌 선양사업회는 허균·허난설헌 관련 연구와 문화재를 개최하고 있다.

강원도 등록기관인 (사)강원평화경제연구소는 강원도와 관련된 경제, 행정, 노동, 복지, 보건, 교육 등의 발전전략과 미래 비전을 연구하는 전문기관이다. (사)강원시민사회연구원은 강원도 전역을 대상으로 건전한 지방자치의 실현과 다양한 자립경제의 실천, 지속가능한 지역사회의 발전을 위한 실천 방안을 연구하고 있다. (사)한국지방분권아카데미는 자치역량, 지방행정, 지역경세, 지방정치, 지역국제화로 구분되는 업무수행과 연구를 진행하고 있다. (사)지방행정정책연구원 학술연구와 원가분석, 조사분석, 개발사업 등의 사업을 진행하고 있다. (사)강원미래전략연구원은 강원도의 지속가능한 발전과 강원도 가치제고 방안, 환경가치제고 등과 관련된 세미나와 연구를 수행하였다.

3) 강원발전연구원 강원학연구센터의 강원연구

광역적 관점에서 지역학 연구의 통합적 추진 필요성이 제기되면서, 2002년 '강원학연구센터'를 도비의 지원 하에 강원발전연구원 내에 설립하였다. 강원학연구센터의 주요기능은 강원학 연구와 관련된 기초자료 수집 및 데이터베이스 구축, 강원학 분야의 연구과제 수행 및 연구활동 지원, 강원학 관련 연구성과 홍보 및 학제간 연구네트워크 구축을 위한 연구조성사업, 강원학 관련 연구성과 보급 및 대중화를 위한 발간사업 추진, 연구성과를 활용한 문화정책 개발 및 문화산업화 추진으로 설정하였다. 이 기간 동안 강원학연구센터의 주요 실적은 위탁연구과제 15건, 수탁연구과제 3건, 강원학총서발간 7종, 강원학학술총서 9종, 강원학연구(학술지, 2건) 등이다.[4]

---

4) 강원발전연구원, 『강원발전연구원 20년사 1994-2014』, 2014 참조.

강원학연구센터의 주요연구

구분	연도	과제명	연구책임자/연구총괄
위탁연구	2002	강릉단오제연구	장정룡 강릉대 교수
		강원의 풍수와 인물	옥한석 강원대 교수
	2003	정선아리랑	진용선 정선아리랑 연구소장
		강원의 동족마을	오영교 연세대 교수
		관동팔경과 누정문화	박영주 강릉대 교수
	2004	강원도와 고구려 연구	금경숙 고구려연구재단
		강원도의 한시이해	김풍기 강원대 교수
		중국 연변조선족자치주 강원인 기초 조사연구	김병철 강원발전연구원
	2005	재중국 강원인생활사 조사 연구(길림성)	김병철 강원발전연구원
	2006	재중국 강원인생활사 조사 연구(흑룡강성)	김병철 강원발전연구원
		생애사를 통해본 강원도민의 삶과 문화	한건수 강원대 교수
		강원도 전설의 유형과 분포	전신재 한림대 명예교수
		한국의 작가, 강원의 작가	최형순 강원대 강원문화연구소
	2007	재중국 강원인생활사 조사 연구(요녕성)	김병철 강원발전연구원
	2009	강원의 전설 2	전신재 한림대 명예교수
수탁연구	2006	강원학 교육교재 제작	김풍기 강원대 교수
		비지정 석조문화재 전수조사	원영환 강원대 명예교수
	2007	강원의 뿌리를 찾아서 만화제작	지경배 책임연구원
강원학 학술총서	2004	강원의 동족마을	오영교 연세대 교수
	2005	강원도 민요와 삶의 현장	전신재 외
	2006	강원도와 고구려	금경숙 고구려연구재단
	2006	재중국 강원인생활사 조사 연구(길림성)	전신재 외 6인
	2007	재중국 강원인생활사 조사 연구(흑룡강성)	전신재 외 4인
	2008	수도권 규제완화에 대한 고뇌	변용환 한림대 교수
	2009	강원도 양극화의 현황과 문제점	임의영 외 5인
	2009	세계 속의 강원경제	김정호 외
	2010	재중국 강원인생활사 조사 연구(요녕성)	전신재 외
강원학 총서	2003	강릉 단오제	장정룡 강릉대 교수
		강원의 풍수와 인물	옥한석 강원대 교수
	2004	정선아리랑	진용선 정선아리랑연구소장
		한국 DMZ, 그 자연사적 탐방	함광복 DMZ연구소장
	2005	강원의 한시	김풍기 강원대 교수
	2006	강원의 전설	전신재 한림대 명예교수
	2009	강원의 전설 2	전신재 한림대 명예교수
학술지	2005	창간호 : 강원도 지역사 연구의 현황과 과제	오영교 연세대 교수 외
	2006	제2호 : 강원도 주요 도시의 정치의식	김원동 강원대 교수 외

강원학연구의 수록내용-창간호, 2005년

제목	집필자
강원의 선사문화	지현병(강원문화재연구소 연구실장)
강원지역 고·중세사 연구 현황	금경숙(고구려연구재단 연구위원)
조선시대 강원지방사 연구의 현황과 과제	오영교(연세대 교수)
강원지역 근현대 지역사 연구의 현황과 과제	강대덕(독립기념관 교육개발부장)
조선시대 강원도 고지도	한영우(서울대 명예교수)
노농복합시 정책효과 분석-춘천시를 중심으로	송낙헌(강원발전연구원)
동해안 지역의 환동해권 관광발전전략 고찰	김상윤·소대영(한림대학교)
문화적 정체성에 대하여 (The Question of Cultural Identity/Stuart Hall)	송승철·엄태용 역

그 밖에 지역문화산업연구센터(CRC) 지원사업인 「고전소설 옥루몽의 시나리오 창작소재화 및 애니메이션 파일럿 제작」을 수행하였다. 2010년 강원발전연구원 내부 조직개편에 의해 강원학연구센터는 폐지되었다.

4) 지방자치단체 및 민간기구의 강원연구

강원향토문화연구회

본 연구회는 강원도의 역사와 문화를 연구하고 이와 관련된 학술활동을 통하여 향토문화 발전에 이바지함을 목적으로 한다. 원영한 교수(강원대 사학과 교수)가 운영하던 강원향토문화연구원을 모체로 1990년 3월 1일 창립되었다. 본 연구회에는 관내 교수, 언론인 실업가, 현직교사, 향토사가를 망라한 60여명의 회원이 가입되어 있고 향토문화연구의 기반을 마련하기 위한 학술지 간행은 물론 고적답사, 한문고전 및 사료강독, 향토지 편찬, 문화유적에 대한 학술조사활동을 전개하였다. 회장이하 연구원, 사료조사원이 임명되어 있고 이 가운데 상임연구원 1명과 연구원 1명, 사료조사원 2명이 상근하고 있다. 1996년 12월『강원문화사연구』창간호를 발간한 이래 강원지방사의 주요 논거를 제시하며 지역사 연구의 활성화에 크게 기여하였다.

『강원문화사연구』 8집(2003. 10) 수록내용

제목	집필자
강원지역에서의 역사·문화 콘텐츠의 현황과 과제	유재춘(강원향토문화연구회 상임연구원)
한말 횡성지역의 교안	이원희(강원향토문화연구회 연구원)
강원도 구비문학의 특성과 현대적 전승 양상	함복희(강원대 강사)
강원도 지명연구의 동향과 과제-강원 영서지역을 중심으로-	심보경(한림대 인문학연구소 연구원)
춘천 장절공신 숭겸기념관소장 공거문집(추정)	강원 향토문화연구회 편집실

운곡학회

원주의 사단법인 운곡학회는 2001년 8월 설립되었고 정관에는 "운곡 원천석의 학문과 사상을 연구하여 이를 계승 발전시키고, 나아가서 칠봉서원에 함께 배향되었던 관란 원호, 구암 한백겸, 항재 정종영 등을 비롯한 원주와 관련된 역사적 인물들의 학문과 사상을 연구하여 이를 계승 발전시키고 나아가서 국내외에 널리 선양함을 목적으로 한다."고 규정되었다. 칠봉서원 배향인물에 대한 선양 사업들을 시행하며 해마다 학술대회를 개최하고 있다. 설립 당시 회장에는 최승순, 부회장 강태연, 운영환, 양근열, 이사장 장윤이 임명되었다. 그해 9월 28일 '강원의 얼과 칠봉서원'이라는 주제로 제1회 학술대회를 개최한 이래 해마다 학술대회와 세미나, 학술연구지 『운곡학회연구논총』을 간행하고 있다.

『운곡학회연구논총』 제1집(2005년 3월 발간)

제목	집필자
칠봉서원의 역사적 의의	원영환(강원대 교수)
원천석과 원호의 삶과 정신	신경철(상지영서대 교수)
항재 정종영의 인품과 사상	최상익(강원대 교수)

구암 한백겸의 실학사상-동국지리지를 중심으로	방동인(전 관동대 교수)
원주얼과 칠봉서원 복원	신경철
운곡 원천석의 절의정신과 경세관	이애희(강원대 교수)
관란 원호의 사상과 선비정신	남상호(강원대 교수)
한백겸의 동국지리지 성립배경과 성격	원유한(동국대 교수)
항재 정종영과 초계정씨 관동파 문중에 관한 연구	오영교(연세대 교수)
충렬사 재건과 원주	신경철
원충갑(1250~1321)의 생애와 활동	이인재(연세대 교수)
김제갑 목사의 영원산성 전투	김호길(반강고전연구소장)
충장공 원호의 생애와 공적	우쾌재(인천대 교수)
북원문화와 운곡 원천석 선생	신경철
운곡 원천석의 증승시 연구	이정화(삼척대학 강사)
운곡 원천석의 불교정신	심재관(강릉대학 강사)
운곡 원천석의 처사적 삶과 의리 정신	최광범(고려대 강사)
려말선초의 사상계의 동향-절의론을 중심으로	정호훈(연세대 국학연구원 연구교수)

의암학회

춘천의 의암학회는 2001년 3월에 설립되어 의암 유인석 선생의 학문과 사상 및 의병활동을 연구하여 그 정신을 계승 발전시키고 국내외에 널리 선양함을 목적으로 하는 것이다. 이사장 이대근, 회장 원영환, 연구부장 엄찬호의 직임 하에 국내와 중국회원으로 구성되어 국내외 독립운동사, 의병운동사의 연구를 심화시키는 학술대회와 총서, 사료집 발간, 의암관련 논문선집을 발간하는 등 활발한 활동을 전개하고 있다. 의암 유인석 선생 사적지조성계획을 추진하면서 본 학회의 활동이 더욱 구체화되었다.

『의암학연구』 창간호(2002년)

제목	집필자
유인석의 국외 항일투쟁 여정(1896~1915)-러시아 연해주를 중심으로-	박민영(독립기념관 한국독립운동사 연구소)
조선의 단발령과 을미의병	이민원(국사편찬위원회 연구위원)
국내 의암 유인석 관련사료의 현황과 활용방안-강원대학교 중앙박물관 소장자료를 중심으로-	강대덕(독립기념관 교육개발부장)
연해주에서 한인사회 형성과 의암 유인석의 활동	이상근(대불대학교 교수)

의암학회는 2001. 12. 17 제1회 의암학회 전국학술대회를 다음과 같이 개최하였다.

기조강연 : 이성무(국사편찬위원장)

주제발표

○ 의암 류인석의 학문과 사상

발표자 : 장승구(세명대학교 교수)

토론자 : 이애희(강원대학교 교수)

○ 류인석의 국외 항일투쟁 노정(1896~1915)-러시아 연해주를 중심으로-

발표자 : 박민영(인하대학교 강사)

토론자 : 김도형(국민대학교 강사)

○ 조선의 단발령

발표자 : 이민원(국사편찬위원회)

토론자 : 최창희(한림대학교 교수)

○ 의암 연구자료의 현황과 활용방안-강원대박물관 소장자료를 중심으로-

발표자 : 강대덕(강원대학교 강사)

토론자 : 장삼현(경원전문대 교수)

이어 2002. 9. 27 국제학술대회를 개최하여 국내외 많은 관심을 불러 일으켰다.

주제발표

○ 제1주제 : 한말 의병장들의 국제법 인식

발표자 : 김세민(강원대 강사)

토론자 : 엄찬호(춘천교육대학 강사)

○ 제2주제 : 중국에서의 안국인의 반일독립운동-중국인의 마음속에 살아있는 윤희
순의 반일애국투쟁정신-

발표자 : 김양(중국 세종한국어배훈학교상무부교장)

토론자 : 최창희(한림대학교 교수)

○ 제3주제 : 항일운동에서의 한·중 연대에 대하여

발표자 : 조문기(중국 무순시 사회과학원 연구원)

토론자 : 강대덕(독립기념관 교육개발부장)

○ 제4주제 : 제2회 특별전로한족대표회의와 러시아지역 한인민족운동

발표자 : 반병률(한국외국어대 교수)

토론자 : 전명혁(민주화운동사료관 자료실장)

○ 제5주제 : 재일한국인의 민족운동-합병전후부터 1910년대 전반을 중심으로-

발표자 : 외촌 대(일교대학 강사)

토론자 : 김인덕(국립중앙박물관 연구사)

○ 제6주제 : 한말 의병전쟁사에 대한 재검토

발표자 : 김상기(충남대 교수)

토론자 : 김양식(충북학연구소 책임연구원)

○ 제7주제 : 만주지역 대한독립단의 조직과 활동

발표자 : 박환(수원대 교수)

토론자 : 이현주(국가보훈처 연구관)

○ 제8주제 : 대한민국임시정부의 수립과 활동의 민족사적 의의

발표자 : 황묘희(성신여대 강사)

토론자 : 최혜경(동국대 강사)

○ 제9주제 : 한말 재미한인의 국권회복운동과 인식-독립전쟁론을 중심으로-

발표자 : 김도훈(국민대 강사)

토론자 : 이명화(한국독립운동사연구소 책임연구원)

이와 함께 『의암류인석연구논문선집』I (의암학회총서 1)과 『국역의암집』 1권을 발간하였고, 『의병항쟁과 국권회복운동』(의암학연구총서 2, 2003. 4. 15), 『의암류인석자료집』I (의암학회총서 3), 『의암류인석자료집』II(의암학회총서 4)를 연이어 발간하였다.

율곡학회

강릉의 율곡학회는 시 당국과 여러 기관 지역유지 및 관련학자들이 적극 참여하여 해마다 학회지와 학술논문집의 발간을 비롯하여 학술회의 개최, 율곡대상 시상, 향토문화 강좌, 율곡얼 심기 강좌와 교육 등 많은 활동을 하고 있다.

주요 활동을 보면 학회보 「밤나무골이야기」를 발간하고 율곡철학과 한국철학 기타 윤리선양과 관련된 학술논문집을 발간하며 율곡학 학술대회와 향현연구, 국제학술강연회, 문화강좌를 개최하고 있다. 율곡학회 논문집인 『율곡사상연구』는 2017년 6월 현재 34집까지 발간되었는데 30호부터 『율곡학연구』로 제호를 개명하였다.

『율곡사상연구』 1집 수록내용

제목	집필자
한국의 미래와 율곡사상의 역할	최근덕
율곡의 시대와 생애	송석구
율곡학의 기본 특성	이홍순
율곡의 자연관	윤사순
율곡의 인성론	황준연
율곡의 이기관	장입문(중국 인민대 교수)
율곡의 이기관	장입문, 이상호 역
이율곡 대심성 정의적 분석 급 기성의적 수양론	양조한(대만문화대학 교수)

율곡과 우계의 성리학 논변	성교진
이율곡의 심성정의에 대한 분석 및 성의의 수양론	양조한, 심재걸 역
동아시아적 시야에서 본 이율곡 이기론의 특성	고교진, 이기동 역
성리학의 한국적 수용과 전개	서용화
율곡사상과 국가발전	최근덕
율곡의 정치사상	송석구
율곡의 사회사상	백완기
율곡개혁사상의 본질과 현대	최근덕
율곡의 개혁사상와 민본사상	안병주
율곡의 신군주론과 정치개혁	송석구
율곡의 시폐론과 건강한 사회	송재운
이이의 근대의식	송석구
율곡의 경제론과 오늘의 한국-이율곡의 경세사상-	조순
율곡의 경제사회사상	조남국
율곡사상과 경제정책	이기동
율곡의 교육사상연구	손인수
율곡의 교육사상	이문원
율곡의 교육중흥과 인간혁명론	류인희
율곡의 윤리사상-율곡의 윤리사상과 그 철학적 근거	안진오
율곡의 수기치인론	이남영
율곡의 사관론	소천청구(동경대 교수)
율곡의 문학관	최승순
명대유가철학과 율곡사상	류우열
율곡과 육왕학	김길락
율곡의 실학사상	최용수
율곡사상과 실학	금장태
율곡사상연구의 어제와 오늘	황의동
남북한 율곡철학의 인시과 반성-신유학에서 율곡학의 위치	류인희

지방자치단체의 학술서 발간사례

지방자치단체에서 도지·시지·군지의 편찬이 대대적으로 이루어져 지역의 역사와 현안을 체계적으로 정리하고 있다. 구체적으로 향토계를 두어 학술작업을 전담하는 사례가 있다. 그 중 원주시의 학술총서를 소개하면 다음과 같다.

원주시는 원주의 역사와 문화를 체계적, 종합적으로 정리하고 국가와 민족 및 우리 고장을 빛낸 선조의 생애와 업적 연구, 그리고 원주시민의 애향심·자긍심 고취 및 대내외에 '원주시' 홍보를 목적으로 발간하고 있다. 2003년부터 연차적으로 추진하고 있는바 2017년 5월 현재 도합 152책을 발간하였다. 그 내역은『원주사료총서』,『원주학술총서』,『원주사진사료집』,『원주문선』,『원주금석문집』,『원주문헌자료』,『원주역사시리즈』,『만화로 보는 원주이야기』,『그림으로 보는 원주이야기』,『원주시사자료집』,『원주구술사』,『향토문화유산』·『역사인물』등에 이른다. 원주학술총서는 원주의 역사를 체계적이고 종합적으로 정리한 내용을 담고 있다. 발간 내역을 보면 다음과 같다.

원주학술총서

제목	내용	집필자
『조엄연구논총』 (2004. 10. 15. 발행)	'고구마'를 조선에 전파한 조엄의 업적 연구	김재승(부산해양대 교수), 오영교(연세대 교수) 외
『원주독립운동사』 (2005. 8. 15. 발행)	원주의 독립운동(의병운동, 만세운동)을 체계적 연구	오영교(연세대 교수), 왕현종(연세대 교수)외
『손곡 이달 연구』 (2006. 1. 25. 발행)	원주 출신 이달의 학술연구	허경진(연세대 교수) 등
『원주 불교와 유적』 (2007. 2. 28. 발행)	원주의 불교문화(불교전래 및 문화유산) 연구	김병곤(한국불교연구원 연구원) 등
『강원감영 연구』 (2007. 9. 20. 발행)	조선조 500년 원주 감영의 역사와 위상 연구	오영교(연세대 교수)
『운곡 원천석 연구(건)』 (2007. 10. 20. 발행)	원주를 대표하는 원천석의 생애와 사상 조명	이인재(연세대 교수) 등
『운곡 원천석 연구(곤)』 (2007. 10. 20. 발행)		정호훈(연세대 교수) 등
『중국 원주촌 연구』 (2007. 12. 1. 발행)	1937년 중국으로 강제 이주된 원주인의 애환 정리	손춘일(연변대학교 박사지도 교수) 등
『관란 원호 연구』 (2008. 2. 20. 발행)	원주출신 생육신 원호의 생애와 사상 연구	오영교(연세대 교수) 등
『원주 정미의병 연구』 (2008. 8. 30. 발행)	1907년 정미의병을 주도했던 원주의병의 학술연구	왕현종(연세대 교수) 등
『나말여초의 원주』 (2008. 10. 30. 발행)	신라말 고려초 원주의 위상과 북원문화 연구	이인재(연세대 교수) 등
『우담 정시한 연구』 (2009. 1. 31. 발행)	조선 후기 원주출신 성리학자 정시한의 생애와 사상 연구	리기용(연세대 교수) 등
『원주 충렬사 연구』	1670년 건립된 충렬사와 배향인	김인호(광운대 교수) 등

(2009. 9. 15. 발행)	물에 대한 연구	
『정시한 성리학 연구』 (2010. 1. 31. 발행)	정시한의 성리학을 심층적으로 연구	리기용(연세대 교수) 등
『원주향토사』 (2010. 10. 15. 발행)	원주의 역사를 통사적으로 정리	오영교(연세대 교수) 등
『송와 이희 연구』 (2013. 8. 15. 발행)	송와 이희 선생의 생애와 청백리정신 연구	정두영(경남과학기술대학교 교수) 등
『태재 유방선의 생애와 문집 (상)』(2014. 8. 14. 발행)	태재 유방선 선생의 생애와 문집 연구	박문성(평원문화원구소 소장) 등
『임윤지당 연구』 (2015. 6. 29. 발행)	임윤지당의 생애와 학문 연구	오영교(연세대 교수), 강순애(한성대 교수) 등
『조엄의 생애와 고구마 전래』(2016. 7. 29. 발행)	조엄 선생의 생애 및 고구마 전래과정 연구	김성찬(원주시 학예연구사) 등
『원주의 독립유공 인물(상)』 (2016. 11. 25. 발행)	원주의 독립유물 인물 소개	김성찬(원주시 학예연구사)
『원주의 독립유공 인물(상)』 (2016. 12. 15. 발행)		김성찬(원주시 학예연구사)

이 밖에 지역학 연구에 기초가 되는 자료집을 발간하고 있다. 김성찬(원주시청 향토문화담당)이 『원주지(건)』, 『원주지(곤)』, 『원주지(감)』, 『원주지(리)』, 『산중일기(상)(하)』, 『동영중기(상)(하)』, 『관동총록(상·하편)』을, 임성래(연세대 교수)가 『원주의 옛이야기와 노래(상)(하)』, 허경진(연세대 국문과 교수)이 『국역 손곡집』을 각각 역주하여 발간하였다. 또한 원주문헌자료로 『원주독립운동사자료집』 제1권, 『원주독립운동사자료집』 제2권, 『원주독립운동사자료집』 제3권, 『중국원주촌자료집』, 『원주관련 국외자료조사 자료집-01』, 『원주관련 국외자료조사 자료집-02』, 『원주관련 국외자료조사 자료집-03』, 『원주관련 국외자료조사 자료집-04』를 발간하였다.

3. 강원지방사와 '강원학'

강원학 분야 중 강원지방사 연구는 오늘날 당면하고 있는 지역문제의 해결을 위한 단서와 교훈을 찾는데 중요한 근거가 된다. 지난날 우리의 오랜 역사적 경험에서 오늘의 우리에게 본보기가 될 만한 유산이 과연 무엇인가를 차분히 숙고해야 할 것이다. 지방사연구자들은 자기지역의 문화유산과 역사적 자각을 연계시켜 주민의 역사의식을 고양시키고 확산하는 일에 깊은 관심을 지녀야 하기 때문이다.

1) 향토사·지방사·지역사의 개념

'지방사'와 관련되어 논자에 따라 '지역사' 또는 '향토사'의 용어를 병행하여 사용되고 있다. 그런데 이 용어들은 각각 발생근거를 달리하고 있다. 지방사는 향토사에 대해, 지역사는 지방사에 대해 각각 비판적 의미를 지닌 채 성립된 것이다.

우선 '향토사'란 흔히 애향적 성격을 지닌 자기 출신 고장의 역사라는 말이 된다. 연구테마의 선정이 대체로 향토성과 깊은 연관이 있으며 연구주체는 그곳에 '태를 묻은' 경우가 대부분이다. 이에 비해 지방사는 일정지역을 대상으로 객관적으로 연구한다는 탈주관적 의미를 지닌 것으로 볼 수 있다.[5] 다음으로 지방은 중앙과 대응된 지역으로 종속개념이 강한 데 비해 지역은 수평적 공간개념으로 여겨진다. 따라서 지방사는 정치적·인위적 경계를 포함하여

---

5) 일본의 경우 전전 향토사에 대해 "편협한 향토애·자만적·비과학적·취미적"이라고 규정하거나 "향촌연혁의 오래됨과 중앙의 偉人 및 권력자들과 연결된 부분이 주로 서술의 기조를 이루었다."고 비평하고, 전후 지방사는 명칭의 변화와 함께 내용뿐만 아니라 질적으로도 커다란 전환이 있었음이 강조되고 있다(木村礎,「鄕土史·地方史·地域史研究の歷史と課題」『岩波講座日本通史(別卷2) 地域史研究の現狀と課題3』, 岩波書店, 1994, 31쪽 ; 木村礎·林英夫 編,『地方史の硏究方法』, 新生社, 1968, 13~21쪽 ; 內藤正中,「地方史編さん事業と住民の歷史意識」『歷史學硏究』427, 1975. 12, 50쪽 참조). 배영동은 한국의 기존 향토사 연구에 대해 "애향이라는 대전제 위에서 형성된 자기 향토 중심주의, 자기 조상 중심주의, 고장 인물 중심주의에 오랫동안 사로잡혀 있었다."라고 그 분위기를 지적하였다(「향토사와 향토문화 연구의 성과와 과제」『향토사연구』제10집, 한국향토사연구전국협의회, 1998).

그 범위가 지정되는 데 비해, 지역사는 지리적·자연적 경계를 더 중시하며 심지어 국가라는 경계를 넘어서기도 한다.

그러나 이 세 용어는 국가 전체의 역사가 아닌 한정된 특정 지역의 역사연구를 목적으로 한다는 점에서 본질적인 공통점이 있다. 그리고 중요한 것은 지방사니 지역사니 하는 용어의 틀이 아닌 실제로 그 안에 들어 있는 내용임은 말할 것도 없다. 범주의 진정한 구분도 그 내용이 전해줄 것이기 때문이다.

지방사의 지위와 성격에 관해서는 '지방화된 전국사'와 '본래의 지방사'로 나누어 보기도 한다.[6] 가령 사례연구에서 보듯 지리적으로는 지방이지만 해당 지방의 정체성 또는 고유성을 밝히려는 연구가 아니고 '중앙'의 역사와 직접적으로 관련이 있는 연구라면 전자에 해당된다고 본다. 반면 '본래의 지방사'는 "지방공동체의 전체사 즉 그 지방공동체의 기원, 성장, 해체를 연구하는 역사"라고 정의할 수 있다. 이처럼 후자의 관점에 선다면 지방사는 지방 자체의 개별성을 강조하고 지방 그 자체로 통합된 총체를 구성하는 독립된 역사로서 연구되어야 할 것이다.

한편으로 동아시아의 어느 나라보다도 중앙집권적 경향이 강했던 한국의 역사적 전개과정을 염두에 둘 때 지방사 서술에서 자체의 완결성을 추구함과 더불어 소위 국가사·전체사와의 상호 관계적 시각을 고민해야 할 것으로 보인다.

지방사 연구는 지방의 구체적인 사실들이 풍부히 그리고 세밀하게 묘사되는 것이 특징이다. 때로는 지방사연구가 통사(국가사)의 기초가 되고 '사실 제공원'이라는 지적도 있다. 인류문화의 전개과정상 나타나는 보편성은 국지적 특수성을 충실히 규명한 후 그 특수성에서 공통분모를 찾을 수밖에 없을 것이다. 따라서 지방사연구는 어느 국한된 지역 역사에 대한 관심을 충족시켜 준다는 면 말고도 일반적인 한국사 전체의 흐름을 아는데 유용하다. 때로는 지방사의

---

6) 오주환, 「지방사 연구 : 그 이론과 실제-영국을 중심으로」 『대구사학』 30, 1986 ; 고석규, 「지방사 연구의 새로운 모색」 『지방사와 지방문화』 1, 1998.

세밀한 연구결과가 일반사의 내용을 수정하는 경우가 많다. 가령 지방사의 통계가 극히 소규모 단위로 작성된다는 점이 있기는 해도 엄밀한 조사 없이 횡행한 어떤 일반적인 관념이나 편견에 능히 도전할 수 있었다. 호적과 양안의 분석을 통한 인구나 농업생산력 추정에는 더할 나위 없이 중요하다.

지방사는 지역을 제한하고 현장성을 중시하며 지역민의 역사에의 관심을 반영하는 데 비해, 중앙의 연구는 역사의 일반적 유형과 발전법칙을 도출하고자 모색하는 경우가 많다. 특히 지방사 연구는 문헌사료와 역사이론에만 의존하는 궤안에서의 분석이 아닌, 실재 역사가 전개된 곳이라는 현장성이 뒤따른다는 점에서 훨씬 풍부한 연구를 낳을 수 있다고 본다.[7]

2) 강원지역 지방사연구의 현황[8]

강원도의 경우 1970년대부터 향토사가와 관내 대학에 재직하고 있는 전공 연구자들에 의해 지방사 관련 주제의 연구업적이 발표·간행되기에 이르렀다. 강원 지방사 연구와 서술에서 1980년대 이전에는 거의 특기할 만한 것이

---

7) 天野卓郎은 아마추어 지방사 연구의 여러 결점과 거기에 대한 전문 역사가들의 경멸에도 불구하고 지방사 연구의 가치는 좀처럼 손상되지 않는다고 주장한다. 그 이유는 역사연구란 비록 독창적인 논제나 해석이라도 정확한 사실에 의한 뒷받침을 받아야 하는데, 사실이란 시간의 차원과 함께 공간의 차원을 아울러 갖고 있다는 점을 깨닫게 된다면 일반 학자 모두는 지방의 구체적 사실로써 자기 논제와 해석의 뒷받침을 삼으려고 할 것이기 때문이라는 것이다(「地方史編さんと國民の歷史意識」『歷史學研究』 427, 1975. 12, 64쪽).

8) 강원지방사 연구의 현황을 살피는 데에 다음의 논고가 참조되었다. 신종원, 「강원도 지방사연구에 대한 반성」『강원문화연구』 11, 1992 ; 오영교, 「강원 지방사연구의 현황과 과제」『한국지방사 연구의 현황과 과제』, 경인문화사, 2000 ; 박 도식, 「영동지방사 연구성과와 과제」『영동문화』 9, 2004 ; 오영교, 「조선시대 강원지 방사 연구의 현황과 과제」『강원학연구』, 2005. 이 밖에 김병철, 「강원학정립을 위한 기초조사 연구」, 강원발전연구원, 2000에서 지역 연구동향에 대한 소개가 되었다. 또한 강원도내 각 지역에서 전개되는 자료수집 현황에 대해 유재춘, 「지역사자료 의 수집·정리 실태와 개선방안—강원도 지역을 중심으로—」『역사와 현실』 48, 한국역 사연구회, 2003가 참조되었다.

없으나 뚜렷한 성과라고 한다면 강원일보사에서 1973년부터 발간을 시작한 '강원문화총서'를 들 수 있을 것이다. 20권까지 발간된 이 총서는 강원의 역사·문화·인물·사상을 집대성한 것으로 당시로서는 매우 획기적인 성과였다.

1980년대에 들어서 강원도내에 소재하는 대학에 연구소나 사학과가 설치되면서 연구 기반 조성이 개선되었고, 강원대학교 강원문화연구소가 『강원문화연구』를 창간하는 등 본격적으로 지역의 역사와 문화를 다루는 학술지가 등장하였다. 한편 강원일보사에서는 도내 네트워크를 활용하여 1986년부터 강원도의 역사와 문화를 주제로 하는 학술연찬회를 매년 개최하는 등 활발한 학술활동을 전개하였다.[9]

1990~2000년대에는 강원도에서 지역사 연구와 관련하여 커다란 진전을 본 시기이다. 우선 연구 인력기반이 확대되어 많은 전문학자들이 지방사 연구에 관심을 갖게 되었으며, 이에 따라 연구 성과물도 획기적으로 늘어나게 되었다. 특히 대학내 기관의 새로운 연구지 창간과 지역에 기반을 둔 학회(또는 연구회)의 창설과 학술지 발간, 학술서적 간행이 왕성하게 이루어져 그 어느

---

9) 제1회 태백문화 학술연찬회(1987년 9월 11일, 장소:삼척)
　　주제/ 두타산과 이승휴의 제왕운기
　　제2회 학술연찬회(1987년 9월 8일, 장소:원주)
　　주제/ 치악문화권의 원류
　　제3회 학술연찬회(1988년 11월 3일, 장소:강릉)
　　주제/ 임영문화의 전통조명
　　제4회 학술연찬회(1989년 9월 21일, 장소:태백)
　　주제/태백권의 문화의 전통
　　제5회 학술연찬회(1990년 4월 12일, 장소:춘천)
　　주제/강원의병항전의 역사적 조명
　　제6회 학술연찬회(1991년 5월3일, 장소:춘천)
　　주제/강원 기미 3·1운동의 역사적 조명
　　제7회 학술연찬회(1992년 5월 18일, 장소:춘천)
　　주제/ 강원 근대민족운동의 역사적 의의조명
　　제8회 학술연찬회(1994년 6월 17일,장소:동해)
　　주제/ 21세기 동해시의 미래상
　　광복 50년 강원일보 창간50년 광복학술연찬회(1995년 5월 12일, 장소:춘천)
　　주제/ 광복의 역사적 조명

시기보다 많은 성과를 거두게 되었다. 또한 수많은 문화유적에 대한 정비와 유적지에 대한 발굴조사도 이루어져 많은 지역관련 고고학적 자료가 축적되었으며, 특히 1993년부터 각 시군별 간행된『○○의 역사와 문화유적』은 매우 특기할만한 사업이다. 이 간행물은 각 시군별 역사문화에 대한 종합학술조사의 성격을 가진 조사보고서로 유사이래 강원도에서 행해진 가장 세밀한 지방문화유산에 대한 조사보고서라고 할 수 있다.[10]

1990년대 이후 강원도 지역에서 지방사에 대한 관심이 크게 신장되었다는 것은 지역의 역사 문화를 주제로 하는 학술대회가 빈번히 개최된 것에서도 알 수 있다. 또한 행사 규모도 종종 전국화·국제화되고 있다는 점에서 지방사 연구에 커다란 진전을 보았다고 할 수 있다. 한편 90년대에 들어와 춘천·강릉·원주를 중심으로 향토사가와 전공학자들이 자생적으로 결성한 향토사연구회와 사학회, 대학의 연구소와 사학과, 민간연구단체 등의 연구활동이 활발히 전개되었다. 이 과정에서 지역의 명칭을 딴 '○○학'(지역학)이 등장하는데 그 중심에 지방사 연구가 있었다. 이러한 연구회와 학회활동은 그동안 위상이 미미했던 강원지방사 연구에 활기를 불어넣어 주었고 지방정부·관변단체 중심의 관주도형 지방사 연구를 민간중심의 연구방향으로, 그리고 연구주체를 전환시키는 계기를 만들었다.

지방사의 개념이 명확하게 범주화되지 않은 시점에서 작성된 많은 글들을 오늘날의 기준으로 분류 평가한다는 자체가 다소 애매한 부분이 있다. 지방사의 연구사에 대한 체계적인 정리는 역설적으로 강원지방사 연구가 보다 본격적인 궤도에 오르게 될 때야 비로소 가능하게 될 것이다.

강원지방사를 연구주체별로 분류하면 다음과 같다. 먼저 지방자치단체와 시·군 문화원 주관 하에 이루어진 지방지의 간행 상황이다. 먼저『강원도사』

---

10) 강원도 지역에서 발간된『○○의 역사와 문화유적』에 대한 보다 자세한 내용은 「지역사 복원과 문화유적지표조사사업」(유재춘,『江原文化史研究』제7집, 강원향토문화연구회, 2002) 참조.

(1995), 『춘천시백년사』(1996), 『강릉시사』(1996), 『원주시사』(2000)를 비롯한 22개 시·군에서 집중에서 시·군지가 발행되었다.

또한 1993년부터 강원도에서는 시·군별로 유적조사를 실시하여 1997년까지 각 시·군의 『역사와 문화유적』을 간행하였다. 이 사업은 지방의 역사와 문화유적을 발굴하고 정리하기 위한 사업으로 1997년까지 5개년간 국비, 도비, 시군비의 예산으로 추진되었다. 답사 및 연구와 집필은 도내 각 대학교의 박물관과 연구소에 위촉하여 진행되어 21개 시·군의 작업이 간행되었다. 이 책의 내용은 구체적인 내용에서 약간의 차이가 있지만 공통적으로 역사·선사유적·고분유적·불교유적·금석문유적·관방유적·민속문화·건축물·천연기념물과 지방기념물 및 자연환경 등으로 구성되어 있다. 그러나 지역별 문헌자료를 수집하여 체계적인 연구를 진행시킨 것은 아니었다.

다음으로 시·군단위로 해당 지역의 향토사가를 중심으로 향토사 조사연구 단체들이 활동하고 있다.[11] 이들은 거의 순수한 민간연구단체로서 향토애를 바탕으로 하여 직접 여러 지역을 답사하면서 향토사료를 발굴하고 현지의 역사와 문화를 주제로 글을 쓰고 있다. 무엇보다 생생한 증언과 새로 발굴한 유적을 연결시켜서 연구대상을 확대하는 데 기여하고 있다.

강원도 지역에 소재하고 있는 대학의 연구소는 그 설립 목적을 '지역의 역사·문화에 대한 연구'에 두고 있으며, 대학에 재직하고 있는 전문학자들의 연구성과가 지면을 통해 발표되고 있다. 강원대학교의 강원문화연구소와 관동대학교의 영동문화연구소 등이 대표적이며, 한림대학교 인문학연구소와 연세대학교 매지학술연구소(현 근대한국학연구소)에서도 지역연구가 수행되고 있다. 또한 강원대학교 인문과학연구소와 한림대학교 한림과학원 등에

---

11) 춘천 강원향토사연구회(『강원향토문화사연구』 창간호, 1996) 삼척향토문화연구회(『실직문화논총』), 원주얼심기협의회(『원주얼』, 향토사와 금석문 연구), 강릉우리문화연구소(『우리문화』, 영동지방의 민속과 향토사 연구 결과를 소개), 강릉 임영문화연구소, 영월향토문화연구회 등을 들 수 있다.

서도 지방사에 관한 연구논문이 자주 발표되고 있으며, 각 대학의 논문집에서도 찾아볼 수 있다. 이러한 연구기관이나 단체들은 해당 지역의 인물, 사상, 역사적 사건에 대해 대대적인 단행본, 자료집을 발간하고 있다. 이처럼 지방사 연구자들은 오늘도 묵묵히 연구에 몰두하고 있다.

3) 영서지역 지방사 연구현황

강원 영서지역에서 지방사 연구논문은 주로 대학의 연구소나 박물관, 학회, 향토문화연구단체가 간행하는 학술잡지에 게재되고 있다. 이러한 기관, 단체에서 발간하는 학술지를 보면 다음과 같다.

『강원문화연구』(강원대 강원문화연구소, 1981년 창간)

『강원인문논총』(강원대 인문과학연구소, 1990년 창간)

『박물관지』(강원대 중앙박물관, 1994년 창간)

『강원사학』(강원대학교 사학회, 1985년 창간)

『아시아문화』(한림대학교 아시아문화연구소, 1986년 창간)

『강원문화사연구』(강원향토문화연구회, 1996년 창간)

『강원지역문화연구』(강원지역문화연구회, 2001년 창간)

『강원고고학보』(강원고고학회, 2002년 창간)

『의암학연구』(의암학회, 2002년 창간)

이외에도 원주 연세대학교의 매지학술연구소(매지논총, 원주학연구)와 박물관, 강원문화재연구소, 강원고고학연구소 등에서 많은 문화유적 조사 보고서나 지역 관련 역사 저서나 자료집이 간행되고 있고, 또 강원도청이나 시·군, 또는 도내 문화원, 언론기관 등에서 간행되는 잡지를 통하여 다수의 연구논문이 게재되거나 단행본 출판이 이루어지고 있다.[12]

지역사 연구의 확대와 함께 당연히 지역사 연구 사료에 대한 관심도 높아지게 되었다. 역사연구에 있어서 자료의 중요성은 말할 필요도 없을 것이다. 사료가 없이는 역사 연구 자체를 수행할 수 없으며, 자료의 획득이 어려우면 어려울수록 그만큼 역사 연구의 진전은 지연된다고 할 수 있다. 따라서 사료보급의 확대는 당연히 역사 연구를 촉진하게 되며, 이는 지역사 연구에서도 마찬가지이다. 특히 따라서 지역사 연구의 촉진과 객관성을 확보하기 위해서는 무엇보다 다양한 기초자료의 수집·정리가 필요하다고 하겠다.

지역사 자료란 이미 편찬되어 있는 여러 사서나 지리지 등의 문헌사료뿐만 아니라 편찬되어 있지 않은 각종 고문서, 금석문, 각종의 구비전승, 그리고 유적지에 대한 고고학적 조사 등 매우 다양하다. 이러한 자료들은 지역사 연구에 매우 중요한 요소이며, 이러한 자료가 보다 많이 확보될 때 지역사 연구도 그만큼 활성화되고 수준도 높아질 수 있는 것이다. 강원 영서지역과 관련된 지역사 자료집의 발간이나 수집 정리 작업의 현황을 개략적으로 살펴보면 다음과 같다.[13]

먼저 발췌자료집은 대개 조선왕조실록, 비변사등록 등 편찬 사서에서 지역 관련 자료를 뽑아 엮은 것으로, 강원도 영서지역에서는 1995년 『조선왕조실록 강원도사료집』이 발간되고, 강원향토문화연구회가 발간한 『강원문화사연구』 1호에서 조선왕조실록 중 원주지역 관련기사를 발췌해 게재한 이래, 홍천·영월·횡성·화천·춘천·인제·양구 등 각 시·군의 발췌자료집이 속속 간행되었다.

이러한 실록 발췌 자료집은 방대한 양의 사서에서 해당 지역 기사를 편리하게 활용할 수 있다는 이점이 있지만 일부 발췌자료집의 경우 단순한 기사 나열, 누락기사 발생, 편집상의 부적절성, 주석의 부족 등 몇 가지 문제점을

---

12) 오영교, 「전게논문」 『한국지방사 연구의 현황과 과제』 참조.
13) 이에 대해서는 유재춘, 「전게논문」 『역사와 현실』 제48호에 상세히 정리되어 있어 참조하였다.

내포하고 있다.

다음으로 지리지류 자료집이 있다. 지리지류 자료집은 대개『삼국사기』·『고려사』·『세종실록』등에 소재하는 해당지역 지리지를 뽑아 엮은 자료집이거나 읍지를 국역하여 간행한 것이 주종을 차지한다. 이러한 자료집은 이미 타도에서도 다수 발간된 것으로, 해당 지역에 대한 사적인 고찰을 하는데 있어서 가장 기초가 되는 자료이다. 이 때문에 종래 시·군지 편찬에 가장 많이 이용된 사료이기도 하다. 강원도에서는 1990년대 이후 이러한 지리지를 원문 그대로, 혹은 번역하여 편집·간행하는 것이 하나의 경향으로 나타나게 되었다. 강원 영서지역에서는『춘천지리지』(1997),『원주지』(2003)가 간행되어 있을 뿐이다. 이러한 지리지의 완역 간행은 연구자들에게 보다 이용하기 편리한 자료를 제공하는데 기여하였을 뿐만 아니라 한문 해석에 어려움을 겪는 일반인들도 원자료를 접할 수 있게 하는 데도 큰 도움을 주었다.

편찬역사서의 발췌자료집과 지리지 외에도 여러 가지 지역사와 관련된 자료집이 간행되었다. 강원 영서지역에서는 1984년 간행된『운곡원천석시사』를 비롯하여『항재사집』(1996),『국역 매월당집』(2000),『원주학 사료집』(한말기편, 일제하편, 해방이후편, 현대편 : 2000~2002),『운곡시사』(2001),『강원감영 자료집』I (2002) 등이 발간되었다. 이러한 자료집 가운데는 문중 차원에서 간행된 것도 대개는 지역사 연구와 매우 밀접한 관련이 있는 자료들이다. 특히 상기의 자료집 가운데 연세대 매지학술연구소에서 발간한 일련의 원주학 사료집은 지역사 자료집 발간의 수준을 확실히 한 차원 높였다고 평가할 수 있다. 규장각, 국립중앙도서관 등에 소장되어 있는 각종 지역관련 사료를 수집·정리하였을 뿐만 아니라 한말~1965년에 이르기까지 각종 신문에서 원주 관련 기사를 뽑아 정리하였다. 이러한 작업은 시간이 많이 소요되지만 그렇기 때문에 그만큼 연구자들이 보다 용이하게 사료를 이용할 수 있는 것이다.

최근 들어 역사연구에서 생활사에 대한 관심이 높아지면서 그러한 모습들을 구체적으로 확인할 수 있는 고문서 등 지방 유존사료에 대한 활용도가 높아지고 있으며, 이는 지역사 연구 활성화를 견인하고 있다. 한국사, 나아가서는 한국학 연구의 지속적인 발전을 위해서는 차세대 사료라고 할 수 있는 지방 유존사료에 대한 수집·정리·보급이 반드시 필요하다고 하겠다. 강원지역에서 의 지역유존 자료에 대한 수집, 정리에 대하여 살펴보면 다음과 같다.

강원도에서의 고문서·고서에 대한 수집과 자료집 간행이 이루어지게 된 것은 대개 1980년대 후반부터이다. 문화재관리국에서 1984년부터 '한국전적 종합조사(韓國典籍綜合調査)'를 실시하여 1986년부터 1992년까지 조사결과를 목록집으로 발간하였는데 강원도편은 1989년에 간행되었다. 이 조사사업은 책임조사원 이하 8명이 조사단으로 편성되어 1987년 12월부터 약 2년간 시행되었으며, 강원도내 13개 시·군의 45개 소장처에 대해 조사하여 총 1,501종 7,756책(장)을 파악하였다.[14] 이 조사서는 강원도내에 소장되어 있는 고문서· 고서 등 전적사료를 제한적이나마 일반연구자들이 접할 수 있게 되었다는 점에서 상당한 기여를 하였다고 평가할 수 있다.

또한 1994년부터 1999년까지 강원도에서 실시한 각 시·군별 문화유적 지표조사사업의 일환으로 그리고 1997년부터 도내 여러 지역에서 국사편찬위 원회의 지원을 받아 시행된 사료조사가 있었다. 강원도 영서지역에서는 1997 년 "원주지역 문헌사료 지표조사"(원영환)을 비롯하여 "영서지역 문헌사료 지표조사"(오영교) 2개 과제가 실시되었고, 2000년·2001년 연이어 원영환·방 동인·김유한 등의 공동수집 형태로 '강원지역 문헌사료 조사'가 시행되었다. 또한 1997년 풍양조씨자효회에서는 『춘천풍양조씨 회양공파조사보고서』를 발간하였는데, 이 보고서에서는 문중에서 소장하고 있던 교지, 성소록, 호구단 자, 통문, 사마계좌목, 향안 등의 고문서가 소개되었다.[15]

특히 원주문화원에서는 1998년 『원주의 동족마을과 고문서』(오영교 저)를 발간하여 원주시 호저면 무장리에 소재하는 파평 윤씨가 동족마을과 가장

---

14) 문화재관리국, 『韓國典籍綜合調査目錄』, 1989, 19~38쪽 참조.
15) 豊壤趙氏慈孝會 編, 『春川豊壤趙氏 准陽公派調査報告書』, 1997 참조.

고문서가 소개하였고, 2001년에는 연세대학교 매지학술연구소에서 『한산이씨 동족마을과 송와잡기』(오영교 편저)를 발간하여 원주시 지정면 간현리의 한산이씨가에 소장되어 있는 송와잡기 등 소장 문서의 일부를 소개하였다. 『송와잡기』는 조선시대 명종대~선조대에 관료로 활동한 이희의 저서로 지역과 관련된 중요한 내용이 수록되어 있다.

또한 지난 2002년부터 강원대학교 인문과학연구소를 중심으로 강원대박물관, 강원향토문화연구회가 공동으로 한국학술진흥재단의 지원을 받아 남북 강원도에 대한 종합적인 인문학 기초자료 수집이 진행되고 있다. 특히 연구진의 역사분야에서는 고문서·고서와 금석문 등 지역 소재 기초자료 수집을 중점적으로 추진하고 있으며, 이미 3만여 장의 디지털 자료를 확보하는 등 향후 지역사 관련 자료 수집과 정리, 보급에 크게 기여할 것으로 생각된다.[16]

강원 영서지역에서는 원주에 소재하는 반강고전연구소에서 1992~1995년 사이에 『치악금석문집』(1~4집)을 간행하였다. 제1집은 탁본전시회 안내도록이고, 2집은 박권묘표, 3집은 운곡 원천석 묘갈, 4집은 사한 김창일 묘갈을 게재하였다. 이 금석문집에서는 해당 금석문을 탁본·편집하여 싣고, 번역문과 간략한 해설을 실었다.

그리고 1997년에는 춘천문화원과 강원향토문화연구회가 공동으로 『춘천 금석문집』Ⅰ집(187쪽)을 간행하였다. 이 금석문집은 춘천에 소재하는 고려 개국공신 신숭겸과 조선시대 현종의 장인이었던 청풍부원군 김우명의 비문을 번역과 원석탁본을 편집하여 그대로 영인한 자료집이다.

강원 영서지역에서 유적조사 자료집이 본격적으로 나오게 된 것은 1980년대 이후의 일이다. 국립중앙박물관에서 간행한 『중도』Ⅰ~Ⅳ(1980)를 비롯하여

---

16) 이에 대한 상세한 내용은 「남북강원도 고문서(고서포함)·의병사료의 수집·정리 현황과 과제」(유재춘, 기초학문육성지원 인문사회분야 강원대학교 사업단 학술대회 발표 요지문, 2003. 2)와 「남북 강원도의 금석문 현황과 특징」(김혜완, 同 발표요지문) 참조.

『중도고인돌 발굴조사보고』(강원대 박물관, 1984), 『중원문화권유적정밀조사보고서-원주시·원성군-』(단국대 박물관, 1985), 『신매리지석묘주거지 발굴보고서』(한림대 박물관, 1986), 「상무룡리」(강원대 박물관, 1989) 등이 그것이다. 특히 이 시기의 강원 영서지역에서 특기할만한 유적발굴조사는 춘천의 중도, 신매리 일대에서의 주거지, 적석총, 지석묘에 대한 조사와 양구 상무룡리 구석기유적 발굴을 꼽을 수 있을 것이다.[17]

1990년대에 들어서는 유적조사와 관련된 자료집(발굴보고서 포함)이 획기적으로 증가하였다. 홍천 하화계리 유적을 비롯하여 횡성 부동리, 현천리, 철원 장흥리 등지에서 구석기·중석기 시대의 유적이 발굴되었으며, 양구 선돌 고인돌에 대한 조사, 정선 덕천리 소골유적 등 실로 다양한 유적이 조사되었다.

90년대 이후 나타난 또 하나의 뚜렷한 경향은 성곽유적에 대한 조사이다. 강원도내에서 단일 성곽유적을 대상으로 한 조사보고서는 1986년 발간된 『한계산성지표조사보고서』가 처음이며, 이후 7년만에 『춘천봉의산성지표조사보고서』가 발간되었으며, 이어 1990년대 중반이후 강원도 영서지역에서 석화산성(홍천), 대미산성(홍천), 영원산성·해미산성(원주), 왕검성(영월), 고성리산성(정선), 성산성(철원), 삼악산성(춘천) 등 8개 성곽에 대한 지표조사보고서가 나왔다. 이러한 개별 성곽유적에 대한 지표조사는 문헌사료만으로는 성격규명이 불가능한 성곽유적에 대해 기초적인 고고학적 조사가 이루어짐으로써 축조방식이나 시기, 사용기간 등에 대한 기본적인 규명을 가능하게 하였다는 데 큰 의의가 있다. 이외에도 육군사관학교 육군박물관에서 발간한

---

17) 이하 각 유적에 대한 연구현황과 보다 상세한 설명은 「강원고고학의 회고와 전망」(백홍기, 강원학 학술대회-강원학의 현재와 미래-발표문, 2000), 「강원지역 구·중석기시대 연구의 현황과 과제」(최복규, 『강원고고학보』, 강원고고학회, 2002), 「강원지역 신석기시대 연구의 현황과 과제」(백홍기, 『강원고고학보』, 강원고고학회, 2002), 「강원지역 청동기시대 연구의 현황과 과제」(노혁진, 『강원고고학보』, 강원고고학회, 2002) 참조.

『강원도 철원군 군사유적 지표조사보고서』(1996)와『강원도 화천군·춘천시 군사유적 지표조사 보고서』(2001), 그리고『평창군의 성곽』(평창문화원, 1999) 등 지역을 단위로 하여 조사한 보고서가 있다. 특히 육사 육군박물관에서 발간한 강원도 철원과 화천·춘천 지역에 대한 군사유적 지표조사 보고서에서는 그간 군사적인 특수구역에 소재함으로써 정확한 현상 파악이 어려웠던 철원군내의 여러 관방유적을 비롯하여 기왕에 알려진 관방유적에 대한 소재지, 잔존 상태, 유물 등 기초적인 사항을 조사해 수록함으로써 강원도 지역의 관방유적 조사에 크게 기여하였다.

4) 영동지역 지방사 연구현황

본 항에서는 1960년대 이후부터 현재에 이르기까지 영동지역에서 이루어진 지방사의 연구성과를 살펴보겠다.[18] 오늘날 영동지방이라 하면 지금의 고성군·속초시·양양군·강릉시·동해시·삼척시를 말한다. 그리고 영동지방의 사건 사례를 제시하고 있는 논문이라 하더라도 논문구성에서 영동지방의 그것을 부분적이거나 부차적으로 인용한 경우는 제외하였고, 전체 논문구성에서 영동지방의 사례나 사건이 차지하는 비중이 크거나 그 전모를 상술하고 있는 경우는 포함시켰다.

영동지역 지방사와 관련된 연구를 담고 있는 학술지는 다음과 같다.

영동 지방사 연구물의 간행처

간행처	제 목	비 고
시·군	『강릉시사』(1996)	강릉시
	『삼척시지』(1997)	삼척시
	『동해시사』(2000)	동해시
	『속초시지』(1991)	속초시

18) 박도식,「전게논문」『영동문화』제9집 참조.

문화원	『고성군지』(1986) 『양주지』(1990)	고성군 양양군
문화원	『임영문화』(1977~), 여맥(1980~1985) 『동해문화』(2000~) 『실직문화』(1990~) 『峴山문화』(1989~) 『속초문화』(1984~)	강릉문화원 동해문화원 삼척문화원 양양문화원 속초문화원
대학연구소	『영동문화』(1980~)	관동대 영동문화연구소
민간연구단체	『우리문화』(1994~) 『임영민속연구』(1994~) 『실직문화논총』(1989~)	강릉 우리문화연구소 강릉 임영민속연구회 삼척향토문화연구회
학술연찬회	영동문화창달을 위한 학술발표회(1992~) 강릉전통문화 학술세미나(2000~) 강릉학 정립을 위한 세미나(2000~) 김시습 학술강연회(1999~)	오죽헌시립박물관·강릉대 인문학연구소 강릉문화원·관동대영동문 화연구소 관동대 영동문화연구소 강릉문화원

지금까지 영동지방사에 관한 연구논문이 발표된 연구대상을 연대별로 정리하면 다음과 같다.

영동 지방사 연구의 시대·연대별 분류

시대 \ 연대	1960년대	1970년대	1980년대	1990년대	2000년대	합계
삼국 이전	8	4	4	15	12	43
삼국·통일신라	8	8	10	19	20	65
고려시대			1	2	2	5
조선시대	1	2	10	43	20	76
근·현대		1		19(1)	3(1)	23(2)
총류·기타			1	1		2
합 계	17	15	26	99(1)	57(1)	214(2)

영동지역 지방사의 연구성과를 연대별로 살펴보면, 1960년대에 17편, 70년 대에 15편, 80년대에 26편, 90년대에 99편, 2000년대에 57편의 논문이 발표되어 모두 214편에 달한다. 영동지역 지방사의 연구성과를 연대별로 살펴보면,

1960년대에 17편, 70년대에 15편, 80년대에 26편, 90년대에 99편, 2000년대에 57편의 논문이 발표되어 모두 214편에 달한다.

영동 지방사에 관한 최초의 논문은 1955년 이홍직이 양양 선림원에서 발견된 「정원20년 재명 신라범종」에 대해 발표하면서부터이다. 1960, 70년대에 들어 연구논문이 점차 증가되었으나 거의 대부분이 고고학에 집중되어 있고, 역사논문은 5편에 불과하다.

1980년대에는 26편의 논문이 발표되었는데, 역사논문은 18편에 달하여 이전에 비해 매우 증가하였다. 이 가운데 신라 하대의 연구가 활기를 띠어 모두 8편의 논문이 발표되었는데, 굴산사에 관한 것이 5편, 신라·발해의 국경에 관한 것이 2편, 김주원의 세계에 관한 것이 1편이다. 조선시대 논문은 10편이 발표되었는데, 조선후기 향약에 관한 것이 4편, 강릉지방 묘지에 관한 것이 3편이고, 기타 3편이다.

1990년대에는 99편의 논문이 발표되어 숫적으로 볼 때 이전에 비해 비약적으로 증가하였다. 특히 이 지역의 매장 문화재에 대한 고고학적 발굴이 잦아지면서 많은 유적과 유물이 발굴되어 고고학 분야에 많은 보고서가 간행되었다. 역사논문으로는 신라하대 명주의 호족세력과 선종불교에 관한 논문이 여러 편 발표되었고, 조선시대 논문은 무려 43편이 발표되었다. 조선시대의 연구는 여러 분야에 걸쳐 다양하게 이루어졌는데, 그 중 향촌사회의 재지사족, 사족가문의 호구단자, 부세문제, 향교와 서원 등에 관한 연구가 활기를 띠었다. 근·현대사 분야의 연구도 활기를 띠어 19편이 발표되었는데, 주로 의병항쟁과 3·1운동, 1930년대 사회주의 운동에 관한 연구가 주류를 이루고 있다. 2000년대에 들어와서는 불과 4년 동안에 57편의 논문이 발표되었는데, 주로 신라하대와 조선시대에 집중되어 있다.

이상 1960년대부터 2000년대 초반까지 영동 지방사 연구는 주로 연구수행을 가능하게 하는 자료의 분포와 관련하여 신라하대, 조선시대, 한말·일제시대에 집중되어 있다. 특히 삼국 이전의 영동 지방사 연구는 이 지역에 풍부하게 매장되어 있는 문화재가 속속 발굴되면서 활기를 띠어왔고, 앞으로도 많은 성과를 거둘 것으로 기대된다. 그러나 고려시대의 경우는 자료가 희소하다 하더라도 영동지방에 대한 연구가 공백으로 남아 있어 아쉬움이 있다.

영동 지방사 연구의 기초자료로써 『영동지방 금석문자료집』·『영동지방 연구자료총서』·『강릉의 누정자료집』·『강릉의 사우자료집』·『동해시 고문서』·『강릉시실록자료집』·『강릉의 역사인물자료집』은 관계학자들에게 도움을 주고 있다. 나아가 문헌자료뿐만 아니라 비문헌 자료까지도 수집되어야 한다. 이 점에서 영동지방에 살고 있는 지방사 연구자의 경우 언제든지 현장을 조사할 수 있고, 현지 사람들을 만나 이야기를 들을 수 있다는 점에서 큰 장점을 지니고 있다고 할 수 있다.

제3장 강원학 연구의 전망과 효율성 모색 증대방안

1. 강원학 연구의 활용과 효율성 모색

1) 도민의 정체성·정주성 확립방안과 강원학

성공적인 자치행정은 토박이든지 이주민들이든지 간에 지역을 아끼는 사람들이 대를 이어 정직하고 행복하게 살아갈 수 있는 풍토 하에서 가능하다. 그러기 위해서는 화려한 옛 전통이나 아름다운 환경만을 내세워져서는 안 되며 일차적으로 주민 스스로의 인식의 전환이 필요하다. 우리들에게 삶의 터전인 지역이 서울이나 광역 대도시에 대한 열등 개념으로서가 아니라 그 자체로서 존재하도록 하는 것, 즉 '지역의 중심화' 개념을 확립하는 것이 중요하다. 이를 정립하는 데 기여하는 학문이 바로 지역학이라 규정할 수 있다.

지역학은 과거의 자연, 인물, 문화유산, 사건들을 교육함으로써 지역민들의 정체성 확립과 자긍심 고취와 자신감 충만 등을 심어줄 수 있고, 민주시민으로 육성하는 데 기여할 것이다. 인문학으로서의 효용가치도 충분하며, 사회·정치·일상생활 등에서 다양성과 창의성을 지역민들에게 심어주어 건전한 가치관을 형성하는 것이다. 지역학의 연구 성과들이 쌓여서 지역의 문화를 다듬고 재발견하여 물질적 풍요만으로 채워지지 않은 삶의 조건들을 마저 채워줄 수 있다면, 그래서 지역 시민들이 모두 사람답게 살 수 있는 따뜻한 공간으로 다시 태어날 수 있다면 지역학은 무엇보다 실용적인 학문으로서의 역할을 다하는 것이다.

이 같은 점에서 강원학의 핵심적 화두는 도민의 정체성 확립에 있다. 정주민의 정체성을 확립한다는 것은 지역 정주에 대한 자긍심 및 만족감을 함양한다는 것으로 해석될 수 있을 것이다. 강원도 정주에 대한 자긍심과 만족감은 거주지역이 살만한 곳이라는 주관적 인식과 다른 지역 주민들의 객관적 평가가 일치할 때 가능할 것이다. 자긍심과 만족감은 매우 주관적인 단어이지만 크게 두 가지 조건이 충족되어야 한다고 본다. 첫째, 지역문화 및 역사에 대한 지역주민들의 긍정적이고 진취적인 평가와 이를 뒷받침할 수 있는 객관적 자료의 발견이다. 둘째, 지역에서의 상대적으로 높은 삶의 질이다. 이러한 두 가지 조건은 사실상 서로 밀접한 관계에 있다는 것을 알 수 있다. 강원학은 첫 번째 조건에 초점을 두고 있다. 강원학의 우선적인 관건은 필요한 정보(역사, 문화, 인물 등)를 충분히 공유할 수 있도록 유도하는 것이다. 그러나 보다 중요한 것은 이러한 깨달음을 지역민들이 공유할 수 있도록 유도하는 것이다. 그리고 이러한 깨달음이 객관화될 수 있도록 하여 자료화하고 홍보함으로써 지역의 전체적인 이미지를 드높이는 것이다. 이러한 객관화 작업이 이루어져야 주관적 만족이 지속될 수 있다는 점은 아무리 강조해도 지나치지 않을 것이다.

가령 강원도를 떠나고 싶은 이유로 가장 많이 지적되는 것은 '문화적인 생활을 하기 어렵다'는 지적이 있다.[1] 문화생활을 크게 나누어 본다면 다양한 소비생활과 문화적 전통의 내면화 및 생활화로 요약될 수 있을 것이다. 전자의 다양한 문화소비행위의 문제는 자본주의적 문화시장이 지배하는 한 구매력만 존재한다면 언제든지 외부로부터 수입을 통해 해결할 수 있다. 따라서 이러한

---

1) 권인석, 「원주지역 주민의식에 관한 실태조사 보고」 『지역발전연구』 5, 1995, 145~170 쪽.

문화생활을 가능하게 하기 위해서는 기본적으로 지역민들의 구매력을 향상시켜 문화공급자들로 하여금 해당 지역이 만만치 않은 잠재수요를 지닌 시장임을 인식시키는 것이 중요하다. 물론 지역의 구매력 못지않게 중요한 것은 지역민들의 문화에 대한 관심과 애정을 널리 홍보하는 것이다. 이는 문화적 전통의 내면화 및 생활화를 통해 가능하리라 생각되며 결국 강원학은 이를 위한 종합적이고 체계적인 시도라고 할 수 있다.

지역민으로서의 문화적 전통을 내면화하고 생활화하기 위해서는 우선적으로 지역정주민들의 정체성을 확립하는 것이 중요하다. 이와 관련하여 가장 효과적인 방법은 뿌리깊은 전통에 근거하되 미래지향적이며 문화적인 향기를 지닌 지역의 이미지를 구축하고 이를 세심하게 고안하여 적극적이고 체계적으로 대내외에 홍보하는 전략을 마련하는 것이다. 문제는 강원도 각 시군의 중소도시들이 오랜 기간동안 기초적인 연구에 지원을 지속적으로 할 수 있을 것인가를 회의적으로 바라보는 시각도 만만치 않게 존재한다는 것이다. 따라서 보다 실용적으로 이 문제에 접근하려면 전문가 집단의 토론 및 집중적인 검토를 통해 바람직한 이미지상을 도출하고 이러한 이미지를 객관화시킬 수 있는 근거를 확보하는 방향으로 기초적이고 인문학적 연구를 지원하는 방향도 고려해 볼 만하다. 즉 연구의 필요성과 성과를 미리 염두에 둔 상황에서 연구내용과 전략을 수립하는 것이다.

무엇보다 강원학은 대중성을 담보하고 실천을 위한 지역학이 되어야 할 것이다. 지역학의 주체자로서 인식 제고와 관계성을 확보하는 것이 중요하다. 이를 위해 첫째, 지역연구로서의 지역학이 되어야 한다. 지역 대학의 연구자와 행정·산업계의 조사·연구에 따라 지역학을 구축하는 것이다. 원천자료의 정보발신과 활용에 대한 대중적 접근이 용이해야 하며 지역밀착형 참여시스템 및 프로그램을 추진하고, 연구성과물이 일부 연구자에 국한되는 것이 아닌 지역민에게 서비스될 수 있는 시스템과 다양한 프로그램이 강구되어야 한다.

둘째, 지역학습으로서 지역학이다. 지자체, 대학, 시민단체 등이 분야별

강좌와 프로그램을 개설하고 지역민이 학습을 통해 지역을 이해하도록 하는 것이다. 지역 대학교육의 일환으로 '지역사회의 이해'(가칭)라는 지역인식 제고를 위한 학과목을 개설하여 학생들의 수강을 유도하고, 학생들의 자발적인 지역에 대한 탐구활동과 전문가들의 연구활동을 지원하고 청소년을 위한 지역사 중심의 연구센터의 운영을 모색한다. 결국 교육프로그램은 학문적 영역에서 대중적 영역으로 확대하고, 이에 따른 교육자료 개발과 시민교육이 필요한 것이다. 셋째, 활동·운동으로서의 지역학이다. 학습 등을 기초로 지역주민과 관련단체들이 상호연계를 강화하고 지역만들기에 주민·단체 등이 참여하는 것이다. 각종 영역의 실무자·시민을 대상으로 한 고등교육·평생교육 등의 체제 정비 및 협력을 통해 강원학을 사회적 관계 속에서 지역에 확산시켜야 한다. 이처럼 지역학은 다양한 관점에서 지역을 배움으로써 지역의 특성이나 자원을 재인식하고, 지역현안을 해결함으로써 지역민들이 주체가 된 지역만들기의 중요한 자산으로 활용되도록 도모해야 한다.

지역학인 강원학연구의 파급은 사회변화에 대응하는 주체성을 살린 새로운 지역만들기에 기여할 뿐 아니라, 지역민의 자부심 향상과 정체성 강화, 지역의 문화다양성 증진과 그 밖에 지역 문화산업의 발전, 문화예술의 발전에 기여할 수 있을 것이다.

강원학은 강원도 전체의 기본정신 및 문화로 승화시킬 필요가 있다. 이를 통해 강원도민의 자긍심 고취와 지역인재 육성, 활성화에 기여해야 한다. 강원문화는 문화의 힘으로 재평가 받고 있다. 춘천의 남이섬은 세계를 들뜨게 했던 한류의 진원지로 각광받았으며, 영화 '웰컴 투 동막골'은 전국적인 강원도 사투리 신드롬을 만들어냈다. 이는 외부적 시선을 통해 이루어진 것이었다. 강원도의 학문공동체들이 내부적 시선으로 강원문화를 주목하고 강원학·강원문화에 대한 공동연구를 통해 지역문화에 대한 체계적이고도 집약적인 학문연구의 성과물을 도출하여 지역문화 역량 결집을 위한 지역주민들의 문화의식을 고양하는 일에도 크게 이바지해야할 것으로 보인다.

다음으로 지역학 연구는 해당 지역 청소년들의 지역교육과 지역인식의 제고에 있어 충분한 근거를 제공해주어야 한다. 청소년들이 현재 내가 살고 있는 지역사회를 이해한다는 것은 그 지역사회 사람들이 지금까지 무엇을 이루어 왔으며 또 무슨 과제를 안고 있는가를 아는 것이다. 학생들은 지역사회에 대한 이해를 통해서 지역사회의 일원으로서 자각할 수 있고 나아가 자신의 역할을 깨달아 실천할 수 있다. 그러므로 강원학의 학습은 학생이 현재 생활하고 있어 직접 체험할 수 있는 지역사회를 학습대상으로 삼아 그곳 사람들이 지금까지 무엇을 이룩하였으며 현재 어떤 과제를 안고 있는가를 이해하고 이를 통해 지역주민의 일원으로서의 자신을 발견하는 것이다. 나아가 강원학 학습을 통하여 스스로 그 지역의 역사적 문제를 발견·조사·탐구하는 방법을 습득하는 것이다.[2] 현재 한국의 초등학교 사회과 교육과 중학교의 '향토사' 교육과정에서 이러한 지역 단위의 역사 즉 향토사교육을 부분적으로 시행하고 있다. 해당 교육과정을 뒷받침할 만한 지방사 수준의 제고와 핵심 자료의 정리 작업이 시급한 실정이다. 무엇보다 영상에 친숙한 세대의 교육을 위해 컨텐츠 개발과 MOOK의 도입을 통한 학습교육이 절실하다.

강원학의 연구주제에 대해서는 역사와 인물, 지역의 경제 및 특산물과 산업 문학과 예술, 문화재와 민속 종교와 사상, 지역주민의 일상적 삶과 축제, 지역의 지리 및 자연환경 등이 우선적으로 꼽히고 있다. 그 밖에 지역 특화사업과 강원도적 요소 추출작업이 필요하다고 강조되고 있다. 그러나 향후 강원학 연구는 경험적 연구에 주로 국한할 것이 아니라 통일, 행복, 공동체 등 가치론적 주제를 도민의 삶과 연계시켜 탐색하고 새로운 대안을 제시하는 것도 주요 사업이 될 것이다.[3] 나아가 국제이해를 촉진할 수 있는 다각적인 시책을 수립하여야 한다.

---

2) 유승광, 「역사교육에서 지역사 교육과정의 필요성과 구성방안」, 『호서사학』 44, 2005, 299~300쪽.
3) 유영심, 전게보고서, 강원연구원, 2017.

2) 지역경쟁력 향상과 강원학

강원학은 강원지역의 경제, 정치, 사회, 종교, 문화 등 다양한 삶의 영역에
대한 총체적 접근을 통해 지역의 사회·문화 전체에 대한 이해를 촉진하는
실천적 가치를 지닌 학문이라 할 수 있다. 앞에서 살펴보았듯이 지역학은
먼저 지역정체성 정립에 기여하는 것이다. 강원의 고유한 문화와 전통의
가치를 재확인하고, 그것을 현대적 시점으로 재해석함으로써 주민들의 정체성
인식제고 및 지역관 정립, 새로운 발전의 정신적 틀을 제공하는 것이다.

또한 지역학은 지역의 역사와 문화의 기반아래 가치창조·가치실현을 통한
지역성장발전의 토대를 제공하는 중요학문으로 평가되고 있다. 이는 지역발
전 논리의 정립 문제와 연계된다. 지역에서는 세계화·정보화·지방화 등 외부
환경 변화에 따라 지역관점의 능동적 대처 및 새로운 비전제시에 따른 지역적
특성을 고려한 발전 논리를 지역학이 실용적으로 제공해주기를 기대하고
있다. 스스로의 경쟁력을 확보하기 위해서 중앙 집중방식에서 자유로워질
수 있도록 지역의 문제를 지역이 주체가 될 수 있는 토대 구축의 논리를
제공할 수 있다. 이와 더불어 지역경쟁력 강화의 문제가 있다. 지역의 독특한
개성과 지역 이미지 창출을 위한 차별화된 지역경쟁력 강화의 토대 제공
및 문화산업으로의 기반확충에 따른 문화경쟁력 기반을 제공할 수 있다는
것이다.

강원에 관한 제반 연구를 창조하고 이를 공유, 축적, 활용하는 것은 지식기반
사회 구축에 기여하며 현안 문제해결능력을 제고하는 것이 된다. 지역에서
새로운 지식은 협력적 공유의 대상이 되어야 하고, 지역사회 내부에서 협력적
지식 생산가능성과 지식정보의 공공적 활용성을 높여가기 위한 새로운 학문적
연구 틀을 구축해야 한다. 강원학 연구의 축적, 창조, 공유, 활용 등 선순환
과정을 통해 강원학지식이 강원도민들에게 확산될 수 있고, 지식기반사회를
구축하고, 강원발전에 필요한 문제해결을 위한 기본철학을 제공하며, 궁극적

으로는 강원도 경쟁력을 향상시킬 수 있다.

지역학 연구 결과물이 지역발전에 필요한 정책과 연구자들의 기초 자료로 활용될 수 있도록 유도해야 한다. 또한 지역자원의 개발 및 재인식을 염두에 두고 지역 현안문제를 해결하는 방안으로 지역의 흡인력을 높여야 한다. 지역산업사회에서 중요한 재원은 자연자원과 지리적 특성 외에 정보와 지식이다. 정보화와 지식사회로의 변환 과정에서 이들 지식기반 경제는 과거와 미래 그리고 현재를 연결시켜줄 수 있는 강한 기반을 지니고 있는 문화산업발전을 위한 자료로 제공된다. 지역 전략산업과 문화를 결합·발전시켜 이를 '문화브랜딩화'하는 등 관광산업의 경쟁력 구축으로 기반화하고, 다양한 지역 콘텐츠 발굴의 소재원천으로 여타산업의 기초자료로 활용될 수 있는 시스템을 구축해야 한다. 즉, 지역학의 연구결과물이 다양한 자료나 콘텐츠로 제공됨으로써 지역민 이용을 촉진하고 지역학에 대한 관심 증가와 함께 관련된 다양한 분야에서 수요를 창출할 수 있는 구조가 만들어져야 한다.

한편 지역의 역사, 문화, 전통 등에 대한 연구를 통해 축적된 연구사료들을 기본적으로 '정보'의 개념으로 일반화해 본다면 지역의 '과거'에 관한 정보뿐 아니라 지역의 '현재'에 대한 정보도 사실상 축적되지 않고 있다는 점이 중요한 문제로 부각된다. 물론 문화·역사·전통 등의 개념은 결코 '과거'라는 틀 속에 얽매여 읽혀서는 안 된다. 그런데 지역의 현재 실상을 파악하기 위한 기초 통계자료의 체계적 구축도 못지않게 필요하다는 것이다. 현재 각 자치단체 및 민간단체에서는 지역경제연보, 상공연감, 경제연감, 경제통계연감, 지역경제백서, 경제현황, 통계연보, 연감 등 다양한 형태의 지역에 관한 통계자료를 수집 발간하고 있다. 이러한 1차 자료는 그 구성과 체제가 흡사하고 내용은 다소 상이하지만 중복된 자료가 많다. 우리가 필요한 정보를 추출하는 데 효과적으로 정보가 정비되어 있지 않다는 것이다. 기초적인 연구사료이든 체계화된 통계자료이든 이들을 모두 정보라는 개념틀로 정의한다면 지역학 정립과 관련된 정보축적 메커니즘이 필요하다. 가령 정보수집→ 정보의 가공,

정리, 보관→ 정보의 발간 유통, 교육→ 정보를 토대로 한 평가 및 예측 기능→ 정보를 토대로 한 홍보기능→ 1차 정보를 가공하여 주요 이슈별로 정리 보관하는 기능→ 정보를 통해 주요 이슈를 쟁점화하는 기능→ 다른 지역의 정보를 이용해 비교분석하고 정책 제안을 하는 기능 등의 과정을 활용하는 것이다.

이때 지역주민들의 의식 및 가치체계에 관한 일차적 자료의 형성이 중요한 과제이다. 지역발전의 문제에 대한 주민인식을 조사하기 위해 첫째, 어느 지역의 주민이 어느 정도 지역의 문제를 인식하고 민감하게 반응하는가? 각 지역의 주민들은 지역발전이란 어떠한 것이라 인식하고 있나? 그러한 차이는 도농간, 그리고 춘천, 원주, 강릉의 중심권역간 어떻게 다르게 나타나고 있는가? 지역발전에 대한 인식의 차이가 존재한다면 그 차이를 객관화 시켜줄 수 있는 지표를 발견할 수 있는가?의 문제에 대한 일차적인 해답을 얻기 위해 필요한 각종 조사를 고안해서 시행해야 할 것이다. 또한 지역발전의 문제와 관련된 주민의식이 지역별, 출신별로 어느 정도 객관적으로 평가되었다면 이러한 주민의식의 차이를 효과적으로 융해하여 바람직한 방향성을 갖도록 주민이 합의할 수 있는 제도를 구축하는 방법에 대한 연구가 필요할 것이다. 강원도의 지역발전의 문제와 관련하여 비교우위론에 입각한 지역발전의 방향이 지역주민에게 얼마나 설득력이 있느냐 하는 점이다. 예컨대 강원도 특정 지역에 대해 환경보존을 통한 휴양, 관광 지역으로 발전시키려는 중앙전략, 혹은 일반론적 관점에 대해 강원도민의 인식과 대응은 어떻게 다르게 나타나고 있는가를 먼저 파악하고 이러한 차이를 어떠한 방식으로 주민합의로 이끌 것인가에 대한 방법론을 제시하여야 한다. 이러한 방법론의 개발은 집단적 의사결정에 대한 이론 및 실증연구를 충분히 활용하여 가능하리라 여겨진다. 이는 강원학이 지닌 지역발전, 지역경쟁력 향상에 연계된 방법론과 과제이다.

강원학을 진행하는 가운데 단기적으로 객관적 사실 파악을 위한 통계적, 역사적 자료의 수집 및 체계화에 중점을 둔다. 특히 자료의 중요성을 주관적으로 판단하여 자료의 효율적인 배열에 관심을 두어야 한다. 장기적으로는 이러한 객관적 자료에 입각한 주관적 평가와 분석이 포함된 2차적 문헌의 수집과 분석에 중점을 두는 것이 바람직하다. 가령 지역 경제모형의 수립에 대한 해답은 지역발전의 문제를 경제적으로 이해하는 데 중요하게 부각될 것이며, 지방자치와 지역발전의 문제는 정치, 경제, 사회문화적 측면에서 매우 다양하게 접근할 필요가 있으므로 학제적 연구가 필수적일 것으로 보인다.

지역학의 필요성은 지역학연구가 본격화된 시점을 기준으로 볼 때 지역발전 전략과 큰 연관성이 있다. 그러나 지역발전이란 지역공동체의 동의된 인식이 수렴되어야 하고, 방향성을 공유할 필요가 있으며, 일정한 합의가 전제되어야 한다. 이 점이 충족되어야 지역주민들의 자기 정체성을 정립하고 자긍심을 함양시켜 지역 발전의 동인 및 구심점 형성의 중요한 역할을 하게 되고 지역현안문제를 해결하는 방안으로 지역의 흡인력을 높여 지역활성화를 도모할 수 있을 것이다.

2. 연구방법론의 정립과 연구네트워크의 강화방안

1) 강원학 연구방법론의 정립

(1) 연구방법론의 정립을 위한 한국학과 강원학의 비교

2000년대 들어와 한국학에 대한 관심이 학계에서 증폭되었다. '지역학적 의미의 한국학(Korean studies)'은 1960년대 후반 이후 산발적으로 논의되다가 특히 1990년대 이후로 그 주제와 주요한 논의를 형성해갔다. 즉 이 시기 한국학에 대한 관심은 사회주의권의 침몰과 민족주의의 발흥, 문명권의 충돌이 초래한 세계정세의 변화와 맞물려 나타나고 초래되고 있었다. 이후 국내외

대학 내에서 한국학에 대한 분과, 강좌 등이 나타나기 시작하고 경쟁적으로 한국학 프로그램이 설치되고 있다. 가히 한국학은 세계화시대 일종의 '전략적 연구영역'이 되었다고 할 수 있다.

오늘날의 한국 연구에는 대체로 두개의 학술적인 조류가 존재한다. 하나는 한국의 역사와 문화 가운데에서 '계승되는 전통의 기원'에 관심을 기울이는 한말기 '본국학(本國學)', 일제 강점기(1930년대) '조선학(朝鮮學)', 해방이후 '국학(國學)'으로 이어지는 조류이다. 다른 하나는 미국의 학문적 영향 아래서 성립된 지역연구(Area Studies)의 일부인 1960년대 이후의 '한국학' 개념이다. 이에 한국 현실에서의 고유한 전통의 구성이나 작동이 거의 변화가 없었으나, 새롭게 소개된 '한국학' 개념은 쉽사리 한국에서 수용될 수 있었다. 반면에 다른 학자들은 이러한 조류에 회의적인 태도를 취했고 자신들을 차별화하고자 했으며 다소 방어적인 태도를 취하는 동시에, '한국학'이라는 '이질적인' 조류보다는 '국학'의 범주로서 자신들의 연구를 정의내리는 것을 선호했다.[4]

이에 따라 한국학의 범주 설정에서 복합적인 문제점이 나타나게 된다. 한국학의 개념이나 정의에 대한 이해는 아직도 여전히 애매한 상태이다. 연구자의 관심과 의도에 따라 다양한 방식으로 정의되고 이해되어 왔으며, 개념적 불명료성과 모호성이 내재되어 있다.

오늘날 국내 주요대학에서 진행되는 한국학 관련 프로그램을 들여다보면 생각보다는 한국학 자체의 개념 정의나 방법에 대한 논의가 많지 않았던 듯하다. 흔히 지적되는 사안으로 국학 위주의 한국학을 고수할 수만은 없고 사회과학을 포함한 학제 연구를 지향해야 한다는 주장을 들 수 있다. 원칙적으로 말해서 한국학이란 자기정체성, 즉 자아의 확인과 창조에 근본적인 뜻이 있으나, 한국학이 세계성을 외면하면 오늘의 세계화 시대에 의미를 갖기 어려움은 물론이다. 한국학이 일국적 시계를 넘어 전세계에 비추어보고 인류

---

4) Kim Keong-il, "Introduction" *Pioneers of Korean Studies*, The Academy of Korean Studies, 2004.

보편의 차원에서 의미를 갖도록 하는 일은 당연히 요망되는 자세이고 지향할 과제이다. 그러나 주제에 대한 깊은 성찰 없이 한국에 관한 사회과학·인문과학의 주제 모두를 한국학으로 상정하는 입장이 되어서는 안 된다는 경고가 뒤따른다.

정리하자면 한국학의 컨텐츠 설정을 위해 한국학 자체의 진흥을 위한 장기적인 계획과 주제발굴이 필요하다는 것이다. 최근 한국학을 선도적으로 진행하는 대학에서 한국학 사업 다년평가를 통해 "한국학의 개념과 위상 정립에 대한 고민을 바탕으로 한국학을 둘러싼 국내외의 연구 경향을 염두에 두면서 한국학 연구를 선도하고 미래에 투사할 수 있는 전략적 연구 주제나 연구 영역에 대한 대규모의 장기적인 사업에 집중할 필요가 있다."는 사실이 강조된 점을 참조할 만하다.

다음으로 한국학의 체계 확립이 시급하다는 것이다. 한국학의 연구범위는 기존의 분과별 연구범위들과 다양한 정도로 겹친다. 개별 연구의 관점에서 보면 한국학과 다른 분야에 동시에 관련되는 정도가 매우 다양하게 나타날 수 있어, 어느 선을 넘으면 한국학보다는 다른 분야 쪽에 큰 비중을 가질 수 있다. 이를 위해 합리적인 분류기준과 한국에 대한 이해에 핵심적인 주제와 확대된 주제 사이의 순위를 고려한 체계를 세워야 할 것이다.

한국학이 각 분과의 학제간 연구에 의한 통합적 성격을 띠는 것은 분명하나 기존의 분과 학문체제의 세분화되고 파편화된 지식을 비판하고 이를 극복할 수 있는 독자적이고 자율적인 통합을 의도적으로 지향해야 한다는 것이다. 그러나 자신의 고유한 방법과 이론을 확립하지 못하고 자신의 정체성을 확보하지 못한 채 전개되면 지속성에 심각한 문제가 야기된다. 학제적 연구가 종종 실패하는 이유는 각 분과들에 고유한 방법과 이론들을 빌어 와서 그것들을 적용하는 데 따른 문제점에 있다. 따라서 이에 대한 점검 장치가 작동하지 않으면 한국학 연구가 종합적 학문분야로서 새로운 체제를 지향하면서 독자적인 분과로 발전할 수 있는 전망은 불가능하고, 대학 내에서 학문 분과들의 세분화와 고착화 추세에 종속되면서 종속적인 위치로 떨어지고 말 것임이 지적되고 있다.

이와 관련하여 한국학 연구지원사업에서 지원분야가 지나치게 분산되는데 따른 문제가 있다. 그것은 한국학 연구의 폭과 다양성을 확대하는 데에는 긍정적인 면이 있으나 그에 따른 심각한 문제도 있다. 즉 광범한 학문분야에 걸친 연구과제들은 한국학으로서의 의미를 얼마나 가질 지 의문이 들 수 있는 연구주제까지 확대되어 나간다는 점이다. 이에 대해 연구주제 간의 상호관계 파악과 연구능률을 제고한 분류 기준과 우선 순위를 논의하는 단계가 반드시 필요하다.

정리하자면 한국학이란 한국에서 연구된 모든 것을 장바구니에 담아 놓는 식의 연구가 되어서는 안 되고 한국 사회·문화의 정수를 찾아내는 노력이 되어야 한다는 주장도 제기된다.[5]

(2) 강원학의 연구방법론의 체계화

한국학 연구의 문제점은 종합적 학문분야로서 새로운 체제를 지향하면서 독자적인 분과로 발전할 수 있는 전망을 설정하기보다, 대학 내에서 학문 분과들의 세분화와 고착화 추세에 종속되면서 종속적인 위치로 전락되는 상황이 보인다. 학제적 연구 방식 역시 자신에 고유한 접근방식이라기보다는 각 분과들에 고유한 방법과 이론들을 빌어 와서 그것들을 적용하는 데 따른 문제점이 노출되고 있다.

한국학에 비해 후발적인 강원학이 자신의 고유한 방법과 이론을 확립하지 못하고 자신의 정체성을 확보하지 못한 채 전개되면 커다란 문제이다. 학문에 서의 주체의식의 확립이 중요한 것이다.

---

5) 「종합학문으로서의 한국학─연구의 공동화모색」『정신문화』4권1호, 1981. 3.

연구지원 분야만을 볼 때 강원학은 그 분야가 고르게 분산되어 있다. 그것은 강원학 연구의 폭과 다양성을 확대하는 데에는 긍정적인 면이 있으나 그에 따른 심각한 문제도 있다. 즉 광범한 학문분야에 걸친 연구과제들은 강원학으로서의 의미를 얼마나 가질지 의문이 들 수 있는 연구주제·분야들까지 확대되어, 결국 강원이라는 용어가 들어가기만 하면 모두 강원학으로 보고 있는 실정이다. 지방자치가 전개되고 지방문화의 활성화 사업으로 지자체의 연구비 지원이 강화되자 많은 대학과 연구소에서 자신들의 연구가 모두 강원학·강원지방사의 본령을 연구한 것처럼 기존의 연구까지 강원학으로 강조하는 모습도 보인다. 비단 강원도만의 문제는 아니겠으나, 강원학의 연구방법론이 아직 정립되지 않았던 시절, 어떤 주제, 어떤 자료, 어떤 분석 방법을 가지고 연구를 해야 될 것인지에 대한 방향과 방법론의 범주화가 아직 정립되지 않았을 때의 연구조차 모조리 강원학의 연구성과로 내세우는 것은 다소 문제이다.

　　물론 강원학이라는 학문영역을 새롭게 정의하여 출범하고자 하므로 영역을 너무 편협하게 한정시켜 스스로의 발전 가능성을 축소시키는 것을 피해야 하겠으나 하나의 '학(學)'이라는 체계성을 고려하지 않는 문제를 안고 있는 것이다. 지금과 같은 체계를 세우기 어려운 분산된 연구결과물들을 강원학이라는 범주 속에 포함시켜 작업을 계속해 간다면 그 타당성에 공감을 받을지 적잖이 우려가 된다.

　　강원학의 연구는 지역에 대해 이해하는 데 중요한 의미를 갖는 연구이어야 할 것이며, 연구주제 간의 상호관계 파악을 제고할 분류 기준과 우선순위를 내포하는 것이어야 하리라 본다. 강원학의 연구범위는 기존의 학과별 연구범위들과 다양한 정도로 겹친다. 개별 연구의 관점에서 보면 강원학과 다른 분야에 동시에 관련되는 정도가 매우 다양하게 나타날 수 있어, 어느 선을 넘으면 강원학보다는 다른 분야 쪽에 큰 비중을 가질 수 있다. 이를 위해 합리적인 분류기준과 강원에 대한 이해에 핵심적인 주제와 확대된 주제 사이의 순위를 고려한 체계를 세워 진행하고 지원될 수 있어야 한다.

강원학의 연구과정에서 그동안의 지역 연구가 분과학문 중심으로 이루어져 지역을 연구하고 분석하는 데 많은 한계를 갖는 점을 감안하여 강원지역 학자는 물론 전국단위의 학자를 참여시킴으로써 지역성에 매몰되지 않고 개방적으로 연구되도록 노력해야 한다.

연구의 범위도 좀 더 확장할 필요가 있다. 강원학이 객관성을 담보하기 위해서는 전체 국가사와 조화와 균형을 이루어야 하며, 타 지역과 비교선상의 연구시스템이 확보되어야 한다. 최근 지역학의 연구범위가 행정구역을 넘어 동일문화권으로 확장되고 있는 추세에 따라 타 지역과 지역특성이 유사한 국외지역과의 교류확대를 통해 강원학의 질적 수준을 제고할 수 있는 기반이 되어야 한다.

지역학 연구자의 저변 확대는 그 어떤 요소보다도 중요하며, 귀중한 자료를 찾아내고, 재해석하여 학문적 결실을 맺으려면 이를 이용할 수 있는 연구자 없이는 불가능하다. 또한 지역학 연구자의 세대 간 균등한 연력 배출을 위해 단계적·지속적인 지원 방안이 필요하다. 인적 인프라 구축을 통해 연구 활동의 활동성 제고 및 연구자 간 교류 활성화가 중요할 것이다.

2) 연구기관간의 정보 네트워크의 구축과 연구플랫폼 형성

앞서 강원학 연구가 역사적 정체성을 통해 현재를 재조명하고 미래발전을 위한 토대를 제공하며, 세계화라는 시대의 변화에 맞춰 스스로의 경쟁력을 갖추고, 지역의 문제를 지역이 주체가 되어 바꾸어 나가려는 명확한 인식을 강조하는 데 중요한 기능이 있음을 지적하였다.

그런데 선행된 지역연구 또는 지역학으로서 원주학, 강릉학, 춘천학 연구는 지역의 행정단위와 역사전통을 기반으로 때로는 산발적, 개체적 성격을 지닌 채 진행되어 왔다. 이와 달리 광역의 강원학은 그 범위와 방법론의 정립에 대해 충분히 고민하지 않은 채 강조된 측면이 분명히 있다. 지역현안 개발과 관련된 정책 수립과 지자체의 정치적 요구에 부응한 측면도 있다. 앞서 강원발전연구원의 강원학 센터의 운영과 중단도 그 내부적 사정을 잘 들여다보면 광역지역의 연구가 지니는 어려움을 잘 대변해준다. 강원 전 지역에 대한 종합적인 시각과 관점이 결여된 채 연구자들의 지역적 관심과 이론적 관점에 따라 서로 상이하게 접근한 측면도 보인다. 이는 현 단계에서는 일단 불가피한 현상으로 보이나, 지역학 연구 역시 학문적 노력이라는 점에서 일정한 관점의 공유는 필요하다고 생각된다. 이러한 맥락에서 지역연구가 당면한 하나의 과제는 학제 간 또는 개별 연구자들 간의 집합적인 공동연구를 촉진하는 것이라 할 수 있다. 이 같은 집합적 시도는 일정한 이론적 연구관점 내지 이념적 통합성을 전제로 한다는 점에서 성공적으로 수행되기만 한다면, 지역학의 학문적 패러다임을 정립하는 데 크게 기여할 수 있을 것으로 보이기 때문이다.

결국 강원학에 대한 집중적이고 체계적인 연구, 장기 지속적 연구시스템의 구축이 매우 필요함을 알 수 있다. 첫째는 연구기관간의 네트워크화를 통한 연구유통 및 성과공유를 위한 정보네트워크의 형성, 둘째, 핵심연구센터 설립을 통해 관련기관과 성과물을 유기적으로 엮어 상호 협조체제를 끌어내는 컨트롤타워 관리조정 체계 구축, 셋째는 지속적·안정적 연구진행을 위한 행정·재정 등 제도적 지원시스템 구축이 절실한 것이다.[6]

지역학 관련 영역은 광범위하게 걸쳐있다. 그 영역은 정치, 경제, 사회, 역사, 문화, 종교, 생업, 기술, 생태, 환경, 의료 등 다방면에 이른다. 관련 학술 분야로 지리학, 민속학은 물론, 동양, 인류학, 국제 관계학, 인구 통계, 지역 과학의 광범위한 여러 분야, 여러 종류의 필드 과학 등이 포함된다. 이처럼 광범위한 영역에 걸쳐 있기 때문에 각 전문 분야 내에서의 강원학

---

6) 유영심, 전게보고서, 2017 참조.

연구의 진전 상황에 대해서는 반드시 전문 분야를 초월한 정보 교환이 이루어져야 하며, 분야별 협력·연계를 가능하게 하는 네트워크 체제가 구축되어야 한다.

이를 위해서 강원학 관련 기관 및 인적 연계네트워크 강화가 필요하다. 분야별 자료의 연구성과물뿐만 아니라 연구자 관리, 연구기관, 연구발신기관 등을 하나의 플랫폼을 통해 정보제공 및 성과물에 대한 공유가 가능할 수 있는 시스템을 마련하여 연구에 있어 대외 환경변화에 효율적 대응이 이루어질 수 있도록 해야 한다.

또한 강원도 차원의 협의체구성이 필요하다. 협의체는 대학 등 연구기관을 비롯하여 지역학의 정보를 필요로 하는 관계 부처의 관련 부서 실무자, 언론인, 기업의 실무자, NGO 종사자 등을 포함한다. 이러한 지역에 대한 연구, 활용, 정보 축적을 하고 있는 공공부문과 민간의 연구기관들은 각각의 역할 분담을 통해 연구의 시너지 효과를 도모하고 지역학 진흥에 기여할 수 있을 것이다.

지금까지의 강원도내 지역학은 각각의 기관들과 연구자들의 힘겨운 노력의 소산이었다. 지역학의 연구는 단기간에 성과를 낼 수 있는 학문이 아니기에 연구의 지속적과 안정성이 보장되어야 한다. 관련 학문 후속 인력을 활용할 수 있는 인큐베이터 사업도 병행이 되어야 하는 등 이러한 모든 절차와 과정에서 행정적·재정적 지원은 불가피한 실정이다. 현재 시군 자치단체의 재정지원, 연구인력 등의 부족은 강원학이 성장·발전해 나가기 힘든 현실을 반영하고 있다. 따라서 강원학의 발전을 위해서는 자치단체에서의 지속적이고 체계적인 기관별 재정적 지원이 반드시 뒷받침 되어야 하고, 각각의 연구기관 역시 이러한 지원을 적재적소에 배치, 활용하는 것이 중요하다.

다시 강조하지만 강원도 지역학의 수준을 한 단계 끌어올리기 위해 먼저 지역연구를 추진하는 핵심 연구기관의 설치가 절실히 필요하다. 핵심 연구기관은 인문·사회과학과 자연과학을 묶는 통합적이고 거시적 연구를 실현하는 본연의 기능뿐만 아니라 강원학의 다각적인 전개를 촉진하게 된다. 연락·조정종합적 기능과 관계 기관·단체를 유기적으로 연결하는 네트워크 기능, 지역학에 관계하는 연구자 상호간 협동·협력을 확대하고, 활성화하는 방안 등을 강구하는 역할을 담당할 수 있도록 한다. 또한 공동연구 집단의 조직화와 재조합, 정보의 집적·관리·제공의 방식, 연구 시스템의 국제화 등 다양한 수준에서 널리 강원학연구 체제를 끊임없이 검토하고 개선을 도모해 나갈 수 있는 중추기관이 되어야 한다. 더불어 핵심 연구기관은 방대한 각종 자료를 소장하고, 공개하는 자료 센터를 부설하는 것이 필요하다. 그러면서 집적된 정보를 사회에 환원하기 위한 다양한 방법을 개발하여야 한다. 또한 연구기관 차원에서 국제 협력·연계를 어떻게 조직할 것인가에 대해 이미 확립·전개되고 있는 다양한 형태나 방식을 비교·검토하여 다각적인 발전을 보장하면서 새로운 국제협력의 형태·방식을 개발해 나가야한다.

지역학 연구는 대부분 지자체 출연 연구기관이나 지자체 지원을 바탕으로 지역대학이 연구하고 있으며, 각 기관마다 특성이 반영되어 운영되고 있다. 지자체 출연기관의 경우는 지속적·안정적 연구진행을 위해 조례를 제정하는 등 행정·재정 지원시스템이 구축을 마련하고 있다. 이 점 강원학의 제도 개선에 참고해야 한다.

자료

『高麗史』『朝鮮王朝實錄』『承政院日記』「備邊司謄錄」『日省錄』『經國大典』
『受敎輯錄』『擇里志』『新增東國輿地勝覽』『東國輿地志』『輿地圖書』「海東地圖」『關東邑誌』
「磻溪隨錄」『與猶堂全書』『燃藜室記述』『典故大方』
『宣廟中興誌』『黨議通略』『國朝人物考』「治郡要訣」「牧民大方」「牧民」「公移占錄」
「岐陽文簿」「牧綱」「先覺」「居官大要」『隨錄』「同治十二年 二月 日原州牧人吏以下都官案)」
「原州儒民稟目)」(『按覈狀啓』)「邀儺契座目」「神林鄉約」(『江原道狀況槪要』)
「耕稼雜錄」「墓直奴婢案」(雍正 壬子,1732년 英祖8)
「上疏存案」『公文編案』『恒齋史集』(草溪鄭氏關東派宗約 刊行, 1985)
「世蹟」上(鄭元善著)「壬申日記」(鄭洙明)「祗謁錄」「別廟政堂重修時事蹟」(道光十六年)
『慕齋集』『梧陰遺稿』『瑣尾錄』『咸州誌』『毅齋遺稿』『鶴峰集』『漢陰先生文稿』『來庵集』
『樊巖先生集』『鵝溪遺稿』『息庵先生文集』『虛白堂集』『藥泉集』『海槎日記』
『安東金氏大同譜』(1979, 乙未刊)「松窩公神道碑銘」『韓山李氏議政公派世譜』『崇德殿史』
『密陽朴氏派譜』(2002)『豊壤趙氏世譜』(豊壤趙氏世譜所, 1978)
『豊陽趙氏世祿』(淮陽公派)『省掃錄』後記

논저

고동환, 『조선시대 서울도시사』, 태학사, 2007.
고혜령, 「가정 이곡과 원 사대부와의 교유」『벽사이우성교수정년퇴직기념논총 – 민족사
　　　의 전개와 그 문화』, 1983.
구덕회, 「선조대 후반(1594~1608) 정치체제의 재편과 정국의 동향」『한국사론』20, 1988.

구지현,『계미통신사 사행문학연구』, 보고사, 2006.

김대길,『조선후기 우금, 주금, 송금 연구』, 경인문화사, 2006.

김 돈,『조선전기 군신권력관계 연구』, 서울대학교 출판부, 1997.

김무진,「조선후기 행정도시로의 발달」『대구 근대의 도시발달과 민족운동의 전개』, 계명사학회, 2004.

김문택,「조선조 춘천지방 사족의 성격과 풍양조씨」『춘천의 세거씨족 풍양조씨 회양공파 연구』, 풍양조씨자효회, 1997.

김 범,「조선성종~중종대 의정부·육조·삼사 주요관직의 인사이동 상황과 그 의미」『동 방학지』126, 2004.

김선경,「조선후기 산송과 산림 소유권의 실태」『동방학지』77·78·79, 1993.

김성진,「조선후기 통신사의 기행시문에 나타난 일본관 연구」『도남학보』15, 1996.

김용덕,『향청연구』, 한국연구원, 1978.

김양식,「조선후기의 화전농업과 수세문제」『한국문화』10, 1989.

김인걸,「조선후기 향촌사회의 변동에 관한 연구-18·19세기 향권담당층의 변화를 중심으 로」, 서울대 박사학위논문, 1991.

김인걸,「조선후기 향촌사회 권력구조 변동에 대한 시론」『한국사론』19, 1988.

김의환,「조엄이 본 18세기 후반기 일본사회와 조일관계-그의『해사일기』를 중심으로」 『현암신국주박사화갑기념 한국사논총』, 동국대출판부, 1985.

김재승,「조엄의 고구마 전파와 재배법 연구자」『조엄연구논총』(원주시 학술총서 1권), 2004.

김종진,「이곡의 대원 의식」『태동고전연구』창간호, 1984.

김학수,「풍양조씨 회양공파의 학통에 관한 고찰」『춘천의 세거씨족 풍양조씨 회양공파 연구』, 1997.

김현영,『조선시대의 양반과 향촌사회』, 집문당, 1999.

김현영,「조선후기 남원의 사회구조」『역사와 현실』2, 1989.

근대사연구회편,『조선중세사회 해체기의 제문제(하)』, 한울, 1987.

도현철,『고려말 사대부의 정치사상 연구』, 일조각, 1999.

도현철,『목은 이색의 정치사상연구』, 혜안, 2011.

문용식,『조선후기 진정과 환곡운영』, 경인문화사, 2000.

박소은,『조선후기 호조 재정정책사』, 혜안, 2008.

박진우,「조선전기 면리제연구」『한국사론』21, 1989.

박진우,「조선초기 면리제와 촌락지배의 강화」『한국사론』20, 1988.

변주승,「조선후기 유민정책 연구」『민족문화연구』34, 2001.

설석규,「선조대 정국과 이산해의 정치적 역할」『아계 이산해의 학문과 사상』, 한국역사문 화연구원, 2009.

심철기, 「19세기 원주의 환곡문제와 농민항쟁」『지방사와 지방문화』13-2, 2011.

오강원·김학수, 「춘천애막골 소재 고성이씨묘에 관한 연구-행촌 이암과 회양공 조씨가계의 관계 및 묘지 선정문제를 중심으로-」『강원인문논총』4, 강원대학교 인문과학연구소, 1997.

오영교·정두영·김영봉·이상순, 『송와 이희 연구』, 원주시, 2013.

오영교, 「조선후기 지방재정과 관청식리」『학림』8, 1986.

오영교, 「19세기 사회변동과 오가작통제의 전개과정」『학림』12·13, 1991.

오영교, 「조선후기 향촌질서의 변화와 향소」『조선시대사학보』18, 2001.

오영교, 『한산이씨 동족마을과 송와잡기』, 연세대학교 매지학술연구소, 2001.

오영교, 「항재 정종영과 초계정씨 관동과 문중에 관한 연구」『강원문화사연구』7집, 2002.

오영교, 『조선후기 향촌지배정책연구』, 혜안. 2002.

오영교, 『강원의 동족마을』, 집문당, 2004.

오영교, 「1862년농민항쟁연구1」『조선후기 사회사연구』, 혜안, 2005.

오수창, 「조선시대 청백리 선발과 장리 처벌」, 『한국사시민강좌』22, 일조각, 1996.

옥한석, 『향촌의 문화와 사회변동-관동의 역사지리에 대한 이해』, 한울아카데미, 1994.

원영환, 「강원감영의 사적고찰」『강원사학』4, 강원대학교 사학회, 1988.

원영환, 「조선시대 강원도 행정체제 변천에 관한 연구」『강원사학』10, 1994.

원재영, 「조선후기 황정(荒政) 연구」, 연세대학교 대학원 사학과 박사학위논문, 2013.

원주군, 『원주지방서원학술조사보고서』, 1992.

원주문화원, 『원주·원성향토지』, 1976.

원주시립박물관, 『원주 한산이씨가 고서, 고문서』(오영교 해제), 2004.

유재춘, 「조선시대강원지역의 축성연구」『강원문화사연구』2, 강원향토문화연구회, 1997.

유재춘, 「임진왜란시 일본군의 조선 성곽이용에 대하여-철원 성산성 사례를 중심으로」『조선시대사학보』24, 2003.

육군본부, 『한국군제사』(근세·조선전기 편), 1968.

윤 정, 「숙종대 단종 추복의 정치사적 의미」『한국사상사학』22, 2004.

이규대, 「조선초기 읍치성황제와 주도세력의 변화-영동지역 사례를 중심으로-」『조선시기 향촌사회연구』, 신구문화사, 2009.

이근호·조준호·이계형, 「경기북부지역 집성촌의 분포와 입지조건」『북악사론』8, 2001.

이기봉·홍금수, 「조선시대 경상도 읍치 입지의 다양성과 전형성」『한국역사지리학회지』제13권 제3호, 2007.

이동찬, 「18세기 대일 사행체험의 문화적 충격양상」『한국문학논총』15, 부산 한국문학회, 1994.

이석린·김의환, 「임진왜란기 청주 의병과 조강의 의병활동」, 『호서사학』 43, 2006.

이세영, 「조선 숙종대 양전의 정치학」, 『조선후기 경자양전 연구』, 혜안, 2008.

이수건, 「도제의 정비와 팔도체제의 확립」, 『조선후기지방행정사』, 민음사, 1989.

이수건, 「직촌고」, 『대구사학』 15·16, 1978,

이영춘 외, 『조선의 청백리』, 가람기획, 2003.

이장희, 「청백리제도의 사적 고찰」, 『근세조선사논고』, 아세아문화사, 2000.

이존희, 『조선시대 지방행정제도연구』, 일지사, 1990.

이창환, 「강원감영의 입지 및 공간구성 해석에 따른 사적공원조성방안」, 『한국정원학회지』 14(2), 1996.

이태진, 『한국사회사연구-농업기술발달과 사회변동-』, 지식산업사, 1986.

이현진, 「조선후기 단종 복위와 충신 현창」, 『사학연구』 98, 2010.

이혜순, 『조선통신사의 문학』, 이화여대출판부, 1996.

이화자, 『한중국경사 연구』, 혜안, 2011.

이해준, 「17세기초 진주지방의 리방(里坊)재편과 사족」, 『규장각』 5, 1982.

이해준, 『조선후기 촌락사회사』, 민족문화사, 1996.

이 훈, 『외교문서로 본 조선과 일본의 의사소통』, 경인문화사, 2001.

이훈상, 「조선후기 읍치사회의 구조와 제의-이서집단의 정체성 혼란과 읍치제의의 유희화-」, 『역사학보』 147, 1995.

이희권, 『조선후기 지방통치행정연구』, 집문당, 1999.

장동익, 「원에 진출한 고려인」, 『민족문화논총』 11, 1990.

장영민, 「조선시대 원주 거주 사마시 입격자와 양반사회」, 『조선시대의 사회와 사상』, 조선사회연구회, 1998.

장영민, 『원주역사를 찾아서』, 경인문화사, 2004.

장인진, 「조선후기 경상감사고」, 『도협월보』 Vol.21 No.1,2,3, 1980.

장학근, 「임진왜란기 관군의 활약」, 『한국사론』 22, 국사편찬위원회, 1992.

정두희, 『조선시대의 대간연구』, 일조각, 1994.

정만조, 「조선후기 양역변통론에 대한 검토-균역법 성립의 배경」, 『동대논총』 1, 1977.

정성일, 「조선시대 한·일 경제교류-미면과 삼은의 교환을 중심으로」, 『조선시대의 한국과 일본』, 경인문화사, 2013.

정승모, 「농촌정기시장체계와 농민 지역 사회구조」, 『호남문화연구』 13, 1983.

정응수, 「아라이 하쿠세키(新井白石)의 조선통신사 의례 개정에 관하여」, 『일본문화학보』 24집, 2005.

정진영, 『조선시대 향촌사회사』, 한길사, 1998.

정호훈, 『조선후기정치사상연구-17세기 북인계 남인을 중심으로』, 혜안, 2004.

정홍준, 「임진왜란 직후 통치체제의 정비과정-성리학적 질서의 강화를 중심으로-」, 『규장각』11, 1988.

조경달, 「이조 말기의 민란-원주민란(1885년)사례-」『조선사연구회논문집』33, 1995.

조동걸, 『태백의 역사』, 강원일보사, 1973.

조원래, 『새로운 관점의 임진왜란사 연구』, 아세아문화사, 2005.

차용걸, 「조선후기 관방시설의 변화과정」『한국사론』9, 국사편찬위원회, 1981.

차용걸, 「영원산성에 대하여」, 치악산 영원산성 심포지엄 발표문, 1999.

최상익, 「항재 정종영의 인품과 사상」『강원문화사연구』7집, 2002.

최영철, 「조선시대 감영의 직제(職制)와 건축적 구성의 상관성에 관한 연구」, 홍익대학교
        박사학위논문, 1995.

최종석, 「조선시기 진산의 특징과 그 의미-읍치공간 구조의 전환의 관점에서」『조선시대
        사학보』45, 2008.

최진옥, 『조선시대 생원 진사 연구』, 집문당, 1998.

한상권, 「16,17세기 향약의 기구와 성격」『진단학보』58, 1984.

한홍식, 「원주지역 서당교육에 관한 연구」, 강원대학교 교육대학원학위논문, 1994.

허선도, 「제승방략연구」(상)『진단학보』36, 1973.

송와사상연구회, 『국역 송와잡기』, 2000,

三宅英利 저, 손승철 역, 『근세한일관계사연구』, 이론과 실천, 1991.

『秀吉과 文祿·慶長의 役』, 佐賀縣立 名護屋城博物館 제작, 2008.

부편 참고문헌

고석규, 「지방사 연구의 새로운 모색」『지방사와 지방문화』1, 1998.

권인석, 「원주지역 주민의식에 관한 실태조사 보고」『지역발전연구』5, 1995.

김광억, 「지방의 생산과 그 정치적 이용」『한국문화인류학』29(1), 1996.

김광억, 「지역연구방법론 개발을 위한 시론」『지방사와 지방문화』2, 2000.

김병철, 「강원학 정립을 위한 기초조사연구」, 강원발전연구원, 2000.

김영일, 「지역학으로서 부산학과 시민의식」『The Journal of Social Paradigm Studies』,
        27(1), 2012.

박도식, 「영동지방사 연구성과와 과제」『영동문화』9, 2004.

배영동, 「향토사와 향토문화 연구의 성과와 과제」『향토사연구』제10집, 한국향토사연구
        전국협의회, 1998.

신종원, 「강원도 지방사연구에 대한 반성」『강원문화연구』11, 1992.

오영교, 「지역학연구와 원주학」(강원학의 개념과 정립방향 학술세미나), 강원발전연구원,

1999.

오영교, 「강원 지방사연구의 현황과 과제」,『한국지방사 연구의 현황과 과제』,경인문화사, 2000.

오영교, 「조선시대 강원지방사 연구의 현황과 과제」,『강원학연구』, 2005.

오영교, 「지역학의 대두와 '강진학'」,『다산과 현대』제8호, 2015.

오주환, 「지방사 연구 : 그 이론과실제-영국을 중심으로」,『대구사학』 30, 1986.

유승광, 「역사교육에서 지역사 교육과정의 필요성과 구성방안」,『호서사학』 44, 2005.

유영심, 「강원학 활성화를 위한 체계정립방안」, 강원발전연구원, 2017.

유정식, 「원주사회와 원주학」, 원주학 정립을 위한 심포지움, 1998.

유재춘, 「지역사 복원과 문화유적지표조사사업」,『강원문화사연구』제7집, 강원향토문화 연구회, 2002.

유재춘, 「지역사자료의 수집·정리 실태와 개선방안-강원도 지역을 중심으로」,『역사와 현실』 48, 한국역사연구회, 2003.

임호민, 「강원지역학 연구현황과 방향」(지역학 연구성과 학술발표회), 안동대, 2007.

전경수, 「지역연구의 방법을 위한 인식기초」,『인류학과 지역연구』, 나남, 1997.

전경수,『지역연구, 어떻게 하나』, 서울대학교 출판부, 1999,

정정숙, 「지역문화 진흥을 위한 지역학 활성화 방안 연구」, 한국문화관광연구원, 2014.

豊壤趙氏慈孝會 編,『春川豊壤趙氏 淮陽公派調査報告書』, 1997.

최　협 엮음,『호남사회의 이해』, 풀빛, 1996.

한국정신문화연구원, 「종합학문으로서의 한국학-연구의 공동화모색」,『정신문화』4권 1호, 1981.

Kim Keong-il, "Introduction" *Pioneers of Korean Studies*, The Academy of Korean Studies, 2004.

木村礎, 「郷土史·地方史·地域史研究の歴史と課題」『岩波講座 日本通史』別卷2 地域史研究の 現狀と課題(岩波書店), 1994.

木村礎·林英夫 編,『地方史の研究方法』, 日本 新生社, 1968.

內藤正中, 「地方史編纂事業と住民の歴史意識」『歴史學研究』 427, 1975.

天野卓郎, 「地方史編纂と國民の歴史意識」『歴史學研究』 427, 1975.

오영교 吳永敎

연세대학교 사학과를 졸업하고 같은 학교 대학원에서 석사와 박사학위를 받았다.
현재 연세대학교 역사문화학과 교수로 재직하고 있다. 전공분야는 조선후기 사회사이다.
한국사회사학회·역사문화학회·조선시대사학회 이사이며, 강원문화재단·원주문화재단 이사를 역임하였다.
2002년 연세학술상을 수상하였다.
주요저서로는『조선후기 향촌지배정책 연구』(혜안, 2001),『조선후기 사회사 연구』(혜안, 2005),『실학파의 정치·사회개혁론』(혜안, 2008),『강원의 동족마을』(집문당, 2004),『강원감영 연구』(원주시, 2007),『조선건국과 경국대전체제의 형성』(편저, 혜안, 2004),『조선후기 체제변동과 속대전』(편저, 혜안, 2004),『세도정권기 조선사회와 대전회통』(편저, 혜안, 2007) 외 다수가 있다.

연세근대한국학총서 121 (H-028)

조선후기 원주의 사회와 인물 연구

오 영 교 지음

초판 1쇄 발행 2017년 8월 31일

펴낸이 오일주
펴낸곳 도서출판 혜안

등록번호 제22-471호
등록일자 1993년 7월 30일

주 소 ㉾04052 서울시 마포구 와우산로 35길 3(서교동) 102호
전 화 3141-3711~2
팩 스 3141-3710
이메일 hyeanpub@hanmail.net

ISBN 978-89-8494-591-3 93910
값 34,000 원

본 저서는 2009년도 연세대학교 학술연구비의 지원에 의해 이루어진 것임.